1919-1939
L'ENGRENAGE

DU MÊME AUTEUR

Les Forces religieuses dans la société française (avec A. Coutrot), Colin, 1966.

Sociétés et Mentalités à Mayence dans la deuxième moitié du XVIIIe siècle, Colin, 1968.

Le Temps des révolutions, Larousse, 1969 (3e éd., 1998).

La Vie politique en Alsace de 1918 à 1936, Cahier de la Fondation nationale des sciences politiques, 1969.

Syndicalisme allemand contemporain (dir.), Dalloz, 1969.

Histoire des Allemagnes, Colin, 1970 (2e éd., 1972).

Histoire des Gauches en France depuis 1940, Grasset, 1974.

Les Relations franco-allemandes, 1933-1939 (dir.), CNRS, 1975.

Histoire de l'Alsace, Hachette, 1979.

Histoire générale de l'Europe, t. III : *L'Europe de 1789 à nos jours* (en collaboration avec G. Livet, R. Marx, R. Mousnier et R. Poidevin), PUF, 1980.

De Gaulle et le gaullisme, PUF, 1982.

Réformisme et Révisionnisme dans les socialismes allemand, autrichien et français (dir.), MSH, 1981.

Des évêques contre le pape, Grasset, 1985.

Les Allemands entre l'Est et l'Ouest, Albatros, 1987.

Histoire de la démocratie chrétienne en France, Albin Michel, 1988.

Histoire de Vichy, Perrin, coll. « Vérités et Légendes », 1990.

L'Allemagne contemporaine, PUF, coll. « Nouvelle Clio », 1991.

L'Unité allemande, PUF, coll. « Que sais-je ? », 1993 (3e éd. 1996).

Histoire de la Résistance, Éditions de Fallois, 1996.

Le Troisième Reich, Le Livre de Poche, coll. « Références », 1998.

Passions républicaines, 1870-1940, Bartillat, 2000.

Le Patriotisme des Français sous l'Occupation (dir.), Éditions de Paris, 2001.

Religions et Culture en Allemagne au XIXe siècle (avec P. Colonge), SEDES, 2001.

FRANÇOIS-GEORGES DREYFUS

1919-1939

L'ENGRENAGE

Éditions de Fallois

PARIS

22, rue La Boétie, 75008 Paris

ISBN 2-87706-440-9

INTRODUCTION

Les conséquences politico-économiques des traités de 1919

La Grande Guerre et les traités de 1919 ont – chacun le sait – mis fin au système traditionnel autour duquel s'organisait jusqu'alors la vie du monde. Ils ont contribué à clore la domination de l'Europe sur le monde. Malgré tout ce qui a été écrit depuis quatre-vingts ans, on peut se demander jusqu'à quel point c'est la Grande Guerre qui est à l'origine de cet état de fait. Sans doute a-t-elle entraîné cinq à six millions de morts, détruit trois à cinq centaines de milliers de kilomètres carrés en France, en Italie du Nord, en Pologne et dans les Balkans, vidé les trésoreries des nations combattantes, mais quand on regarde l'évolution économique des États de 1919 à 1939 ces blessures auront été très vite pansées ; après tout en France, comme en Allemagne, le PIB par habitant a, entre 1913 et 1929, crû plus vite qu'aux États-Unis ! Déclin de l'Europe, disent en 1919 économistes ou géographes. Cela n'est pas inexact ; c'est en partie grâce à l'aide des armées américaines à partir de 1918 que les Alliés l'ont emporté sur les Empires centraux, ce sont les États-Unis qui vont largement proposer et organiser la restructuration de l'Europe avec les traités de 1919 et eux seuls ont économiquement profité de la guerre. Mais sous la pression des isolationnistes, le Sénat américain refuse de ratifier le traité de Versailles ; dès lors les États-Unis, après avoir signé en 1921 un traité séparé avec le Reich, se détournent de l'Europe pour y jouer, parfois, un rôle de médiateur.

Mais l'Europe telle qu'elle est construite par les traités de 1919, ne peut plus jouer le rôle dominant qu'elle tenait encore en juillet 1914. Au moins autant que par la guerre, l'Europe est amoindrie par les traités de 1919. Cinq traités en 1919-1920 vont régler son sort : le plus important d'entre eux est le traité de Versailles signé le 28 juin 1919 ; il concerne essentiellement le Reich allemand. Les traités suivants de Saint-Germain (19 septembre 1919), de Trianon (2 juin 1920) et de Neuilly (27 novembre 1919) réglèrent le sort de l'Autriche-Hongrie et de la Bulgarie. Celui de Sèvres (10 août 1920) démembre l'Empire ottoman.

En réalité ces traités de 1919 consacrèrent la disparition de l'Empire des Habsbourg et lui substituèrent des États rabougris (Autriche et Hongrie) ou artificiels (Tchécoslovaquie), créant en Europe centrale un vide géopolitique dans lequel dès 1925, au plan économique, et à partir de 1936, au plan politique, va s'engouffrer le Reich allemand, seule grande puissance subsistant dans la région.

Les fondements des traités

Si, à la déclaration de la guerre, à la différence du Reich et de l'Autriche-Hongrie, les Alliés n'ont pas de buts de guerre, en dehors de la restitution de l'Alsace-Lorraine, cette situation va rapidement se modifier. Le gouvernement russe fait valoir ses vues sur l'Empire ottoman, en particulier sur l'Arménie et sur tous les Détroits. L'Italie n'entre en guerre qu'aux conditions prévues par le secret traité de Londres (26 avril 1915) qui propose à l'Italie le Trentin (y compris la zone germanophone du Haut-Adige – *Südtirol*, disent les Autrichiens), la Vénétie julienne avec Trieste, et l'essentiel de la Dalmatie.

Au Moyen-Orient les accords secrets Sykes-Picot (16 mai 1916) prévoyaient un partage de la partie arabe de l'Empire ottoman entre la France et la Grande-Bretagne.

Tout ceci fut profondément modifié par la déclaration en quatorze points du président Wilson du 8 janvier 1918. Dans son message au Congrès des États-Unis, Wilson affirmait qu'il ne pourrait y avoir de paix juste et durable que si certaines conditions fondamentales étaient admises :

- pas de diplomatie secrète,
- réduction des armements,
- liberté totale des océans et des mers,
- droit des peuples à disposer d'eux-mêmes,
- libération des peuples colonisés,
- résurrection de la Pologne,
- restitution à la France de l'Alsace-Lorraine,
- autonomie aux divers peuples de la monarchie des Habsbourg,
- organisation d'une Société des Nations.

John Maynard Keynes, dans *Les Conséquences économiques de la paix*, ouvrage très critique sur les traités de 1919, présente Wilson comme un « Don Quichotte aveugle et sourd ». Il faut reconnaître que cette qualification un peu insolente n'est pas totalement exagérée. Professeur de science politique à Princeton, Wilson était imbu de ses principes ; il arrive à Paris en janvier 1919 bien décidé à imposer ses conceptions théoriques aux gouvernements européens dont il se méfie [1]. Négligeant le poids de l'histoire, rejetant « les frontières stratégiques », « les espaces vitaux », « le rôle des grandes puissances », il veut créer un monde où tous les États seraient égaux. Pour lui le salut est dans la démocratie *(sale for democracy)*, en d'autres termes : « La paix et l'égalité entre les États permettraient l'épanouissement du meilleur régime qui fût au monde. »

Surtout Wilson connaît mal l'Europe, et ses conseillers qui la connaissent à peine mieux la voient comme à travers un prisme déformant. Il semble en particulier que Wilson n'ait rien compris à ce que l'on appelle « l'équilibre européen ». Il y voyait – à tort – l'origine de la guerre ; pour lui l'équilibre européen mis en place par les grandes puissances était l'occasion de manipulation des petits États par les grands ; en réalité il semble bien que c'est parce que les grandes puissances n'ont pas joué ce qui aurait dû être leur rôle entre le 28 juin et le 15 juillet 1914, que la guerre a éclaté ; à ce moment, en effet, France et Russie auraient pu sans grande difficulté obliger le gouvernement serbe, complice d'un crime inadmissible, à accepter un ultimatum austro-hongrois.

Mais tout cela dépasse ce fils de pasteur presbytérien imbu des principes du puritanisme démocratique si bien mis en valeur par le sociologue Ralph B. Perry dans *Puritanisme et Démocratie*. Il faut que le principe triomphe, fût-il irréaliste. Ce sont ces principes que Wilson impose pour restructurer l'Europe en détruisant définitivement ce que Metternich avait tenté de créer en 1815 et qui avait perduré tant bien que mal jusqu'en 1914. L'Europe wilsonnienne, elle, ne durera pas vingt ans !

---

1. Déjà en 1915 il proclamait à Philadelphie que les États-Unis « doivent avoir une conscience différente de celle de toute autre nation ». Dans son message de guerre au Congrès il affirme : « Notre objet est de défendre les principes de paix et de justice dans le monde contre les puissances égoïstes et autocratiques. » Cela amène Wilson à refuser que les États-Unis soient les alliés « à part entière » de l'Entente et il estime qu'ils ne sont pas liés par les « traités secrets signés entre les États de l'Entente ». C'est ce que l'on a appelé le « wilsonisme ».

Il est vrai que Wilson trouve un appui à ses idées dans les milieux intellectuels d'Europe occidentale : tout un groupe à la Sorbonne milite, derrière Ernest Denis, professeur de civilisation slave, pour la destruction de l'Europe des Habsbourg et la création d'un État tchécoslovaque [1]. Il est soutenu dès 1915 par une partie de l'État-major et surtout par le Grand-Orient de France qui, dès le printemps 1917, lors d'un convent international, a pris position pour le démembrement du trop clérical Empire austro-hongrois malgré l'avertissement de la *Revue des Deux Mondes* [2]. L'Italie est également très favorable à cette *diminutio capitis* car elle ne cache pas ses ambitions en Europe danubienne et balkanique ; de surcroît l'anticléricalisme traditionnel du gouvernement italien renforce encore les tendances hostiles aux Habsbourg. Il est vrai que le gouvernement italien a beaucoup hésité à soutenir le président Wilson dans la mesure où la proclamation solennelle du droit des peuples à disposer d'eux-mêmes risque de gêner les revendications nationalistes en Istrie, au Trentin du Nord, en Dalmatie.

Quant au Royaume-Uni, s'il a eu, lui aussi, une certaine hostilité à l'égard des Quatorze Points, sa position a évolué : d'une part, Londres est sensible à la position américaine, d'autre part, les Britanniques semblent s'être inquiétés de certaines tentatives de rapprochement franco-austro-hongrois et ont craint, à un moment donné en 1917, une domination franco-autrichienne en Europe.

Enfin, la diplomatie du président Wilson va être favorisée par l'impréparation des réflexions sur l'après-guerre chez l'ensemble des Alliés, particulièrement en France [3].

---

1. Idée que rejetait Edvard Beneš dans sa thèse de droit soutenue à Dijon en 1906...

2. Le texte de la motion du Grand-Orient est publié par F. Fetjö, *Pavane pour un Empire défunt*. Sur les positions de la *Revue des Deux Mondes*, cf. les mémoires de maîtrise et de DEA de J.L. Thiériot à Paris IV en 1991 et 1992. Pour l'État-major, voir le journal de J. Bainville, *La Guerre démocratique*, p. 242.

3. L'influence de Wilson sur la conférence de la Paix repose sur le poids qu'aurait représenté l'aide américaine entre 1917 et 1918. Si financièrement elle est considérable (les États-Unis ont prêté près de dix milliards de dollars aux Alliés), il ne faut pas négliger que l'*US Army*, si elle compte deux millions d'hommes en France, n'a pas plus de 400 000 soldats sur le front au 11 novembre 1918 pour 1,4 million de Français et 700 000 Britanniques. De surcroît, l'armée américaine n'utilise pratiquement que du matériel français fabriqué en France !

Tout ceci permet de comprendre pourquoi les États-Unis, le président Wilson en particulier, portent une large responsabilité dans ces traités fondés sur une vision américaine et très idéologique de la démocratie, sur une vision puritaine du monde et de la société, mais qui, dénués de toute réalité, transformèrent davantage le monde euro-méditerrannéen que la guerre elle-même. Certains d'ailleurs se demanderont si les États-Unis n'ont pas agi ainsi pour diminuer fortement les potentiels économiques de leurs concurrents, en particulier français et britanniques.

LES CLAUSES DES TRAITÉS

Il importe à présent d'envisager les clauses des quatre traités signés dans la région parisienne de juin 1919 au début 1920.

L'abaissement de l'Allemagne

Pour les Allemands, on le sait, le traité de Versailles est un Diktat. Il enlève au Reich la Posnanie, le couloir de Dantzig, une partie de la Silésie, ses colonies et on l'oblige à restituer à la France les départements d'Alsace et de Lorraine. Cela représente environ 15 % de sa superficie et 10 % de sa population. Le Reich, s'il admet sans trop de difficultés le retour de l'Alsace-Lorraine à la France, ne pardonne pas aux Alliés la perte des provinces de l'Est, d'autant que, dans les territoires soumis à référendum, le maintien dans le Reich obtient près de 95 % des voix (malgré une très forte présence polonophone) dans les régions de Tannenberg et Allenstein en Prusse, 60 % en Haute-Silésie ; on peut penser que les populations germaniques (y compris la très forte minorité juive) auraient voté de la même manière, au moins en Posnanie occidentale. Or à propos de la Silésie, comme du « Corridor », la France soutint à fond les revendications polonaises même quand elles étaient contraires au principe du droit des peuples à disposer d'eux-mêmes. Mais il fallait trouver un compromis entre la nécessité pour la Pologne d'avoir un port et les intérêts des populations allemandes.

Le second grand problème ouvert par le traité, considéré comme inacceptable par les Allemands, est celui de la responsabilité du Reich dans l'ouverture du conflit ; l'article 231 du traité

L'Europe en 1914

L'Europe en 1921

spécifiant : « L'Allemagne reconnaît qu'elle est responsable, pour les avoir causés, de tous les dommages subis par les gouvernements alliés et associés. » Selon Pierre Renouvin et Camille Bloch, « l'article 231 n'établissait qu'une responsabilité financière » donnant une base juridique aux réparations, ce qui était un commentaire inexact du texte dans son ensemble.

En effet les articles 227 (mettant « en accusation publique Guillaume II... pour offense suprême contre la morale internationale ») et 228 (reconnaissant aux Alliés le droit « de traduire devant leurs tribunaux militaires les personnes accusées d'avoir commis des actes contraires aux... lois de la guerre ») marquaient bien la mise en accusation de l'Allemagne considérée comme « seule responsable de la guerre ».

Ce n'est pas seulement un débat juridique ou historique. C'est sur ces articles 227 à 239 que va reposer le débat sur les réparations et ils vont très particulièrement favoriser le renouveau du pangermanisme.

Au lieu de fixer immédiatement le montant de l'indemnité de guerre, le traité précise que ce sera décidé par une « commission des réparations ». Le forfait de 120 milliards de marks-or, auquel avait abouti un groupe d'experts en mars 1919, avait été rejeté par les Alliés car trop élevé : rappelons qu'A. Maddison estime à 150 milliards de dollars 1990 le PIB global du Reich en 1913 ; or 120 milliards de marks-or représentent près de 2 000 milliards de dollars 1990. Le taux était évidemment aberrant.

Il avait seulement été entendu que l'Allemagne verserait en attendant vingt milliards de marks-or avant le 1er mai 1921, elle n'en versa d'ailleurs que huit. Ce n'est qu'en avril 1921 que les Alliés fixèrent le montant des réparations à 132 milliards de marks-or (dont 52 % pour la France) payables à raison de deux milliards par an, soit pendant soixante-six ans, jusqu'en 1987 par conséquent ! Comme le fit remarquer John Maynard Keynes, c'était une décision réellement aberrante. Elle envenimera encore davantage toutes les relations franco-allemandes et interdira toutes les tentatives de réconciliation[1].

---

1. Il y a (ne l'oublions pas) une importante dette de la France à l'égard des Britanniques et des Américains, de l'ordre de 90 milliards de dollars (4 128 milliards de dollars 1999 !) que la France ne paiera jamais : à l'égard des États-Unis seuls, la France doit 32 milliards de dollars. Même lorsque Hoover en 1932 obtiendra un moratoire pour les dettes allemandes il persiste à réclamer à la France d'honorer ses engagements !

Cette suite d'humiliations qu'aggrave encore la procédure utilisée pour la préparation du traité (le Reich ne sera pas appelé à discuter réellement du texte) ne fera qu'exacerber le nationalisme allemand.

La destruction de l'Empire des Habsbourg

Il est de bon ton aujourd'hui d'expliquer qu'en 1913 l'Empire austro-hongrois est à la veille de l'implosion sous la pression des minorités. C'est très largement inexact : Masaryk, leader du mouvement nationaliste tchèque, eut du mal à être élu en 1913 et aucun autre militant de son parti (qui obtint moins de 10 % des suffrages) ne sera élu ! La Galicie ne bouge pas et il en est presque de même en Croatie. En réalité la grande revendication des Slaves c'est la reconstitution de deux royaumes slaves dans l'Empire en Bohême et en Croatie. C'est d'ailleurs ce que souhaite Otto Bauer, le leader de la social-démocratie autrichienne et père de ce que l'on appelle l'« austro-marxisme ».

L'armée austro-hongroise va du reste largement prouver durant la guerre par son comportement la solidité du régime : si quelques contingents tchèques désertent pour rejoindre l'armée russe, mais seulement en 1916-1917, cela ne représente qu'une faible proportion des soldats slaves.

Au reste l'avènement du neveu de François-Joseph, l'empereur Charles (novembre 1916) souligne le poids de l'Empire : au cours du premier trimestre de 1917 il amorce une négociation de paix qui aurait pu être générale si elle ne s'était heurtée à l'hostilité du Reich et plus encore au refus des Alliés qui la rejettent lors de la conférence de Saint-Jean-de-Maurienne (avril 1917) pour complaire aux Italiens craignant de ne pas obtenir tous les territoires qu'en 1915 on leur avait fait miroiter (ne leur avait-on pas promis, outre les terres « irrédentes » – Trentin et Trieste –, une bonne partie de la côte dalmate ?). Ce n'est véritablement qu'à partir de la fin septembre 1918, après les échecs militaires austro-hongrois en Italie et dans les Balkans, que les nationalités s'agitent ; ce n'est que le 28 octobre 1918 que le Comité national de Prague proclame la République au moment de l'effondrement du gouvernement impérial à Vienne.

Le traité de Saint-Germain-en-Laye impose à l'Autriche l'abandon de la Galicie rendue à la Pologne redevenue indépendante, des territoires de Bohême sont affectés à la nouvelle et bien artificielle Tchécoslovaquie, le Trentin et le Tyrol du Sud donnés à l'Italie, ainsi que le Frioul, l'Istrie (avec Trieste), tandis que la Dalmatie, avec Fiume (Rijeka) mais sans Zara, était affectée à la Yougoslavie.

L'Autriche est réduite à la portion congrue ; elle ne peut obtenir que les régions sudètes (les Allemands de Bohême hostiles à la nouvelle Tchécoslovaquie) proches de sa frontière lui soient rattachées et les Alliés interdisent ce que proposait la Constitution autrichienne de 1919, le rattachement au Reich. La nouvelle République fédérale d'Autriche aura alors bien du mal à vivre avec une capitale démesurée par rapport aux dimensions, à la population et aux moyens dont disposait alors l'Autriche.

Le traité de Trianon avec la Hongrie fut aussi rude que celui de Saint-Germain-en-Laye. La Hongrie doit abandonner Slovaquie, Croatie, Voïvodine et Transylvanie : on oublie toutefois de régler le problème des minorités magyares. Ce traité réduisait en effet la Hongrie à l'ancienne Pannonie autour de Budapest avec 6 millions d'habitants, l'obligeait à abandonner à la Roumanie 1 500 000 Magyars en Transylvanie, les régions d'Arad, Timisoara et Oradea, Cluj et sa banlieue et une zone s'étendant entre Cluj, Sibir, Brajov. Les Magyars représentent alors 8 % de la population roumaine, mais 30 % de la population transylvaine. Le juste partage de la Transylvanie ne sera pas fait [1].

Un problème analogue est posé en Voïvodine au nord de la Serbie. Comme il faut récompenser les Alliés (Roumains et Yougoslaves) on oublie le principe wilsonien du droit des peuples à disposer d'eux-mêmes ! Il en est de même pour les Hongrois de Slovaquie. Si les intellectuels slovaques, très violemment anti-Magyars et pro-Tchèques – de surcroît souvent protestants –, sont favorables à l'union avec la Bohême et poussent à la constitution de la Tchécoslovaquie, il n'en est pas de même de la masse de la population catholique et rurale qui souhaite essentiellement une large autonomie dans le cadre de la Hongrie. Il est vrai qu'en 1918 sur un peu plus de 4 millions d'habitants la Slovaquie compte 720 000 Magyars, soit 18 % de la population. Le traité de Trianon, par les territoires accordés au nom du droit des vainqueurs aux voisins de la Hongrie, enlevait au royaume près de 2 700 000 Magyars qui vivaient aux frontières de la Hongrie...

1. Il sera réalisé par l'arbitrage de Vienne en octobre 1940. Mais effectuée sous la pression du IIIe Reich, cette solution disparaîtra dès 1945 avant même le traité de Paris de 1947...

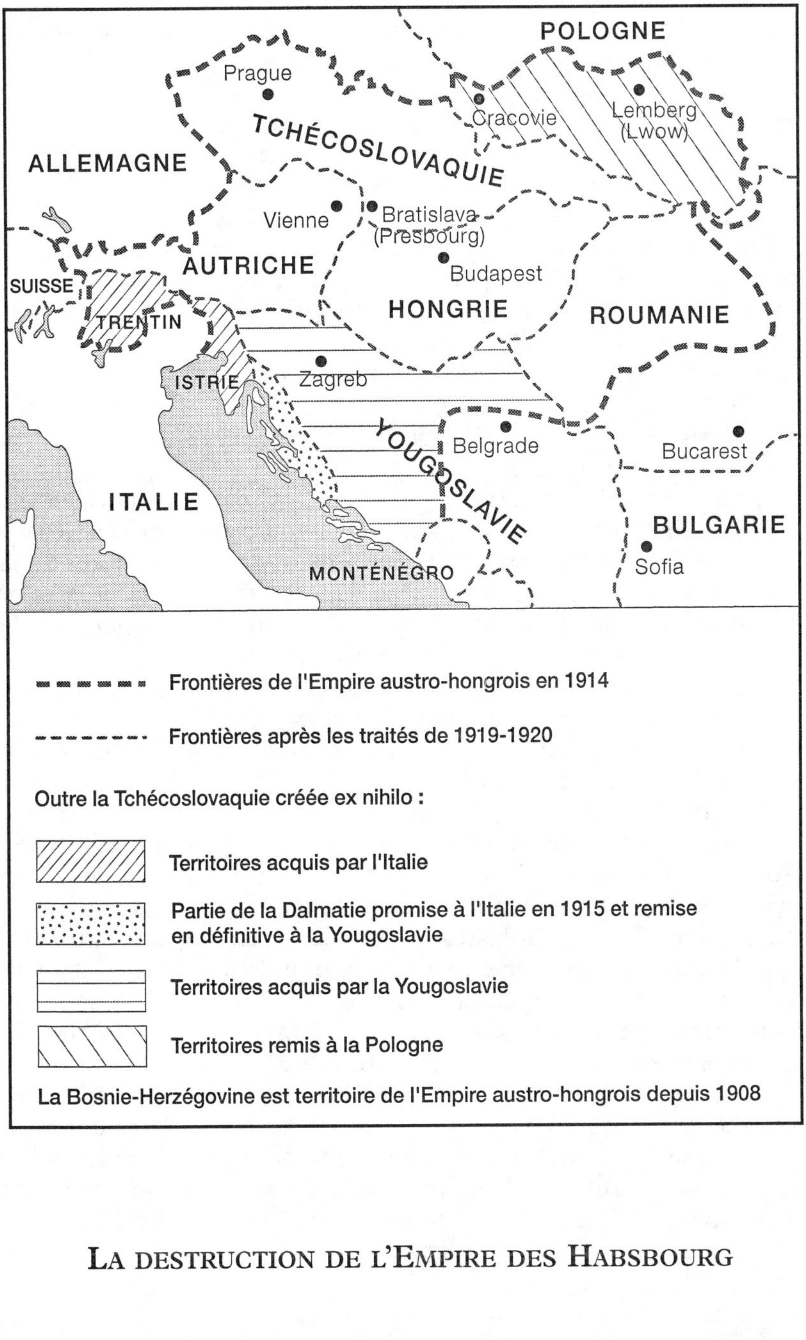

LA DESTRUCTION DE L'EMPIRE DES HABSBOURG

Enfin – même si ce n'était pas une clause du traité de Trianon - les Alliés interdirent aux Habsbourg de régner en Hongrie. Après la révolution marxiste de Béla Kun le nouveau Parlement hongrois désigna comme régent Joseph de Habsbourg, fils du « Palatin de Hongrie » : les Alliés s'y opposèrent ; le Parlement désigna alors comme régent l'amiral de Horty, en attendant la restauration de l'empereur Charles, roi de Hongrie : les Alliés s'y opposèrent à deux reprises tant ils craignaient la reconstitution d'un État austro-hongrois autour des Habsbourg. Charles de Habsbourg restauré aurait sans doute amené les Slovaques à rejoindre l'ensemble, ce qui aurait entraîné très vraisemblablement le ralliement de la partie tchèque ; aussi extraordinaire que cela puisse paraître, le problème des Habsbourg hantera Masaryk, puis Beneš et sera encore l'essentiel des entretiens franco-tchèques de 1934 (Masaryk-Barthou) et de 1937 (Beneš-Delbos). Cette hostilité des « jacobins tchèques » facilitera considérablement la tâche d'Hitler en 1937-1938 quand il se préparera à l'Anschluss.

La Hongrie devait aussi abandonner la Croatie ; l'impérialisme magyar avait aliéné dans ce « royaume » toute sympathie à l'égard de Budapest, ce qui contribuera fortement à la constitution de la fédération qu'aurait dû être le « Royaume des Serbes, Croates et Slovènes ». Mais très vite les Croates durent déchanter : le panserbisme était pire que l'impérialisme magyar.

La disparition de l'Empire austro-hongrois va entraîner une restructuration du monde danubo-balkanique.

La Roumanie obtient la Bessarabie russe, la Bukovine (partie extrême-orientale de la Galicie) avec Cernauti, la Transylvanie et la Dobroudja cédée par la Bulgarie. Cela transforme le royaume de Roumanie, jusqu'alors homogène, en État multi-ethnique : 80 % de Roumains, 8 % de Magyars, 3 % d'Allemands en Transylvanie, autour de Brasov, 4 % d'Ukrainiens en Bukovine et Bessarabie, 2 % de Bulgares et 3 % de Tziganes, en admettant que la communauté juive (3 % de la population) soit réellement considérée comme roumaine par la population ! Si Allemands et Ukrainiens ne posent guère de problèmes il n'en est pas de même des Bulgares et naturellement des Magyars.

La Bulgarie perd la Dobroudja du Sud et surtout la Thrace orientale, elle n'obtient rien de plus qu'au traité de Londres en 1913. Quant à la Grèce, elle n'a pas réussi à convaincre les Alliés que l'Albanie du Sud (l'Épire du Nord) était grecque et devait être enlevée à l'Albanie qui conserve ses frontières de 1913. Elle se contente de la Thrace bulgare.

Le grand vainqueur c'est le Royaume des Serbes, Croates et Slovènes qui intègrent Dalmatie et Slovénie autrichiennes, la Croatie hongroise, la Bosnie-Herzégovine austro-hongroise et le Monténégro. Mais cet ensemble hétérogène et artificiel connaîtra très vite de grandes difficultés qui dureront tout au long du siècle.

La disparition de l'Empire ottoman

Bien que depuis le traité de Londres de 1913[1] l'Empire ottoman ne soit plus un État européen (il ne lui reste que l'arrière-pays de Constantinople – Istanbul – jusqu'à Andrinople-Edirne), son devenir est tellement lié à l'Europe qu'il importe de dire quelques mots du traité de Sèvres.

Il convient de se rappeler qu'en 1914 la Turquie d'Asie intègre les régions actuelles suivantes : Syrie, Liban, Irak, Jordanie, Palestine et en Arabie saoudite la côte du Hedjaz jusqu'à Médine.

Dès le début de la guerre, Britanniques, Français et surtout Russes, s'appuyant sur le renouveau panarabe et antiturc, envisagèrent sans états d'âme le partage de l'Empire ottoman. L'Arménie ottomane (en gros de Trébizonde au lac de Van) ainsi que la région du Bosphore étaient promises à la Russie ; à la France, on promettait une « grande Syrie » intégrant le Liban, la Cilicie et le Nord de l'Irak, ainsi que l'actuelle Syrie.

Durant la guerre, deux communautés arabes s'allièrent aux Franco-Britanniques, les Husseinites et les Saoudiens. À la fin de la guerre, malgré une forte résistance, l'Arabie saoudite se constitue sous la houlette de Abd-al-Azez-Ibn-Saoud, intégrant le Hedjaz ; les Husseinites, quant à eux, durent renoncer à la Syrie et se partagèrent Irak et Transjordanie qui devenaient mandats britanniques. La France obtenait un mandat sur la Syrie et le Liban et un protectorat sur la Cilicie tandis que le Royaume-Uni se voyait confier un mandat sur la Palestine où devait se consti-

1. Le traité de Londres met fin à la seconde guerre balkanique. La première en 1912 unissait Grecs, Bulgares et Serbes contre la Turquie : en 1913, n'arrivant pas à se mettre d'accord, Grecs et Serbes, soutenus par les Roumains, s'en prennent à la Bulgarie. Le traité de Londres libère les Balkans du joug ottoman, attribuant la Macédoine et le Kosovo à la Serbie, la Thessalie et la Thrace occidentale à la Grèce, la Thrace orientale à la Bulgarie. La Turquie ne conserve en Europe que l'ensemble autour de Constantinople avec Andrinople.

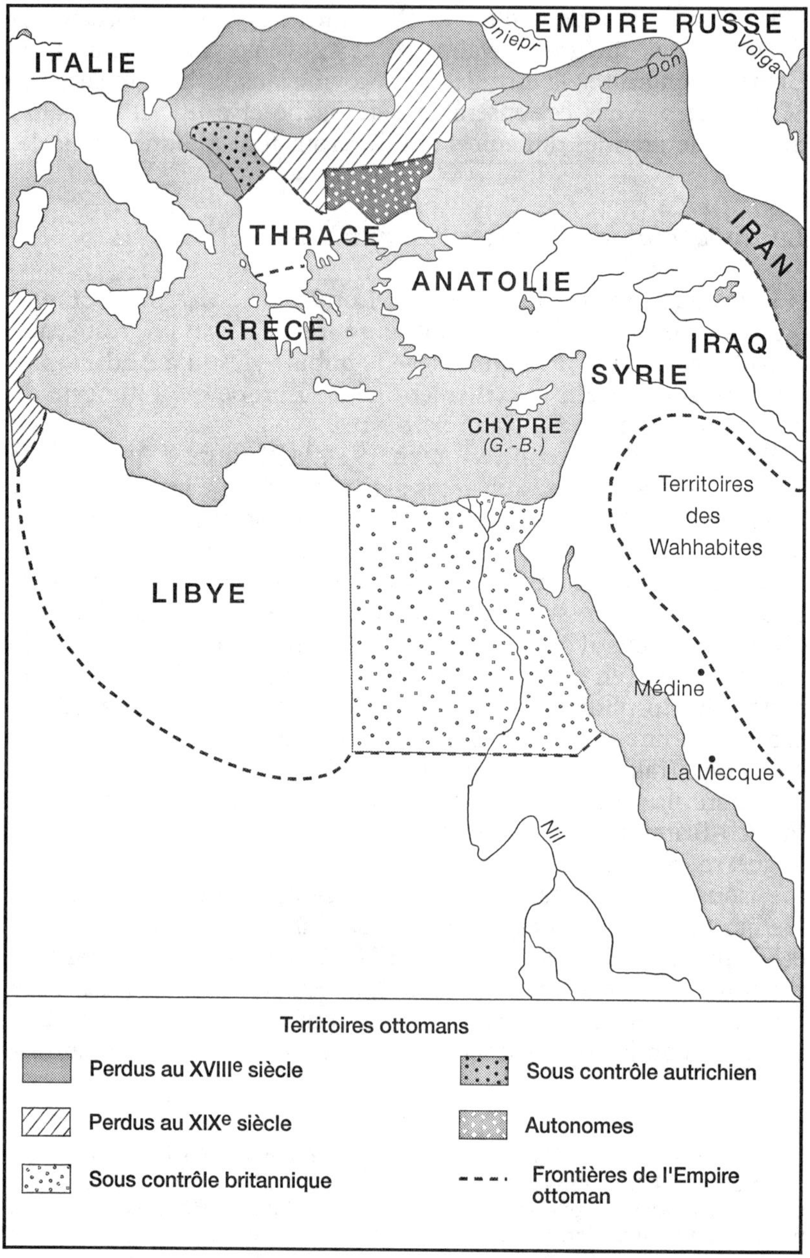

L'EMPIRE OTTOMAN EN 1908

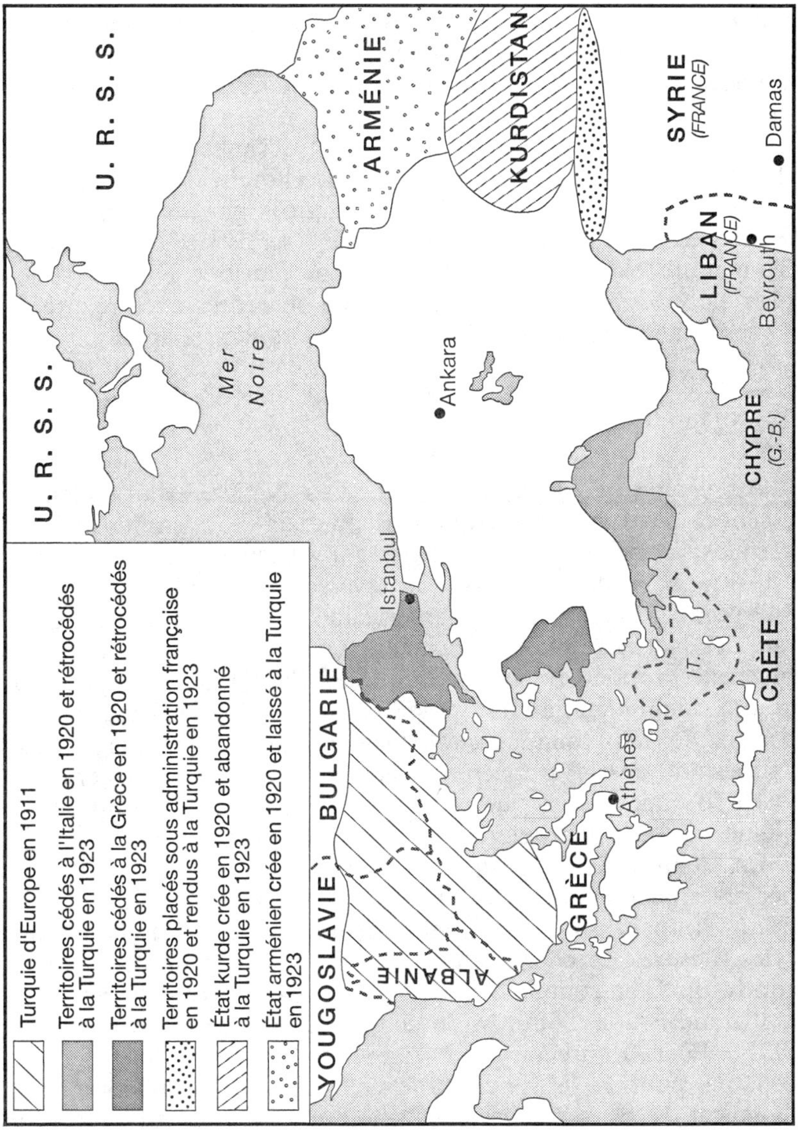

LES TENTATIVES DE DÉMEMBREMENT DE LA TURQUIE

tuer un « Foyer national juif » (déclaration Balfour, 1917). Enfin la Grèce obtenait la région de Smyrne où vivaient plus d'un million d'hellénophones et l'Italie obtenait un protectorat de fait sur le Sud de la Turquie. L'Empire ottoman était littéralement dépecé, d'autant qu'on prévoyait à l'est de l'Anatolie un État kurde.

Les Turcs réagirent violemment devant cette situation, d'autant que l'armée turque ne s'était effondrée qu'à l'automne 1918 ; les fronts turcs sont alors enfoncés par les Britanniques aussi bien en Irak qu'en Palestine (armistice de Moudros, 30 octobre 1918). Sous la direction de Mustafa Kemal (appelé plus tard Kemal Atatürk) la Turquie se redresse et rejette les Grecs à la mer. Le traité de Sèvres ne sera jamais appliqué.

La SDN

Au yeux de Wilson, la Société des Nations était l'élément essentiel du traité de Versailles. Répondait-elle, comme l'ont dit certains, à un besoin profond des gouvernements et des peuples est une question toujours controversée ; elle se fonde sur le 14e point de la déclaration américaine : « Une association générale des Nations doit être formée... afin d'apporter des garanties mutuelles d'indépendance politique et d'intégrité territoriale aux grands comme aux petits États. » Ce texte, d'une grande naïveté, comme le remarqua aussitôt Daniel Halévy, n'emporta point l'adhésion des Européens ; Clemenceau, Lloyd George et Orlando étaient plus que réticents devant de telles propositions pleines de bons sentiments mais paraissant inapplicables.

En définitive, le 25 janvier 1919 la conférence de la Paix déclara que « le pacte de la SDN serait partie intégrante des traités de paix ». Le fondement même du pacte impliquait que « des mesures de coercition puissent être prises immédiatement contre un État coupable d'agression ». De surcroît, le représentant français à la Commission chargée de préparer le statut de la SDN, Léon Bourgeois, à l'origine de la Cour de La Haye, réclama pour la SDN les moyens d'exécution nécessaires à l'application de ses décisions, sinon une armée, au moins un état-major permanent. Cela fut aussitôt refusé (3 février 1919) : il semble que les Anglo-Américains aient craint que cet état-major soit dominé par le maréchal Foch et par la France. En définitive on adopta un projet anglo-saxon et le premier secrétaire général sera un Britannique. Au reste, bien que les États-

Unis ne soient pas membre, c'est sur convocation de Wilson que se réunit à Paris, pour la première fois, le Conseil de la SDN (18 janvier 1920).

La SDN était ouverte :

- aux Alliés, signataires des traités de 1919,
- à un certain nombre d'États membres ayant adhéré au pacte,
- à tout État indépendant acceptant les obligations du pacte, admis par l'Assemblée générale à la majorité des deux tiers.

Par contre, elle était fermée aux pays vaincus. La SDN pouvait exclure un État sur proposition du Conseil et par décision unanime de l'Assemblée générale. Enfin, un État membre pouvait se retirer de la SDN. Le préavis était de deux ans.

La SDN est dotée d'un statut très simple. On distingue trois organes essentiels :

- l'Assemblée,
- le Conseil,
- le Secrétariat.

L'Assemblée réunit tous les États membres, chacun d'entre eux disposant d'une voix. Elle siège une fois par an, en septembre. Elle élit son bureau (le *Comité exécutif* : un président et six vice-présidents), les membres non permanents du Conseil et les juges à la « Cour de justice internationale ». La plupart des décisions doivent être prises à l'unanimité, ce qui va rendre illusoires l'efficacité de la SDN et le principe de la sécurité collective.

Le Conseil comprend cinq membres permanents : France, Grande-Bretagne, Italie, Japon, États-Unis. Comme ces derniers n'appartiennent pas à la SDN du fait de la non-ratification des traités par le Congrès des États-Unis (mars 1920) il y avait à l'origine seulement quatre membres permanents ; par suite d'augmentations successives on arriva en 1926 à neuf membres. Le Conseil se réunit presque chaque trimestre : outre la désignation du secrétariat, il a la charge de maintenir la paix, au besoin de préparer les interventions nécessaires pour son maintien. Il désigne les responsables des territoires sous contrôle de la SDN (Sarre, Dantzig). En fait les compétences du Conseil recoupent celles de l'Assemblée, d'autant qu'en définitive c'est celle-ci qui a le pouvoir de décision.

Enfin le Secrétariat, sous l'autorité du secrétaire général, prépare les travaux du Conseil et de l'Assemblée. Il réunit rapidement plusieurs centaines de fonctionnaires appartenant aux cinquante États membres.

En réalité la SDN ne pourra guère jouer le rôle que Wilson – mais aussi les intellectuels idéalistes européens – voulait lui faire jouer. D'une part, elle est dépourvue de tous moyens de coercition, à la demande même des États-Unis, d'autre part les principaux États, membres du Conseil, ne lui feront pas, pendant de longues années, réellement confiance ; enfin les États-Unis n'y participant pas lui enlèvent beaucoup de crédibilité. Et quand on lui fera foi, le principe de sécurité collective contribuera à affaiblir les possibilités d'action des forces de paix.

LES CONSÉQUENCES PRATIQUES DES TRAITÉS

Parce qu'avant toute chose Wilson était hostile à « l'équilibre européen » et à un « directoire des puissances », l'Europe sortant de la Grande Guerre et des traités de 1919 est balkanisée et plus divisée qu'elle n'était en 1914 ; il n'est pas invraisemblable de penser que pour Wilson et certains Américains cette décomposition de l'Europe avait l'avantage de limiter l'influence des puissances européennes en s'appuyant sur les principes fondateurs de l'indépendance américaine ; on peut en effet trouver un lien entre les Quatorze Points de 1918 et la déclaration Monroe du 2 décembre 1823 interdisant aux Européens d'intervenir en Amérique latine. La position de la Maison-Blanche consacrait ainsi le morcellement de l'Amérique du Sud, la plaçant sous protectorat des États-Unis, la SDN étant en fait invitée à se désintéresser de ce continent.

Le poids de l'isolationnisme renforcé par les erreurs politiques de Wilson et ses conflits avec le Congrès entraînèrent la non-ratification des traités de 1919 par le Sénat des États-Unis et conduisirent à un repli international de ces derniers qui va durer plus de vingt ans. Les États-Unis seraient-ils entrés en guerre d'eux-mêmes en 1941 s'il n'y avait eu Pearl Harbor ? Mais l'Europe en pleine difficulté économique ne sut pas profiter de ce repli international des États-Unis ; il est vrai que le morcellement du continent en une multitude d'États impuissants et les possibilités de conflits qu'entraînaient les traités allaient lui interdire de reprendre la place qu'elle tenait en 1914.

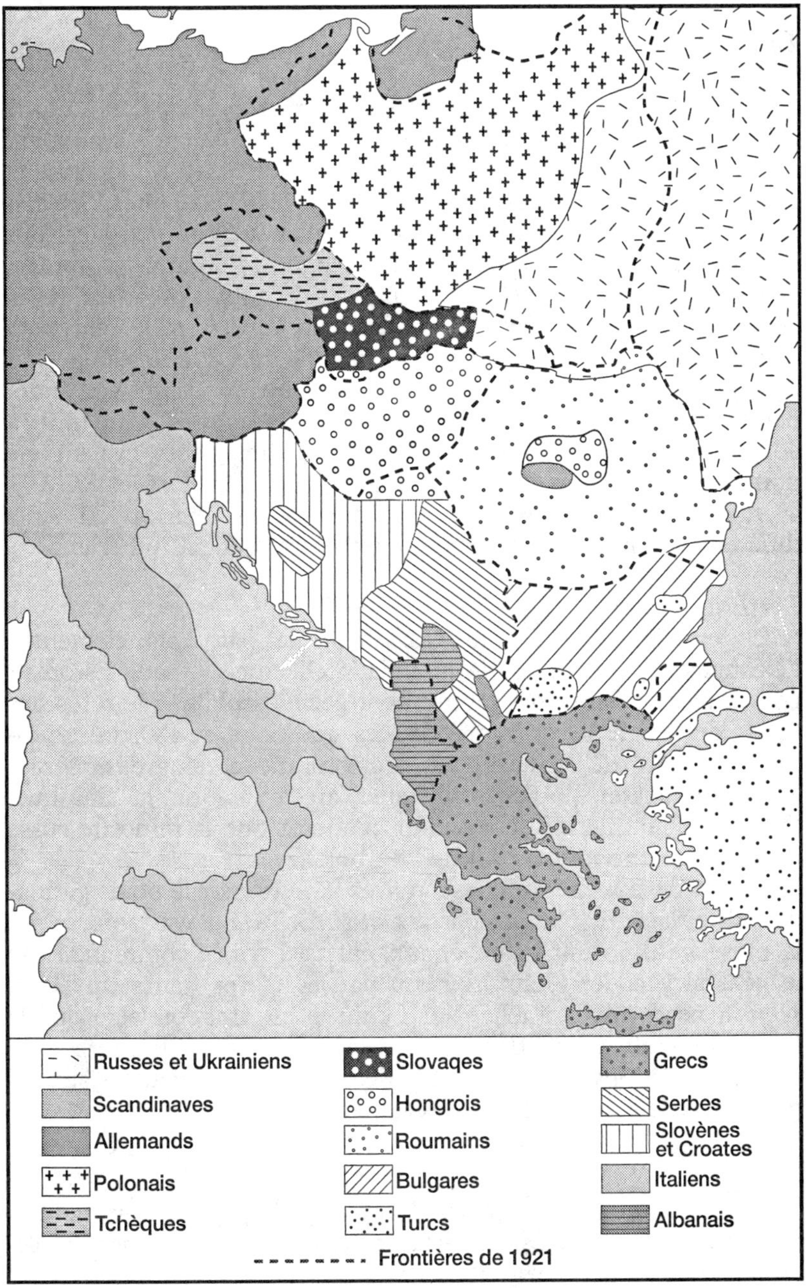

LES ETHNIES EN EUROPE

La multiplication d'États artificiels

Au lendemain de 1919 l'Europe est divisée en une multitude d'États artificiels qui, à l'exception de la Pologne, manquent même d'identité nationale. Pour lutter contre l'URSS naissante et limiter son impact, on laisse se constituer les États baltes. Si l'histoire connaît l'existence d'un État lituanien qui, pour des raisons dynastiques, s'allia au royaume de Pologne et domina un temps, aux XVIe et XVIIe siècles, l'Europe orientale s'étendant à la Baltique et à la mer Noire, de Poznan à Kiev, tout cela avait disparu au cours des partages de la Pologne. La Lituanie était devenue une province de l'Empire russe qui proclame son indépendance en février 1918 et offre alors le pouvoir à un prince allemand ! Quant à la Lettonie et à l'Estonie, elles avaient été dominées tour à tour par les Chevaliers teutoniques et les Suédois avant de devenir russes lors de la débâcle de Charles XII. À la différence de la Lituanie ces deux territoires étaient luthériens.

Les États baltes

La création de l'Estonie fut favorisée par trois éléments : l'existence d'un petit mouvement d'intellectuels « Jeune Estonie » contre-battu par un fort mouvement germanophile [1] ; le refus des Alliés de voir le Reich reprendre les traditions de l'Ordre teutonique et faire de l'Estonie un protectorat ; le refus des mêmes Alliés de laisser l'URSS s'installer au milieu de la Baltique. C'était évidemment une solution, d'autant que la minorité russe déjà importante joue en faveur des bolcheviks.

On retrouve la même situation avec la Lettonie : le poids germanophile est ici aussi fort important et après 1918 il est renforcé par la présence d'un important contingent de l'armée commandé par le général von der Goltz, soutenu par les Corps francs du *Baltikum*. Sans la pression alliée sur Berlin, il est vraisemblable que la Lettonie aurait, avec l'Estonie, constitué une sorte de protectorat allemand s'appuyant – dans les deux États luthériens – sur les partis agrariens très proches des « barons baltes » [2].

---

1. Prenons conscience que c'est seulement en 1905 qu'à l'Université de Dorpat (Tartu), en Estonie actuelle, on renonça à enseigner en allemand et qu'on y substitua... le russe !

2. Avec moins de quatre millions d'habitants, ces deux États formeront trois divisions de Waffen SS entre 1941 et 1944.

Les trois États baltes sont des États artificiels où l'identité nationale est plus que discutée ; pour maintenir un minimum de cohésion on y instituera dès la fin des années 20 des régimes autoritaires.

Un seul État balte avait une raison d'être : la Finlande ; largement autonome depuis son annexion par la Russie, en 1918, elle devient indépendante et après une dernière tentative soviétique qui échoue devant la résistance organisée par le général Mannerheim, l'URSS reconnaît définitivement l'indépendance du nouvel État, seul ensemble national de la région conscient de son identité et de ses valeurs.

La Pologne

État ressuscité, la Pologne va très vite poser de graves problèmes. La reconstitution d'un État polonais proposée par le 13e point de la déclaration Wilson (« il sera créé un État polonais uni et indépendant avec libre accès à la mer ») est admise par tous les belligérants, d'autant que même les Empires centraux l'avaient envisagée. Mais quelles frontières donner à la Pologne ?

Il est évident qu'il ne s'agit pas seulement de donner une réelle indépendance au royaume de Pologne créé comme dépendance de la Russie en 1815. Il était normal que la Galicie occidentale et la Posnanie orientale reviennent à la Pologne. Mais le libre accès à la mer obligeait à une grave entorse au principe des nationalités ; les deux ports possibles, Dantzig ou Memel, étaient majoritairement allemands, l'arrière-pays de l'un étant le peuple des Kachoubes germanophiles, bien que parlant un dialecte proche du polonais, et celui de l'autre étant lituanien. Mais la Pologne a de grandes ambitions que contrecarrent les plébiscites prussiens et silésiens et les décisions du Conseil suprême interallié : il attribue en effet Teschen (Cieszyn) à la Tchécoslovaquie et fixe la frontière orientale sur le Bug conformément à la proposition d'une commission présidée par Lord Curzon.

Teschen va devenir un sujet permanent de conflit entre Varsovie et Prague ; mais surtout la Pologne se rebelle contre la ligne Curzon. Toutefois les Ukrainiens, menacés par l'Armée rouge, rétrocèdent la Galicie orientale (avec Lwow) à la Pologne. En échange, les armées polonaises commandées par Pilsudski prennent Kiev mais ne peuvent résister à la contre-offensive soviétique. Aidés par la mission Weygand les Polonais résistent puis obligent les Soviétiques à traiter. Ils récupèrent alors une bonne

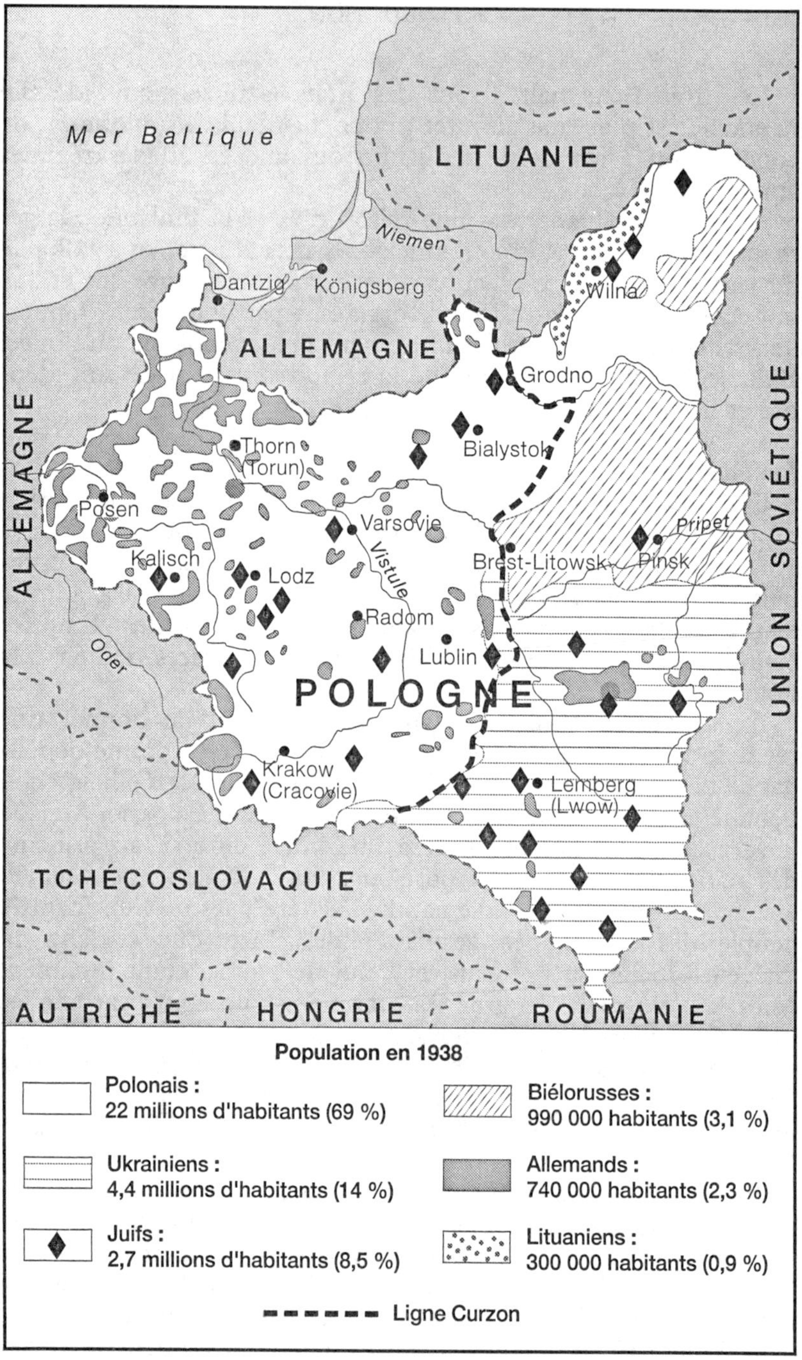

La Pologne et ses minorités en 1921

partie de la Biélorussie occidentale ; le traité de Riga attribue encore à la Pologne la Lituanie orientale avec Vilnius, l'actuelle capitale de la Lituanie.

Tout cela contribue à faire de la Pologne un État puissant en apparence ; cela est plus vrai sur le papier que dans la réalité. Il n'y a en effet en Pologne que 60 % de Polonais : on y compte 15 % d'Allemands (dont la moitié est luthérienne), 15 % de Lituaniens et 4 % de juifs. Jusqu'en 1933 minorités allemande et juive (en particulier en Posnanie) votent ensemble pour des candidats plus ou moins hostiles à l'État polonais et souvent soutenus par les ethnies ukrainienne et biélorusse. Cette situation explique l'instabilité chronique de la République polonaise.

De surcroît, il faut créer un système juridique totalement nouveau puisque jusqu'en 1919 il y avait dans les territoires devenus polonais quatre régimes juridiques différents, le polonais (pour le royaume du Congrès), le russe, l'allemand et l'autrichien. Naturellement enfin il faut restructurer le réseau ferré. D'une part à l'est de Poznan ou au nord de la Galicie est utilisé l'écartement des voies ferrées russes, plus large que l'écartement occidental ; d'autre part, il faut établir une liaison ferroviaire entre la Baltique et la Silésie (jusqu'en 1919 le débouché de celle-ci est Stettin). Enfin, puisque Dantzig est ville libre non polonaise il va falloir construire un nouveau port : ce sera Gdynia.

Des problèmes analogues se posent en Tchécoslovaquie et plus encore en Yougoslavie.

La Tchécoslovaquie

Outre le fait que l'Empire des Habsbourg était profondément marqué par le catholicisme, nombre d'intellectuels et de politiques lui reprochaient d'être un État multi-ethnique : pourtant plus encore que la Pologne, Tchécoslovaquie et Yougoslavie sont aussi multi-ethniques que l'Autriche-Hongrie, avec cette différence qu'il y avait une identité dynastique derrière les Habsbourg qui n'existera naturellement pas pour les Karageorgevitch et n'a pas de raison d'être dans la République tchécoslovaque.

La Tchécoslovaquie compte alors 16 millions d'habitants répartis entre 5 nationalités importantes, très divisées religieusement.

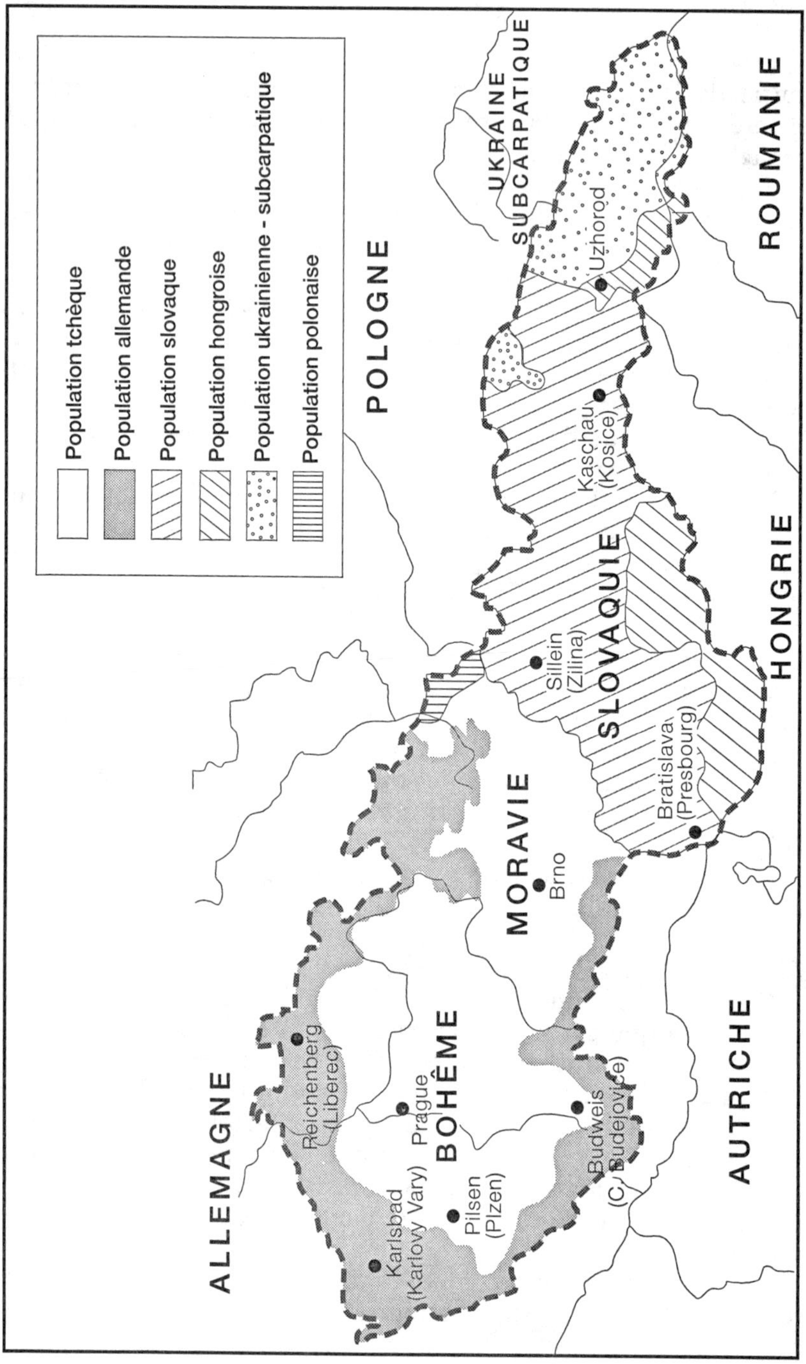

LA TCHÉCOSLOVAQUIE EN 1920

On compte en effet :

Nationalité		Catholiques	Orthodoxes	Protestants	Israélites
Tchèques	49 %	30 %	-	16 %	1 %
Slovaques	17 %	15 %	-	2 %	-
Allemands (des Sudètes)	24 %	10 %	-	14 %	2 %
Magyars	5 %	5 %	-	-	-
Ukrainiens	4 %	1 %	3 %	-	-
Polonais	1 %	1 %			
	100 %	62 %	3 %	32 %	3 %

N.B. Les catholiques tchèques sont dès cette époque plus sécularisés que les fidèles de l'Église des autres nationalités.

Et ici le poids religieux compte car il attise les conflits entre la partie tchèque, dont près d'un tiers des habitants est protestant et domine les scènes économiques et politiques, et la partie slovaque très majoritairement catholique. Or, si quelques intellectuels slovaques (généralement protestants ou agnostiques) tournent leurs regards vers Prague et poussent à la constitution de l'État tchécoslovaque, la majorité catholique en Slovaquie est hostile à la République laïque que Prague veut imposer[1].

Il est vrai que Masaryk et Beneš, imbus de pensée française, vont tenter de faire de la Tchécoslovaquie un « État jacobin », centralisé à la française, divisé en départements (A. Timbal, 1935). Il fallait en outre faire coexister deux régimes juridiques : l'autrichien et le hongrois. Cela entraînera de vives réactions des Slovaques comme des Sudètes.

La Yougoslavie

La situation est pire en Yougoslavie où, si langue et ethnie sont identiques (Serbes et Croates appartiennent à la même ethnie serbo-croate et parlent la même langue), les cultures sont diamé-

1. N'oublions pas que lorsqu'ils seront totalement libres les Slovaques divorceront d'avec les Tchèques (1991) en un temps où le problème religieux est infiniment moins déterminant qu'en 1919 !

tralement différentes, ce que les quatre membres du Conseil Suprême, relativement agnostiques, n'ont absolument pas pris en compte ; depuis le XIe siècle, Serbes et Croates appartiennent à deux communautés chrétiennes opposées et en conflit permanent : les uns sont catholiques, les autres orthodoxes. Les uns utilisent les caractères latins, les autres écrivent en cyrillique. Enfin, depuis 1699, la Croatie est libérée de l'emprise ottomane qui perdurera en Serbie jusqu'en 1855.

Si, au lendemain de la guerre, les Croates ont pensé qu'ils pouvaient se regrouper avec les Serbes et les Slovènes en une sorte de confédération des Slaves du Sud, ils vont très vite le regretter. Entre les Serbes et eux les différences sont trop grandes, non seulement au plan culturel, mais aussi au plan économique. Si le PIB par habitant (en dollars de 1990) est en 1913 de 3 500 dollars en Autriche, de 3 000 en Bohême, il tombe à 2 000 en Hongrie et Slovénie, à 1 400 en Croatie, mais à 900 en Serbie, à moins de 700 dans le reste du royaume. Celui-ci est par ailleurs une véritable mosaïque de peuples et de religions.

Nation		Catholique	Orthodoxe	Protestant	Musulman	Juif
Serbe *(Macédoine et Bosnie-Herzégovine Inclus)*	65 %	9 %	40 %	1 %	14 %	1 %
Croate	25 %	21 %	3 %-	0,5 %	-	0,5 %
Slovène	10 %	9 %	-	0,5 %	-	0,5 %
Royaume des Serbes, Croates et Slovènes	100 %	39 %	43 %	2 %	14 %	2 %

Si nous insistons sur le problème religieux, c'est qu'il est ici un grand facteur de discorde : la Serbie représente les deux tiers de la population du royaume, mais les Serbes authentiques ne sont que 40 %, en admettant encore que tous les orthodoxes de ce qui est alors la Serbie soient serbes ; or on compte parmi les orthodoxes un assez grand nombre de Macédoniens qui seraient plus bulgares que serbes, comme le montrait dès 1913 un rapport de la Fondation Carnegie.

Quant aux musulmans du royaume ils ne sont devenus serbes

qu'entre 1912 et 1918, soit après les traités mettant fin aux guerres balkaniques, soit après l'occupation de la Bosnie-Herzégovine en 1918. Leur attachement au royaume des Karageorgevitch est... limité : les Bosniaques le montreront fermement comme les Croates après 1920.

À cela s'ajoutait l'imbroglio des divers régimes juridiques, un sous-développement important en Serbie, en Macédoine ou en Bosnie, l'absence d'infrastructures de tout genre. Peu peuplée (20 millions d'habitants) la Yougoslavie, malgré son étendue (la moitié de la France), est une nation sans histoire commune, sans identité ; elle n'est qu'un État de second ordre.

On pourrait en dire autant de la Roumanie, même si elle est plus peuplée (25 millions d'habitants). C'est en effet un État fait de briques et de morceaux : il compte certes une forte majorité roumaine, 80 % de la population, population essentiellement orthodoxe, mais de culture latine, ce qui entraîne une situation très différente des peuples orthodoxes et slaves voisins (Serbie, Bulgarie, Ukraine, Union soviétique). Seulement la population roumaine a en face d'elle une minorité allemande (5 % de la population, essentiellement luthériens autour de Brasov) et surtout une forte minorité magyare (30 % de la population transylvaine, majoritairement catholiques avec quelques noyaux réformés [Timisoara] et luthériens). La population magyare accepte d'autant plus mal le rattachement à la Roumanie qu'elle a peu de considération pour les Roumains (les « Valaques », disent-ils). Aussi assiste-t-on très vite à une agitation contre Bucarest.

La balkanisation de l'Europe centrale et ses conséquences

Cette multitude d'États artificiels, sans identité nationale véritable, instables politiquement et économiquement, a été mise en place au nom du droit des peuples à disposer d'eux-mêmes, mais aussi pour faire contrepoids au Reich. En réalité aucun de ces États n'est capable – seul – de faire contrepoids au Reich. Il est donc nécessaire qu'ils s'allient entre eux, ce qui n'apparaît pas facile, et qu'ils puissent compter sur une grande puissance à l'Ouest.

En réalité la géopolitique de l'Europe centrale et orientale est déséquilibrée par cette myriade d'États face à la puissance allemande qui reste très forte.

Même si elle est profondément meurtrie, l'Allemagne demeure

en Europe une puissance redoutable. Bien sûr, la rive gauche du Rhin est occupée, la frontière orientale a été démantelée par les Alliés et l'État a du mal à fonctionner en raison de la pression de l'extrême gauche et des activités contre-révolutionnaires de la droite nationaliste. Sans doute, la nouvelle Constitution qui transforme le Reich en République présidentielle n'a guère de soutiens, au point que l'on a pu dire que l'Allemagne de Weimar était une République sans républicains. Malgré toutes ces difficultés auxquelles s'ajoutent d'importantes difficultés sociales, le Reich demeure une puissance.

Économiquement d'abord le PNB allemand est l'un des plus importants d'Europe (le second derrière la Grande-Bretagne) devançant la France.

Évolution du PNB en Allemagne, France, Grande-Bretagne de 1913 à 1919 (en milliards de dollars 1990)

	Allemagne	Grande-Bretagne	France
1913	145	215	145
1919	107	203	104

Source : Angus Maddison, *L'Économie mondiale au XXe siècle*, OCDE, 1995.

À lui seul le PNB du Reich est en 1919 supérieur à celui de tous les États de l'Europe centrale et orientale (États baltes, Pologne, Tchécoslovaquie, Hongrie, Roumanie et Yougoslavie) ; c'est un élément rarement pris en compte. Il permet de mieux comprendre l'intérêt que le Reich, dès 1920, porte à l'Europe centrale et orientale.

De surcroît, en 1919-1920, la Reichswehr demeure une force importante : elle compte encore, malgré le traité de Versailles, près de 400 000 hommes sans compter les volontaires des Corps francs [1] (environ 100 000 volontaires), particulièrement nombreux en Lettonie, dans le Sud de la Prusse orientale et naturellement en Silésie.

1. Cf. D. Venner, *Baltikum*, Pygmalion.

Les Alliés réagissent brutalement face à ces forces théoriquement interdites par le traité de Versailles, en particulier en Lettonie et en Silésie. L'impact de ces mesures tout à fait justifiées va être considérable car il renforce la hargne contre les Alliés et surtout contre la France, protectrice d'une Pologne qui, aux yeux de bien des Allemands, ne devrait pas exister.

Mais le déséquilibre géopolitique est aussi sensible dans le monde danubien : la France, après avoir soutenu un temps la Hongrie, l'abandonne très vite au profit des Polonais, des Tchèques et des Roumains. Mais économiquement la France, ruinée par la guerre, ne peut être qu'un appui limité face au Reich qui dispose de soutiens politiques en Autriche et en Hongrie, de moyens économiques, industriels et commerciaux encore puissants dans tout le bassin danubien. Dès 1929 la part du Reich dans les importations des États du monde danubien évolue entre 15 % (Yougoslavie) et 24 % (Roumanie). En détruisant l'Empire des Habsbourg, on a ouvert les portes du monde danubien au Reich qui va s'y engouffrer dès le début des années 20 !

La reconstruction de l'Europe centrale et orientale

Toute l'Europe centrale et orientale est à reconstruire après 1919 politiquement, juridiquement, économiquement.

Politiquement d'abord : le but des puissances alliées est d'instaurer partout la démocratie selon les propositions du Council of Foreign Relations (CFR) fondé en 1919 par le « Colonel » Edward Mendel House, sur une suggestion du président Wilson, les deux autres buts du CFR étant de réaliser « la synthèse entre le capitalisme et le socialisme » et de « faire disparaître les souverainetés nationales – dans de grands ensembles économiques et géopolitiques ».

Seulement la démocratie ne s'instaure pas par décret ou par traité international : la démocratie dans des États où l'illettrisme demeure considérable (Pologne 40 %, Lituanie 40 %, Slovaquie 35 %, Hongrie 30 %, Croatie 35 %, Serbie 50 %, Bosnie 60 %, Roumanie et Bulgarie 50 %) est un leurre. De surcroît, il n'y a pas de classe moyenne solide (seules exceptions, la Bohême et partiellement la Hongrie). Au surplus, quand elle existait en 1913 (Posnanie, Slovaquie, Slovénie, par exemple) elle s'est expatriée vers l'ancienne mère patrie (Berlin ou Vienne). Dès lors une part importante de la classe moyenne est constituée de bourgeois juifs ; on va donc assister, à peu près partout, à une poussée très forte d'antisémitisme. La Bohême est à part : l'illettrisme y est inexistant, il y a une classe moyenne avec une forte minorité sudèto-juive il est vrai [1] ; il n'y aura de véritable régime démocratique qu'en Tchécoslovaquie et partiellement en Hongrie. Partout ailleurs dès 1925-1926 aux régimes parlementaires classiques, instaurés après la création de l'État, se substituent des régimes autoritaires à caractère agrarien, s'appuyant généralement sur les Églises, catholique en Pologne, orthodoxe en Yougoslavie, Roumanie et Bulgarie.

Le deuxième défi est juridique : tous les nouveaux États (à l'exception des États baltes) connaissent plusieurs systèmes juridiques. En 1919, en Pologne coexistent droits proprement polonais, russe, autrichien et allemand ; en Tchécoslovaquie coexistent droit autrichien et droit hongrois ; en Yougoslavie droits autrichien et hongrois, droit serbe, droit austro-hongrois (propre à la Bosnie-Herzégovine), droit turc et même bulgare pour la partie de Macédoine perdue par les Bulgares. Il en est de même en Roumanie où il va falloir unifier les systèmes juridiques, le roumain, le magyar, l'autrichien (pour la Bukovine) et le russe pour la Bessarabie, sans oublier le bulgare pour la partie récupérée de la Dobroudja ! On peut penser que ces difficultés sont mineures ; à moins de réagir de manière autoritaire, le processus d'unification est au contraire complexe. Il y a d'ailleurs un exemple français : celui des trois départements recouvrés d'Alsace et de Lorraine : droit matrimonial, droit foncier, régimes municipaux, scolaires, des assurances sociales, des cultes et de la chasse sont, en 2002 encore, propres aux trois départements et sont régis par ce que l'on appelle le « droit local »... cela donne une idée de la complexité de l'unification des systèmes juridiques.

Cela aura du reste des conséquences dramatiques en ce qui concerne l'organisation administrative. Pologne, Tchécoslovaquie, Yougoslavie et Roumanie vont largement s'inspirer du droit français. Dans ces quatre États on institue un système centralisé et « jacobin » parfaitement inadapté dans des régions aussi différentes ; cela va exacerber les tensions ethniques et, comme on ne saura pas les apaiser, on résoudra les difficultés par l'instauration de régimes autoritaires ; seule la Tchécoslovaquie saura partiellement résister à cette tentation. Notons que la France va connaître

1. Le grand écrivain « tchèque », Kafka, est d'origine israélite et a écrit toute son œuvre en allemand.

les mêmes difficultés en Alsace. À la poussée centralisatrice du Cartel des gauches (discours d'Herriot en juin 1924) va répondre une poussée autonomiste qui persistera jusqu'en 1939. Il est vrai que dans les régions à forte minorité germanophone (Alsace, Posnanie, Silésie, Sudètes) les sociétés de défense de la communauté allemande (en particulier l'Association pour le germanisme à l'étranger, le VDA), soutenues par tous les partis politiques, sauf les communistes, et les gouvernements du Reich, sont particulièrement actives. Le VDA en 1928 – en un temps de vaches maigres pour les nazis – aura deux millions d'adhérents.

Enfin les divers États de l'Europe centrale et orientale ont à reconstruire leur économie. C'est naturellement le cas des deux vaincus : Autriche et Hongrie ; leur système économique se fondait sur un espace qui a été réduit comme peau de chagrin. L'Autriche, qui avait près de 20 millions d'habitants sur 280 000 km^2, se trouve ramenée à moins de 7 millions d'habitants sur 80 000 km^2. Sa capitale, Vienne, est surdimensionnée et le niveau de vie en Autriche a baissé de moitié. La situation est analogue en Hongrie, elle a perdu 165 000 km^2 et près de 15 millions d'habitants. Dans les deux cas il faut construire un nouveau système économique et les deux États n'y arriveront que lentement. C'est largement grâce à l'Anschluss de 1938 que l'Autriche retrouvera un équilibre économique et atteindra après 1943 un niveau analogue à celui de l'Europe occidentale.

Pologne, Roumanie et Yougoslavie connaissent des problèmes plus dramatiques. La Pologne centrale a été le lieu de combats acharnés entre Austro-Allemands et Russes et doit être reconstruite. Le système des voies de communication doit être réorganisé, la Pologne allemande en 1913 regardait vers Berlin, la russe vers Saint-Pétersbourg et Moscou, l'autrichienne vers Vienne. Il faut homogénéiser l'écartement des voies ferrées et construire une liaison Baltique-Silésie. Enfin il faut réorganiser le service des mines de houille jusqu'alors allemandes.

La Roumanie rencontre des problèmes analogues, moins graves toutefois, les conséquences de la guerre y sont moins sensibles et la Transylvanie et la Bukovine ne sont pas moins développées que l'ancien royaume roumain. Mais il faut mettre la Bessarabie en valeur (ce sera un échec) et développer sérieusement l'activité économique ; ce sera un autre échec.

La Yougoslavie connaît au fond les mêmes difficultés que la Pologne, mais elles sont sans doute plus graves. Il y a à Varsovie des possibilités financières locales qui n'existent nullement en Yougoslavie. Or là encore, il faut réorganiser le système des transports jusqu'alors orientés vers Vienne, Budapest et Trieste, créer un embryon d'industrie, valoriser l'agriculture, développer la recherche géologique en vue d'accroître les ressources minières.

Tout cela demande des investissements considérables : la France va participer à cet effort et tenir la première place au moins durant quelques années, suivie par la Grande-Bretagne (qui ne s'intéresse guère qu'à la Roumanie à cause du pétrole de Ploesti) et l'Italie qui investit surtout en Croatie et Dalmatie.

Ainsi on peut le constater, les traités de 1919-1920 ne sont pas les textes salvateurs qui vont stabiliser et démocratiser l'Europe. Ils vont au contraire accentuer les déséquilibres politiques, économiques, culturels et en définitive affaiblir l'ensemble européen.

À des communautés structurées (Empire austro-hongrois en particulier) se substituent des États artificiels sans unité ni identité réelles, au nom d'une idéologie manichéenne (les bons sont les Alliés qui ont tout subi – ce n'est vrai, et encore, que de la France et de la Belgique –, les méchants les Empires centraux, proclamés seuls responsables de la guerre). On a mutilé, sans envisager les possibles conséquences, un État comme le Reich, démembré des États multicentenaires (Autriche et Hongrie) et balkanisé l'Europe, aggravant les risques de conflit, en négligeant totalement le fait que ce sont les crises balkaniques qui ont déclenché le conflit.

Déséquilibre économique, car il va falloir bâtir des économies stables dans des États sans expérience, souvent faits de bric et de broc tels les États baltes, la Pologne, la Tchécoslovaquie, la Yougoslavie, restructurer des systèmes économiques mutilés (Autriche et Hongrie), revitaliser l'économie roumaine, reconstruire les régions dévastées en Belgique, France, Italie, Pologne.

Cela a-t-il été fait sciemment par certains dirigeants américains, comme Wilson et son âme damnée le colonel House, s'appuyant sur le Council of Foreign Relations, pour amoindrir le poids de l'Europe ?

Est-ce simplement les conséquences d'une vision idéologique pseudo-humaniste fondée sur le principe du droit des peuples à disposer d'eux-mêmes et la volonté de démocratiser autoritairement les Nations [1] que partagent alors nombre de dirigeants européens politiques ou universitaires, on ne sait.

En tout cas il n'est pas interdit de penser que les traités de 1919 ont considérablement aggravé les déséquilibres internes et externes de l'Europe créés par la guerre.

---

1. Ce que Monsieur J.P. Chevènement appelle drôlement le « droit de l'hommisme ».

PREMIÈRE PARTIE

GÉOPOLITIQUE DE L'EUROPE ENTRE 1919 ET 1933

CHAPITRE PREMIER

LES INSTABILITÉS ORIENTALES

La multitude d'États créés entre l'Oder et l'URSS sera très rapidement marquée du sceau de l'instabilité, à deux exceptions près : la Finlande et la Tchécoslovaquie.

L'INSTABILITÉ POLITIQUE

Que ce soient les États baltes, la Pologne, la Hongrie, la Yougoslavie ou la Roumanie, ce qui caractérise ces États c'est leur incapacité à se donner des institutions solides et à les faire fonctionner convenablement.

Pologne et Roumanie illustrent parfaitement cette situation.

La Pologne

En Pologne, dès la proclamation de l'État, surgit un premier conflit entre le général Pilsudski, commandant de l'armée polonaise, et le pianiste Paderewski, homme lige du Comité polonais de Paris, qui avait obtenu que Wilson insère dans ses « Quatorze Points » un alinéa sur la Pologne.

Le gouvernement d'union nationale, que préside en définitive Paderewski, fait procéder dans le « Royaume du Congrès » et en Galicie occidentale à des élections au suffrage universel pour désigner une Assemblée nationale constituante. La Diète constituante comprend un tiers de nationaux-démocrates, 10 % de socialistes et 45 % de « populistes » divisés par moitié entre proches des socialistes et proches des démocrates. La Diète constituante élit Pilsudski président de la République. En tant que président, celui-ci est responsable devant la Diète mais il demeure Commandant en chef, et à ce titre peut agir sans contrôle.

Aux yeux des Polonais le traité de Versailles paraît injuste : Dantzig devient ville libre et dans les zones soumises à plébiscite les votes sont essentiellement favorables aux Allemands. Tout cela fragilise le gouvernement et conduit Pilsudski, pour conserver prestige et pouvoir, à occuper la Lituanie méridionale avec Vilnius. Simultanément il s'allie avec les Ukrainiens, l'adversaire de Lénine, et occupe la Galicie orientale avec Lwow puis Kiev (7 mai 1920). La contre-offensive soviétique conduite par Kamenev avec les généraux Toukhatchevski et Boudienny menace Varsovie dès la fin juillet ; la mission française que dirige le général Weygand parvient, par ses conseils, à amener l'armée polonaise à redresser la situation et conduit au traité de Riga qui reconnaît à la Pologne la possession de la Galicie orientale, la Volhynie occidentale et de la Lituanie méridionale (18 mars 1921).

La Constituante s'attaque alors à une triple tâche : unifier l'administration, engager une réforme agraire (près d'un million d'hectares seront redistribués par l'Office foncier) et donner à la Pologne une constitution. La Constitution de mars 1921, très proche des textes constitutionnels français de 1875, prévoit un président de la République élu par les Chambres (Diète et Sénat désigné au suffrage universel) mais disposant du droit de dissolution.

De 1921 à 1926 la situation socio-économique ne cesse de se détériorer : chute de la monnaie mise en place en 1919 (le mark polonais), émeutes sociales à Cracovie et durant cette période l'instabilité ministérielle est la règle ; à cela s'ajoute un conflit de plus en plus rude entre le parti national-démocrate, parti de droite mais attaché à la démocratie et au régime parlementaire qui est de plus en plus déconsidéré, et le maréchal Pilsudski.

Celui-ci organise un coup d'État (12 mai 1926) au lendemain de la désignation d'un de ses adversaires comme ministre de la Guerre. Dès lors Pilsudski va diriger la Pologne : il refuse la présidence de la République mais fait désigner à ce poste un de ses fidèles. Disposant des pleins pouvoirs il gouverne sans tenir grand compte des positions de la Diète en s'appuyant sur l'armée. Le système Pilsudski fonctionne sans difficulté jusqu'à la crise de 1929. Il obtient une aide américaine qui permet de soutenir la nouvelle monnaie, créée en 1924, le zloty. D'importantes exportations de charbon permettent un démarrage de l'économie et l'émigration de travailleurs polonais vers la France limite le chômage.

Dans ce régime autoritaire, des élections ont cependant lieu régulièrement. En mars 1928 les gouvernementaux l'emportent largement mais le bloc gouvernemental est lui-même divisé entre partisans d'une certaine démocratisation, par un renforcement des pouvoirs du Parlement, et les défenseurs du système Pilsudski. Celui-ci impose le renvoi du président du Conseil, Bartel, favorable à un parlementarisme renforcé et la nomination à sa place d'un militaire, le colonel Slawek.

La crise de 1929 va modifier la situation. Dépression, faillites, chômage accru entraînent une montée des mouvements socialistes ou socialisants. Le Congrès de la gauche, réuni à Cracovie en juin 1930, réclame la fin de la dictature et la démission de Pilsudski. La riposte est immédiate : on réprime le mouvement. Les élections de novembre 1930 ayant renforcé le poids des partisans de Pilsudski, celui-ci va diriger autoritairement la Pologne jusqu'à sa mort, en mai 1935.

Méfiant devant le Reich, dont il connaît les revendications à l'égard de la Pologne, il préconise dès février 1933 une guerre préventive contre l'Allemagne nazie : il prépare une mobilisation au grand effarement des Franco-Britanniques. Pilsudski et les Polonais n'oublieront jamais ce qu'ils considèrent comme une trahison ; on assiste dès lors à une volte-face de la Pologne qui, se sentant menacée par l'URSS, va chercher à se rapprocher du Reich hitlérien.

Le monde baltique

Des problèmes analogues, mais plus graves, vont se retrouver dans les trois États baltes. Ces trois États ne s'enracinent dans aucune tradition historique ; certes il y a la langue : l'este, le letton, le lituanien, mais qui les parle ? Essentiellement les petits paysans dominés par une aristocratie de grands propriétaires fonciers, les barons baltes en Estonie et Lettonie, les nobles polonais en Lituanie qui, selon le cas, parlent allemand ou polonais ou même français. Au reste, si en Lettonie (autour de Riga), en Estonie (autour de Tallinn) il existe une classe moyenne cosmopolite fondée sur quelques industries et les ports, il n'y a rien de ce genre en Lituanie ; ici la classe moyenne est essentiellement juive, ce qui entraîne un antisémitisme facilement virulent mais qui après le départ des Russes est essentiellement oral ou social (ségrégation). Seule l'Estonie dispose d'un milieu intellectuel relativement vivant, mais il est principalement germanophone en raison de l'influence de l'ancienne université de Tartu (en allemand Dorpat). Il y existe bien un petit groupe d'intellectuels autour du Mouvement « Jeune Estonie », mais il n'a guère d'influence en profondeur.

Aussi, malgré la réforme agraire décidée dès 1919, le monde rural estonien fait bloc avec les « barons baltes », ce qui amène le gouvernement, devant l'agitation communiste dans les villes qui bordent le golfe de Finlande, à instaurer un régime autoritaire après avoir interdit le parti communiste (1926) et placé les autres sous contrôle. Ce régime devient dictatorial en 1933 et une nouvelle constitution de type présidentiel sera promulguée en 1937 après les élections de 1936.

Le grand problème de l'Estonie est la pression soviétique qui tout au long de l'entre-deux-guerres ne cesse de se développer. Pour s'en protéger l'Estonie tente de renforcer ses liens avec les autres États baltes mais aussi avec la Finlande et le Reich. Le Pacte germano-soviétique d'août 1939 reconnaît à l'URSS le droit d'avoir des bases sur le golfe de Finlande et la côte de la mer Baltique. Après la défaite de la France, en accord avec le Reich, l'URSS occupe l'Estonie (17 juin 1940) et l'annexe (1er août 1940).

La Finlande

Le grand voisin de l'Estonie, la Finlande, souligne par son évolution l'importance des racines nationales et la nécessité d'une classe moyenne pour asseoir la survie d'un jeune État dans un système parlementaire.

Au temps du rattachement à la Russie, le grand-duché de Finlande a connu jusqu'en 1897, puis après 1905, une relative autonomie et un essor économique analogue à celui de la Suède et du Danemark. On est passé de l'agriculture primitive plus ou moins autarcique à une agriculture rationalisée ; l'influence de l'action évangélique rurale du pasteur luthérien danois Grundtvig se fera particulièrement sentir. En 1906 le Parlement finlandais est élu au suffrage universel des hommes et des femmes.

Dès janvier 1918 la Finlande a proclamé son indépendance que Trotski reconnaît au nom de l'URSS. Mais l'Armée rouge demeure, soutenue par les socialistes favorables au bolchevisme s'appuyant sur une Garde rouge locale. Les nationalistes conservateurs constituent, eux, une Garde civique. Les communistes et les Soviétiques forcent le gouvernement à quitter Helsinki. L'armée nationale, commandée par le général Mannerheim, contre-attaque et libère le territoire. L'URSS reconnaît l'indépendance de la Finlande en 1920. Malgré l'agitation marxiste, qui va persister longtemps, la droite gagne les élections de 1931 et le nouveau Parlement peut à la fois stabiliser la vie politique de manière démocratique dans le cadre constitutionnel et accélérer la renaissance économique. Malgré la crise de 1929 l'économie continue de progresser[1] et le problème agraire est résolu par la loi Kallio qui permet aux petits paysans de racheter leurs terres dans des conditions très favorables.

Les États baltes méridionaux

Malheureusement le cas finlandais est une exception. Les États baltes ont connu des évolutions tout à fait différentes. Nous avons déjà envisagé le cas de l'Estonie. Ceux de la Lettonie et de la Lituanie sont pires.

La Lettonie a été, elle aussi, profondément marquée par les barons baltes, même si chez les paysans un peu aisés on résiste plus qu'en Estonie à la russification ou à la germanisation par le renouveau de la langue lettonne. Toutefois le poids germanique est d'autant plus fort qu'il est largement favorisé par un corps pastoral luthérien formé dans les facultés de théologie germanophones : Dorpat-Tartu joue ici un rôle qui n'est pas négligeable[2].

Aussi le Conseil national ne proclame l'indépendance de la Lettonie que le 18 novembre 1918, mais le président du Conseil Ulmanis rencontre l'hostilité des « barons baltes » s'appuyant sur les soldats allemands, maintenus sur place, organisés et commandés par le général von der Goltz, renforcés par des Corps francs. Ceux-ci tentent de reconstituer un État germanique. Naturellement les Alliés soutiennent le gouvernement Ulmanis et exercent une pression suffisamment forte pour que les forces allemandes se retirent. Une constitution démocratique

1. Indice du PIB pour la Finlande : 1913 = 100 ; 1922 = 103 ; 1928 = 143 ; 1933 = 149 ; 1938 = 205.

2. Tartu, que les Teutoniques occupent en 1224, porte alors le nom de *Dorpat*. En 1632, une université luthérienne germanophone y sera fondée. On n'y enseignera en russe et en estonien qu'après 1905. En 1920, la ville est rattachée à l'Estonie et prend le nom de Tartu.

et parlementaire est adoptée en 1922. Elle est complétée par une importante réforme agraire diminuant fortement le poids des barons baltes. Mais le régime constitutionnel ne fonctionnera guère devant la pression soviétique utilisant tout à la fois les actions plus ou moins souterraines du parti communiste et les pressions économiques.

Devant les difficultés liées à la restructuration de l'État entraînant une grande instabilité politique, le président letton met en place lui aussi un régime autoritaire et en 1934 il décide la suppression du poste de Premier ministre : désormais le président de la République gouverne seul et prend le titre de *Vadonis* (traduction lettonne de *Führer*). Là encore difficultés administratives, instabilité économique et sociale, absence de tradition nationale et de classe moyenne suffisamment solide conduisent à la mise en place d'un gouvernement autoritaire.

La Lituanie est un cas un peu à part : en effet dans cet État catholique il n'y a pas de barons baltes ; la noblesse polonaise a été partiellement dépossédée de ses biens dans le cadre de la politique de russification. De ce fait, dans la seconde moitié du XIXe siècle renaît une culture nationale. Une Assemblée nationale convoquée par les occupants allemands en 1915 proclame l'indépendance en février 1918 et offre la couronne de Lituanie à un prince allemand. La Lituanie proclame la République en décembre 1918. Mais elle va devenir un champ de bataille entre Russes et Polonais. L'URSS reconnaît l'indépendance de l'État en juillet 1920 et lui cède Vilnius que les Polonais occupent en octobre ; dès lors les relations lituano-polonaises sont rompues. Deux ans et demi plus tard, des combattants nationalistes occupent le port de Memel (en lituanien : Klaïpeda) administré par les Alliés depuis 1919 (janvier 1923).

Durant cette période de transition, la Lituanie se dote d'une constitution démocratique et comme ses voisins adopte une réforme agraire, plus radicale que dans les autres États baltes ou en Pologne ; elle élimine quasiment la grande propriété.

Pays pauvre, la Lituanie n'a pas, à la différence de ses voisins baltes, de port important ; le commerce extérieur se fait bien plus par Riga que par Klaïpeda ; elle n'a pas de milieu commerçant et manque d'une véritable classe moyenne. Ce rôle est rempli par une importante communauté juive qui détient, de ce fait, l'essentiel du pouvoir économique. De surcroît, depuis l'annexion brutale de Vilnius par les Polonais, la Lituanie n'a pas de véritable centre culturel.

Les crises succédant aux crises, le régime politique lituanien évolue rapidement vers un système autoritaire au point que le président de la République, Smetona, président depuis 1919, favorise le coup d'État d'un ancien universitaire russe, d'origine lituanienne, le professeur Voldemaras. Proche des milieux germanophones c'est lui qui avait eu l'idée d'accorder le trône de Lituanie à un prince allemand. Voldemaras s'appuie sur un mouvement ultranationaliste (« Les Loups d'acier »), largement marqué par le souvenir des Corps francs allemands, pour prendre le pouvoir le 17 décembre 1926. Il supprime le Parlement et rédige une nouvelle constitution. Son régime, d'abord populaire, entraîne des abus qui mécontentent la population. En septembre 1929, Smetona le révoque et le traduit en justice mais il est acquitté (1931) Le président Smetona, réélu en 1932 et 1938, maintient un système autoritaire en s'appuyant sur la droite et au besoin sur l'extrême droite. Ce régime perdure jusqu'en 1940 lors de l'annexion de la Lituanie par les Soviétiques.

Les trois États baltes, malgré leurs différences, connaissent au fond un destin analogue : sans véritables traditions nationales, sans ossature sociale solide, ils sont, pour pallier les difficultés économiques et institutionnelles, entraînés à laisser dépérir leurs premières institutions démocratiques et s'engagent, les uns comme les autres, dans des régimes autoritaires. De surcroît, ils sont trop faibles pour former un barrage face à l'URSS, d'autant que leur seul allié potentiel, la Pologne, est en conflit avec ses deux voisins : la Lituanie et la Lettonie.

L'INSTABILITÉ ÉCONOMIQUE

Cette communauté de destin se retrouve au niveau économique.

Les problèmes économiques ne tenaient guère de place dans la pensée des dirigeants qui préparèrent les traités de 1919. À relire ces textes, en dehors des articles sur les réparations et les avantages douaniers à reconnaître par les vaincus aux États vainqueurs, il n'y a rien qui concerne l'économie. Nul ne s'est demandé si les États que l'on créait ou laissait se créer en Europe orientale et centrale avaient les moyens de se développer économiquement de manière convenable.

Nul n'a pensé – semble-t-il – que les réseaux de production

ou de transports et les centres financiers, qui contribuaient à la vie de l'Europe centrale et orientale en 1914, étaient bouleversés par les traités. Ni Helsinki, ni Varsovie, ni *a fortiori* Tallinn, Riga ou Kaunas, ni même Prague, ne sont, à la veille de la guerre, des centres ayant un impact autre que strictement régional (et encore dans le cas de Kaunas on peut se poser des questions).

En 1914, États baltes, Finlande et « Pologne du Congrès » dépendent de Saint-Pétersbourg, mais les liaisons Varsovie-Cracovie, plus encore Varsovie-Gdansk ou Varsovie-Silésie sont difficiles ; la Posnanie a l'habitude de travailler avec Berlin, la Silésie avec Breslau et Berlin, son port est Stettin. Dans son discours devant la Diète à Varsovie, le 6 mai 1939, le colonel Beck, ministre des Affaires étrangères de Pologne, affirme : « Les négociants allemands de Gdansk ont assuré le développement de cette ville grâce au commerce maritime polonais. » Belle formule, mais inexacte dans la mesure où cela concernait le seul royaume du Congrès et pour une part limitée car près de 50 % du commerce extérieur du royaume de Pologne se fait avec l'Empire russe vers Pétersbourg, Moscou ou Odessa. Au reste il n'y a pas de voie ferrée directe de Varsovie à Gdansk ; aujourd'hui encore la voie principale passe par Kutno-Torun-Bydgoszcz, soit 90 km de plus que la voie directe, mais voie secondaire.

Mais la Posnanie et le « Corridor » ouvert sont dans l'orbite de Berlin et de Stettin et la Galicie est tournée vers Vienne.

Les États baltes sont dans une situation analogue ; ils souffrent plus encore que la Pologne du sous-développement russe ; il n'y a pas de voie ferrée entre Kaunas, la capitale, et Klaïpeda (Memel), le seul port lituanien digne de ce nom. En 1914 leur économie – essentiellement rurale – est orientée vers la Russie, en particulier vers Pétersbourg, puisque seule Riga est liée à Moscou par deux voies ferrées directes. Tous les réseaux baltes sont dirigés vers Pétersbourg : il n'y a d'ailleurs pas de voie ferrée directe de Riga à Tallinn [1].

1. Ne parlons pas des routes, elles sont dans un état plus que médiocre et le parc automobile est ici plus que limité.

Le cas finlandais

La Finlande est un cas à part. Son réseau ferroviaire est solide et dessert toute la partie utile du pays. En raison de son autonomie, la Finlande dispose de l'essentiel des éléments qui vont lui permettre de s'intégrer à un réseau économique différent du précédent, très dépendant malgré tout de Pétersbourg.

Après la longue période de conflits avec l'URSS que traverse la Finlande, l'économie va se restructurer très rapidement. La réforme agraire menée par le Mouvement agrarien, qui a pris le pouvoir à la fin des années 20, permet le règlement des problèmes des petits agriculteurs. Dès lors l'agriculture va progresser rapidement. Entre 1920 et 1940 les surfaces cultivées ont doublé de superficie ; le défrichement de l'énorme forêt finlandaise favorise cette extension de la surface agraire que soutient le gouvernement dans le cadre de la réforme agraire ; cela permet d'accorder aux petits tenanciers devenus propriétaires de disposer de lopins suffisamment importants pour vivre convenablement. La majorité du sol cultivable est consacrée aux prairies et aux pâturages artificiels favorisant un important élevage de bovins. L'élevage est fortement aidé par l'État non point tant en subventions que par la mise à disposition des éleveurs de nombreux conseillers zootechniques et de vétérinaires, selon les préceptes d'éducation populaire du pasteur danois Grundtvig.

La politique d'élevage a permis une importante production laitière et la Finlande, comme le Danemark, devient une grande exportatrice de beurre vers le Royaume-Uni.

Naturellement la forêt est la ressource essentielle de l'économie finlandaise. Le pays devient un des premiers producteurs et exportateurs de pâte à papier. La forêt représente en 1937-1938 près du quart de la production industrielle de la Finlande qui exploite, par ailleurs, d'importants gisements miniers (cuivre, fer et or au nord, au sud de Petsamo, cuivre et nickel en Carélie et autour du Lac Ladoga). Tout cela donne naissance à une industrie mécanique et métallurgique fondée sur l'utilisation de plus en plus systématique de l'hydroélectricité ; ainsi apparaît un embryon d'industries de précision. De 1920 à 1940 la Finlande connaît, avec l'aide de l'État, une véritable révolution industrielle et son niveau de vie rejoint presque celui de ses voisins scandinaves.

Les calculs d'A. Maddison permettent des comparaisons intéressantes.

Le PIB par habitant varie ainsi de 1913 à 1938 par rapport aux pays scandinaves et à la France (en dollars 1990) :

	Danemark	Finlande	Suède	France
1913	3 760	2 050	3 100	3 450
1918	3 700	1 600	2 700	2 400
1929	4 800	2 600	3 900	4 700
1938	5 500	3 500	4 725	4 400

Source A. Maddison, *L'Economie mondiale 1820-1992*, OCDE, 1995.

Le niveau de vie finlandais a presque rejoint celui de la France en 1938. Cela est très significatif de la croissance finlandaise que la crise de 1929 a peu touchée ; l'indice du PIB, qui a atteint 145 en 1929, chute à 139 en 1931, pour remonter à 149 en 1932 : il ne cessera d'augmenter de 1932 à 1938.

Mais, dans cette Europe orientale, la réussite finlandaise est une véritable exception. Le cas polonais le montre bien.

Le sous-développement polonais

Cet État est aussi disparate économiquement que politiquement ou ethniquement. Il va falloir faire vivre ensemble les régions très pauvres de l'ancien Empire russe (Biélorussie occidentale, Volhynie), les territoires peu développés de Galicie orientale, autour de Lwow, de Pomérélie, d'une bonne partie de la Posnanie, avec les régions plus développées autour de Gdansk, de Poznan, de Galicie occidentale, de Silésie et le royaume du Congrès.

Tout cela est délicat, d'autant que les niveaux culturels sont très différents : il y a plus de 50 % d'analphabètes dans les territoires issus de l'Empire des tsars, mais encore 20 à 30 % dans le royaume du Congrès et 20 % en Galicie orientale, alors qu'ils sont inexistants dans les territoires abandonnés par la Prusse (Pomérélie, Posnanie, Haute-Silésie). Le nouvel État manque de cadres, d'écoles d'ingénieurs, d'universités ; il faut poloniser celles de Lwow, Poznan, Vilnius. Or l'État polonais manque de moyens.

On va accorder la priorité à l'industrialisation et au développement des voies de communication dont il faut uniformiser les caractères techniques. Si, dans les premières années qui suivent la guerre, l'aide française fut importante, elle décline dès 1923-1924 et la Pologne est laissée à l'écart, même s'il y a quelques investissements britanniques et surtout américains grâce à l'aide des émigrants polonais aux États-Unis et au Canada.

Aussi dans nombre de métiers – à l'exception de la fonction publique – la communauté israélite de Pologne joue un rôle certain. Forte de trois millions d'âmes, elle constitue, dans une certaine mesure, un monde à part, en raison de l'antisémitisme polonais qui – en tout cas à l'Ouest – se fonde sur l'ancienne collaboration des communautés juives s'exprimant en yiddish avec l'administration prussienne : l'annexion des territoires prussiens par le nouvel État entraîna d'ailleurs l'émigration d'une centaine de milliers d'israélites vers le Reich et de 1920 à 1933 (et même 1935) et les élus de la minorité juive votèrent généralement avec les élus de la minorité allemande dans les diverses assemblées politiques.

Le nouvel État dispose pourtant de ressources non négligeables. L'annexion d'une partie de la Haute-Silésie fait de la Pologne un important producteur de charbon. Avec une production de près de 80 millions de tonnes, la Pologne est exportatrice, mais à partir de 1924-1925 le débouché allemand – jusqu'alors maintenu par les traités – se ferme et la Pologne a du mal à vendre sa houille. De surcroît, les problèmes de transport ne peuvent dès lors se faire que par voie ferrée avec la ligne « magistrale » construite essentiellement par des Français de Kattowice à Gdynia. Ce port polonais creusé dans la plaine à partir de 1924, au nord de Gdansk, avec des capitaux français, avait, dès 1929, plus de 30 000 habitants (pour 300 en 1924) et comportait un grand bassin permettant l'expédition du charbon vers l'étranger (France pour une part, mais aussi les Pays baltes et scandinaves et la Finlande).

Autour du charbon commencent à se développer industries métallurgique, chimique et sidérurgique, mais elles ne suffisent pas à la consommation polonaise, même si on cherche à les étendre autour de Varsovie et de Lodz. En 1938 l'industrie polonaise demeure médiocre.

Or l'agriculture ne peut compenser les insuffisances industrielles. Le climat et la sous-productivité des grandes propriétés comme des micro-exploitations expliquent la médiocrité de l'agriculture polonaise. Elle n'a pas connu, sauf – et encore – en

Posnanie, les progrès techniques des agricultures scandinave ou germanique. Alors qu'entre 1910 et 1913, le rendement moyen en froment, à l'hectare, était, dans les régions développées (Pays-Bas, Reich, Danemark), de 18 quintaux (France 14) il n'est guère que de 11 à 12 en Pologne : certes la production n'est pas négligeable (8 millions de tonnes de seigle et 3 millions de tonnes de blé) et suffit à la consommation nationale, mais la Pologne n'est plus le grand exportateur de grains qu'elle était avant la première révolution agricole de la fin du XIXe siècle. Par contre, elle demeure un gros producteur de betteraves à sucre, de plantes textiles, de pommes de terre (37 millions de tonnes), mais avec des rendements très faibles par rapport au Reich ou au Danemark. Tout cela est évidemment significatif du sous-développement polonais.

L'élevage lui-même est médiocre. Si la Pologne a huit fois plus de bovins que la Finlande, les rendements en viande et en lait ne sont pas du tout comparables : là où la vache danoise ou néerlandaise produit 3 000 litres de lait par an, la finlandaise 2 300 à 2 500, la polonaise n'en donne guère que 1 500. Dès lors l'agriculture, qui occupe la majorité de la population active, ne représente qu'un apport réduit à la production nationale.

En fait, cela explique le grand problème de la Pologne : fortement peuplée, avec un important excédent de natalité, la Pologne connaît un chômage très important qui entraîne, à plusieurs reprises, de véritables émeutes sociales dont l'impact politique n'est pas négligeable : comme la classe ouvrière est numériquement peu importante (autour de 15 % de la population active) les grèves sont réprimées durement et facilitent en fait la mainmise de la droite sur la vie politique.

Surpopulation et chômage expliquent l'importante émigration polonaise vers l'Occident : entre 1920 et 1929 trois à quatre cent mille Polonais émigrent vers la France. Ils travaillent dans les mines de charbon (dans le Nord-Pas-de-Calais), de fer (en Lorraine), de potasse (en Alsace). Bon nombre d'entre eux sont aussi ouvriers agricoles (en Brie en particulier). Tout cela souligne la médiocrité de l'économie polonaise. À ces difficultés s'ajoutent les territoires à l'Est que la Pologne a tenu à annexer. Or ces territoires sont particulièrement pauvres, à l'exception de la Galicie orientale et de la Lituanie occidentale, autour de Vilnius. La région entre le Niemen et la Duna est une zone aux sols pauvres largement couverte de forêts, avec peu de voies de communication en dehors de la voie ferrée Varsovie-Vilnius-Pétersbourg. La région est faiblement peuplée. Il faut entièrement la mettre en valeur, mais les Polonais ne veulent point cohabiter avec les Lituaniens ou les populations rurales juives.

La situation est pire encore en Volhynie. Du Niemen au cours supérieur du Bug, on a affaire à une zone marécageuse, si pauvre qu'au sud du Niemen il n'y a pas un habitant au kilomètre carré. En dehors de la voie ferrée qui longe le Pripet, il n'y a guère d'autres voies que quelques routes généralement embourbées : le moyen de communication le plus commode est encore le bateau à fond plat. La région, qui représente près de 50 000 km^2, est à peu près sans intérêt économique, mais elle coûte cher, car il faut aider les malheureuses populations qui y résident et ravitailler les troupes qui montent la garde sur la frontière soviétique.

Au sud au contraire, la Galicie orientale, autour du haut Driestr, est une région relativement riche et peuplée. Lwow (Lviv en ukrainien, Lemberg en allemand) est une ville industrielle et commerciale au centre d'une zone produisant un peu de pétrole et du minerai de fer. Il y a là un petit centre sidérurgique et métallurgique ayant des relations plus faciles avec Cracovie et même Budapest qu'avec Varsovie.

On le voit, les difficultés économiques que rencontre la Pologne ne facilitent pas la stabilité politique de l'État. À cela s'ajoute un problème ethnique qui n'est pas simple : c'est en Pologne orientale, entre les Carpates et Vilno, que l'on trouve plus de la moitié des juifs polonais [1]. Un tiers d'entre eux vivent en ville et y jouent assez souvent un rôle relativement important, dans la mesure où, en raison de leurs capacités, ils se substituent à une classe moyenne souvent absente facilitant avec la crise l'aggravation d'un antisémitisme toujours latent.

De surcroît il ne faut pas négliger les conflits constants entre orthodoxes et uniates, ce qui contribue encore à déstabiliser cette zone où les Polonais sont largement minoritaires. Ils sont en effet, dans la zone à l'est de la ligne Curzon, moins de 30 % de la population pour 30 % d'Ukrainiens, 18 % de juifs, 15 % de Lituaniens et 7 % de Biélorusses.

Pauvre, divisée en multiples ethnies entraînant de nombreux conflits tant culturels que religieux, cette zone qui rendait à la Pologne sa frontière orientale de 1772 ne va pas cesser de lui

1. Notons au passage qu'il est vraisemblable qu'une importante partie de cette communauté soit issue des communautés juives de l'ancien royaume khazar, donc non sémite !

causer de nombreux soucis, aggravant l'instabilité de l'État, obligeant, nous l'avons vu, à recourir à un régime politique de type autoritaire. Et le moins que l'on puisse dire est que l'on n'avait, dans la région, nullement respecté le principe du droit des peuples à disposer d'eux-mêmes.

L'économie des Pays baltes

Ces difficultés économiques se retrouvent dans les trois États baltes. Leurs ressources sont faibles. Si l'agriculture est la richesse essentielle, elle repose sur des sols pauvres, mal mis en valeur, sauf dans quelques très rares grandes propriétés foncières de barons baltes. Les réformes agraires ne les épargneront pas et leur disparition aggrave encore la situation agricole en Estonie et Lettonie. Aussi les rendements sont faibles et la production de seigle et de pommes de terre est médiocre. Seul l'élevage de gros bétail est relativement rémunérateur, mais il n'y a pas encore dans la région les structures agronomiques à même d'en tirer un profit convenable.

L'industrie est balbutiante, en dehors de quelques entreprises de produits chimiques dont l'activité en Estonie se fonde sur le bassin de schistes bitumineux de Kokhtla-Järve, entre Tallinn et Narva. Bien que les forêts soient importantes, elles ne jouent absolument pas le même rôle qu'en Finlande.

En Lettonie, l'élevage des bovins entraîne tout de même une petite industrie agro-alimentaire. La pêche dans la Baltique, mais aussi dans les lacs, apporte quelques ressources complémentaires. L'un des gros avantages de la Lettonie sur ses voisins est l'importance des voies de communication qui quadrillent bien l'ensemble du pays. L'autre élément favorable est Riga dont le port n'est pas seulement le débouché de la République mais aussi de la Lituanie et du Sud de l'Estonie très mal desservie.

L'agriculture lituanienne est à peine plus riche et l'industrie y est en 1919 quasi inexistante.

Durant tout l'entre-deux guerres, on peut dire de l'Europe orientale, Finlande exceptée, qu'il s'agit d'États sous-développés : l'industrialisation demeure faible (à l'exception de la Silésie polonaise). Ses structures sociales sont arriérées. En effet, malgré les réformes agraires auxquelles on a procédé, subsistent encore de nombreux grands propriétaires auxquels les paysans demeurent liés. De surcroît, sauf dans les États luthériens

(Finlande, Estonie, Lettonie), le niveau culturel est faible et, sauf en Finlande et Estonie, les classes moyennes ne jouent qu'un rôle limité.

Faute d'industrialisation le nombre des chômeurs est important bien avant 1929 et le niveau de vie des paysans devenus propriétaires est faible car leur domaine demeure réduit.

Un « cordon sanitaire » théorique

Politiquement et socialement instables, économiquement sous-développés, les États de l'Europe orientale ne peuvent en aucun cas remplir la double mission que les traités leur confiaient implicitement : être un « cordon sanitaire » face à l'URSS et contrebalancer l'influence du Reich. On l'a vu, ce ne peut être le cas ni de la Finlande, ni des États baltes dominés par le luthéranisme, très liés aux milieux dirigeants allemands et marqués profondément (au moins les États baltes du Nord) par la pensée et la culture allemandes.

Tout autre était la situation de la Pologne, mais cela impliquait une importante reconstruction tant de l'agriculture que de l'industrie ; cela demandait des investissements considérables que seule la France pouvait être intéressée à faire. Cependant, du fait de la guerre, ses ressources sont faibles et vont être fort mal employées ; elle ne veut pas faire de choix entre ses alliés (Pologne, Tchécoslovaquie, Yougoslavie, Roumanie) et elle se contente de saupoudrage. Il est vrai que ces divers problèmes ne sont guère qu'entrevus (et encore) par nos diplomates. Seuls les attachés militaires conscients de la faiblesse de nos alliés y prennent parfois garde. De toute manière on ne les écoute guère.

Au surplus, à partir de 1924, la France donne l'impression qu'elle néglige la Pologne ; il est vrai que les traités de Locarno sacrifient en fait les alliances tchèque et surtout polonaise au rapprochement franco-allemand souhaité par Briand et une bonne partie de la gauche française. L'Allemagne d'alors n'a pas de revendications à l'égard des Tchèques mais elle veut modifier les frontières avec la Pologne. Certes un traité d'alliance franco-polonais et un traité franco-tchèque étaient-ils juxtaposés à l'ensemble des accords, comme le souligne J.B. Duroselle, mais justement ils sont « juxtaposés » et la France ne peut intervenir, conformément aux articles 15 et 16 du pacte de la SDN, que si le Reich est considéré comme agresseur.

La France souhaitait surtout qu'à côté du simple rapprochement avec l'Allemagne celle-ci entre à la SDN. Cela ressort clairement de la Note des gouvernements français à la SDN du 16 juin 1925.

Dès lors la France croyait pouvoir se reposer sur la sécurité collective instituée par le pacte, sans se rendre compte combien elle était illusoire. Mais il est significatif que c'est à partir de ce moment que la stratégie française va devenir défensive.

CHAPITRE II

GÉOPOLITIQUE DE L'EUROPE DANUBIENNE

Plus encore que l'Europe orientale, l'Europe danubienne devient une région d'instabilité. À la stabilité – infiniment plus grande qu'on ne le dit – que représentait dans la région l'Empire des Habsbourg, se substitue une multitude d'États à l'existence mal assurée, connaissant des difficultés de cohabitation intercommunautaire, le tout entraînant des difficultés politiques et institutionnelles. Du fait des traités, l'Autriche et la Hongrie deviennent des États déstabilisés qui doivent être économiquement et politiquement restructurés. La Tchécoslovaquie est un État artificiel qui, malgré ses possibilités économiques, a du mal à faire cohabiter Tchèques, Slovaques, Magyars et Allemands des Sudètes. Le problème est analogue dans le royaume des Serbes, Croates et Slovènes, mais ici, de surcroît, les potentialités économiques sont faibles, à l'exception de la Croatie et surtout de la Slovénie. Quant à la Roumanie, si elle fait plus que doubler sa superficie et sa population, elle hérite de territoires peu développés ou même totalement sous-développés.

Cette situation de l'Europe danubienne va, au fil des années, non point s'améliorer mais au contraire s'aggraver avec rapidité.

LES ÉTATS MUTILÉS

Il s'agit bien entendu de l'Autriche et de la Hongrie. Les traités de Saint-Germain en font des États croupions placés en fait sous la tutelle des Alliés. Il n'était peut-être pas nécessaire d'interdire aux Sudètes du Sud-Ouest de se rattacher à l'Autriche, ce qui aurait laissé à l'Autriche les centres industriels de la haute vallée de la Moldau (Vlatva).

L'évolution de l'Autriche

L'Autriche est alors un véritable État croupion avec une capitale surdimensionnée, groupant le tiers de la population d'un État dont les ressources sont alors médiocres ; on ne peut pas dire que l'Autriche ait alors les moyens d'avoir une économie vraiment florissante. L'industrie lourde n'est guère présente, sauf autour de Linz, et les industries de transformation se groupent autour de Vienne et de Graz.

Si le secteur tertiaire est relativement développé, cela est lié au poids des fonctionnaires dont le nombre est plus élevé que celui des personnes actives dans le commerce et les transports. Tout cela entraîne un grave déséquilibre qui se marque durant toute la période dans le commerce extérieur. L'Autriche – et pendant longtemps – exporte plutôt des matières premières (bois et minerai de fer) et importe des produits manufacturés.

Au lendemain de la guerre, l'Autriche manque de tout ; les circuits commerciaux traditionnels sont coupés et les moyens financiers taris, d'une part par le coût de la guerre, mais aussi par la disparition des moyens financiers nécessaires à la restructuration de l'économie : les banques françaises ou britanniques ne s'intéressent plus beaucoup à l'Autriche et les banques allemandes ne disposent guère de fonds ; de surcroît, le système bancaire autrichien est hypertrophié : prévu pour un Empire de 31 millions d'habitants il n'a plus que 6,5 millions de clients potentiels !

C'est avec beaucoup de difficultés que le nouvel État se met en place : des mouvements plus ou moins autonomistes apparaissent au Tyrol, au Vorarlberg. Les élections à l'Assemblée constituante ont donné une courte majorité à la social-démocratie (SPÖ) devant les chrétiens-sociaux, les futurs chrétiens populaires (CVP). La Constitution du 1er octobre 1920 crée une République fédérale d'Autriche groupant neuf « pays » (Länder) qui jouissent d'une large autonomie. Le pouvoir fédéral est assuré par un président élu pour six ans au suffrage universel ; le gouvernement est dirigé par un chancelier et il est responsable devant l'Assemblée nationale (Nationalrat) complétée par une Chambre des États (Bundesrat). Deux cent mille citoyens peuvent exiger un référendum.

Mais le régime et l'État demeurent instables. Dès les élections de 1920 les chrétiens-sociaux, avec 86 députés, disposent de la majorité au Nationalrat (175 sièges) mais doivent compter avec le SPÖ qui a 66 sièges. Cette supériorité des chrétiens-sociaux, due au poids du monde rural et des villes petites et moyennes, va dominer l'histoire du pays et entraîner des conflits souvent sanglants avec les milieux ouvriers. Mgr Seipel, prélat de Sa Sainteté, une des figures marquantes du parti chrétien-social, chancelier de 1922 à 1924 et de 1926 à 1929, va tenter de réduire le déséquilibre économique. Il arrive, après une période d'inflation désastreuse, à stabiliser, avec l'aide de la SDN, la nouvelle monnaie, le schilling, à réorganiser l'administration, à faire redémarrer l'économie. Le PIB par habitant de 1913 est retrouvé en 1927 et va se maintenir à un niveau un peu supérieur jusqu'en 1930, ce qui permet de stabiliser la vie politique.

L'opinion autrichienne depuis 1918 ne cesse de réclamer la réunion au Reich : le Nationalrat réclamera même un référendum sur le problème. Les Alliés s'y opposent fermement mais il y en aura un au Tyrol qui donne une très forte majorité à l'Anschluss. En 1926 apparaît même une revue s'intitulant carrément *Der Anschluss*. En 1931 est préparé, en pleine crise économique, un projet d'union douanière avec le Reich auquel Paris, Londres et Prague s'opposent avec succès.

Les conflits sociaux sont rudes et c'est ainsi qu'apparaît à Vienne une milice socialiste, le Republikanischer Schutzbund, à laquelle s'oppose une milice catholique, la Heimwehr, issue des Corps francs qui s'étaient constitués pour protéger Carinthie et Styrie contre les ambitions slovènes.

Dès lors les passions s'exacerbent d'autant que l'antisémitisme latent dans la petite bourgeoisie viennoise a tendance à se généraliser : il est vrai que de nombreux juifs s'étaient installés à Vienne, capitale de l'Empire, où ils se savaient protégés et soutenus par les Habsbourg ; ils vont tenir le haut du pavé culturel et économique jusqu'en 1938.

À partir de 1930 apparaissent les SA autrichiens qui attirent à eux nombre de jeunes récusant le cléricalisme conservateur des Heimwehr [1].

Aussi à partir de 1932 le chancelier Dollfuss, pour maintenir l'ordre et protéger l'Autriche, s'attaque à gauche au SPÖ, à droite aux nazis. Il interdit, dès mars 1933, les activités du parti national-socialiste en Autriche ; simultanément, après de véri-

1. C'est en effet à ce moment que le parti national-socialiste allemand s'implante avec ses organisations (SA, puis SS et Hitlerjugend) dans une Autriche que les nazis ont toujours considérée allemande.

tables combats de rue dans Vienne, il dissout le Schutzbund. S'appuyant sur les chrétiens-sociaux et la Heimwehr, officialisée, il octroie à l'Autriche une constitution catholique et corporatiste conformément aux principes proclamés par Léon XIII dans *Rerum Novarum* et Pie XI dans *Quadragesimo Anno.* Il veut faire de l'Autriche, face à l'Allemagne nazie et païenne, un « État chrétien allemand » (1er mai 1934). Les nazis, qui craignent que cette politique empêche l'Anschluss auquel Hitler tient beaucoup, tentent un coup d'État et assassinent Dollfuss le 25 juillet 1934. Mussolini, en massant ses divisions d'élite sur le Brenner, fait échouer l'opération : le nouveau chancelier, Schuschnigg, va tenter de poursuivre l'œuvre de Dollfuss, mais à partir de 1936 il perd l'appui de Mussolini.

L'Autriche, dont les difficultés de réadaptation sont considérables, n'a pas été aidée par les Alliés : livrée à elle-même, elle est le champ clos où s'affrontent socialistes pangermanistes [1] et chrétiens-sociaux qui ne le sont pas moins et qui, dans leur majorité, acceptent Dollfuss et Schuschnigg mais ne rejettent point Hitler. Le premier président de la République autrichienne d'après-guerre, le socialiste Karl Renner, soutiendra l'Anschluss en 1938.

En tout cas, pour des raisons à la fois économiques, culturelles et politiques dues largement à un traité particulièrement dur qui démembre totalement un ensemble germanique, mais que l'on aurait pu structurer autrement ; l'Autriche est un État peu stable où le régime parlementaire s'est révélé incapable de survivre à la crise économique de 1929.

---

1. L'ouvrage d'un des cofondateurs de l'austro-marxisme, Otto Bauer, *La Question des nationalités et la social-démocratie*, Vienne, 1906, traduction 1988, est violemment hostile aux non-Allemands qu'il considère comme sous-développés. Il est favorable aux Habsbourg. Le tableau suivant, extrait de son ouvrage, est très significatif :

Tableau de la répartition de la population active dans la partie autrichienne en 1905

Ethnie	Agriculture	Industrie	Commerce	Fonction publique
Allemande	33,5	38,3	13,4	14,8
Tchèque	43,1	36,5	9,3	11,1
Polonaise	65,6	14,8	11,2	8,4
Slovène	75,4	13,4	3,5	7,7
Croate	86,9	4,6	3,8	4,7
Roumaine	90,3	2,7	2,5	4,5

L'évolution de la Hongrie

Le cas de la Hongrie est à la fois analogue et différent.

Analogue dans la mesure où le traité de Trianon (1920) enlève à la Hongrie : Croatie, Transylvanie, Slovaquie et Ruthénie, soit les deux tiers du royaume de 1913. Différent, par contre, dans la mesure où la nouvelle Hongrie est un ensemble infiniment plus homogène que l'Autriche.

Le problème hongrois

Au lendemain du départ de Vienne de l'empereur, la Hongrie s'est proclamée République. Le comte Karolyi, auquel l'archiduc Joseph, palatin de Hongrie, a confié le pouvoir afin de faciliter l'indépendance hongroise, fait le jeu des socialistes, dont l'impact est facilité par la crise économique dramatique que connaît la Hongrie. Devant les conditions annoncées du traité, le gouvernement d'union de la gauche démissionne et la population de Budapest, croyant aux promesses de Lénine, appelle au pouvoir le communiste Béla Kun. La République hongroise des Conseils s'installe, instaure un régime qui s'avère incapable de régler les difficultés économiques et commet des excès épouvantables. Les Roumains vont intervenir contre Béla Kun avec l'approbation tacite des Alliés qui n'ont pas le courage de prendre position. Les forces roumaines dispersent la « Légion rouge » de Béla Kun et profitent de leur succès pour élargir leur territoire. Installés à Szeged, les adversaires de Béla Kun arrivent à Budapest (6 août) que le chef communiste a abandonné le 1er août. On rétablit la royauté et on rappelle l'archiduc Joseph de Habsbourg, ce que refusent les Alliés qui ne veulent pas de Habsbourg au pouvoir en Europe centrale. La régence est alors confiée à l'amiral Miklos Horthy von Nagybanya, ancien commandant de la flotte impériale en Adriatique. À deux reprises l'empereur Charles (Charles IV de Hongrie) est appelé par ses fidèles, mais, chaque fois, pour complaire aux Alliés, l'Amiral-Régent doit faire arrêter le souverain et l'expulser de Hongrie.

Les excès des communistes (parmi lesquels se trouvaient de nombreux israélites) entraînent en août-septembre 1920 de véritables pogroms et renforcent l'antisémitisme plus ou moins latent du pays.

Le régime politique va être, pour un temps, celui d'une

monarchie démocratique et constitutionnelle. Le gouvernement dispose d'une majorité stable de type agraro-conservateur. « Petits propriétaires » (ce sera le nom du parti après 1945) [1] et magnats, qui disposent toujours d'un tiers du sol, se coalisent contre les populations urbaines et surtout le prolétariat.

La renaissance hongroise

La crise de 1929 fragilise considérablement une économie qui a connu bien des difficultés après 1920. Mais devant le mécontentement grandissant l'Amiral-Régent, demeuré jusque-là souverain constitutionnel, tend à concentrer entre ses mains de plus en plus de pouvoir : le royaume devient autoritaire. Le secret du scrutin disparaît, on utilise nombre de procédés pour limiter le nombre des électeurs et on donne plusieurs voix aux électeurs considérés comme « bien pensants ».

Face à ce gouvernement de plus en plus conservateur apparaît un mouvement d'inspiration national-socialiste, les « Croix fléchées », qui se veulent révolutionnaires en réclamant une véritable réforme agraire et des mesures racistes à l'encontre de la population juive. Toutefois les nazis hongrois demeurent assez marginaux, ils n'empêcheront pas le pouvoir de rester réticent devant les pressions hitlériennes et de demeurer relativement neutre jusqu'à la guerre germano-soviétique en 1941.

Il est vrai que le gouvernement maintient la tension en gardant la pression sur le problème des frontières. Plus d'un tiers de la population magyare (3 millions d'habitants) vit, au cours de cette période, en dehors du nouvel État hongrois : 1,7 million en Transylvanie, 0,5 million en Voïvodine, près d'1 million en Slovaquie. Le problème des « terres irrédentes » est le problème essentiel de la politique hongroise. Si les Alliés ne l'ont pas compris, Hitler, lui, le sait.

Pourtant la Hongrie a été infiniment moins touchée que l'Autriche au niveau socio-économique. Pour l'essentiel la Hongrie est une plaine autour du Danube, de la Tisza et du lac Balaton, avec au nord-est la dorsale hongroise qui s'étend le long de la frontière tchécoslovaque. C'est un ensemble relativement homogène où alternent sols sablonneux

1. Il n'est pas inutile de rappeler qu'aux élections de novembre 1945 le parti des « Petits propriétaires » obtiendra 56 % des suffrages. Le parti sera liquidé dès 1946 par le Front national à la solde du PC.

favorables à la culture du maïs et plaine limoneuse (la *puszta*) consacrée essentiellement au blé et à l'élevage. Le climat continental est suffisamment arrosé pour permettre des cultures subtropicales.

L'agriculture est alors la grande richesse de l'économie hongroise qui, dans les bonnes années, fournit environ deux millions de tonnes de blé et trois millions de tonnes de maïs. À cet égard, la perte de la Slovaquie et de la Transylvanie, dont l'agriculture est généralement peu développée, et de la Croatie dont les activités économiques n'étaient guère tournées vers Budapest, est sûrement moins rude qu'on ne le dit en Hongrie.

Quant à l'industrie, elle est embryonnaire. La Hongrie produit de la houille, du fer, un peu de pétrole et surtout de la bauxite. Au temps de l'Empire on n'avait pas vraiment jugé utile de créer une importante industrie de transformation. La Hongrie indépendante ne s'y attachera guère car la majorité conservatrice craint une montée des suffrages de gauche et par ailleurs elle ne dispose pas alors de moyens financiers suffisants.

L'économie industrielle demeure fondée sur le textile, quelques produits chimiques et la production d'aluminium qui intéresse naturellement les investisseurs étrangers. En réalité, jusqu'à la crise de 1929, l'économie hongroise s'est reconstituée ; le niveau de vie s'est amélioré sensiblement avec une monnaie stabilisée dans les années 1922-1924 avec l'aide des institutions financières internationales. La crise mondiale va très rapidement toucher l'économie et a eu, on l'a vu, des conséquences politiques graves.

Ainsi la Hongrie – même si elle est et se sent gravement mutilée par la perte sinon de la totalité de ses anciens territoires, du moins par la perte des régions à forte majorité magyare – se trouve dans une situation infiniment moins dramatique que celle de l'Autriche. Après tout, les grands services de l'Empire (armée, diplomatie, monnaie) étaient à Vienne et c'est l'une des grandes difficultés que d'avoir à les reconvertir. La question ne se pose pas à Budapest. Le grand problème de la Hongrie demeure bien celui des terres irrédentes.

LES ÉTATS ARTIFICIELS

Les traités de 1919 créent deux États artificiels nés des réflexions peu réalistes d'intellectuels occidentaux et locaux : la Tchécoslovaquie et la Yougoslavie. On nous reprochera peut-être cette formulation, mais on voudra bien noter que sitôt débarrassés des tutelles diplomatiques, politiques et idéologiques ces deux États disparurent après 1990, l'un par un divorce amiable : la Tchécoslovaquie, l'autre après des conflits sanglants : la Yougoslavie.

La Tchécoslovaquie

S'il y eut en Bohême, comme en Slovaquie, des mouvements nationalistes, ni à Bratislava (Presbourg), ni à Prague on envisage à peine en 1914 la constitution d'un État commun à laquelle certains avaient pensé au moment de la crise de 1848.

Jusqu'en 1914, à Prague on pense seulement la reconstitution à l'intérieur de l'Empire d'un royaume de Bohême jouissant de droits analogues à ceux de la Hongrie. Seul, Thomas Masaryk préconise l'idée d'indépendance. Elle prend corps à Paris avec la constitution en 1915 d'un Comité national tchécoslovaque qui, en 1916, devient le Conseil national des pays tchèques, rassemblant en son sein des Tchèques, comme Beneš et Masaryk, et un Slovaque, le général Stefanik. Surtout le Comité national tchèque a, en France, le soutien de professeurs à la Sorbonne (tel Ernest Denis) et des milieux maçons. Une légion tchèque est constituée pour combattre avec les armées alliées. Ces Alliés reconnaissent alors le Comité comme gouvernement provisoire. L'antenne du Comité national à Prague prend le pouvoir après la disparition du gouvernement impérial (28 octobre 1918) et proclame la République. Une Assemblée nationale est convoquée à Prague en novembre mais elle réunit 201 Tchèques et seulement 69 Slovaques. Ni les Allemands des Sudètes, ni les Hongrois, ne sont présents. Bien plus, l'Assemblée est peu représentative puisque les députés slovaques auraient dû être 90 sur 270 puisqu'ils représentent un tiers de la population slave de la nouvelle République, et les Tchèques seulement 180 !

La République est menacée à deux points de vue qui, à certains égards, se rejoignent : d'une part, elle doit éviter la sécession des populations minoritaires, et, d'autre part, protéger ses frontières. Or les Allemands des Sudètes, à deux reprises, dès 1918 et en 1919, avaient demandé leur rattachement au Reich ; les Magyars de Slovaquie, eux, souhaitaient rester hongrois. Ce sont en fait les Alliés qui règlent ces problèmes, interdisant la réunion des territoires sudètes à l'Allemagne, délimitant la frontière avec la Hongrie au profit des Tchécoslovaques qui bénéficient de surcroît, cette fois-ci au détriment de la Pologne, de l'arbitrage des Alliés à propos de Teschen. Enfin les Alliés couvrent l'annexion de la Ruthénie décidée en fait par... le Conseil des Ruthènes hongrois des États-Unis !

Seulement cet État de plus de 14 millions d'habitants compte dès lors plus de 4 millions d'allogènes, et même 7 si l'on tient compte de l'état d'esprit des Slovaques, plus ou moins hostiles au nouvel État auquel ils sont rattachés au détriment du droit des peuples à disposer d'eux-mêmes. Dès ce moment les rapports entre Tchèques et Slovaques sont médiocres : les Slovaques, généralement très catholiques, reprochent aux Tchèques leur anticléricalisme ; ils sont jaloux de leur richesse et plus encore du sentiment de supériorité qu'ils font terriblement sentir. Aussi les autonomistes slovaques, en grande majorité catholiques, se regroupent autour de Mgr Hlinka, chef du parti populaire chrétien.

Dès avril 1919 une réforme agraire entraîne l'expropriation de 120 000 hectares de terres de grands domaines « appartenant à des étrangers », en fait grands propriétaires autrichiens ou hongrois. Cela explique le succès d'une gauche socialiste révolutionnaire aux élections municipales, mais l'exclusion des socialistes les plus radicaux permet de stabiliser la vie politique.

En février 1920, l'Assemblée nationale constituante élabore une constitution proche de la Constitution française de 1875 : c'est donc un régime centralisé – jacobin même – qui est mis en place, alors qu'un régime fédéral aurait été infiniment plus judicieux. Bien plus, dans la Tchécoslovaquie divisée en 21 districts (équivalents de nos départements) les droits linguistiques ne sont reconnus aux populations minoritaires que si elles constituent au moins 20 % de la population. Aussi faudra-t-il attendre un certain temps pour que des députés sudètes participent au gouvernement (1926) et encore un an pour que les Slovaques y participent aussi (1927). Jusqu'en 1927 le gouvernement tchécoslovaque est un gouvernement sans Slovaques ! Il est vrai qu'après une période de victoires électorales de la gauche social-démocrate, la droite libérale tchèque arrive au pouvoir, ce qui permet aux populaires chrétiens slovaques d'intégrer le gouvernement.

Après les balbutiements de l'immédiat après-guerre, l'économie tchèque est repartie et connaît une croissance certaine. En effet, c'est la Bohême-Moravie qui dispose de l'essentiel du potentiel industriel de l'ancien Empire des Habsbourg. Avec d'importantes ressources en houille (plus de 20 millions de tonnes) dans les Sudètes du Nord (Most) et en Silésie (Teschen) elle possède également du fer et des métaux non ferreux qui lui permettent de développer sidérurgie et métallurgie de qualité. Sous l'Empire, les débouchés de l'industrie de Bohême-Moravie étaient la consommation interne des pays de la monarchie et le commerce vers l'Europe du Sud-Est.

Ces débouchés devenus plus difficiles à atteindre, la Tchécoslovaquie, aidée par les capitaux occidentaux, largement français, se tourne vers l'Europe occidentale et les États-Unis où la qualité de ses produits métallurgiques (matériel de chemin de fer, automobiles [Skoda]), de sa verrerie, de ses produits textiles et chimiques, de ses fabrications de chaussures (Bata) trouvent assez facilement des débouchés. Les Sudètes s'intègrent plus facilement dans ce système socio-économique, dont ils profitent plus largement que les Slovaques [1], leur province demeurant, comme la Ruthénie, largement sous-développée.

Par ailleurs, l'agriculture n'est pas moins florissante, au moins en Bohême et Moravie. Là une politique, fondée sur une agronomie poussée, permet des rendements importants et un élevage de qualité que favorise aussi le régime de grande propriété. En effet, à la différence des Pays baltes, de la Pologne, de la Hongrie ou même de la Slovaquie, les grandes propriétés tchèques ou allemandes, qui représentent 40 % de la superficie agraire, sont méthodiquement et rationnellement gérées. Cela ne favorise pas les petits propriétaires (70 % des exploitations agricoles ne disposent que de 50 % de la superficie agraire) mais facilite une production facilement valorisable. La situation est totalement différente alors en Slovaquie où la rationalisation est faible, la

1. On notera qu'en 1999 le PIB par habitant en parité de pouvoir d'achat de la Slovaquie indépendante (10 300 dollars) est largement inférieur à celui de la République tchèque (13 000 dollars), selon *Population et Sociétés*, INED, 2001.

productivité et les rendements médiocres (Bohême-Moravie : 16 quintaux de blé à l'hectare, Slovaquie : environ 12 à 13 quintaux). Aussi le niveau de vie du paysan slovaque est-il beaucoup plus bas que celui du tchèque ; les productions de céréales, betteraves à sucre et pommes de terre sont relativement importantes et très supérieures à la consommation nationale (100 millions de quintaux de pommes de terre pour moins de 15 millions d'habitants, cela fait plus de 600 kilos par habitant et par an !). Aussi la crise de 1929, qui ferme les débouchés agricoles, frappe de plein fouet l'agriculture tchèque plus que la slovaque moins ouverte sur le monde. C'est aussi une des raisons de la reprise des conflits entre Tchèques et Sudètes qui vont s'estimer (non sans raison d'ailleurs) brimés par Prague.

Il est vrai aussi qu'au-delà des disparités économiques la loi sur les minorités s'applique assez facilement en territoire sudète où la population germanique fortement groupée peut en tirer avantage. De surcroît, jusque vers 1935, les relations entre Tchèques et Allemands sont relativement bonnes ; d'ailleurs, à cette époque la bourgeoisie tchèque est bilingue [1] et on peut se demander s'il n'y a pas chez elle un certain mépris à l'égard des Slovaques qu'ils considèrent comme des rustres bigots ! Dans une large mesure, dès ce moment, le drame de la République tchécoslovaque a été le poids de l'anticatholiscisme protestant et la trop forte influence du jacobinisme et de l'anticléricalisme français sur la classe dirigeante tchèque.

L'administration, centralisée à la française, ne convient guère, comme le remarquait A. Timbal tant en 1929 qu'en 1935, à un pays si divisé ethniquement.

Toujours est-il que durant cette période la Tchécoslovaquie est l'alliée fidèle de la France. C'est un général français qui va mettre sur pied l'armée tchécoslovaque, le général Mittelhauser d'abord, puis jusqu'en 1938 le général Faucher. Ce sera une armée solide, et nous aurons l'occasion d'y revenir ; la meilleure preuve est qu'en septembre 1938 les militaires sudètes ne chercheront pas à déserter l'armée tchèque et qu'après 1939 le Reich se gardera bien de mobiliser les jeunes Tchèques.

Dès 1920, la Tchécoslovaquie se veut le *leader* des États créés

1. Pendant tout le XIXe siècle les écrivains que l'on considère comme les pères du renouveau intellectuel tchèque écrivent en allemand, comme *La Grammaire* de Pelel, ou *L'Histoire de Bohême* de Palacky. Le grand écrivain tchèque Kafka n'a écrit qu'en allemand !

par les vainqueurs pour empêcher tout relèvement des vaincus : Allemagne, Autriche, Hongrie. Le Dr Beneš, qui sera ministre des Affaires étrangères de 1918 à 1935 avant d'être président de la République jusqu'en 1938, signe avec la Yougoslavie un traité pour empêcher tout irrédentisme hongrois et interdit toute restauration des Habsbourg. C'est un prélude à ce que l'on va appeler « la Petite Entente ». Beneš va être l'élément déterminant de la diplomatie dans la région ; son rôle (nous y reviendrons) sera relativement bénéfique jusque dans les années 30, mais, au-delà, ses *a priori* idéologiques faciliteront la politique hitlérienne.

Favorable à la sécurité collective et à la SDN il approuve en définitive les accords de Locarno, mais les complète par un pacte avec la France, pacte que celle-ci ne respectera pas en 1938.

Au début de 1929, malgré les disparités entre la Bohême-Moravie et l'ensemble Slovaquie-Rhuténie, malgré le problème des minorités, la République tchécoslovaque est un État que l'on peut penser stabilisé et dont le régime parlementaire et démocratique pourrait servir de modèle à tous les États de la région : en effet tous les voisins de l'État pragois, sauf alors le Reich, connaissent des régimes à tendances autoritaires : Pologne, Autriche, Hongrie, Roumanie.

Les problèmes yougoslaves

Plus encore que la Tchécoslovaquie, la Yougoslavie, malgré les apparences, est un État artificiel, né en 1919. Quelques écrivains, professeurs ou anciens élèves des lycées et collèges des « Provinces illyriennes », gouvernement de l'Empire français de 1805 à 1813, profondément marqués par la pensée bonaparto-révolutionnaire qui a exporté ici l'idée nationale, vont, avec le poète slovène, Vodnik, défendre l'idée de réunir tous les Slaves du Sud. Bien que retombée sous la coupe des Habsbourg en 1814, l'Illyrie va donner naissance à un mouvement panslave. Les Provinces illyriennes, il est vrai, intégraient une partie de la Carinthie, la Slovénie, l'Istrie et la Côte dalmate jusqu'à Raguse (auj. Dubrovnik) et l'administration impériale française favorise l'essor du slave. Le linguiste serbe, Vuk Karadzič[1] et des collègues croates arrivent à créer une véritable langue littéraire

1. Vuk Karadzič (1787-1864). C'est son *Dictionnaire serbo-germano-latin* qui contribue à rétablir la langue serbo-croate.

commune aux Serbes et aux Croates, le serbo-croate. Ce mouvement, alors qualifié d'illyrien, est favorisé par les disciples de Vodnik et prend suffisamment d'importance pour qu'en 1843 l'empereur Ferdinand interdise l'utilisation des termes « illyrisme » et « illyrien ». L'idée d'une union des Slaves du Sud va toutefois réapparaître à plusieurs reprises.

Cette idée resurgit à Fiume (Rijeka) en octobre 1905 lors du congrès de l'Union des Yougoslaves sous l'impulsion d'un député croate, Pribicevič. Il sera le vice-président du Conseil national qui à Zagreb, en octobre 1918, préconise l'Union des Croates avec les Serbes et les Slovènes de l'Empire des Habsbourg, puis décide, en novembre, de s'unir avec la Serbie. Le 1er décembre 1918 est créé le Royaume des Serbes, Croates et Slovènes et la couronne est offerte au roi Pierre Ier de Serbie. Ce dernier appelle un politicien serbe, Stejan Protič, à constituer le premier gouvernement du royaume. C'est à lui que l'on doit la première réforme agraire yougoslave dont le but, clairement avoué, était de favoriser l'éclosion d'une classe de petits propriétaires qui seraient le soutien essentiel du nouvel État.

Mais le nouveau royaume doit attendre les traités de 1919 pour être reconnu par les Alliés après que ses frontières eurent été délimitées avec ses voisins. Ce n'est qu'en 1920, par le traité de Rapallo, que la Yougoslavie et l'Italie règlent leurs différends frontaliers ; l'Italie renonce définitivement à la Dalmatie et la Yougoslavie à l'Istrie ; le problème de Fiume (Rijeka) occupé par les Italiens ne sera réglé qu'en 1924.

Le nouveau royaume, enfin reconnu, est en butte à deux grands problèmes : le problème croate et son sous-développement. Ajoutons qu'en 1920 le royaume a tout juste 12 millions d'habitants, parmi lesquels plus de 10 % d'allogènes non slaves (500 000 Allemands, 250 000 Magyars, 200 000 Roumains et 400 000 Turcs et Albanais).

Bien évidemment le problème croate est essentiel. Les Croates, plus riches que les Serbes, catholiques de culture latine, sont très vite exaspérés par l'impérialisme serbe et orthodoxe. Ainsi naît un mouvement séparatiste que favorise une exacerbation de nationalisme en Serbie ; ce nationalisme apparaît avec la constitution du 28 juin 1921 qui légalise un régime parlementaire mais centraliste dominé par les Serbes. Bien plus, la politique du président du Conseil, Pasič, ne facilite pas la conciliation : il rompt avec le parti démocrate trop favorable aux Croates que domine le Parti paysan de Stjepan Radič. Ce dernier, hostile à l'union avec la Serbie, fait campagne pour faire reconnaître sinon l'indépendance, du moins l'autonomie, de la Croatie. Après quelques mois de prison il se rallie quand même au roi Alexandre Ier (successeur de Pierre Ier) pour freiner la propagande italienne particulièrement forte en Croatie. Il devient ministre de l'Instruction publique en 1925, mais dès 1926 il quitte le gouvernement et revient à l'opposition. Il meurt en 1928 après avoir été grièvement blessé, en pleine séance de la Chambre, par un député serbe (juin 1928).

Cet assassinat aura des conséquences dramatiques. Pour rétablir l'ordre le roi Alexandre met en place une véritable dictature (janvier 1929), et élimine le système parlementaire en 1931. La nouvelle constitution renforce la centralisation et partage le royaume – qui prend alors le nom de Yougoslavie – en neuf provinces dépendant étroitement de Belgrade. Ce sont les « banovines ». La réaction croate est vive et naît alors (en 1930) le mouvement Oustacha à l'origine strictement nationaliste et révolutionnaire. C'est lui qui organisera l'assassinat, à Marseille, du roi Alexandre de Yougoslavie (9 octobre 1934). À partir de ce moment-là, il sera soutenu par le fascisme italien. En 1933, on le voit, la Yougoslavie a un régime aussi instable que la plupart des États d'Europe orientale. Sa création est, incontestablement, un échec.

Tout cela est attisé par un sous-développement économique qui, soulignons-le, est caractéristique de tous les pays de l'Europe du Sud-Est, conséquence de l'incurie ottomane. Il faut, en effet, se souvenir que jusqu'en 1912 la Turquie possède et administre Albanie, Macédoine, Thessalie, Thrace et Roumélie du Sud ; que jusqu'en 1855 elle contrôle les territoires serbes et les principautés roumaines et jusqu'en 1878 la Roumélie du Nord et la Bosnie-Herzégovine. Mais l'incurie turque n'est pas seule responsable : la Serbie, le Monténégro, la Roumanie, sont, depuis 1855, indépendants et on ne peut pas dire qu'ils aient connu, après leur reconnaissance nationale, un développement fulgurant. Ce retard a, sans aucun doute, des raisons culturelles, d'autant que les ressources naturelles ne sont pas négligeables. Ce qu'il y a enfin d'intéressant, c'est que les disparités interrégionales subsistent ; selon André Blanc et Pierre George : « Le revenu national, toujours faible, est variable selon les régions ; il était en Slovénie deux fois supérieur à celui de la Croatie, trois fois plus élevé que celui de la Serbie, quatre fois que celui du Monténégro. » En 1999 le PNB par habitant en Slovénie est de 16 000 dollars, celui de la Croatie est de 7 000 ; on estime celui de la Serbie à 4 500. Au fond, les disparités de l'entre-deux-guerres subsistent. Cela vaut d'ailleurs pour la Grèce, jusqu'à son entrée dans la Communauté, comme pour la Roumanie et la Bulgarie.

On a longtemps dit que dans une large mesure les disparités yougoslaves s'expliquaient par l'illettrisme ; la Slovénie ne compte plus d'illettrés depuis le dernier tiers du XIXe siècle, alors que les Monténégrins étaient encore en 1939 presque tous analphabètes. Mais en 1998 le taux d'analphabètes est quasiment nul. En 1990, la « République socialiste fédérative de Yougoslavie » a un taux de scolarisation dans le second degré de 82 %, analogue à celui de la France ! Mais les disparités subsistent, soulignant sans doute l'impact du religieux sur la culture et les mentalités.

Dès 1920, ces disparités sont un facteur d'instabilité et expliquent le refus des Croates d'être gouvernés par des Serbes miséreux et ignares.

L'économie de la nouvelle Yougoslavie est essentiellement agricole. Plus des trois quarts des Yougoslaves vivent de l'agriculture. Or celle-ci est dans un état plus que médiocre. La Yougoslavie de 1919 sort d'un régime agraire de type féodal, à la différence de la Hongrie, de la Bohême, de l'Autriche ou de la Galicie, régions qui, à côté de grands domaines, connaissent une catégorie plus ou moins importante de petits propriétaires. Il n'y a rien de tel en Yougoslavie, à l'exception de la Slovénie. La réforme agraire de 1919 ne sera appliquée qu'à partir de 1930-1931. Après la réforme un tiers des exploitations aura moins de 2 hectares, un autre tiers de 2 à 5 hectares et dix pour cent de la superficie agricole sont occupés par des exploitations de moins de 10 hectares. 25 % de la superficie agricole demeurent entre les mains de moyens et surtout de gros propriétaires. Mais ces paysans, pour la moitié illettrés, sont incapables d'exploiter convenablement leur domaine, aussi les rendements sont-ils particulièrement faibles, passant toutefois de 9 quintaux de céréales à l'hectare entre 1920 et 1924 à 12 pour la période de 1935-1939.

Notons aussi que la géographie de la Yougoslavie ne favorise guère la vie agricole : Bosnie, Serbie du Sud, Macédoine sont des régions montagneuses sèches avec quelques vallées plus ou moins fertiles. Peu peuplée, la Yougoslavie arrive à se suffire à elle-même en céréales (en maïs en particulier, mais aussi en blé) cultivées partout dans la plaine slavone entre Save et Drave et dans la haute vallée de la Morava entre Niš et Belgrade, mais pour l'essentiel en Croatie.

Si l'industrie du nouvel État est quasiment inexistante, il

détient un domaine minier important. La Yougoslavie possède une série de gisements en métaux non ferreux tout à fait considérables ; elle produit du cuivre à l'est de Belgrade (les mines de Bor appartenant à un groupe français) et fournit près d'un million de tonnes de métal chaque année. Mais elle est également riche en bauxite, zinc et plomb. N'ayant pas de véritables industries de transformation ces minerais sont exportés, en particulier par le Danube, vers la Tchécoslovaquie, dont la Yougoslavie est le grand fournisseur, ou par mer vers l'Europe occidentale. De toute façon, sauf le cuivre et le plomb, l'essentiel des ressources minières du royaume est en Slovénie.

Enfin, un des grands problèmes de la Yougoslavie est l'absence d'un réseau de communication sérieux. En dehors de deux grandes magistrales : Vienne-Lublijana-Zagreb-Belgrad-Niš-Sofia et Budapest-Subotica-Belgrade-Niš-Skopje-Salonique, dont les trains sont convenables, mais mal entretenus, le réseau est très médiocre et la vitesse des trains comme leur débit sont très faibles. Les ports yougoslaves, eux, malgré le rivage adriatique, sont inexistants. Rijeka (Fiume) est italien : c'est le seul port réellement utilisable pour le commerce international, car des ports comme Split ou Dubrovnik sont difficiles d'accès. La voie ferrée Belgrade-Sarajevo-Dubrovnik est une ligne de montagne plus que médiocre [1].

Le Danube est donc la voie commerciale essentielle, mais de Belgrade à Bratislava il traverse la Hongrie hostile ; en cas de problème politique le seul débouché est le débouché par la Roumanie via le port de Constantsa.

Ethniquement, la Yougoslavie est aussi profondément divisée que culturellement et cela est renforcé par un panserbisme exacerbé ; elle est politiquement instable ; le moins que l'on puisse dire est que le nouvel État est pour la France un allié à problème que l'on a bien du mal à contrôler.

La grande Roumanie

La Roumanie n'est pas un État artificiel dans la mesure où elle existe depuis le traité de Paris de 1856 qui fait des Princi-

1. En 1935, un ingénieur français considérait la ligne Neussargues-Béziers comme remarquable par rapport à la ligne Belgrade-Sarajevo-Dubrovnik. Or, aucun train, sur cette ligne, électrifiée, ne dépassait 60 km à l'heure de moyenne !

pautés moldave et valaque des territoires pratiquement indépendants, unifiés *de facto* par la conférence de Paris de 1858 avec un « hospodar » unique, le prince Alexandre Cuza (1859-1866). En 1877 la Roumanie est reconnue mais ne devient juridiquement indépendante qu'en 1878. Son souverain, depuis 1866, le prince Charles de Hohenzollern, devient roi de Roumanie en 1881 sous le nom de Carol Ier. Son neveu, Ferdinand Ier (1914-1927), fait entrer la Roumanie en guerre contre l'Autriche-Hongrie en échange de la promesse de se voir accorder l'annexion de la Transylvanie. La défaite de l'armée roumaine est effacée par la victoire des Alliés. Dès le 27 octobre 1918, la Bucovine, puis la Transylvanie et le Banat (Assemblée d'Alba Iulia, 1er décembre 1918) proclament leur rattachement au royaumc de Roumanie, ce que confirment les traités de Saint-Germain et de Trianon malgré la présence dans le Banat (avec Arad, Timisoara) et la Transylvanie du Nord (dans la zone Oradea, Cluj, Sibiu) de fortes minorités magyares. Or, sur les 5 millions d'habitants de Transylvanie et du Banat on compte près de 1,8 million de Hongrois [1].

La Roumanie n'est pas un État artificiel, comme le sont la Tchécoslovaquie et la Yougoslavie. Mais elle a grandi trop vite. Sa superficie passe de 130 000 à près de 300 000 km^2 et elle se retrouve avec des populations allogènes relativement importantes : outre les Magyars on compte 5 à 600 000 Allemands autour de Brasov, autant d'Ukrainiens en Bucovine et en Bessarabie, plus de 60 000 Tziganes, sans compter Turcs, Serbes et Bulgares. En tout, dans la Roumanie de 1920, il y a près de 25 % d'allogènes. Par ailleurs, si les Roumains sont dans leur très grande majorité orthodoxes, on compte parmi eux 725 000 israélites dont le statut, théoriquement égal à celui des autres Roumains, est délicat. De surcroît les Allemands sont aux deux tiers protestants et les Magyars aux deux tiers catholiques. De ce fait, à côté des problèmes ethno-culturels se pose ici un problème religieux d'autant que l'Église orthodoxe de Roumanie est religion d'État et le patriarche de Roumanie est très proche du pouvoir.

Ces divers problèmes ne facilitent pas la stabilité du pays. La Roumanie, avec son nationalisme exacerbé, a refusé de recon-

1. Reconnaissons que le compromis de Vienne du 31 août 1940, imposé par le Reich, tenait infiniment mieux compte des réalités ethnolinguistiques.

naître quelques garanties que ce soit aux minorités, garanties pourtant réclamées par les Alliés, puis par la SDN. Dans le même cadre l'antisémitisme, présent depuis toujours, reprend de plus belle et ne cessera de se développer, entraînant une forte émigration de juifs roumains, en particulier en provenance des anciens territoires autrichiens (Bucovine) ou même hongrois (Transylvanie et Banat)...

Le royaume connaît des problèmes juridiques complexes car sur près de la moitié du territoire la population vit sous des régimes de droit différent : autrichien en Bucovine, hongrois en Transylvanie et dans le Banat, russe en Bessarabie et bulgare en Dobroudja. L'unification du système juridique sera ardue et nécessairement assez lente.

Les problèmes socio-économiques ne facilitent pas les choses ! Pays essentiellement agricole, la Roumanie, comme les autres régions de la zone danubienne, a une agriculture arriérée. Ce monde paysan vit misérablement et comprend près de 75 % d'analphabètes. Très malheureux, les paysans de Valachie et de Moldavie s'étaient soulevés à plusieurs reprises contre le système oppressif des grands propriétaires au comportement féodal. Ce furent les émeutes de 1888 et surtout la révolte générale de 1907, toutes deux réprimées dans le sang.

En 1921 on promulgue une réforme agraire qui redistribuera près de 6 millions d'hectares. Mais les paysans s'avérèrent incapables de payer les redevances auxquelles ils étaient astreints. Ils revendirent leurs parts, soit à leurs anciens grands propriétaires, soit à des paysans un peu plus riches. En 1938, 10 % des terres agricoles (15 % des terres arables) appartenaient à des domaines de plus de 50 hectares. La réforme avait contribué à constituer un corps agraire avec une minorité de très grands propriétaires (3 % environ ont plus de 100 ha et 7,5 % plus de 50), un tiers de moyens propriétaires et 55 % de paysans sans terre possédant moins de 2 hectares. Petits et moyens propriétaires constituent l'ossature d'un électorat conservateur réactionnaire et antisémite. Ce dernier élément se retrouve aussi chez les petits paysans. Pour tous, le juif c'est l'usurier, l'avocat qui vous induit en erreur, le commerçant qui vous trompe, thèmes constants de la littérature et de la presse paysanne roumaines dans l'entre-deux-guerres.

L'agriculture roumaine demeure en définitive très primitive. On compte quatre régions importantes, la Transylvanie, la Valachie, la zone au sud du delta du Danube avec la Dobroudja et l'ensemble septentrional Bucovine, Bessarabie, Moldavie, car la partie méridionale est déjà assez aride. La production céréalière reste faible (60 millions de quintaux sur environ 5 millions d'hectares). Cela suffit à la consommation intérieure et permet d'exporter plus de la moitié de la production.

L'agriculture, qui occupe les trois quarts de la population active, contribue donc de manière importante au commerce extérieur. Il est vrai que l'industrie roumaine est balbutiante, elle dispose de peu de ressources naturelles : 3 millions de tonnes de charbon en Valachie centrale, du manganèse en Moldavie et du plomb. Par contre elle possède un important champ pétrolifère à Ploesti, le seul sérieux alors en Europe. Dans les années fastes, la Roumanie produit 7 à 8 millions de tonnes de pétrole, presque l'équivalent de la consommation française d'alors. Français et Britanniques investissent là dans des proportions importantes pour favoriser l'extraction et développer la recherche de nouveaux gisements. Ce sont, avec les participations franco-britanniques à la flotte roumaine du Danube, les seuls gros investissements dans l'industrie.

La petite industrie roumaine se concentre essentiellement sur un axe Brasov-Ploesti-Bucarest, autour de Galatz, à l'amont du delta du Danube et aux confins du Banat oriental. En dehors de ces centres qui se consacrent à la fonte des minerais, au textile et à la petite transformation métallurgique, il n'y a guère que des entreprises presque artisanales.

Tout ceci a pour conséquence une situation sociale explosive. À côté de la masse paysanne il y a essentiellement des petits commerçants et des petits artisans très isolés et constituant presque seuls, pour l'essentiel, la petite bourgeoisie conservatrice et antisémite [1].

En face d'eux, une intelligentsia relativement importante, mais coupée de la petite bourgeoisie. Les dirigeants se recrutent dans l'armée, le barreau, le corps médical et un monde universitaire restreint mais de qualité. Ils sont fort divisés car nombre de médecins, d'avocats et la majorité des gros commerçants sont juifs. Et l'antisémitisme est aussi fort dans les milieux dirigeants que chez les paysans les plus arriérés. L'absence d'une importante classe moyenne roumaine d'ingénieurs, de techniciens, de négociants ou de chefs d'entreprise contribue à l'absence d'un véritable sens de la démocratie.

1. Cf. Carol Iancu, *Les Juifs roumains de 1919 à 1929*, Thèse d'État, Aix-en-Provence.

Certes la Constitution de 1923 donne au régime roumain toutes les apparences d'un régime démocratique et parlementaire, fondé sur le suffrage universel, mais l'instabilité ministérielle, due bien souvent à des rivalités de personnes, amène le roi Ferdinand à gouverner généralement avec des ministres qui n'ont pas l'aval du Parlement. À cela s'ajoutent toutes sortes de problèmes dynastiques : le roi Ferdinand Ier déshérite son fils Carol et à sa mort, en 1927, c'est son petit-fils, le prince Michel, âgé de 6 ans, qui lui succède, laissant le pouvoir aux ministres de Ferdinand Ier. En juin 1930 le prince Carol revient brusquement à Bucarest et fait reconnaître ses droits : Carol II va régner de 1930 à 1940 en essayant de gouverner avec des partis qui s'entre-déchirent. En 1931 Corneliu Codreanu crée un mouvement, d'inspiration mussolinienne, nationaliste, néo-chrétien et antisémite : la « Garde de fer ». Il obtient très vite un vif succès, en particulier auprès des étudiants. Se sentant menacée par les partis parlementaires la « Garde de fer » fait assassiner le président du Conseil, le libéral Duca. Son successeur, Tataresco, interdit le parti qui réapparaît aussitôt sous le nom de « Tout pour la Patrie ». Son influence croît très vite et en 1937 il devient le troisième parti roumain derrière les libéraux et les nationaux-paysans. L'agitation ne cesse pas et en 1938 le roi Carol dissout tous les partis (février 1938) et promulgue une constitution autoritaire. Codreanu sera arrêté, puis exécuté, mais son parti perdurera et jouera un rôle important de 1940 à 1944.

Ainsi la Roumanie, État qui a grandement profité de la Grande Guerre, se révèle incapable de se constituer en une grande démocratie parlementaire. Son économie sous-développée, sa population largement illettrée, les conflits ethniques et religieux lui interdisent de tenir le triple rôle que lui assignent les Alliés et très particulièrement le France : être un élément important de la chaîne des nouveaux États contre le Reich, un bouclier contre une renaissance de la dynastie des Habsbourg et être aussi le môle méridional du « cordon sanitaire » établi contre l'Union soviétique.

En réalité, du fait de sa médiocrité, il était impossible à la Roumanie de jouer ce rôle et très vite la faiblesse de l'appui français, qui fut plus verbal qu'efficace, aggrave cette situation.

Dès 1929, la part de l'Allemagne dans le commerce roumain atteint 24 % ; en 1938, la part du Reich, avide de céréales et de pétrole, sera de 40 %. Très vite la France ne joue plus qu'un rôle second dans la vie économique de la Roumanie, l'alliance franco-roumaine est plus un mythe qu'une réalité.

*

En définitive, il faut bien reconnaître que les espoirs mis en 1919-1920 dans les nouveaux États sont mis à mal.

Tous ont des difficultés, souvent dramatiques, avec leurs minorités ethniques. Si la Tchécoslovaquie est arrivée à demeurer une République parlementaire et démocratique, ce n'est le cas ni de la Yougoslavie, ni de la Roumanie qui évoluent plus ou moins rapidement vers des régimes autoritaires proches du fascisme italien.

Si les trois États savent s'unir pour empêcher une quelconque restauration des Habsbourg, ils s'avérèrent incapables de prévenir l'expansionnisme allemand. Il est vrai aussi que la politique française ne leur facilitera pas la tâche. C'est un des aspects des accords de Locarno d'octobre 1925 que l'on ne met pas suffisamment en lumière[1].

1. Voir p. 183 et *sq.*, le paragraphe consacré aux accords de Locarno.

ANNEXE
L'ÉVOLUTION DU PIB EN EUROPE CENTRALE ET ORIENTALE 1919-1938

PIB GLOBAL (en millions de dollars 1990)

	France	Autriche	Tchéco-slovaquie	Hongrie	Pologne	Roumanie	Yougo-slavie
1913	143 100	26 500	27 750	16 400	-	-	13 900
1920	124 700	15 600	25 100	13 600	-	-	13 100
1925	167 600	22 300	31 500	18 900	-	16 850 [1]	16 200
1929	192 400	24 800	42 200	21 250	58 900	16 180	19 400
1935	169 750	19 400	34 350	22 200	48 100	18 000	17 900
1937	186 350	19 800	41 578	23 250	59 980	17 500	20 400

PIB PAR HABITANT (en dollars 1990)

	France	Autriche	Tchéco-slovaquie	Hongrie	Pologne	Roumanie	Yougo-slavie
1913	3 450	3 500	2 100	2 100	-	-	1 030
1920	3 200	2 400	1 900	1 700	-	-	1 050
1925	4 130	3 400	2 600	2 300	-	1 250 [2]	1 200
1929	4 700	3 700	3 050	2 500	2 100	1 150	1 370
1935	4 050	2 500	2 400	2 400	1 600	1 200	1 150
1937	4 400	3 800	2 900	2 500	1 900	1 100	1 350

Source : A. Maddison, *L'Économie mondiale 1820-1992*, OCDE, 1995.

1. 1926.
2. 1926.

CHAPITRE III

MATÉRIALISME RÉVOLUTIONNAIRE SOVIÉTIQUE ET TOTALITARISME LÉNINO-STALINIEN

Il est évident que les révolutions russes ne sont en rien la conséquence des traités de 1919. Mais les divergences entre Alliés en 1919-1920 et les traités subséquents auront une influence incontestable sur l'évolution du monde soviétique.

On le sait, les révolutions de 1917 sont dues pour une large part à l'impéritie et aux maladresses du gouvernement impérial et, très particulièrement, du tsar lui-même.

L'Empire russe en 1917

La Russie impériale n'est toujours pas un État européen.

Si la Russie occidentale est essentiellement peuplée de Slaves, il n'en est pas de même à l'est et au sud de la Volga. À l'ouest, à côté des Finlandais et des Baltes, essentiellement luthériens, il y a les Polonais catholiques et les Ukrainiens, uniates à l'ouest et orthodoxes au-delà de Dniepr.

Quant à la Russie orientale elle est peuplée d'ethnies très différentes : à l'est et au sud on trouve toute une pléiade de peuples turcophones : Tatars, Ouzbeks, Turkmènes, Azéris ; des populations caucasiennes, musulmanes et chrétiennes, tels Tchétchènes, Géorgiens et Arméniens ; à ces ethnies s'ajoutent Samoyèdes et Mongols, Mandchous et Esquimaux. En tout on compte une centaine de groupes ethno-linguistiques différents dans la Russie des tsars : certains de ces peuples, en Pologne, en Finlande ou dans le Caucase, sont hostiles à la domination russe, d'autres l'acceptent à la condition que le régime sache se faire respecter. Dès lors comment arriver à gouverner un ensemble aussi divers ?

Tout cela contribue à expliquer que le niveau du PIB russe par habitant, entre 1820 et 1913, soit plus proche de celui du Japon que de celui de l'Autriche ou même de la Hongrie.

PIB par habitant en dollars de 1990

	Russie	Japon	Autriche	Hongrie
1820	750	700	1 300	900
1890	925	975	2 500	1 500
1913	1 490	1 300	3 500	2 100

Source : A. Maddison, *op. cit.*

Le décollage économique de l'Empire était freiné par le très faible pouvoir d'achat des masses populaires essentiellement paysannes et l'insuffisance de disponibilités financières. De 1890 à 1913 la croissance est relativement rapide, favorisée par le dirigisme gouvernemental (le rôle de Witte, ministre des Finances de 1892 à 1901, président du Conseil de 1901 à 1906, puis de Stolypine, de 1907 à 1911, est essentiel), la construction d'un véritable réseau ferré (22 000 km mis en exploitation entre 1890 et 1900), l'importance des investissements étrangers (dans certains domaines, dans les chemins de fer et les mines en particulier, les capitaux étrangers représentent 70 % des investissements). C'est la Russie occidentale qui connaît le plus grand développement à l'intérieur d'un triangle : Pétersbourg-Kharkov-Varsovie ; les pôles industriels essentiels se situant à Moscou et en Ukraine (bassin du Donetz, de Krivoï-Rog et autour d'Odessa).

L'essor industriel pose naturellement le problème social : il existe désormais en Russie un prolétariat ouvrier fort misérable car on ne se préoccupe guère de lui, même après la crise de 1905. Quant au monde rural il demeure fort archaïque, féodal même, quoi qu'ait pu écrire Lénine dans *Le Développement du capitalisme en Russie* (1900). L'abolition du servage a fait disparaître toute contrainte juridique, mais a renforcé la dépendance économique du paysan. Le paysan manque tellement de terre que, comme le disait le ministre Witte, « notre peuple a été élevé dans l'absence de toute notion de propriété. Aussi le paysan a-t-il la conviction que la terre ne doit appartenir à personne ». Il est vrai que le lot du moujik moyen est de deux hectares ! Même si le système du « Mir » permet de redistribuer les lots, la situation du monde rural, surchargé d'impôts, est dramatique, d'autant que le prix des céréales n'a cessé de baisser depuis 1860 tandis que le manque de terres (lié aux possessions considérables encore demeurées entre les mains de l'aristocratie) entraîne une hausse constante du prix de la terre. La situation se modifia un peu après la crise de 1905 puisque près de 10 millions d'hectares furent distribués : cela facilitera l'apparition de petits propriétaires, les futurs *koulaks* ; mais ils sont moins de 10 % des exploitants agricoles en 1914. Ajoutons la persistance de l'analphabétisme et on pourra se rendre compte de ce qu'est la misère paysanne.

Or c'est le monde paysan qui va subir le poids de la guerre, d'une guerre mal préparée qui souligne toutes les faiblesses du système russe. Jusqu'au printemps 1915 le front tient face au Reich, malgré Tannenberg, défaite cinglante infligée aux armées tsaristes par le maréchal Hindenburg, et on obtient quelques succès face aux Austro-Hongrois. Mais en mai 1915 le front s'effondra et le tsar Nicolas II commit alors l'immense erreur de prendre le commandement de l'armée : cela entraînera rapidement l'affaiblissement du système autocratique. Le tsar, installé au GQG des armées impériales, laissa l'impopulaire tsarine gouverner ; l'incapacité du gouvernement éclata rapidement au grand jour, au point qu'à la session de la Douma de décembre 1916, l'historien Milioukov put montrer que « la politique du gouvernement ne pouvait procéder que de la stupidité ou de la trahison ».

C'est dans cette atmosphère délétère que se trament deux complots. L'un réussit : c'est l'assassinat de Raspoutine (décembre 1916), conseiller de la tsarine ; l'autre, au début de 1917, organisé par des chefs d'entreprise, des députés et des généraux (dont Broussilov) qui visait à obliger le tsar à abdiquer en faveur de son fils avec le grand-duc Michel comme régent, échoua.

La révolution russe de mars 1917

La mise en place du rationnement à Petrograd entraîna une série de manifestations, d'abord spontanées, puis dirigées simultanément par les socialistes et la Douma qui dégénérèrent en raison des maladresses du tsar et de ses conseillers. Abandonné par l'armée, le tsar abdique en faveur de son frère, le grand-duc Michel ; celui-ci renonce à son tour devant les manifestations d'une foule qui réclame la République (2 mars).

Le gouvernement provisoire qui s'est instauré le 2 mars est divisé ; certains (tel Milioukov) veulent d'abord gagner la guerre et rétablir l'ordre, les autres (tel Kerenski) pensent qu'il faut soutenir certaines des revendications des Soviets.

La première proclamation du nouveau gouvernement souligne ces hésitations ; au-delà de mesures évidentes : proclamation des libertés, d'une amnistie, de la reconnaissance des indépendances finlandaise et polonaise, le texte est banal, au point de ne pas proclamer la République et de se contenter de la convocation d'une Constituante.

En face siègent les Soviets qui s'organisent peu à peu à travers le pays de manière spontanée et qui deviennent des centres autonomes de pouvoir ; mais ils contribuent à développer dans toute la Russie une extrême anarchie.

Le Soviet de Petrograd, lui, s'organise de manière hiérarchisée et met en place des soviets d'entreprise qui feront adopter, le 8 mars, une nouvelle organisation des rapports entre patronat et salariés (journée de 8 heures et semaine de 47 heures) et des soviets de quartier qui peu à peu vont quadriller la ville. Enfin se constitue une véritable milice ouvrière, la « Garde rouge ».

Dans le reste de la Russie naissent des organisations nationales qui réclament, en Ukraine par exemple, une véritable indépendance. Le cas de Kiev est significatif. À l'origine il y eut trois comités locaux : le « Conseil des organisations civiques », le Soviet ouvrier (qui a exclu les... Ukrainiens) et le Rada qui groupe l'intelligentsia ukrainienne. Très vite celui-ci prend le contrôle des autres comités et c'est le Rada qui s'engage dans le combat indépendantiste ; des mouvements analogues apparaissent dans les régions baltes du Sud, dans certains milieux juifs où s'opposent d'ailleurs socialistes du Bund et sionistes, encore que l'on voit mal où aurait pu se constituer un État juif en territoire russe. Des mouvements analogues se développent dans les régions musulmanes, mais là encore s'opposent traditionalistes et révolutionnaires.

En fait, dès l'été 1917, toute la Russie est déstabilisée, d'autant que d'un côté les paysans réclament avec vigueur la distribution des terres non exploitées par les grands propriétaires ou par l'État, d'un autre les ouvriers des grandes entreprises, comme la très grande majorité des hommes du rang, réclament « une paix sans annexions, ni contributions ».

Cela rejoignait les positions du Soviet de Petrograd qui, le 14 mars 1917, appelait les « peuples du monde entier... à mener un combat contre les ambitions annexionnistes des gouvernements de tous les pays en guerre ».

Telle est la situation lorsque Lénine arrive à Petrograd le 14 avril 1917 et développe ses thèses, dites « thèses d'avril » :

prise du pouvoir par les Soviets, fin de la guerre, refus du parlementarisme, nationalisation des terres.

Le problème de la poursuite de la guerre fut l'objet de débats avec les socialistes occidentaux qui venaient s'assurer que les Russes ne concluraient pas de paix séparée. C'est sans doute l'origine d'une « Note sur les buts de la guerre de la Russie » adressée aux Alliés par Milioukov, sans l'aval de Kerenski qui menaça de démissionner.

Cela déclenche une très grave crise politique non seulement à l'intérieur du gouvernement, mais aussi dans l'opinion publique.

Les léninistes (les bolcheviks) organisent de violentes manifestations à Petrograd ; elles échouèrent, mais obligèrent à un remaniement gouvernemental. Le nouveau gouvernement s'engage dans une tentative de médiation, souhaitant réunir tous les partis socialistes des États belligérants. La conférence échoua en raison de l'hostilité des bolcheviks qui craignaient le maintien du capitalisme et le refus des Alliés.

La situation militaire ne cesse d'empirer ; le nouveau gouvernement est incapable d'endiguer le pacifisme et les mouvements de désertion. Une offensive fut pourtant tentée en juin 1917 sur le front roumain ; elle s'englue au bout de quelques jours. C'est un nouvel échec du gouvernement.

À Petrograd et Moscou les mouvements sociaux s'amplifient, les grèves se multiplient et la cassure entre la classe ouvrière et le patronat ne cesse de s'élargir. Dès lors le mouvement ouvrier se radicalise et soutient de plus en plus régulièrement les prises de position des bolcheviks. C'est la cassure de la social-démocratie qui se concrétise après la manifestation du 18 juin à Petrograd.

À la suite de l'offensive allemande du 1er juillet 1917, l'armée de Petrograd manifesta son refus de partir au front. Par ailleurs les ministres modérés qui siégeaient encore au cabinet démissionnent, aggravant une situation d'autant plus délicate que les bolcheviks sont eux-mêmes divisés. Le gouvernement décida de réprimer durement ces mouvements, d'autant qu'il avait fait courir le bruit que Lénine était lié aux Allemands.

Pendant quelques jours les modérés crurent triompher, soutenus par le patronat russe et une partie de l'armée. Le général Kornilov, devenu commandant en chef, émit des propositions intéressantes (démobilisation de quatre millions d'hommes recevant chacun neuf hectares de terres environ, ce qui constituerait un milieu paysan conservateur et retour à un certain libéralisme économique). Cela le conduit à vouloir écarter Kerenski qui ne pense qu'élections à une Constituante. Mais Kerenski découvrant que Kornilov envisageait un coup d'État se rapprocha aussitôt des comités ouvriers leur rendant un pouvoir qu'ils avaient perdu.

Kerenski prétend, dans ses *Mémoires*, que « sans la tentative de putsch de Kornilov il n'y aurait pas eu Lénine ». Étant donné la mollesse de Kerenski, qui n'était pas de taille à lutter avec Lénine et Trotski, et compte tenu de son désir de ne pas se couper des Soviets, ce n'est pas évident. Les propositions agro-militaires de Kornilov auraient vraisemblablement calmé le malaise paysan qui ne cesse d'enfler durant le printemps et l'été 1917. Apparaît en effet ce que l'on pourrait appeler « la grande peur » russe, particulièrement sensible en Russie occidentale et en Ukraine, que le gouvernement est incapable de juguler.

Le monde ouvrier se bolchevise rapidement : les grèves se multiplient et entraînent une chute spectaculaire de l'activité ; Michel Heller fait remarquer que « c'est dès le milieu de l'été 1917 que l'économie russe a fait naufrage » ; le « naufrage » était en réalité amorcé depuis la fin de 1916[1].

Simultanément on assiste à une véritable désintégration de l'État russe : à Kiev, en août, le Rada proclamait le droit de toutes les communautés existant en Russie à l'autodétermination, malgré les protestations de Petrograd. En Asie centrale le gouvernement utilisant les divisions des musulmans arriva à maintenir un pouvoir théorique.

Pour essayer de reconstituer le pouvoir étatique, Kerenski, après avoir proclamé la République, constitue un nouveau gouvernement et tente d'instituer un « pré-Parlement » où il souhaitait réunir les Soviets et les milieux traditionalistes.

Lors de la première séance Kerenski présente son programme et le soumet au vote, mais Trotski critique avec une extraordinaire virulence le gouvernement et son programme, « ce gouvernement qui, sous les ordres des contre-révolutionnaires et des impérialistes, prolonge sans raison une guerre dévastatrice et prépare... la défaite de la Révolution ». Cela dit, Trotski se retira, suivi des députés bolcheviks (7 octobre 1917). Or, depuis le début de septembre ces bolcheviks ont pris le contrôle du Soviet de Petrograd et Trotski en devient le président. On assiste, à partir de l'été 1917, à une « bolchevisation rampante », d'autant que la masse déçue par l'immobilisme gouvernemental est prête à suivre les bolcheviks pourtant fort peu nombreux.

---

1. M. Heller et A. Nekrich, *L'Utopie au pouvoir, Histoire de l'URSS de 1917 à nos jours*, Calmann-Lévy, 1982.

La révolution d'Octobre

Non sans de longues hésitations, dues à des divergences tactiques et même idéologiques opposant Lénine, Kamenev et Trotski, on se décida à s'engager dans une insurrection qui paraissait hasardeuse à Kamenev et Zinoviev, théoriciens d'un bolchevisme triomphant par la voie électorale. Une insurrection fut préparée sans grand secret mais triompha d'autant plus facilement que la garnison s'était ralliée à un Comité militaire révolutionnaire, contrôlé indirectement par Trotski. La révolte bolchevique, facilitée par la désorganisation du pouvoir gouvernemental, n'entraîna que de rares dégâts : la ville fut occupée sans résistance dans la nuit du 24 octobre, à l'exception du Palais d'hiver qui, après quelques coups de feu, fut occupé pendant que siégeait le Comité panrusse des Soviets. Sous la menace bolchevique les mencheviks se retirent : désormais, comme le dit Lénine, « tout le pouvoir appartenait aux Soviets », c'est-à-dire au parti bolchevique.

Aussitôt Lénine promulgua le Décret sur la paix qui « invitait tous les peuples et leurs gouvernements à ouvrir sans délai les négociations d'une juste paix démocratique ». Cette paix devait entraîner « la renonciation à toute domination consentie sur des nations, qu'elles fussent situées en Europe ou outre-mer ». À certains égards ce texte rejoignait les idées que W. Wilson allait exprimer avec ses Quatorze Points quelques semaines plus tard, ce qui peut expliquer la mansuétude américaine à l'égard des Soviets en 1918-1920.

Un second texte donnait au peuple de Russie le droit à l'autodétermination et même à la sécession.

Un troisième texte supprime les droits de propriété de la couronne, des grands propriétaires et même des koulaks. Cela permettait d'accorder à chaque famille paysanne deux à trois hectares de terres : économiquement cela n'avait guère de sens, psychologiquement le monde rural voyait en Lénine un libérateur[1]. Cela n'empêcha pas les socialistes et les modérés de

1. L'impact de cette expropriation a dû être infiniment plus populaire qu'on ne l'a dit quand on songe que les ruraux du Land de Mecklembourg, en ex-RDA, dix ans après la réunification, continuent de voter massivement pour les marxistes du PDS, en raison de la réforme agraire de 1945-1946.

diverses tendances d'obtenir près de 80 % des suffrages, les bolcheviks seulement 22 %, lors des élections à la Constituante. Dès lors, pour Lénine, « toute tentative de considérer la question de l'Assemblée constituante d'un point de vue formaliste et étroitement légal... constitue une trahison de la cause du prolétariat ». (*Thèses sur l'Assemblée constituante*). L'Assemblée n'eut qu'une réunion le 18 janvier 1918 ; elle fut interdite par les Gardes rouges le 19 : tous les pouvoirs législatif et exécutif étaient désormais transférés au parti bolchevique.

La fin de la guerre avec le Reich : le traité de Brest-Litovsk

La première mission que s'assigne Lénine est de mettre fin à la guerre. Dès le 15 décembre 1917 un armistice de quatre semaines est conclu avec le Reich et l'Autriche-Hongrie. Mais aux négociations, menées par Trotski, se joignent les Ukrainiens qui souhaitent se rapprocher des Germano-Autrichiens. Fallait-il faire la paix ? Telle est la question que se posent les chefs de la révolution soviétique. Non, rétorque Boukharine, cela favorisera l'impérialisme allemand. Trotski sut proposer une solution de compromis, d'ailleurs aberrante : se retirer du conflit sans signer de traité. Cette solution va être adoptée avec toutes les conséquences que l'on pouvait imaginer. Les armées germano-autrichiennes reprennent dès lors l'offensive d'autant que l'Ukraine, menacée par les bolcheviks qui viennent de prendre Kiev, demande leur assistance.

Trotski et le Comité central étaient convaincus que le prolétariat allemand n'accepterait pas que le Reich fasse la guerre à l'État socialiste russe : le peuple allemand ne bougea pas, demeurant dans « une immobilité de cadavre », comme le nota Rosa Luxemburg.

L'offensive allemande se développa rapidement, menaçant Petrograd ; elle fut difficilement bloquée devant Pskov. Dès lors la Russie accepta le traité de Brest-Litovsk (mars 1918) dont les conditions étaient bien plus rigoureuses que les propositions de l'automne 1917 : la Russie devait reconnaître l'indépendance de l'Ukraine, de la Pologne, de la Finlande, des Provinces baltes et céder à la Turquie Karst et Batoum. Ces conditions très dures enlevaient à la Russie près du tiers de sa population, 40 % de son potentiel industriel, les trois quarts de ses ressources en charbon et acier. Tout cela accentua les conflits à l'intérieur du système mais n'empêcha pas l'extension du pouvoir bolchevique qui s'était emparé de Moscou. La Russie du Nord et du Centre était sous contrôle de Petrograd. Il n'en était pas de même en Ukraine ou dans les provinces des Cosaques du Don. C'est autour d'eux que vont se grouper des forces contre-révolutionnaires qui vont s'appuyer sur l'Ukraine indépendante occupée par les forces allemandes.

L'échec de la Contre-Révolution

En Sibérie une légion tchèque, composée de déserteurs de l'armée autrichienne qui voulaient rejoindre Vladivostok provoquée constamment par les Soviets, constitue une autre armée contre-révolutionnaire.

Les attaques tchèques le long du transsibérien permettent la mise en place à Omsk en Sibérie d'une sorte de gouvernement provisoire. Mais, divisé entre de multiples tendances, il ne joua guère de rôle et il fut destitué par l'amiral Koltchak, commandant la légion tchèque de Sibérie (18 novembre 1918).

En face de ces zones rebelles, il y a dans le territoire sous contrôle bolchevique révoltes (en particulier rurales) et tentatives de coups d'État. Au milieu de 1918 le pouvoir soviétique n'est guère en position de force que dans la Moscovie primitive de Petrograd à l'Oural, le Sud était sous le contrôle soit du Reich, soit des contre-révolutionnaires, soit des Alliés : Britanniques à Bakou, et Franco-Britanniques dans le Nord (Arkhangelsk et Mourmansk).

Mais les Alliés, après novembre 1918, n'apportèrent pas aux « Blancs » l'aide nécessaire ; il est vrai que le président Wilson est farouchement hostile à toute intervention ; pourtant le gouvernement français s'était préparé à une telle politique. Outre l'envoi d'une escadre en mer Noire, Clemenceau favorisa – si l'on en croit la thèse récente de Tristan Sandu [1] – les revendications les plus folles des Roumains contre les Hongrois dans l'espoir d'une collaboration de l'armée roumaine contre les bolcheviks ; mais assurés de leurs revendications, les Roumains se refusèrent à

1. T. Sandu, *Le Système de sécurité français en Europe centre-orientale, l'exemple roumain, 1919-1933*, Thèse Paris IV, Paris, 2000. Cf. en fait la carte p. 43 sur l'évolution de la ligne de démarcation entre Hongrois et Roumains entre le 13 novembre 1918 et le 26 février 1919.

lutter contre l'URSS. Les divisions des contre-révolutionnaires empêchent toute offensive simultanée et coordonnée ; à cela s'ajoutait l'intransigeance des Blancs à l'égard des révolutionnaires modérés ou même des démocrates ; enfin le général Denikine ne cachait pas qu'il voulait restaurer une « Russie grande, unie, indivisible », s'aliénant les peuples aspirant à l'autonomie.

En face Trotski, soutenu par des généraux de qualité (Toukhatchevski, Boudienny), a su faire de l'Armée rouge une armée solide et structurée qui sait utiliser tous les éléments logistiques nécessaires. À la fin de 1919, face aux « Blancs » qui, par leur intransigeance, obligent Baltes, Polonais et Ukrainiens à rester l'arme au pied, l'Armée rouge a su reconquérir la Russie du Centre, l'Ukraine, le Caucase ; seule la Crimée résistait.

La guerre russo-polonaise de 1920 marque, malgré le traité de Riga qui enlève une partie de la Biélorussie et de l'Ukraine à la Russie, la fin des conflits militaires en Russie.

La mise en place de l'URSS

La Russie bolchevique va pouvoir alors s'organiser. Elle se veut révolutionnaire et constitue une troisième Internationale (2 mars 1919), l'Internationale communiste, où s'opposèrent communistes allemands et russes, les premiers craignant une mainmise moscovite sur l'organisation. Simultanément on met en place le Komintern, dont le rôle est de coordonner l'action des partis frères dans le monde (1921).

Mais la Russie est en triste état : l'industrie est en ruine, la production agricole extraordinairement faible. On assista d'ailleurs à un véritable « retour à la terre » d'une partie du prolétariat affamé. L'économie urbaine (commerce et industrie) est dès ce moment entièrement nationalisée et planifiée. Quant au monde rural il est en perpétuelle révolution : il y eut de graves révoltes paysannes dans la moyenne vallée de la Volga que Toukhatchevski devra réprimer avec une vigueur impitoyable. La Russie d'alors connaît une terrible famine liée à la guerre civile, aux « révoltes paysannes » et à une terrible sécheresse. On estime à cinq millions les victimes de la famine, auxquelles s'ajoutent les victimes de la guerre, des épidémies de grippe et de typhus ; la Russie a dû perdre alors environ sept à dix millions de personnes. À cela s'ajoutent bien évidemment deux millions de notables qui avaient émigré ou avaient été liquidés.

La Russie était exsangue : malgré une natalité encore très forte la population totale était passée entre 1913 et 1922 de 156 à 151 millions d'habitants.

La situation socio-économique de l'URSS est celle d'un pays en état de décomposition avancée. La population est excédée, elle revendique des élections libres, la libération des prisonniers politiques, la liberté de travail pour les artisans et les paysans « à condition de ne pas employer de main-d'œuvre rétribuée ». Ces thèmes furent repris par les marins de Kronstadt qui s'insurgèrent (février-mars 1921). La révolte fut liquidée encore une fois par Toutkatchevski et la répression organisée par Trotski fut terrible.

Au reste il faut être bien conscient que dès novembre 1917 Lénine a mis en place une police politique, la Tcheka, héritière, en plus efficace encore, de l'Okhrana tsariste. Il n'hésite pas à dire que « de même que pour lutter contre le typhus il faut écraser les poux, pour établir la révolution il faut écraser ses adversaires » (cité par D. Colas, *Le Léninisme*).

Si l'on en croit *Le Livre noir du vommunisme*, on peut dresser un bilan des « crimes » commis pendant cette période :

- fusillade de dizaines de milliers d'otages ou de personnes emprisonnées sans jugement et massacre de centaines de milliers d'ouvriers et de paysans révoltés, entre 1918 et 1922,
- famine de 1922 provoquant la mort de cinq millions de personnes,
- liquidation et déportation des Cosaques du Don en 1920.

Enfin, les « poux » humains adversaires de la révolution qui furent liquidés sont d'environ 300 000, auxquels s'ajoutent les victimes de la famine et de la purification ethnique à l'encontre des Cosaques (environ 100 à 150 000) : en tout 7 millions de victimes.

Toutefois ces révoltes successives entraînent Lénine à réfléchir sur le devenir de la révolution et de la Russie. Dès la fin de 1920 il revoit ses positions à l'égard des paysans, au début de 1921 à l'égard des petites entreprises.

C'est dans cet état d'esprit qu'après le Xe Congrès du Parti, en mars 1921, va s'engager la Nouvelle politique économique, la NEP.

La NEP

La NEP est fondée sur une idée simple : reconstruire l'économie soviétique par « l'Alliance des ouvriers et des paysans ». Le pays est en ruine et n'a guère de chances de recevoir beaucoup d'aide de l'étranger. Mais l'URSS est riche de potentialités agricoles et industrielles. Elle dispose de sols variés dans des climats très différents permettant toutes sortes de cultures, depuis le seigle jusqu'au coton. Ses ressources minières (charbon, fer, pétrole et minerais divers) sont considérables.

Comment mettre tout cela en œuvre ? Lénine va se heurter au même dilemme que... ses prédécesseurs, de Witte ou Stolypine et, plus tard... ses successeurs : développer d'abord l'agriculture au détriment de l'industrie ou au contraire favoriser l'industrie et laisser aller l'agriculture. Le régime tsariste avait opté pour la seconde solution.

Lénine décida de faire mieux, de favoriser tout à la fois paysannerie et industrie. Naturellement ce calcul se révéla inexact. En réalité l'industrie obtint un soutien maximum. Il semble, selon certains, que dès 1926 la production industrielle avait retrouvé son niveau de 1913. Si cela est exact, ce fut largement au détriment de l'agriculture, puisque selon les calculs de l'économiste de l'OCDE, Angus Maddison, malheureusement fondés exclusivement sur les données officielles du gouvernement soviétique, le PIB de 1928 (231 milliards de dollars) reste inférieur à celui de 1913 (232 milliards) et le PIB par habitant qui est de 1 500 dollars en 1913 n'aurait été retrouvé qu'en 1932 !

Comme en s'en doute, c'est l'agriculture, donc les paysans, qui a fait les frais de l'apparente remise en état du potentiel industriel. Il est vrai que les partages successifs de terre n'ont pas arrangé la situation agricole de la Russie ; le nombre des exploitations a augmenté de 50 %, entraînant la disparition des grandes et des moyennes exploitations qui fournissaient l'essentiel des produits agricoles mis dans le circuit commercial. En 1927 le monde paysan consomme les trois quarts de sa production, les produits susceptibles d'être commercialisés sont donc plus rares et plus difficiles à se procurer.

Il est vrai que l'on assiste à « une « archaïsation » de la société rurale » (N. Werth) liée au manque de matériel (« 40 % des instruments aratoires sont des araires en bois »). Cela explique la faiblesse des rendements. Une autre difficulté pour le monde paysan aurait été la surpopulation rurale ; cette explication paraît exagérée quand on sait que la population totale est passée de 156 millions d'habitants en 1913 à 153 en 1920 et à 151 en 1922[1].

1. Nous suivons ici les statistiques démographiques post-brejneviennes que n'a pas utilisées A. Maddison, pour qui la famine de 1930 n'a pas existé.

De surcroît la reconstruction industrielle a sans doute appelé une part non négligeable de la population à s'installer en ville.

La politique industrielle est en fait la priorité du système économique soviétique. Mais devait-on favoriser l'industrie lourde ou les industries légères ? Dès 1923 il est clair que l'on s'engage dans une voie largement favorable à l'industrie lourde ; cela va devenir jusque dans les années 85 le fondement des politiques économiques de l'URSS comme des États liés à l'URSS ou tout simplement proches d'elle auxquels on fera croire que c'est un dogme marxiste alors qu'il ne s'agit que d'une décision lénino-stalinienne fondée sur la structure arriérée de l'économie russe. Cela va largement contribuer au sous-développement économique qui caractérise tous les États socialistes ou socialisants.

Quels qu'aient pu être les débats au sommet du Parti, la NEP va rapidement évoluer en raison de la maladie, puis de la disparition de Lénine et la prise de pouvoir par Staline favorable à une politique de croissance fondée uniquement sur l'essor de l'industrie lourde. Avec un certain réalisme, Lénine ne voulait pas « brusquer les choses » mais favoriser « une « révolution culturelle » de longue haleine qui seule pourrait avoir raison de « l'ignorance semi-asiatique des masses » (N. Werth) et faciliter peu à peu l'évolution vers le socialisme. Et N. Werth souligne que cette « révolution culturelle serait menée par l'intermédiaire de la coopération » dont Lénine disait : « Tout ce dont nous avons besoin en réalité sous la NEP, c'est d'organiser la population en sociétés coopératives sur une grande échelle. »

Tout cela était-il réalisable ? Nul ne le saura jamais car dès le début de sa maladie (il va subir une série d'attaques à partir de 1923) Lénine est marginalisé par Staline qu'il voulait écarter au profit de Trotski.

Mais Staline, avec une habileté diabolique, profitant de son poste de Secrétaire général du Parti, va manœuvrer pour s'assurer tous les cordons du pouvoir, faisant désigner un Comité central à sa discrétion, marginalisant peu à peu ses adversaires et concurrents malgré une opposition tellement plurielle qu'elle sera incapable d'agir efficacement. En deux ans leur action désordonnée permit à Staline de les exclure du Parti. Ainsi triomphe la position stalinienne : construire d'abord le socialisme en URSS et par conséquent renforcer la puissance économique de l'URSS et sa stabilité sociale par la mise en place d'une industrie lourde autour de laquelle s'édifiera la nouvelle économie soviétique. C'est la fin de la NEP.

Cette décision est favorisée par les difficultés que le gouvernement et le Parti rencontrent dans le monde rural où les céréales et les autres produits agricoles sont, chaque fois que cela est possible, stockés au lieu d'être mis sur le marché. C'est le début d'une politique anti-paysanne où l'on utilise le monde ouvrier, plus ou moins affamé, contre les ruraux.

En réalité la NEP n'a guère eu de résultats tangibles. Selon Maddison, le PIB de la Russie en 1913 est de 232 milliards de dollars 1990 ; il est de 231 milliards de dollars en 1928. Par habitant, selon la même source, le PIB serait tombé de 1 488 dollars à 1 370. Il est vrai que le monde russe, puis soviétique, est et demeure un monde économiquement « sous-développé » dont le PIB par habitant est, en monnaie constante, plus proche de l'Amérique latine que de l'Europe occidentale.

	1900	1913	1950	1973	1989	1998
Russie ou URSS	1 200	1 500	2 800	6 000	6 700	3 900
Europe occidentale	2 900	3 500	5 500	11 700	17 000	22 700
Amérique latine	1 300	1 700	3 500	5 000	6 000	6 700

Les chiffres (en dollars 1990) ont été arrondis.
Source : A. Maddison, *L'économie mondiale, une perspective millénaire*, OCDE, 2001.

Au fond, ces données soulignent le vrai problème économique de la Russie : comment rejoindre le niveau de vie de l'Europe occidentale ? C'était le fondement de la politique de Stolypine, ce sera celui de Lénine et de ses successeurs, de Staline à... Poutine.

Le problème des nationalités

Mais à côté de la reconstruction économique se pose la nécessité de reconstituer l'ensemble russe. Tout au long de la période révolutionnaire on avait mis en avant le principe du « droit des peuples de Russie » à s'autodéterminer. Si ce principe devint réalité en Pologne, dans les États baltes, en Finlande ce fut le résultat des pressions occidentales, malgré quelques tentatives russes de récupérer ces territoires (guerres russo-finlandaises 1919-1920, conflit russo-polonais en 1920 clos par le traité de Riga). En Ukraine, dont l'indépendance avait été reconnue par le traité de Brest-Litovsk, existait, au moins à l'ouest du Dniepr, un sentiment national assez vif (bien qu'il n'y ait jamais eu de véritable État ukrainien) fondé sur une langue un peu différente du russe. Mais l'Ukraine est alors la région la plus riche de l'ancien Empire (céréales, charbon et fer) et elle borde la mer Noire. Ses alliés potentiels (Allemands et Français) se désintéressent d'elle car ils ont d'autres soucis ; elle va être réintégrée dans le système bolchevique par l'Armée rouge s'appuyant sur les comités révolutionnaires locaux.

Au Caucase la situation est encore plus complexe. Par le traité de Brest-Litovsk la Russie cédait aux Ottomans une partie de la Géorgie (Batoum) et de l'Arménie ; devenir sujets du Sultan apparaissant comme une abomination, les populations se soulevèrent et proclamèrent une République fédérale caucasienne (avril 1918), mais les rivalités nationales, religieuses, ethniques firent exploser la nouvelle République un mois après. Naissaient alors trois États : la Géorgie, l'Arménie, l'Azerbaïdjan. Après une courte occupation turque, sauf en Géorgie protégée par le Reich, puis par les Britanniques intéressés par le débouché du pétrole, l'Armée rouge profite du départ des Anglais pour reconquérir la riche Transcaucasie, productrice de pétrole, de vin et de primeurs. En février 1921 toute la région est entre les mains du pouvoir soviétique qui a bien besoin des ressources agricoles et minières de ces diverses régions.

Comment gérer ces régions extrêmement diverses auxquelles on avait donné le « droit à l'autodétermination » ? Il est évident que l'administration directe, comme au temps des tsars, paraît difficile à rétablir. Il reste donc, pour maintenir ces territoires dans l'obédience russe, deux solutions : la *confédération* qui laisse beaucoup de liberté aux diverses régions, ou la *fédération* qui permet, si elle est bien agencée, au pouvoir fédéral de les surveiller de près.

Dès 1917 le Commissariat aux nationalités est confié à Staline. Celui-ci n'a-t-il pas publié, en 1913, *Le Marxisme et la question nationale* ? Le Commissariat va mettre en œuvre la politique bolchevique d'autodétermination nationale dans le cadre du centralisme démocratique. « L'autonomie soviétique, dira Staline, doit s'organiser sur des critères de classe en dehors des barrières nationales. » En mars 1918 un décret crée la « République soviétique tataro-bachkire », première étape vers une République soviétique musulmane qui grouperait les territoires de confession islamique de la Volga à la frontière afghane. Confiant dans les promesses de Staline, un bolchevik musulman, Sultan Galiev, tente d'organiser une administration musulmane s'appuyant sur un « Parti socialiste communiste musulman ». Dès 1920 Moscou, qui vient de gagner la guerre civile, s'inquiète d'un possible mouvement panturc favorisé par la montée en puissance de la Turquie nouvelle de Mustafa Kemal. Ainsi apparaissent toute une série de « Républiques autonomes soviétiques » : la Kirghizie, la République démocratique soviétique de Boukhara et le Turkestan, dont les compétences sont limitées (décret du 22 mai 1920).

Le congrès de Bakou, dont Galiev voulait faire le tremplin d'une nation révolutionnaire en Asie centrale et dans le monde islamique, devait, dans l'esprit du Kremlin, faciliter l'action révolutionnaire en Europe ! Quelques semaines plus tard, Sultan Galiev était arrêté pour « déviationnisme nationaliste ». Si en apparence on laisse une plus large autonomie à l'Ukraine et à la Géorgie, c'est que dans ces deux Républiques le sentiment national est plus vivant et il s'appuie sur des bases plus solides. Ce n'est pas le cas en Asie centrale où le « communisme musulman » n'intéresse guère les populations et leurs imans.

Mais pour Lénine, maintenant que la République soviétique fédérative socialiste de Russie – RSFR – avait réussi à réintégrer les territoires tentés par l'indépendance, il fallait renforcer les liens fédéraux. Toutefois, Lénine estime qu'il faut unir des Républiques égales et ne pas les placer sous une trop forte autorité de la Russie. En décembre 1922 Lénine va jusqu'à condamner « le chauvinisme grand-russien » dont Staline – tout Géorgien qu'il soit – est l'inspirateur. D'ailleurs au même moment, le 30 décembre 1922, le premier Congrès des Soviets de l'URSS, s'il reconnaissait « l'égalité et la souveraineté des peuples de Russie », admettait le droit de quitter l'Union, spécifiant que le pouvoir serait assuré, dans le cadre fédéral de l'URSS, par le gouvernement de la RSFR. Après de longues discussions, la constitution soviétique de 1924 distinguait :

- les Républiques fédérées ; en 1924 il y en a quatre (RSFR, Ukraine, Biélorussie et Géorgie),
- les Républiques autonomes, parties de la RSFR, tout comme les régions autonomes.

Peu à peu vont naître de nouvelles Républiques fédérées dans le Caucase et en Asie centrale : elles sont onze en 1936.

Il y a deux nouvelles Républiques dans le Caucase : Arménie et Azerbaïdjan, cinq en Asie centrale par disparition du Turkestan et division de cette République entre Kazakhstan, Ouzbékistan, Kirghizistan, Turkménistan et Tadjikistan.

En réalité, l'essentiel du pouvoir (Diplomatie, Défense, Commerce extérieur, Monnaie, Routes et Voies ferrées, Postes) est à Moscou et les instances dirigeantes des partis communistes des Républiques fédérées sont russes à 50 %. De surcroît, on organise une forte immigration russe.

Simultanément, on brise les structures traditionnelles ; si l'on favorise l'alphabétisation (c'est le succès incontestable de la révolution bolchevique), on développe les cultures secondaires pour diminuer la prégnance des littératures ancestrales. On crée quasiment une langue kirghize jusqu'alors dialecte kazakh [1].

De la même manière on s'attaque à la vie culturelle. Il faut lutter contre les survivances de la société ancienne (polygamie, condition de la femme) ; dans cet esprit on confisque les biens des communautés islamiques. Naturellement, la lutte contre « l'opium du peuple » se renforce dans les régions orthodoxes avec d'innombrables publications athéistes, on persécute rudement les prêtres et les prélats, on commence à démolir les églises comme dans les zones musulmanes.

La crise du tournant des années 1930

La NEP, nous l'avons vu, n'a guère réussi qu'à ramener l'économie de l'URSS au niveau de celui de la Russie de 1913, alors que de 1920 à 1928 dans presque toute l'Europe, même en Europe orientale, la période est marquée par une croissance assez remarquable [2].

---

1. Le maréchal Tito créera de la même manière artificielle une langue macédonienne pour diminuer le poids des Serbes dans cette nouvelle République.

2. Cela n'empêche pas Édouard Herriot de s'extasier sur la situation en URSS en 1922 comme en 1933.

Indice du PIB en 1928 par rapport à 1913 dans certains pays d'Europe

Autriche	France	Allemagne	Tchéco-slovaquie	Hongrie	Bulgarie	Yougo-slavie	URSS
126	134	121	155	131	99	146	99

Calculs de F.G. Dreyfus d'après A. Maddison.

En 1929, l'agriculture soviétique connaît de grandes difficultés : on doit rétablir les cartes de ravitaillement dans les villes ; l'industrie certes progressait mais au prix d'une main-d'œuvre surabondante, sans progrès de la productivité, avec des résultats qualitatifs médiocres. On va donc s'attaquer à la crise agricole en mettant en cause l'attitude réactionnaire des koulaks. À partir de 1928-1929 apparaissent deux éléments nouveaux dans la politique économique soviétique : la dékoulakisation et la planification. C'est ce que les soviétologues appellent « le Grand Tournant ».

Le Grand Tournant

La dékoulakisation et l'accélération de la collectivisation agraire vont entraîner ce que l'on peut appeler la mort de l'agriculture soviétique[1]. La politique de collectivisation entraîne la chute des collectes officielles qui sont de plus en plus importantes pour permettre le ravitaillement des villes et des régions en cours d'urbanisation et d'industrialisation. La part laissée aux paysans chute de 35 % à 15 % environ. Le moujik, koulak ou kolkhozien, est persécuté et en Ukraine la faiblesse de la production entraîne une terrible famine qui fait de quatre à cinq millions de morts.

Un million de familles qui refusent la collectivisation seront déportées, soit environ cinq millions de personnes. Toutefois

1. L'*Annuaire statistique de la RDA* de 1984 indique que les rendements agricoles en URSS demeurent dérisoires : 10 quintaux de blé à l'hectare en 1960, 16 en 1980...

l'excellente récolte permet encore une fois d'exporter des graines pour un milliard de marks vers l'Allemagne, mais on est loin des chiffres de 1913 où les céréales représentaient 50 % des exportations de l'Empire ; en 1938 elles ne représentent que 3 % des exportations. Il est vrai que les rendements sont extraordinairement faibles (8 quintaux/ha pour le froment, 11,9 pour le seigle, 8 pour l'orge, 85 pour les pommes de terre).

Pourtant le gouvernement avait obtenu de quoi nourrir les ouvriers et financer (au moins partiellement) l'industrialisation. Mais l'agriculture russe ne s'est pas encore remise psychologiquement et économiquement des méthodes abominables utilisées alors.

Cela va permettre un incontestable bond de la production industrielle qui est multipliée par trois de 1930 à 1940.

(en millions de tonnes)

	1928	1932	1936	1940	1980	1998
					à titre de comparaison	
Charbon	32	57	126	140	492	1 263
Pétrole	11	21	30	23	603	303
Acier	4	6	16	18	148	67
Électricité (md Kwh)	6	14	?	53	1 300	920

NB. Les données sont celles de *L'Annuaire statistique de l'URSS* puis de Russie et sont données sous toute réserve pour la période 1928-1980... Les données de 1998 intègrent les statistiques ukrainiennes, mais excluent les Républiques d'Asie centrale.

L'Union soviétique est-elle pour autant devenue une grande puissance économique ? Elle connaît de très grandes inégalités dans son développement face à une industrie lourde de grande importance (qui permet de forger une industrie d'armement solide), les industries de transformation, la production des biens de consommation demeurent d'une faiblesse insigne ; la production de ciment qui passe de 3 500 000 tonnes en 1932 à 5 700 000 tonnes en 1940 est, à cette époque, analogue à celle de la France (quatre fois et demie moins peuplée) ; quant à l'industrie textile elle stagne de 1928 à 1932 et augmente de 46 % de 1932 à 1940.

D'autre part, le réseau de voies de communication reste très insuffisant, il est lâche, les voies ferrées, mal construites à l'époque tsariste, sont entretenues à la va-vite, souvent par des « zeks », à l'époque soviétique et ont un débit faible[1]. Quant au réseau routier il est médiocre, mal entretenu, difficilement utilisable lors des pluies d'automne et de printemps ; aussi le régime va-t-il développer un réseau de canaux reliant Leningrad et Moscou à la Volga, construits par les prisonniers du Goulag.

En définitive le bilan de l'évolution économique dans la grande époque stalinienne peut, malgré les réserves faites ci-dessus, être emprunté à Angus Maddison : il estime le PIB de l'URSS à 1 370 dollars par habitant en 1928 et à 2 140 en 1939, soit une progression de 56 % ; cette évolution est supérieure à celle de tous les pays d'Europe orientale (Hongrie ou Bulgarie : + 31 %, Allemagne hitlérienne : + 29 %), mais le retard reste considérable. En 1939, en Europe occidentale le PIB par habitant varie entre 4 800 et 6 000 dollars, soit le double ou le triple du PIB soviétique. Par rapport à 1913 l'écart entre monde russe et Europe occidentale s'est tout simplement maintenu. Par rapport à l'Europe occidentale l'URSS reste un pays sous-développé.

Mais ce pays sous-développé est un pays révolutionnaire et pour faire triompher son idéologie il va utiliser deux voies : le Komintern et la diplomatie traditionnelle.

L'activisme extérieur de l'URSS

Le Komintern est en fait né dès le début de la Révolution bolchevique. Lénine estime alors que la révolution russe ne peut réellement se développer que si elle triomphe en Allemagne. Dès lors, souvent malgré les partis eux-mêmes, l'Internationale se constitue avec l'appui des militants en Allemagne, en Hongrie, en Chine. Il est significatif qu'en France, lors du congrès de Tours, les dirigeants de la SFIO sont mis en minorité par les militants, mais ceux-ci ne seront pas suivis par les électeurs socialistes. Alors que les deux tiers des militants votent l'entrée dans la IIIe Internationale, la SFIO voit le nombre de ses élec-

1. Il est curieux de constater que cela perdurera : en 1988 le Nord-Express Paris-Moscou roule à 130 km/h en France, 115 en Belgique et RFA, 65 en RDA, 60 en Pologne, 50 en URSS... ; il met plus de temps de Berlin à Moscou en 1988 qu'en... 1888.

teurs grandir de 10 % entre 1920 et 1924, les communistes ayant peine à atteindre 900 000 électeurs pour 1 800 000 à la SFIO.

Lors du IIe Congrès, en 1920, l'Internationale communiste se dote de moyens qui doivent permettre une coordination de l'action de tous les partis communistes. Dès 1921 il consolide son action centralisatrice aussi bien sur le plan de la doctrine avec des organes de presse (une revue, *L'Internationale communiste*, un mensuel, *La Correspondance internationale*) publiés en de multiples langues, que sur le plan des activités. Au Komintern sont rattachées toute une série d'organisations communistes internationales spécialisées vers les jeunes, les femmes, les syndicats. Annie Kriegel a posé en 1967 une question fondamentale à laquelle on ne peut donner, encore aujourd'hui, de réponse définitive : qui décide ? quel rôle jouent les Soviétiques et à partir de quelle date ? Le tableau qu'elle dresse, avec Stéphane Courtois, en 1997 du « Komintern en 1930 » dans *Eugen Fried* est à cet égard très significatif : à la base le Présidium (30 membres), le Secrétariat politique (13 membres) et la Petite Commission (Manouilski, Pianitski, Kuusinen, Ercoli et Pieck) [1]. Au Komintern on compte naturellement une série de directions : l'Orgburo, l'Agitprop, un peu plus tard la Direction des cadres, qui coordonnent les actions des divers partis, en contrôlant l'organisation et anime les Secrétariats régionaux : Secrétariat latin, Secrétariat balkanique, Secrétariat d'Europe centrale, Secrétariat d'Orient. Il y aura même une antenne pour l'Europe occidentale, WEB (West-europaïscher Bund) à Berlin de 1928 à 1933 dont Georges Dimitrov assure la responsabilité jusqu'à la prise de pouvoir d'Hitler.

Le Komintern agit dans chaque parti par un représentant permanent qui supervise toutes les activités du Parti. En Allemagne, auprès du KPD (Kommunistische Partei Deutschlands),

1. Manouilski, 1883-1959. Militant soviétique, un des proches collaborateurs de Staline au Komintern (de 1926 à 1943), contrôle de 1944 à 1950 le gouvernement et le parti en Ukraine.

Pianitski, 1882-1937. Fera après 1918 sa carrière au Komintern. Il sera arrêté et liquidé en 1937.

Kuusinen, 1881-1964. Chef du PC finlandais après 1926 au Komintern, membre du Comité central du PCUS de 1941 à 1964.

Ercoli est le pseudo de Togliatti, 1893-1964, secrétaire général du PCI.

Pieck, 1879-1960. Dirigeant du KPD de 1919 à 1933, réfugié à Paris puis à Moscou, sera de 1949 à sa mort président de la RDA.

ce sera Radek, en France ce sera Eugen Fried ; ce sont ces hommes d'ombre qui manipulent les partis, font le lien avec le Kremlin auquel ils rendent compte régulièrement. Le livre de A. Kriegel et Stéphane Courtois souligne bien « la relation entre les appareils communistes français et soviétiques ». Comme on peut dire la même chose pour le KPD, il apparaît évident à travers ce livre que les partis communistes européens sont d'abord au service de la politique du PC(b) [Parti communiste bolchevique] de l'Union soviétique et très particulièrement de sa politique étrangère.

C'est à partir des rapports des délégués du Komintern que Staline laisse le KPD refuser toute entente avec les « social-fascistes » du SPD, permettant ainsi à Hindenburg de devenir président du Reich, puis à Hitler de prendre le pouvoir. Il joue de même un rôle considérable dans la naissance et la politique des communismes chinois et vietnamien. Même si l'on ne cesse de dire qu'à la différence de Trotski, partisan de la « révolution permanente », Staline se voulait l'homme de « la construction du socialisme en un seul pays », il apparaît que l'on doit nuancer cette qualification de la pensée stalinienne. Même s'il veut faire de la Russie une grande puissance socialiste, Staline est tout à fait conscient de l'impact que l'agitation révolutionnaire à l'étranger peut avoir pour la politique étrangère de l'URSS. Il suffit de penser au rôle imparti au Komintern dans la guerre civile espagnole, cela permet à l'État soviétique de faire sa rentrée sur la scène internationale.

Le Kremlin sait parfaitement qu'il ne peut pas compter sur les démocraties occidentales en Europe ou en Amérique du Nord ; les allégations de certains selon qui l'URSS aurait été aidée par le capitalisme américain pour empêcher une possible concurrence sont une véritable fabulation. En 1913 l'Empire des tsars est, par habitant, cinq fois plus pauvre que les États-Unis, le taux de croissance annuel de l'économie russe de 1890 à 1913 est de 2,3 %, celui des États-Unis de 2,4, le rythme américain restant proche de 2 entre 1900 et 1913 et celui de la Russie redescendant[1] à 1,6 % : le risque de concurrence, on le voit, était faible.

1. De 1950 à 1973, la croissance japonaise a été de 9,3 % par an et a permis au Japon de rejoindre le peloton de tête des grandes puissances, mais le taux américain bien inférieur n'a pas empêché la persistance de la puissance américaine. La récente crise des économies d'Extrême-Orient souligne leur fragilité, à commencer par celle du Japon.

La diplomatie soviétique

Par contre l'URSS pense qu'elle peut sans doute trouver un appui auprès de l'Allemagne. Non que le gouvernement du Reich soit favorable au bolchevisme mais face à ses anciens ennemis, face à la Pologne qui lui est hostile, il estime de son côté que l'URSS peut être, sinon un allié, du moins un complice. Au mois d'avril 1921 un accord militaire était conclu entre Moscou et Berlin : la Reichswehr obtenait la disposition de centres d'entraînement secrets (les camps de la Kama) et acceptait de participer à la formation de l'Armée rouge. Simultanément un accord commercial et financier permettait à l'URSS d'échanger des matières premières et des céréales contre des investissements et de la technologie allemande.

Mais l'URSS essaya de sortir du blocus formé par les Occidentaux. Dans une note d'octobre 1921 elle propose la réunion d'une conférence internationale qui permettrait de réanimer le commerce international avec la Russie, d'envisager un règlement de la dette extérieure de l'URSS, de trouver une solution au problème de la reconnaissance diplomatique.

Avec l'accord de la France une conférence internationale se réunit à Gênes (avril-mai 1922). Acceptée par Briand au début de janvier, au nom de la France, la conférence va très vite échouer du fait des réticences de Poincaré (président du Conseil et ministre des Affaires étrangères depuis fin janvier 1922). Celui-ci juge exorbitantes les propositions soviétiques concernant la dette, l'URSS estimant que les torts faits par les Occidentaux à la révolution entre 1918 et 1920 étaient supérieurs au total des emprunts émis par la Russie de 1892 à 1913 !

Il est vrai que le 16 avril (six jours après le début de la conférence) le Reich et l'URSS avaient signé à Rapallo un traité d'amitié. Les deux États « victimes » dénonçaient les traités de 1919-1920 comme « impérialistes » afin de « coloniser l'Allemagne » et la Russie. Ce traité confirme les accords commerciaux et militaires de 1921 qui vont en particulier permettre au Reich de développer efficacement ses armements et de perfectionner sa tactique sur l'emploi des blindés. Ces accords fonctionneront jusqu'à l'arrivée d'Hitler au pouvoir : ils inquiètent l'attaché militaire français à Berlin qui ne cesse, dans ses dépêches, d'appeler l'attention sur les conséquences qu'ils entraînent.

Certes ces relations ne seront pas sans nuages, l'agitation constante du KPD, que l'on sait surveillé et dirigé par l'agent du Komintern, Karl Radek, pose de délicats problèmes au Reich. De son côté, l'URSS craint que le rapprochement entre le Reich et les Alliés après 1924, rapprochement que concrétisent les accords de Locarno, n'entraîne une véritable entente occidentale contre l'URSS. Aussi Moscou fait pression sur Berlin pour que soient confirmés les accords commerciaux et militaires de 1922 ; ce sera chose faite dès octobre 1925 au cours même des négociations de Locarno. En avril 1926, le Reich et l'URSS concluent un traité d'amitié pour cinq ans, ce qui amène Stresemann à déclarer devant la SDN, où l'Allemagne vient d'être admise, que le Reich refuserait de participer à une agression quelconque contre l'URSS.

En face, comme le remarque le dossier dirigé par G.H. Soutou sur *Les relations entre l'Europe et l'URSS*, les relations avec les autres puissances démocratiques sont beaucoup plus délicates. Lors des campagnes électorales, la droite et le centre en France agitent la menace de « l'homme au couteau entre les dents ».

Certes le gouvernement du Cartel des gauches, que préside Herriot, décide de reconnaître l'URSS [1]. Mais le remboursement de l'emprunt russe pose de très grosses difficultés. De surcroît la Russie accuse la France de chercher à constituer un glacis contre elle en s'alliant avec la Pologne et la Roumanie. Or on se doute que l'URSS a à l'égard de ces deux États d'importants sujets de litiges : l'URSS souhaite récupérer sur la Pologne les territoires à l'est de la ligne Curzon et la Bessarabie sur la Roumanie.

Si, en Grande-Bretagne, le gouvernement travailliste Macdonald reconnaît *de jure*, en 1924, l'URSS, les relations demeurent tendues ; un traité de commerce fut signé en août 1924 mais les conservateurs, revenus au pouvoir dès décembre 1924, se refusent à le ratifier. Les rapports anglo-soviétiques sont si médiocres qu'en 1927, prenant prétexte des interventions du Komintern dans les conflits sociaux de 1926-1927 et aussi d'actions d'espionnage, Londres rompit à nouveau ses relations avec Moscou. Il faudra attendre le retour du Labour au pouvoir pour qu'il y ait reprise des relations diplomatiques (1929).

Quant à la France, après avoir été vigoureusement antisoviétique, elle hésite sur la politique à tenir. Il semble qu'après

---

1. En mai 1924, le « Cartel des gauches », alliance des radicaux et des socialistes, gagne les élections législatives.

Locarno, Briand ait envisagé une politique différente s'appuyant sur une sorte d'axe Paris-Berlin-Moscou qui permettrait de consolider la paix en Europe et de réintégrer l'URSS dans le concert européen tout en la surveillant. Mais dès 1929 l'« esprit de Locarno » s'amenuise ; au reste les relations franco-soviétiques se dégradent peu à peu depuis 1927. En réalité il apparaît que Moscou – qui appuie fortement le réarmement de fait du Reich – joue Berlin contre Paris. Au reste les visions européennes de Briand sont largement inspirées par le mouvement paneuropéen de Coudenhove-Kalergi et ce dernier est fermement anti-soviétique. Le plan Briand de 1930, en dehors de la tentative de construction européenne, a aussi pour but de permettre à l'Europe de Genève de résister à l'Union soviétique et de sauver l'ordre européen issu des traités de 1919 que le Kremlin – comme le Reich – veut remettre en question.

De toute manière, le VIe Congrès du Komintern durant l'été 1928 donne une nouvelle orientation au mouvement communiste international. Face à Boukharine prônant l'unité d'action des divers mouvements ouvriers, Staline appelle à une politique de combat révolutionnaire contre la social-démocratie, « ennemi le plus dangereux de la classe ouvrière », contre le réformisme et par conséquent l'élimination des « déviationnistes de droite ». Diplomatiquement cela entraîne de la part de l'URSS une lutte contre les démocraties parlementaires où gouverne directement (c'est le cas en Grande-Bretagne avec Macdonald) ou indirectement (comme en France) la social-démocratie ; or « le social-fascisme au fur et à mesure qu'il se développe ressemble de plus en plus au fascisme pur ». Malgré la prise de pouvoir par Hitler le 30 janvier 1933, le Kremlin réserve l'essentiel de ses attaques au SPD en Allemagne et à la politique française. La France est d'ailleurs décrite « comme étant le plus agressif et le plus militariste de tous les pays agressifs et militaristes du monde ». Bien plus, la *Pravda* est enthousiaste quand en mai 1933 le gouvernement national-socialiste renouvelle le traité de Berlin de 1926 issu du traité de Rapallo !

Pourtant, malgré ces grands discours plus ou moins belliqueux, la diplomatie soviétique est incontestablement fort différente. Tchichtcherine est remplacé en 1930 par un modéré, Maxime Litvinov. L'URSS, dans l'esprit du pacte Briand-Kellog, récuse le recours à la force et signe des accords avec tous ses voisins qui en 1931 se transforment souvent en pactes de non-agression, en particulier avec la Finlande et les États baltes.

Bien plus, la France se rapproche de Moscou : devant la poussée du national-socialisme, Édouard Herriot, au pouvoir depuis juin 1932, se rend en URSS et signe un pacte de non-agression (novembre 1932). Ce n'est que peu à peu, au cours de 1933 et au début de 1934, que Moscou se rend compte des dangers que présente le Reich hitlérien et va modifier sa politique étrangère. Dès juin 1933, à peine signé le renouvellement du traité de 1926, Staline fait savoir qu'il met fin aux relations militaires germano-soviétiques ; toutefois les relations commerciales se poursuivent.

*

En définitive l'Union soviétique de 1933 est, quoi que l'on puisse penser, plus proche de la Russie des tsars que du pays industrialisé que Lénine voulait construire : un pays pauvre, réellement sous-développé, dont la production industrielle a fortement augmenté au détriment de l'agriculture et de ses cultivateurs placés dans une situation dramatique. Tout cela apparaît dans les éléments fournis par Angus Maddison qui, dans l'ensemble, sont très proches des chiffres officiels fournis par l'Office des statistiques de l'Union soviétique et dont chacun sait combien ils peuvent être exagérés. Maddison montre l'incroyable stabilité du PIB global entre 1913 et 1932. Mais il croîtra vite de 1932 à 1938 [1].

En réalité, le monde soviétique a conservé les vues impérialistes de la Russie tsariste ; certes on les déguise sous des dehors idéologiques, mais quand on observe les comportements diplomatiques de près on retrouve des traits géopolitiques permanents : l'URSS rétrécie par les traités de Brest-Litovsk et de Riga tourne toujours ses regards vers ce que Boris Eltsine, confronté au même problème que Staline, appellera « l'étranger proche » : la Finlande, les États baltes, la Pologne et l'Ukraine orientales, la Bessarabie. Conscient de ses faiblesses le Kremlin signe toute

1. C'est d'ailleurs ce que confirme A. Vichnevski dans *La Faucille et le rouble, la modernsiation conservatrice en URSS*, Gallimard, 2000 : « De 1928 à 1940, la croissance industrielle de l'URSS a été beaucoup plus rapide que celle du Japon... De 1913 à 1938, les rythmes de la croissance industrielle de l'URSS devancent considérablement les pays occidentaux les plus importants » (p. 81). Il estime avec C.E. Black que le PNB par habitant a crû annuellement, selon les estimations, de 2 à 4 %, mais seulement de 1 % dans l'agriculture (p. 82).

une série de traités dont il est bien décidé à ne pas tenir compte, on le verra bien entre août 1939 et juillet 1940[1].

Durant cette période 1918-1933 on ne peut pas dire que les présupposés idéologiques étouffent le Kremlin. On proclame le droit à la sécession des peuples de l'ancien Empire mais en moins de trois ans (1918-1921) on réintègre les territoires d'Asie centrale du Caucase, de la Géorgie et l'Ukraine sous couvert d'une constitution soi-disant fédérale.

On invite à la lutte contre le « fascisme » mais on laisse le KPD s'associer au parti nazi pour obtenir un référendum contre la République de Weimar ou pour monter des grèves. Le « social-fascisme » et les « social-fascistes », comme Hermann Müller dans le Reich ou Léon Blum en France, sont pires que les « fascistes » eux-mêmes...

Pendant presque toute la période les démocraties libérales, comme la Grande-Bretagne ou la France, apparaissent comme des adversaires : reconnaissons d'ailleurs que pour Paris, comme pour Londres, l'URSS et le Komintern font peur. Et ce sentiment va perdurer.

1. À cet égard cf. les premiers chapitres de G. Gorodetsky, *Le Grand Jeu de dupes*, Les Belles Lettres, 2000.

CHAPITRE IV

L'INSTABLE RÉPUBLIQUE DE WEIMAR

Lorsque Friedrich Ebert proclame la République, le 9 novembre 1918, c'est avant tout pour empêcher la prise de pouvoir par les spartakistes. Mais la République allemande est une République sans républicains ! Il semble bien qu'Ebert lui-même, comme la majorité des sociaux-démocrates, aurait préféré une transformation du régime wilhelmien en monarchie parlementaire [1]. Mais il fallait couper la voie aux socialistes indépendants favorables, eux, à la création d'une République socialiste, et qui sont, depuis 1917, à la pointe du combat ouvrier contre le régime impérial. Ils ne constituent qu'un petit groupe (électoralement en janvier 1919 ils ne pèsent que 7,6 % du corps électoral) mais ils sont très actifs. Ils sont cependant le moteur de la révolution allemande et se heurtent à la volonté d'ordre de la social-démocratie. Celle-ci a obtenu du gouvernement provisoire le maintien de l'appareil d'État.

L'échec de la révolution marxiste

Dans cet esprit, dès le 15 novembre 1918, les syndicats sociaux-démocrates signent avec le patronat un accord qui dominera toute l'histoire sociale de l'Allemagne. En réalité le protocole fonde l'Arbeitsgemeinschaft (Communauté de travail) et codifie certaines conquêtes ouvrières : journée de 8 heures, création de comités paritaires pour régler les conflits du travail dans

1. Rappelons qu'en 1914 tous les députés du Parti social-démocrate (SPD), sauf Liebknecht, votent la guerre et soutiennent les revendications du Reich au moins jusqu'en 1917. C'est alors qu'apparaît une minorité de socialistes favorables à la paix, les sociaux-démocrates indépendants (USPD).

l'usine, reconnaissance des syndicats comme partenaires légaux. Le texte confirme le droit de grève et de coalition mais reconnaît aussi que les usines sont la propriété des patrons. Ainsi, au moment même où tente de s'instaurer une révolution socialiste, un texte paritaire reconnaît les droits patronaux et rend plus difficile le processus de socialisation que réclament naturellement les socialistes indépendants. Pourtant ils ne renoncent pas, mais, après des négociations difficiles, l'on veut bien reconnaître que la socialisation n'est possible que dans « les industries arrivées à maturité » et l'on arrive à admettre que « ce n'est aujourd'hui le cas dans aucun secteur de l'économie ».

Toutefois les socialistes indépendants ne renoncent pas à leur idée de socialiser l'économie allemande. Mais, dès le début de décembre, les milieux modérés et conservateurs se sont réorganisés et l'armée, qui revient du front, constitue un appui de plus en plus évident. Le président Ebert est décidé à intervenir contre le Comité central des conseils ouvriers « qui nous ridiculisent devant l'histoire et le monde entier ».

Il faut décider qui doit gouverner : les Conseils ouvriers ou une Assemblée constituante ? On décide de procéder à des élections. Dès ce moment les spartakistes de l'USPD publient dans la *Rote Fahne* (*Le Drapeau rouge*) un avant-projet de programme réclamant la confiscation des banques, la socialisation des charbonnages, la réforme agraire et la transformation du Reich en une République socialiste unitaire. Toutefois le Congrès des conseils ouvriers – dominé par la SPD orthodoxe – souhaite la constitution d'un État de droit (Rechtstaat).

Des manifestations, organisées par la SPD, se développent essentiellement à Hambourg et Berlin, mais le gouvernement a du mal à maintenir l'ordre, même en disposant du soutien des militaires. Le nouveau parti communiste (KPD) renforce l'aile révolutionnaire.

Dès lors le gouvernement provisoire cherche à écraser le mouvement révolutionnaire. On rassemble des troupes autour de Berlin, on révoque le préfet de police favorable à la gauche extrême : aussitôt les révolutionnaires, spartakistes et communistes, invitent à la grève générale et à l'occupation des bâtiments publics, mais seule une minorité s'est soulevée à Berlin et la province ne suit pas. L'ordre est brutalement rétabli. Rosa Luxemburg et Karl Liebknecht sont arrêtés et exécutés (janvier 1919)[1]. Berlin est

1. Ce sont les principaux dirigeants des spartakistes de l'USPD.

sous le contrôle de l'armée et dans la Ruhr, à Brême et à Hambourg, les diverses manifestations ouvrières sont brisées très brutalement par l'armée.

Ainsi la révolution a échoué en Allemagne. On peut trouver maintes raisons à cela. La principale est l'absence d'une classe ouvrière favorable à la révolution, tant sont grandes ses conceptions « petites bourgeoises », ce dont la SPD ne se rendra compte qu'après 1933. Il est vrai que le dogmatisme marxiste avait été dénoncé par les chefs socialistes depuis plus de vingt ans et que la classe ouvrière allemande ne voyait pas très bien pourquoi faire confiance à des hommes qui jusqu'alors s'étaient toujours trompés.

Pendant cette période, seule la Bavière a maintenu pour quelque temps le flambeau révolutionnaire et le gouvernement provisoire de Munich est favorable aux socialistes indépendants. Mais les élections du début de janvier donnent la majorité aux partis bourgeois et après les émeutes de Berlin, de la Ruhr et de Brême le gouvernement provisoire doit céder le pouvoir à la nouvelle Assemblée. Eisner, chef du gouvernement provisoire, est assassiné. La situation est si difficile que la Diète n'ose pas se réunir et les Conseils d'ouvriers gardent le pouvoir. Ils décident l'interdiction de la presse bourgeoise, l'armement du prolétariat et l'arrestation de cinquante otages réactionnaires. Le 17 mars, la Diète se réunit et constitue un gouvernement SPD homogène.

La situation s'aggrave pourtant et l'on proclame, le 7 avril, une République bavaroise des conseils ouvriers qui annonce qu'elle rompt avec le gouvernement du Reich, mais le gouvernement légal s'installe à Bamberg et peut compter sur l'appui des paysans bavarois. Aussi réunit-il en quelques jours une armée contre-révolutionnaire qui force très vite au repli l'armée populaire de Bavière. Au début de mai l'ordre est rétabli, non sans de véritables massacres.

La Constitution de Weimar

Le 19 janvier 1919 avaient eu lieu les élections à l'Assemblée constituante. Elles soulignent la précarité de la nouvelle République. Les socialistes indépendants ont 7,6 % des suffrages, la SPD orthodoxe 37,8 %. En face de ces deux partis de gauche le centre catholique a 19,7 %, les démocrates 18,6 % et les conservateurs 12,2 %. En sièges, les modérés et la droite disposent de la majorité absolue (216 sièges sur 421) ; la gauche ne peut guère faire triompher ses idées.

L'Assemblée se réunit loin de Berlin, à Weimar, non seulement pour rédiger une constitution, mais aussi pour négocier la paix avec les Alliés et définir une politique économique et sociale. Il y a consensus pour maintenir la prépondérance de l'exécutif dans le Reich. Sans doute a-t-on refusé les projets centralisateurs de certains (tel Hugo Preuss) qui voulaient faire disparaître les Pays (Länder). On en maintient dix-sept avec leur gouvernement et des compétences étendues en matière d'éducation, de vie culturelle et de travaux publics. Mais le président du Reich peut désormais imposer une mesure à un État et intervenir si cet État se refuse à ses obligations. De toute manière, « droit du Reich brise droit de pays ». Le pouvoir législatif est confié à un Reichstag, élu pour quatre ans au suffrage universel au scrutin proportionnel. Un Conseil du Reich (Reichsrat) groupe les délégués des États. Il peut faire différer l'application d'une loi votée par le Reichstag, sauf si elle a obtenu la majorité des deux tiers. Un Conseil économique est prévu, dont le rôle reste très limité.

Le pouvoir exécutif est aux mains du président du Reich, élu pour sept ans au suffrage universel direct. Il nomme le chancelier, responsable devant le Reichstag, et il dispose du droit de dissolution. La Constitution comporte en outre un article 48 qui permet au président de suspendre les droits fondamentaux et autorise le chancelier à gouverner par décrets-lois.

Enfin, le référendum peut être utilisé soit par le président du Reich, soit à la demande de 10 % des électeurs. La Constitution maintient ainsi des pouvoirs considérables à l'exécutif et s'inscrit dans le cadre du « parlementarisme rationalisé », selon Hugo Preuss, l'un des pères de la Constitution.

« La Constitution de Weimar ne se contente pas de sauver l'unité allemande, elle la consacre, la renforce, l'affermit. [...] Il fallait trouver un compromis entre l'énergie unitariste de l'Assemblée et la poussée fédéraliste des Länder et de certains partis. Nous avons résolu la question de manière à mettre fin à la controverse doctrinale entre État unitaire et État fédéral » (H. Preuss).

La Constitution sera votée par 262 députés, ce qui souligne la faible confiance que l'on fait au nouveau régime. Et le 14 août la Constitution est promulguée sans que l'on demande leur avis aux États membres du Reich. Quoi que puisse dire Preuss, la Constitution est nettement unitaire. D'ailleurs les tendances séparatistes en Saxe, comme auparavant en Bavière, sont brutalement réprimées, de même que les tentatives de soulèvement social à Berlin. Il est vrai que là l'armée n'hésitera pas à tirer : on comptera 1 200 morts et 10 000 blessés au cours de la « semaine sanglante » de mars 1920.

Tout cela souligne la faiblesse du régime. Les élections de 1920 permettent de constater que la République a autant d'opposants à gauche qu'à droite ; communistes et socialistes indépendants représentent 20 % des électeurs, la droite antirépublicaine 21 % ; il n'y a donc, théoriquement, que 59 % d'électeurs favorables au nouveau régime en admettant que tous les électeurs du centre catholique ou du parti démocrate, ou même socialistes, soient profondément républicains, ce qui reste à démontrer.

Dès ses débuts la République de Weimar est une République sans républicains : il n'est pas inintéressant de rapprocher les résultats des élections de 1920 et de novembre 1932 (en pourcentage des suffrages exprimés)

	1920	Novembre 1932
Communistes et socialistes	42	38
Centre catholique	18	15
Conservateurs	40	12
Nazis	-	33

Les grandes tendances restent sensiblement analogues et les nationaux-socialistes, s'ils mordent sur la gauche (moins quatre points) et le centre (moins trois points), ont dévoré les partis conservateurs, modérés ou non. De surcroît, si l'on considère que parmi les électeurs de gauche, seuls les partisans du SPD soutiennent réellement le régime (soit 21,5 % des électeurs), on est amené à constater que les défenseurs de la République représentent environ 40 % de l'électorat allemand : il n'y a guère qu'aux élections de décembre 1924 et de 1928 que « l'esprit républicain » semble être réellement majoritaire dans le Reich, soit durant à peine cinq ans (1924-1929)...

L'Assemblée de Weimar et le « Diktat » de Versailles

Cet antirépublicanisme latent va être renforcé par le traité de Versailles que l'Assemblée constituante va devoir ratifier. Malgré l'appréciation de certains historiens, force est de reconnaître que, même si la « Conférence préparatoire » mit en place « une cinquantaine de commissions qui tinrent quelque 1 646 séances », l'Allemagne ne fut jamais appelée à discuter les termes du traité

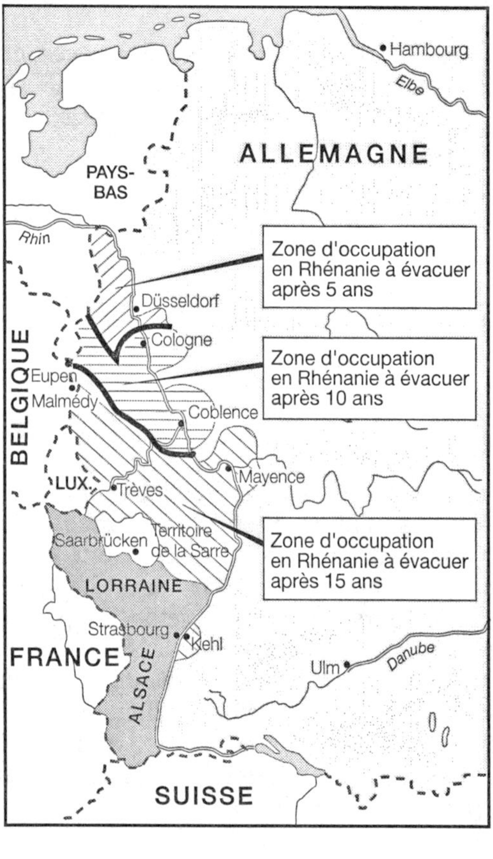

LES RÉGIONS RHÉNANES
ET LES CLAUSES DU TRAITÉ DE VERSAILLES

qu'on lui proposait. Le 7 mai 1919 on remit aux Allemands les conditions de paix proposées par les Alliés : ou le Reich les acceptait, ou la guerre reprenait ; les observations présentées par le Reich furent en effet rejetées en bloc.

On le sait, les conditions sont très dures, le Reich doit restituer l'Alsace-Lorraine à la France, Eupen et Malmédy sont livrées à la Belgique, la Sarre est placée pour quinze ans sous le contrôle de la Société des Nations, la rive gauche du Rhin sera occupée pendant quinze ans ; à l'est la Pologne restaurée reçoit la Posnanie et la Prusse occidentale et, par le corridor qu'on lui

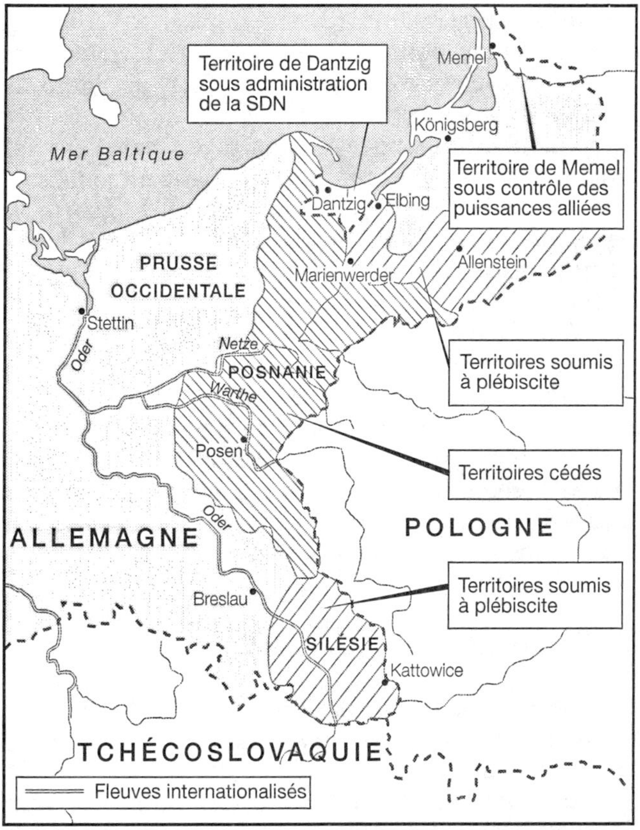

LES CLAUSES DU TRAITÉ DE VERSAILLES EN ALLEMAGNE ORIENTALE

accorde, sépare la Prusse orientale du reste de l'Allemagne. Enfin la Haute-Silésie est soumise à référendum comme le Schleswig et le Sud de la Prusse orientale. L'Allemagne perd ses colonies au seul profit de la Belgique, de la France et de l'Angleterre en Afrique, au profit de l'Australie et du Japon dans le Pacifique. Ses troupes sont réduites à 100 000 hommes et elle n'a plus le droit d'avoir ni état-major général, ni troupes blindées, ni sous-marins, ni avions, ni d'utiliser les armes chimiques. Enfin l'Allemagne, considérée comme responsable de la guerre, doit payer des réparations dont une commission décidera du montant.

Cela représente une perte de 6 474 000 habitants et plus de 70 000 km^2 sans compter 32 000 km^2 en Rhénanie occupée. Lénine le dira brutalement : « On a imposé à l'Allemagne une paix d'usuriers et de bourreaux. Ce pays a été pillé et morcelé. On lui a ôté tous les moyens de vivre. C'est une incroyable paix de brigands. »

Cette opinion communiste est partagée par l'ensemble des Allemands et exacerbe très vite le sentiment nationaliste. À cela s'ajoute le thème lancé par le commissaire à la guerre, le socialiste Noske, accueillant à Berlin en décembre 1918 les premiers soldats démobilisés en leur expliquant qu'ils ont été « trahis ». Ainsi naîtra la légende du « coup de poignard dans le dos » (*Die Dolschtoschlegende*). C'est « l'arrière » (sous-entendu les marxistes) qui a trahi ; le thème fera la force des partis nationalistes et confortera les antirépublicains pour qui le régime de Weimar est issu du « coup de poignard dans le dos ».

Les clauses injustes du traité de Versailles vont faire le lit du nationalisme allemand, renforcer le pangermanisme : au reste, la ligue « pangermaniste » qui en 1913 avait moins de 80 000 adhérents en a... plus de 2 millions en 1929.

Une République en crise

Weimar, de 1920 à 1924, traverse trois grandes crises qui sont concomitantes : une crise nationale, une crise politique, une crise économique et sociale.

Si le Reich a – non sans de profondes réticences – admis la restitution de l'Alsace-Lorraine, il récuse la cession à la Belgique des cercles germanophones d'Eupen et de Malmédy, du Nord du Schleswig au Danemark et surtout les territoires cédés à la Pologne.

Si la Posnanie – largement polonophone – est attribuée sans condition à la Pologne, ainsi que le corridor de Dantzig, il n'en est pas de même du Sud de la Prusse orientale et de la Haute-Silésie, soumis tous deux à plébiscite. Pour soutenir les populations germanophones de ces territoires se constituent des Corps francs analogues aux forces anti-révolutionnaires organisées par Ebert et Noske pour défendre le gouvernement légal à Berlin. C'est la Einwohnerwehr, l'armée des habitants ; elle devait disparaître le 1er janvier 1921. En fait elle subsiste et, renforcée par les Corps francs rapatriés des Pays baltes, elle tente, en mars 1920, un putsch contre le gouvernement : le putsch échoue devant des grèves générales organisées à Berlin, en Saxe, en Thuringe et dans la Ruhr. Partout les gouvernements légaux ont pu reprendre la situation en main. Le Comité central de grèves tente de former un gouvernement ouvrier ; c'est un échec et, avec l'aide de l'armée, l'ordre républicain est rétabli. Si les putschistes se livrent à Berlin à de véritables pogroms contre la population juive, dans la Ruhr la répression est terrible : plusieurs centaines d'ouvriers seront fusillés.

Dans les régions soumises à plébiscite, l'activité des Corps francs – soutenus publiquement par les représentants du Reich et le gouvernement prussien – est très forte : elle permet au Reich de conserver tous les cercles de Prusse orientale et l'essentiel de la Haute-Silésie. L'arbitrage français, favorable aux Polonais, est d'une impartialité douteuse, mais il fallait bien que la Pologne dispose de mines de houille et d'une grande région industrielle...

Les difficultés socio-économiques sont d'une particulière gravité. Frappée par le blocus, déstabilisée par les conflits socio-politiques qui confinent à une guerre civile larvée, l'économie allemande va attendre cinq ans pour retrouver son niveau de 1913.

Indices d'évolution du PIB en Allemagne et en France

	Allemagne	France	
1920	79	85	Indice 100 en 1913
1921	87,5	83	
1922	95	97	
1923	79	103	
1924	93	116	
1925	103	117	

Source : A. Maddison, *op. cit.* (1995).

Même si les chiffres ci-dessus tiennent compte des modifications territoriales et concernent le territoire de 1920, on voit les énormes difficultés du Reich à récupérer. Du reste le Reich perd (par rapport à la production moyenne 1910-1914) 10 % de sa production agricole et le quart de ses productions de houille et d'acier. Certes ces données sont inférieures aux pertes subies par la France entre 1914 et 1918, mais les pertes allemandes ne sont pas récupérables.

Naturellement, même si la guerre est terminée, l'Allemagne doit en financer les séquelles : pensions aux blessés, aux veuves et aux orphelins. Il faut aussi aider à la reconversion des démobilisés, aider les réfugiés de l'Est ou de l'Ouest qui refusent de vivre sous une tutelle étrangère ou ont été expulsés (c'est le cas de 40 à 50 000 Allemands d'Alsace-Lorraine). Il y a enfin la charge des Réparations. Tout cela entraîne chaque année un déficit budgétaire, d'autant plus important que l'on a développé les dépenses sociales et éducatives et renforcé les investissements publics. Dès lors l'inflation règne : en 1920 les prix sont dix fois ceux de 1913, en 1921 quatorze fois ; au-delà l'inflation devient inimaginable. Or jusqu'à l'été 1924 le taux d'escompte demeure fixé à 5 %, de manière à aider démobilisés et réfugiés ; comme le fait remarquer Michel Hau « les taux d'intérêt réel sont négatifs et incitent... à emprunter tandis que l'épargne volontaire se dérobe ». De 1919 à 1921, la masse monétaire passe de 50 milliards à 123 milliards de marks pour atteindre 1 295 milliards en 1922 et arriver à des proportions gigantesques en 1923, avant la stabilisation Stresemann.

Les conséquences sont considérables : les grandes entreprises se renforcent et constituent d'énormes konzern, les exportations se développent fortement : Michel Hau souligne justement qu'il « ne semble pas que l'inflation ait été payée sur le secteur productif ». De même il constate que le salaire réel des ouvriers qualifiés n'est guère touché par l'inflation, alors qu'au contraire on voit se développer un processus de prolétarisation des milieux les plus défavorisés ou même des classes moyennes.

À l'étranger on assiste à une liquidation des avoirs allemands : la part (23,75 %) allemande de la Turkish Petroleum est transférée à la France dans le cadre de l'Irak Petroleum ; en Europe orientale les nouveaux États récupèrent les biens allemands, mais on notera que, dès 1924, la Tchécoslovaquie et, en 1929, la Pologne en abandonneront la liquidation.

Les Réparations représentent enfin un terrible coût pour

l'Allemagne. Entre 1919 et 1921 elle a versé entre 5 et 20 milliards de marks-or, selon que l'on intègre ou non les réparations en nature prévues par l'armistice du 11 novembre : cela représente, entre autres, le quart de la marine allemande, 5 000 locomotives, 136 000 wagons et 24 millions de tonnes de charbon.

La somme totale à débourser a été fixée par la commission interalliée réunie à Spa à 132 milliards de marks-or, soit près de trois fois le revenu national allemand. Même répartie sur plusieurs décennies, la somme est considérable. Le Reich règle sa dette de 1921, mais en 1922, devant l'état de son économie, il demande un moratoire qui est rejeté ; les forces franco-belges occupent alors la Ruhr, ce qui va aggraver les tensions nationalistes (11 janvier 1923).

Un peu plus tard, un certain Adolf Hitler tente un putsch à Munich, cassé par la Reichwehr. Mais les nazis, comme les communistes qui veulent aussi apparaître comme les défenseurs de la Nation, considèrent comme leur un dénommé Schlageter, fusillé par les Français pour sabotage pendant l'occupation de la Ruhr. La France il est vrai, nous aurons l'occasion d'y revenir, joue dans cette affaire des Réparations un rôle peu compréhensible. En novembre 1921, à Cannes, Lloyd George, au nom du gouvernement britannique, avait proposé de réaménager la dette allemande conformément à certaines propositions de J.M. Keynes, garantissant en échange les frontières orientales de la France. La Chambre oblige Briand à renoncer à un tel accord et le force à démissionner, entraînant l'arrivée au pouvoir de Raymond Poincaré qui réclame de manière tout à fait irréaliste la stricte application des accords inapplicables de Spa ; cela conduira à l'occupation de la Ruhr en 1923, opération qui sera de surcroît très mal conduite.

Il est incontestable que la crise de la Ruhr a entraîné des conséquences auxquelles ne s'attendait sans doute pas Poincaré.

D'une part, cela exacerbe le nationalisme allemand et favorise le développement d'une francophobie non seulement dans les milieux dirigeants, mais plus encore dans le peuple allemand. À partir de ce moment, les Allemands deviennent ultranationalistes. L'occupation de la Ruhr va permettre la pénétration des idées national-socialistes dans la masse de la population. L'euphorie des années 1924-1928 va estomper un mouvement dont l'influence redevient considérable à partir de la crise. À certains égards, l'occupation de la Ruhr sera, à moyen terme, le détonateur de l'expansion de l'hitlérisme.

D'autre part, si, pour un temps, l'occupation de la Ruhr[1] aggrave considérablement la situation socio-économique du Reich, elle va permettre une véritable révolution politico-économique menée magistralement par Stresemann : devenu chancelier en octobre 1923 il élabore une politique de redressement financier et monétaire.

D'abord il instaure, avec l'appui de son ministre des Finances, Hans Luther, un plan d'austérité budgétaire, supprimant nombre de subventions, limitant le nombre des fonctionnaires ; par ailleurs il augmente sensiblement le taux de l'escompte et les impôts ; enfin il se refuse à réévaluer les anciens emprunts ruinant quasiment les porteurs.

Ensuite, on crée une monnaie nouvelle, le rentenmark qui équivaut à 1 000 milliards de marks. L'opération est un succès et le rentenmark devenu reichsmark (RM) subsistera jusqu'à la création du DM. Le reichsmark naît en effet le 30 août 1924 et s'échange alors avec le dollar à la même parité qu'en 1913 (1 dollar = 4,20 RM). Bien plus, en 1926, on rétablit sous certaines conditions la convertibilité de la nouvelle monnaie avec l'or.

Sans doute la stabilisation de la monnaie va avoir des conséquences importantes : elle provoque une chute des exportations, la prime de change disparaissant, et une stagnation de la croissance. Surtout le chômage se développe fortement, autour de 8 à 10 % entre 1924 et 1926. Cela entraîne un renforcement d'une politique sociale de protection avec la création d'un Office pour « l'assistance aux victimes de la crise » et l'apparition d'un programme de grands travaux pour résorber le chômage.

Malgré tout, la politique économique de Stresemann permet au Reich de retrouver une certaine stabilité économique et politique et de jouer à nouveau un rôle international. Mais dans une large mesure cette stabilité est fragile. Quand on regarde de près l'évolution de l'économie allemande entre 1924 et la crise de 1929, trois éléments frappent l'observateur :

- *La baisse de l'investissement* qui représente 15 % du PIB avant 1924, passe à un rapport de 11 % pour la période 1925-1929 ; cette baisse concerne tous les secteurs concernés, aussi bien les ménages que l'investissement industriel.
- *La rapide concentration des entreprises* ; c'est une des caractéristiques importantes de cette période. C'est certes le temps de

1. N'oublions pas que la Ruhr après 1918 représente les deux tiers des ressources en houille et les trois quarts de la sidérurgie du Reich.

concentrations réussies, telle l'IG-Farben qui regroupe les géants de l'industrie chimique : Agfa, Badische Anilin (BASF), Bayer et Hoechst, ou encore Vereinigte Stahlwerke qui réunit les groupes Phoenix, Stinnes, Thyssen, mais c'est aussi la période des concentrations délicates dans le textile ou la petite métallurgie ; or cela fragilise fortement ces entreprises et plus encore les banques qui les soutiennent.

- *L'importance des capitaux étrangers.* Le mark stabilisé attire les capitaux des anciens adversaires du Reich, les États-Unis en particulier, mais aussi la Grande-Bretagne, auxquels s'ajoutent des investissements néerlandais, suédois et suisses. En tout, de 1924 à 1929, cela représente 23 milliards de marks-or. Mais cet apport de capitaux étrangers est volatile et cela explique la gravité de la crise en Allemagne après 1929 ; 23 milliards de marks-or c'est 8 à 10 % du PIB du Reich pendant cette période (le PNB de 1925 à 1929 étant, selon Michel Hau, seulement de 250 milliards de marks 1913). Tout cela fragilise un système économique où les charges fiscales ont doublé de 1913 à 1925. Il est vrai que les charges sociales deviennent lourdes : d'une part pour apaiser le salariat les patrons accordent des hausses importantes de salaire qui « dépasse le simple jeu des mécanismes du marché ». D'autre part, bien que l'Allemagne ait perdu près de 10 % de sa population et son territoire, le nombre des fonctionnaires a augmenté de près de 70 % et l'ensemble des dépenses publiques (du Reich, des Länder et des villes) sont en augmentation constante. Le cas des grandes villes qui jouissent d'une grande autonomie est caractéristique : elles paient mieux leurs agents que l'État ou le Land, s'engagent dans des grands travaux (bâtiments ou voies de communication) et pratiquent une politique sociale généreuse. Les dépenses sociales du Reich représentent, dans les années 1925-1929, près de 25 % du revenu national. Selon certains historiens allemands, « le recul du budget militaire a bénéficié essentiellement au budget social ». Mais cela n'empêche pas le budget militaire de demeurer élevé, ce qui explique la hausse constante des dépenses publiques.

Le Reich est en définitive infiniment moins prospère en 1929-1930 qu'on ne le dit : l'évolution du PNB par habitant dans le Reich et chez ses voisins le souligne nettement.

PNB par habitant en dollars

	1910	1925	1930
Reich	189	268	305
Royaume-Uni	227	487	487
France	159	243	343

D'après M. Hau, *Histoire économique de l'Allemagne*, 1994, p. 101.

L'Allemagne de Stresemann (1924-1929)

Il n'en demeure pas moins que le Reich – du fait de sa population – demeure la première puissance économique en Europe. Son PIB global dépasse de 15 % celui de la Grande-Bretagne, dont la croissance est faible, de 32 % celui de la France, dont l'essor est sensible.

Ce poids, le Reich l'utilise pour rétablir sa situation diplomatique, d'autant que la part du Reich dans le commerce extérieur des nouveaux Pays d'Europe centrale et orientale (PECO) demeure très supérieure à celle des Occidentaux. Elle représente de 10 à 24 % dans les importations des PECO en 1929 et ces pays – sauf Hongrie et Yougoslavie – envoient vers le Reich de 20 à 30 % de leurs exportations.

Mais même si le Reich peut – grâce à Stresemann – parler de succès à propos des accords de Locarno, son poids international n'est pas tel que le gouvernement de Berlin soit libre de ses mouvements : il peut le constater lorsque la conclusion du traité d'Union douanière avec l'Autriche (14 mars 1931) entraîne un tel tollé qu'il est forcé d'y renoncer. Il est vrai qu'outre la France et l'Angleterre, Italie, Pologne et États de la Petite Entente (Tchécoslovaquie, Yougoslavie et Roumanie) sont tous unis pour marquer leur hostilité.

Pourtant cette diplomatie offensive avait porté ses fruits au temps de Stresemann. En effet, le traité de Locarno (1925) peut être considéré comme une grande victoire diplomatique du Reich. Il est réintégré dans la vie internationale et peut siéger désormais à la SDN. Il s'engageait à ne pas modifier ses frontières orientales *par la force* et en réalité ne renonçait à aucune de ses revendications à l'Est. Stresemann et le gouvernement allemand se refusèrent à conclure un Locarno oriental. Dans une lettre au Kronprinz, Stresemann précisa ainsi ses objectifs :

« Rectification des frontières orientales, récupération de Dantzig, du corridor polonais, annexion de l'Autriche. »

Et il ajoutait : « Nous devons d'abord libérer notre pays de l'occupation étrangère ; aussi la politique allemande devra-t-elle consister à finasser [*finassieren*] »[1].

Ainsi la politique de Stresemann était-elle moins pacifique et européenne qu'on a bien voulu le dire. À la même époque d'ailleurs, le chef de la Reichswehr, von Seeckt, déclarait : « Il nous faut redevenir puissants et dès que nous le serons, nous récupérerons naturellement tout ce que nous avons perdu. »

Cette politique d'expansion pacifique n'était pas aussi scandaleuse qu'on a voulu le dire : l'Autriche-croupion, telle qu'elle résultait du traité de Versailles, avait des difficultés à vivre et souhaitait devenir allemande. Quant au corridor polonais il était peuplé de populations en grande partie allemandes. Les Sudètes enfin connaissaient alors de la part des Tchèques une discrimination de plus en plus rigoureuse.

Cette politique était-elle antisoviétique, comme l'a prétendu Thaelmann, chef du KPD, dans un discours au Reichstag ? On ne saurait l'affirmer, d'autant plus que Stresemann pensait « qu'il serait stupide de renoncer à la liaison avec Moscou » et engageait des négociations avec l'URSS qui aboutirent, le 24 avril 1926, à un traité germano-soviétique confirmant Rapallo mais qui était aussi un pacte de non-agression et de mutuelle neutralité en cas de conflit avec une tierce puissance. En même temps l'Allemagne s'engageait, quand elle serait à la SDN, à s'opposer à toute tendance hostile à l'URSS. L'Allemagne n'entra d'ailleurs à la SDN qu'en septembre 1926. Stresemann et Briand se rencontrèrent à Thoiry et si aucun résultat concret n'apparaît, il en naquit un nouveau style de relations entre la France et l'Allemagne.

Tout ceci favorise la persistance du nationalisme allemand. On en veut pour preuve les élections présidentielles de 1925 après le décès de Friedrich Ebert. Dès le premier tour le candidat de la droite Karl Jarres, personnage de second plan, obtient près de 39 % des suffrages pour 29 % au SPD, 14 % à Marx, candidat du Zentrum et 7,5 % au candidat communiste. Au second tour, la droite substitua à Karl Jarres le vieux maréchal von Hinden-

1. Traduction H. Bloch dans *Les Papiers de Stresemann*.

burg qui l'emporte largement sur le candidat de la coalition gouvernementale (SPD et Zentrum... Marx) que le KPD, jouant la politique du pire, refusa de soutenir.

Au reste la République de Weimar commence une politique de réarmement. Le traité germano-soviétique de 1926 comportait des clauses militaires permettant à la Reichswehr d'utiliser un camp militaire sur la Kama pour instruire ses forces à l'abri des regards indiscrets des Alliés.

Le Reich joue véritablement double jeu : d'un côté il soutient fermement les minorités allemandes ou germanophones à l'étranger, en Alsace, en Posnanie, dans les Sudètes ; de l'autre s'appuyant sur les limitations militaires du traité de Versailles, il cherche à engager des négociations sur le désarmement en Europe, débat sur lequel Britanniques et plus encore Français se montrent beaucoup plus réticents, se méfiant toujours du Reich dont on savait pertinemment qu'il ne respectait pas les clauses militaires du traité. Au reste en raison de son poids économique le Reich apparaît toujours menaçant.

La crise de 1929 et ses conséquences

Bien évidemment la crise économique née du krach de Wall-street d'octobre 1929 va profondément modifier la situation économico-politique du Reich. Elle contribuera largement – avec l'occupation de la Ruhr – à la mise en place du système totalitaire hitlérien.

Le Reich sera l'un des premiers pays touchés par la crise de 1929 et elle atteindra une ampleur analogue à celle des États-Unis.

Le Reich va être victime de la fragilité de son économie et de sa trop grande dépendance financière à l'égard de l'étranger, en particulier des États-Unis ; de 1925 à 1929 le Reich a emprunté près de 6,1 milliards de RM à l'extérieur, dont 4,12 viennent des États-Unis : les deux tiers des capitaux empruntés sont donc américains. De surcroît, l'Amérique a largement investi en Allemagne : la General Electric détient 25 % du capital de l'AEG. L'IG-Farben met en place des accords croisés avec la Standard Oil et Dupont de Nemours ; un peu plus tard est créé, en 1929, l'IG-Chemical Corporation avec participation de IG-Farben, Ford et Standard Oil. Fin 1929, 79 entreprises américaines ont des succursales en Allemagne pour plus de 560 millions de RM. General Motors, en mai 1929, prend le contrôle d'Opel. En tout, selon Raymond Poidevin, « l'industrie automobile américaine a investi 211,5 millions de RM ». On peut se demander avec notre collègue jusqu'à quel point l'Allemagne n'est pas devenue « une colonie financière américaine » ? Mais devant la crise les États-Unis rapatrient ce qu'ils peuvent de leurs capitaux, accélérant fortement la récession que connaît l'Allemagne.

Naturellement la production industrielle est en chute libre ; à la différence des autres pays occidentaux, la production ne s'était pas accrue en 1929 mais elle diminue de 13 % en 1930, de 30 % en 1931, de plus de 40 % en 1932. Le Reich est le seul État occidental à connaître une telle situation depuis le milieu de l'année 1928. Tout cela accentue le chômage : au printemps 1929 (six mois avant le krach de Wall Street) il y a déjà plus d'un million de chômeurs dans le Reich, soit environ 5 % de la population active. Dès 1930 on dépasse largement les 2,5 millions de chômeurs ; en 1932 il y aura plus de 6 millions de sans-travail, soit plus du quart de la population active.

Les chômeurs ne subsistaient que grâce à leurs très faibles indemnités et étaient souvent réduits à la soupe populaire. À leur tour les cadres furent touchés. Sur les 8 000 ingénieurs diplômés de 1930, 1 000 seulement trouvèrent du travail. L'État dut intervenir, mais il n'avait pas de grands moyens, d'autant plus que la baisse de la production entraînait une baisse de ses revenus. D'autre part, les prix agricoles ne diminuaient que faiblement car le gouvernement, pour protéger les paysans, augmentait souvent les droits de douane sur certaines denrées.

Hermann Müller, SPD, chancelier depuis 1928, envisage des mesures rigoureuses pour tenter de rétablir un minimum d'équilibre économique. Il propose une forte augmentation des impôts, la diminution des allocations de chômage. Ces propositions émanant d'un chancelier socialiste se heurtèrent à l'opposition des syndicats et du SPD. Le cabinet Müller démissionna le 27 mars 1930. C'était le dernier cabinet parlementaire de la République de Weimar.

Le président appela pour lui succéder le leader du parti catholique, le Zentrum, Brüning. Ancien officier de réserve, ce Rhénan catholique était profondément dévoué au maréchal-président et hostile au traité de Versailles : il tenait à l'ordre. Étant donné le caractère dramatique de la situation, il s'estimera en droit d'utiliser les possibilités offertes par la Constitution de Weimar, en particulier l'article 48 sur les pleins pouvoirs. De fait, il constitua un « cabinet présidentiel », peu lié au Reichstag. Il se composait de membres du Zentrum, des populistes et des nationaux-allemands. Il dispose au Reichstag de 226 députés seulement, la majorité absolue étant de 246. Le budget établi par son gouvernement était conforme à ses conceptions et reprenait pour l'essentiel les propositions de Müller :

- maintien des dépenses militaires,
- diminution des traitements de 10 %,
- impôts renforcés,
- vente au secteur privé d'actions de la Reichsbahn.

Une partie de ces mesures fut votée, mais le Parlement refusa de réduire les traitements des fonctionnaires. Le Reichstag fut aussitôt dissous et le budget promulgué par décret en vertu de l'article 48. Sociaux-démocrates, communistes et nationaux-socialistes avaient voté contre. Qu'allaient donner les élections ?

Les élections de 1930 et la poussée national-socialiste

Les élections de 1930 marquent la résurrection parlementaire des nationaux-socialistes [1] qui obtiennent plus de 18 % des suffrages et 107 députés au détriment des nationaux-allemands, parti de droite, monarchiste et parlementaire, qui perdent deux millions d'électeurs et 32 députés ; les communistes progressent fortement avec près de 13 % des suffrages et 77 députés, tandis que le SPD perd 600 000 électeurs et 11 députés. SPD, populistes et Zentrum, qui détenaient la majorité du Reichstag en 1928 et auraient pu – s'ils l'avaient voulu – constituer un « gouvernement de concentration », sont désormais impuissants et le centre droit ne peut gouverner qu'avec l'appui du parti nazi ; seule pouvait gouverner une coalition allant du SPD à la « droite parlementaire », mais le SPD ne veut pas se rapprocher de cette dernière. En face les hitlériens se proclament nationalistes, antimarxistes, antisémites et anticapitalistes et les communistes appellent à la dictature du prolétariat, la dénonciation du traité de Versailles, un relèvement des salaires et le droit au travail.

Brüning demeure chancelier et tente de gouverner avec le

1. L'essor du parti national-socialiste est lié à l'occupation de la Ruhr. En octobre 1923 le « Führer » d'un petit parti nationaliste, le parti national-socialiste des travailleurs allemands (NSDAP), a tenté un putsch à Munich et obtient un succès aux élections du printemps 1924. Mais de l'été 1924 à la crise de 1929 son impact est très faible (2,7 % des suffrages aux élections de 1928).

centre droit et le soutien intermittent du SPD. Il tente de maintenir sa politique, il l'infléchit pourtant en cherchant à renforcer le pouvoir exécutif. Dans la mesure où les socialistes estiment que si l'on ne soutient pas Brüning on risque le bolchevisme ou le nazisme, le gouvernement peut durer : aussi pour les communistes le SPD est-il un parti « social-fasciste ».

Les élections présidentielles de 1932

Brüning élargit sa politique vers le soutien de l'État aux entreprises pour faire repartir l'industrie. Mais la crise s'aggrava fortement au printemps de 1931 avec la faillite d'une des plus grandes banques autrichiennes : la Kredit-Anstalt, dont l'influence est grande dans le Reich.

Aussitôt plusieurs entreprises allemandes firent faillite à leur tour. Les retraits de capitaux se multiplièrent. En quinze jours, la Reichsbank perdit plus d'un milliard de marks de devises. Au début juillet, une des plus grandes banques allemandes était au bord de la faillite. Le gouvernement intervint énergiquement, fermant les banques, augmentant le taux d'escompte, contrôlant désormais toute l'activité bancaire. Il protégea aussi les entreprises industrielles. Un moratoire d'un an pour les Réparations lui fut accordé, mais ses efforts pour obtenir d'autres avantages de Paris et de Londres se heurtèrent à une fin de non-recevoir. Les Alliés, comme le dira Brüning plus tard, ne comprirent pas que pour éviter Hitler il fallait « consolider » son gouvernement.

Les grèves se multiplient et d'innombrables incidents ne cessent d'éclater entre milices nazies et groupes de combat communistes. Le gouvernement en était réduit à promulguer des ordonnances, il y en eut 95. En octobre 1931, devant le mécontentement généralisé dans la nation, se constitua « le Front national de Harzburg » qui groupait nationaux-socialistes, nationaux-allemands et quelques populistes. La grande industrie invita le gouvernement à pratiquer une politique encore plus favorable à son égard. Mais l'opposition, réunie à Harzburg, exigea de nouvelles élections et réclama « un gouvernement authentiquement national ». Hitler avait pris contact à ce moment avec le maréchal-président, mais celui-ci restait encore méfiant devant « le caporal de Bohême ».

Brüning riposta en mettant le Parlement en congé jusqu'en février 1932, remania son gouvernement, confiant au général Groener, déjà ministre de la Reichswehr, le portefeuille de l'Intérieur. Il s'appuya aussi sur l'association paramilitaire socialiste « Bannière d'Empire » (*Das Reichsbanner*).

Les élections présidentielles se déroulèrent dans une véritable atmosphère de guerre civile, au moins dans les grandes villes où s'affrontaient le « Front rouge » (communiste) la « Bannière d'Empire » (SPD), les « Casques d'acier » (conservateurs) et « l'Armée brune » (national-socialiste). Le 13 mars 1932, Hindenburg était mis en ballottage (il n'a que 49,6 % des voix) par Hitler (30,1 % des voix). Au second tour – 10 avril 1932 – Hindenburg était réélu mais Hitler dépassait largement 37 % des suffrages et apparaissait désormais comme le chef de la droite nationaliste allemande.

Trois jours plus tard, le général Groener interdit les SA, les SS et toutes les formations paramilitaires nazies, car disait le décret : « Cette armée privée constitue un État dans l'État et une source d'inquiétude permanente pour la population pacifique. »

Aussitôt une partie de la Reichswher proteste contre cette mesure et Groener dut donner, le 12 mai, sa démission de ministre de la Guerre.

Simultanément avaient lieu les élections pour le renouvellement du Landtag de Prusse ; ce fut un triomphe pour les nationaux-socialistes et cela eut des conséquences dramatiques : le gouvernement prussien devant être élu à la majorité absolue, le cabinet sortant est chargé de l'expédition des affaires courantes ; toutefois, le président SPD s'efface devant un collègue du Zentrum (le parti catholique du centre favorable à la République de Weimar).

La situation devenait de plus en plus difficile pour Brüning. Il se refusait à changer de politique car il espérait débarrasser son pays de toute réparation, mais l'opposition contre lui s'intensifia, d'autant que les réformes qu'il préconisait rencontrèrent l'hostilité des grands propriétaires et de la grande industrie. Hindenburg accepta de continuer à le soutenir aux conditions suivantes : modifier la composition du gouvernement, dissoudre le Reichstag, renoncer à toute politique agricole non conforme aux intérêts des grands propriétaires, autoriser à nouveau SA et SS. Le 30 mai Brüning démissionna et fut remplacé par Franz von Papen (1er juin 1932).

Franz von Papen est un catholique conservateur, ayant de très hautes relations au Vatican, qui, membre du Zentrum, se met aussitôt en congé de parti. Dès le 4 juin, le nouveau gouvernement dissout le Reichstag et autorise à nouveau SA et SS puis démet – conformément à l'article 48 de la Constitution de

Weimar – le gouvernement prussien. Von Papen est nommé commissaire du Reich pour la Prusse et désigne comme commissaires du Reich des membres de l'aile droite du Zentrum, un *Deutschnational* et des hauts fonctionnaires [1]. Ni le SPD, ni les syndicats ne manifestèrent.

La décomposition de la République de Weimar

Les élections générales du 31 juillet 1932 confirment les élections prussiennes ; les nazis détiennent 37 % des suffrages et 230 sièges sur 608. La gauche marxiste se maintient, mais les socialistes du SPD perdent 600 000 voix au profit du KPD. Par contre, en dehors du parti démocrate-chrétien, le Zentrum qui progresse, tous les partis du centre droit, comme les populistes, s'effondrent. Le centre droit groupait 8 100 000 suffrages en 1930, il atteint à peine 3 420 000 ; leurs électeurs ont rejoint les nazis en masse. Il en est de même pour les populistes qui perdent les deux tiers de leurs électeurs. Le seul moyen de barrer la route aux nazis était une coalition allant des communistes au Zentrum : ni les catholiques, ni les sociaux-démocrates, ni les communistes ne veulent entendre parler d'une telle solution et une troisième force (SPD - Zentrum - Nationaux-allemands) est impossible : elle groupe 288 voix, la majorité est de 305).

Hitler revendique naturellement le poste de chancelier, mais le maréchal-président refusa, ce qui entraîna immédiatement des manifestations très violentes ; dans la seule Prusse en juin-juillet on compte 100 morts et 1 100 blessés.

Von Papen tenta de faire entrer Hitler dans le gouvernement, mais Hitler revendiquait la Chancellerie qu'Hindenburg lui refusa à nouveau (13 août 1932). Les manifestations reprirent de plus belle et von Papen convoqua le Reichstag. Il est renversé par une motion de défiance : il a obtenu 42 voix, celles des nationaux-allemands, contre 512 voix communistes, nazies, catholiques et socialistes. Von Papen décide de dissoudre à nouveau le Reichstag.

À côté des manifestations politiques se développe une grave

1. L'un d'entre eux, le Dr Johannes Popitz, sera commissaire puis ministre des Finances de Prusse jusqu'au 7 septembre 1944, date de son arrestation par la Gestapo : il est en effet un des hauts responsables de la tentative du coup d'État du 20 juillet 1944.

agitation sociale, telle la grève des traminots de Berlin à la fois soutenue par les communistes et les nazis ; elle fut violemment réprimée : 10 morts, 100 blessés, 1 000 arrestations.

Les élections de novembre 1932 marquent un grave repli des nazis qui perdent deux millions de voix dont plus d'un million sont imputables aux abstentions. Mais une majorité de centre est impossible car il lui manquerait une dizaine de voix ; le SPD perdant 799 000 voix qui se reportent sur le KPD. Le système demeure aussi instable : von Papen pense que la seule solution paraît une révision constitutionnelle ; son cabinet mis en minorité par le Reichstag, en butte à l'hostilité de la Reichswehr, von Papen démissionne (1er décembre 1932).

À nouveau Hindenburg récuse Hitler et appelle le général von Schleicher, le chef de la Reichswehr. Il va tenter une politique d'ouverture à gauche, se rapproche des syndicats et prend contact avec le SPD.

Le Reichstag accueillit favorablement son gouvernement et vota le projet d'amnistie. Le gouvernement rétablit les conventions collectives, annonça l'élaboration d'un plan économique et tenta de désagréger le parti nazi, en s'appuyant sur l'aile gauche que dirigeait Gregor Strasser. Hitler, non sans mal, reprit son parti en main et chercha l'appui du patronat ; certains patrons voyaient en lui le chef d'un parti populaire pouvant assurer un gouvernement stable, anticommuniste et national. D'autre part, le programme social du chancelier von Schleicher inquiétait la grande industrie. À la fin de l'année, Hitler prend contact avec le grand patronat allemand qui craint les initiatives de Schleicher. Celui-ci cherche à obtenir un soutien total du SPD. Il envisage en effet de dissoudre à nouveau le Reichstag afin de profiter des graves difficultés financières du parti nazi ; il escompte constituer une grande coalition et agir alors vigoureusement contre les hitlériens. Mais – comme il l'expliqua plus tard à l'archiduc Otto de Habsbourg – les sociaux-démocrates, imbus de légalisme, se refusèrent à toute atteinte aux grands principes et rompirent les négociations. Dès lors la Reichswehr abandonnait son ancien chef au profit du général von Blomberg, proche d'Hitler.

Dans ces conditions von Papen joua à nouveau les entremetteurs ; c'était d'autant plus facile que, sous la pression des grands propriétaires, Hindenburg refuse de soutenir Schleicher et ne signe pas le décret de dissolution. Le 30 janvier Hitler est appelé à la Chancellerie. C'est la fin de la République de Weimar et le début d'une période nouvelle.

Cette évolution dramatique de la Première République allemande s'explique par plusieurs raisons :

- Le traité de Versailles, le « Diktat » comme vont dire tous les Allemands, a traumatisé le Reich et exacerbé le nationalisme aussi bien à gauche [1] qu'à droite, entraînant une extraordinaire expansion de la Ligue pangermaniste qui passe de 80 000 adhérents en 1913 à près de 2 millions en 1929.
- De surcroît, le traité de Versailles a d'importantes conséquences psycho-économiques : en imposant des réparations démesurées il déstabilise l'économie allemande qui, tout en conservant sa prééminence en Europe, rencontre d'innombrables difficultés monétaires qui la placent partiellement sous domination étrangère, essentiellement anglo-saxonne.
- Cette situation entraîne de graves conflits sociaux ; si les salaires se maintiennent à peu près, le chômage est le mal persistant de la République de Weimar, il est rare que le taux de chômage descende à moins de 5 % de la population active, même dans les années de relative prospérité. À cela s'ajoutent les arrivées de réfugiés, 40 à 50 000 venant d'Alsace, 200 000 Posnaniens environ (dont près de 100 000 israélites qui fuient l'antisémitisme polonais) et une cinquantaine de milliers de Silésiens.
- L'instabilité du Reich tient moins à la Constitution de Weimar, comme le disent les constitutionnalistes allemands d'aujourd'hui, qu'au système électoral ; la proportionnelle a pour conséquence que près de vingt partis siègent au Reichstag. De août 1919 à janvier 1933 on compte 19 gouvernements…

Cette instabilité politique, économique, sociale, indispose de plus en plus une population, au nationalisme exacerbé, exaspérée par la crise et prête à toutes les aventures.

1. Imagine-t-on un mouvement proche de la SFIO s'intitulant « Bannière d'Empire » ?

CHAPITRE V

L'ITALIE : DE LA FRUSTRATION AU FASCISME

L'Italie et la Grande Guerre

Bien qu'avec les États-Unis, la France et la Grande-Bretagne, l'Italie ait été l'un des quatre grands de la conférence de la Paix, elle se considère victime des traités de 1919. Elle se sent dupée : lorsqu'en 1915, après la convention secrète de Londres, l'Italie entre en guerre aux côté des Alliés, on lui a promis, outre le retour des « Terres irrédentes », Trentin, Trieste et la région de Gorizia, le Tyrol du Sud jusqu'au Brenner et une partie de la Dalmatie. Or les États-Unis, fidèles aux dispositions prévues par le Point 9 des Quatorze Points de Wilson – « une rectification de la frontière italienne sera faite selon une ligne de démarcation clairement définissable entre les nationalités » –, refusent de reconnaître la validité du traité de Londres. *A priori* une telle déclaration excluait la remise à l'Italie du Tyrol du Sud (peuplé d'Allemands), de la partie orientale du Frioul (peuplée de Slovènes) et de la Dalmatie (peuplée de Croates). Autant dire que dès le début des négociations de Paris, en décembre 1918, l'opinion italienne et le gouvernement lui-même sont fort divisés : il y a, face à face, les pacifistes ou « neutralistes », qui étaient hostiles à la guerre, socialistes, démocrates populaires et quelques libéraux qui, désormais, sont prêts à accepter un traité qui se contenterait de reconnaître les droits réels de l'Italie et les anciens interventionnistes, que l'on appelle aussi les « impérialistes », derrière le chef de la tendance nationaliste Sonino. C'est cette tendance qui l'emporte et dès décembre 1918 les partisans d'un traité minimaliste se retirent du gouvernement. Le président du Conseil, Orlando, est dès lors plus ou moins sous la coupe de Sonino.

Mais à la conférence de la Paix, Orlando est seul face à Wilson. Clemenceau et Lloyd George, oubliant les engagements pris à Londres, puis à Saint-Jean-de-Maurienne, ne soutiennent guère l'Italie. Or Wilson, s'il accède à la revendication italienne sur le Tyrol du Sud, rejette les prétentions de Rome sur l'Istrie orientale et la Dalmatie. Le 23 avril, pour bien se faire comprendre, Wilson publie un appel au peuple italien dans *Il Tempo*. Aussitôt, furieux, Orlando et Sonino quittent Paris et rentrent à Rome, accueillis comme des héros par la masse de la population, comme le soulignent les éditoriaux de la presse de l'époque *La Stampa* ou le *Corriere della Sera*, sans parler du journal mussolinien *Il Popolo d'Italia*[1].

Le peuple italien se sent frustré et la classe politique encore bien davantage. En effet, sauf le Tyrol du Sud et Trieste, les nouvelles frontières sont, grosso modo, celles que proposait l'Autriche-Hongrie au printemps 1915[2]. Fallait-il faire la guerre pour le Tyrol du Sud et Trieste ? On peut comprendre les réactions de ceux qui parlent de « guerre inutile », de « victoire mutilée », de l'Italie « nation prolétaire » victime de « l'impérialisme bancaire étranger ». Comme le souligne Pierre Milza, dans son excellent *Mussolini*, « c'est cette thématique que l'on rencontre même dans des secteurs très modérés de l'opinion » et « qui va surtout servir de point de ralliement aux nationalistes et aux plus radicaux des interventionnistes de gauche ».

Tout ceci explique bien les réticences diplomatiques italiennes durant l'entre-deux-guerres. Mais la poussée nationaliste qui s'accélère avec la fin de la guerre va se développer sur un fond de crise économique et sociale et sur une poussée révolutionnaire : le mélange sera détonant.

Il est vrai qu'une crise économique particulièrement violente va toucher l'Italie. Celle-ci en 1913 est encore un pays rural, faiblement industrialisé. Le PIB de l'Italie souligne qu'elle se classe très loin derrière le Royaume-Uni, le Reich, la France, l'Autriche-Hongrie ou l'Empire des tsars. Durant la guerre les

1. Mussolini, né en Romagne en 1883, instituteur, puis maçon en Suisse (1902-1904), adhère au socialisme et devient à son retour en Italie rédacteur puis directeur du journal socialiste *L'Arenti*. Il sera secrétaire du parti socialiste italien (« le seul marxiste du bureau du PSI », dira Lénine). En 1914 il crée le *Popolo d'Italia*, quotidien socialiste national, partisan de l'entrée en guerre contre l'Autriche. Il est fortement influencé par l'économiste Pareto et par le néo-marxiste français G. Sorel.

2. Pour éviter l'entrée en guerre de l'Italie contre les Empires centraux, l'Autriche-Hongrie avait proposé de céder (février 1915) le Trentin et une partie de l'Istrie.

besoins des industries d'armement entraînent une croissance considérable des industries de base, sidérurgiques et métallurgiques (charbon, fer, hydroélectricité). Tout ceci amène une rapide croissance de l'industrie dont profitent quelques grandes sociétés construisant du matériel de guerre (Ilva et Ansaldo) ou des voitures, et plus tard des blindés (FIAT), ou encore des entreprises fabriquant des pneus (Pirelli) ou des munitions. Mais, en temps de guerre, on n'a guère tenu compte des prix de revient. La guerre terminée, ces entreprises connaissent de grandes difficultés devant la concurrence revenue et par conséquent leurs produits trop chers ne trouvent plus preneur, entraînant une chute de la production et naturellement du chômage. Certes il ne faut pas exagérer le repli : en 1920 l'indice du PIB italien est supérieur de 10 % à celui de 1913, alors que le PIB britannique a chuté de 5 %. De fait, la Grande Guerre a été dans une large mesure un des fondements essentiels du décollage de l'économie italienne.

Les conséquences de la guerre

Mais la reconversion ne se fera pas sans dommages : un chômage important se développe dans les régions industrielles de l'Italie du Nord et du Centre ; il est d'autant plus dramatique que l'on assiste à une forte inflation due à la hausse des prix des produits, tant industriels qu'agricoles. L'agriculture italienne produit moins en 1919-1920 qu'en 1913 car la mobilisation des paysans a été, comme en France, considérable. Or, si pendant la guerre le prix des denrées a été bloqué il n'en est plus de même après 1919. Enfin, sur le plan financier la situation est dramatique : outre un déficit commercial de plus en plus élevé de 1914 à 1918, entraînant des pertes de devises, et surtout un endettement considérable : la dette nationale a été multipliée par sept malgré une hausse importante des impôts. Poussée nationaliste, difficultés politiques et économiques, tout cela se déroule dans un climat fortement marqué par l'accentuation de tendances révolutionnaires liées à la Révolution bolchevique.

Le bolchevisme va en effet connaître en Italie un terrain particulièrement favorable. Le passage de la société rurale, qui a dominé l'ensemble de l'Italie jusque vers 1890, à une société presque industrielle ne s'est pas fait sans problème.

La démographie italienne est particulièrement prospère (de 1815 à 1914 la population passe de 19 millions à 35 millions) mais pose de grandes difficultés : cette croissance rapide oblige à l'émigration mais condamne aussi au chômage.

Même si le niveau de vie s'améliore lentement, l'ouvrier italien vit mal. C'est déjà très sensible dès la fin du XIXe siècle dans le Sud, entraînant peu à peu une agitation qui s'est étendue dans le Nord et se transforme en véritables émeutes écrasées, en particulier à Milan, par les armées ; pour les milieux dirigeants « cette révolte de la misère » est interprétée comme une « tentative de coup de force socialiste » (P. Milza). Dix ans plus tard, les forces socialistes (PSI, Confederazione del Lavoro) sont de plus en plus agitées et entraînent des grèves parfois violentes que conduisent de jeunes leaders, tel Labriola[1]. Incontestablement la situation sociale est très tendue au point qu'en 1913 l'Italie centrale connaît une véritable grève générale qui sera réprimée à nouveau brutalement par l'armée.

Tout ceci prédispose donc la classe ouvrière italienne à accueillir avec intérêt les thèmes bolcheviques. Dès 1919 l'agitation ouvrière qui a plus ou moins perduré durant la guerre s'accélère, facilitée par les difficultés financières de l'État italien qui n'a plus les moyens de subventionner les entreprises industrielles : le chômage s'accentue tandis que le niveau de vie baisse fortement.

Aussi grave est l'agitation rurale : les paysans ont fourni 70 % des effectifs de l'armée ; les pertes ont été lourdes et après Caporetto, pour éviter des mutineries prévisibles, le gouvernement a promis toute une série de réformes du système agraire, bien décidé à ne pas les tenir. Dès le printemps 1919 l'agitation se développe dans les zones rurales en Italie centrale, puis dans la plaine du Pô, souvent sous la conduite de syndicalistes proches du parti populiste (démocrate-chrétien) de Don Sturzo. Très vite les grands propriétaires vont, pour se défendre, constituer de véritables milices privées.

Puis les ouvriers de Gênes et de Milan s'engagent dans des grèves dures qui prennent parfois un caractère insurrectionnel. Le gouvernement et le patronat cèdent et l'agitation retombe ; elle reprendra en 1920.

1. Un des futurs dirigeants du parti communiste italien.

Naissance du fascisme

C'est dans ce contexte que va naître et se développer le fascisme. Mais le fascisme n'est pas – comme on le dit trop souvent et P. Milza le rappelle judicieusement – un mouvement simplement contre-révolutionnaire qui se met au service des patrons et des grands propriétaires.

Du reste n'oublions pas que Mussolini a été l'un des secrétaires du PSI et le seul – selon Lénine – à « être vraiment marxiste », ce qui est hautement discutable. Mussolini se rattache à la grande tradition nationale-révolutionnaire italienne (Milza utilise la formule « nationale-jacobine ») fondée par Mazzini et Garibaldi. Il est par ailleurs fortement marqué par le syndicalisme révolutionnaire pré- ou para-marxiste d'un Blanqui ou d'un Georges Sorel. Ce n'est pas un nationaliste à la Déroulède. Il est d'ailleurs réticent – peut-être même hostile – aux revendications italiennes sur la côte dalmate.

Mussolini est un nationaliste-révolutionnaire, non marxiste, car il voit dans le marxisme, de Marx et Engels à Bernstein et Otto Bauer[1], une forme de pangermanisme, dans celui de Lénine une forme de panslavisme. Mais Mussolini est alors très seul et son impact sur les populations demeure très faible. Ouvriers et paysans font confiance au PSI qui triomphe lors des élections législatives de 1919 avec 32 % des voix.

Quand on lit le *Popolo d'Italia* on découvre que dès 1919 la révolution doit avoir pour centre la renaissance de la Patrie. Il souhaite donc une révolution selon des critères quasiment bonapartistes bien plus que jacobins, une révolution à la fois « nationale, sociale et autoritaire ».

L'isolement de Mussolini est cependant considérable. Les masses suivent le PSI dans leur immense majorité et les classes dirigeantes s'effraient des idées révolutionnaires de Mussolini, même si Mussolini a perdu la flamme anti-bourgeoise du socialisme révolutionnaire. C'est dans cet esprit que va naître le parti

---

1. E. Bernstein est le fondateur de la tendance révisionniste de la social-démocratie et O. Bauer celui de l'austro-marxisme, deux tendances néo-nationalistes en Allemagne comme en Autriche-Hongrie. À cet égard cf. F.G. Dreyfus (dir.), *Réformisme et révisionnisme dans les socialismes allemand, autrichien et français*, MSH, 1984.

fasciste italien. Comme le remarque Milza, quoi qu'aient pu prétendre Sternhell et ses collaborateurs, *l'idéologie fasciste* n'est ni en Italie ni ailleurs « le point d'aboutissement d'une évolution parfaitement logique ». Si elle réunit autour de Mussolini de nombreux anciens combattants, tels les camarades *futuristes* de Marinetti ou les *Arditi* de Mario Carli, cela ne fait pas une grande foule et ce n'est pas logique. Pourtant le programme présenté le 24 mars 1919 est carrément révolutionnaire (République, abolition du Sénat et des titres de noblesse, impôt sur le capital, journée de 8 heures, participation des ouvriers à la gestion de l'entreprise, confiscation des biens des congrégations religieuses) tout en étant résolument antimarxiste et antibolchevique. En décembre 1919 le parti n'a guère que quelques milliers d'adhérents !

Durant cette période de gestation du parti fasciste se déroule un événement relativement secondaire mais fort médiatisé du fait de la personnalité de son promoteur. En septembre 1919, les Corps francs du poète D'Annunzio occupent Fiume (Rijeka aujourd'hui en Croatie) que les traités avaient confié à la Yougoslavie. Naturellement l'opinion approuve bruyamment ; tout cela accentue encore les comportements nationalistes.

La crise socio-économique ne cesse de se développer. En 1919 l'indice du PIB est de 8 points supérieur au niveau de 1913, mais en 1920 il est revenu au niveau de 1913 et continue de baisser tout au long de 1921. Aussi quelques grandes sociétés métallurgiques (Ilra, Ansaldo) ou la Banca di Sconto font faillite à la fin de 1920 et au courant de 1921. Comme le souligne A. Tasca dans *Naissance du fascisme* : « Le grand capital n'oubliera pas... et tiendra l'État libéral pour responsable de ses difficultés ».

Montée du fascisme

Au nationalisme et au mécontentement des milieux économiques s'ajoute la peur du socialisme qui peut se développer, d'autant plus facilement que la situation matérielle de la classe ouvrière s'aggrave encore.

Du reste, les élections de 1919 montrent la puissance du parti socialiste : 32 % des suffrages, 156 députés, au moins 200 000 militants. Pourtant le parti qui contrôle le tiers des assemblées provinciales est affaibli par ses dissensions. Aux « maximalistes » qui préconisent la dictature du prolétariat et une prise violente du pouvoir s'opposent les sociaux-démocrates. À cela s'ajoute le courant marxiste-orthodoxe avec Gramsci, Tasca et Togliatti qui, en janvier 1921, vont faire sécession et fonder après le congrès de Livourne le Parti communiste italien (PCI).

À côté des socialistes, il y a le parti démocrate populaire, l'ancêtre de la Démocratie chrétienne, divisé lui aussi en trois tendances dont l'une n'est pas éloignée du marxisme. Avec 21 % des suffrages, il a 100 députés.

À droite, les libéraux, divisés en quatre partis, n'ont plus la majorité absolue des sièges à la Chambres des députés et ils ne l'auront pas davantage en 1921. Les deux partis que l'on peut considérer comme préfascistes : le Parti économique et le Parti des combattants, obtiennent à peine 270 000 voix, soit 5 % des suffrages.

Une coalition libérale-populaire aurait pu se concevoir mais – et ce sont des éléments essentiels qui permettent de comprendre la prise de pouvoir par Mussolini – nombre de libéraux sont anticléricaux, parfois francs-maçons, et ne conçoivent pas une alliance avec les « Noirs ». L'autre élément de division du parti libéral c'est le nationalisme. Certains de ses membres étaient hostiles à l'entrée en guerre, alors que d'autres y étaient favorables. Mais le comportement du gouvernement Nitti, lors de l'affaire de Fiume, hostile à Gabriele D'Annunzio, entraîna une poussée nationaliste qui va favoriser l'arrivée de Mussolini au pouvoir.

Aux crises sociales, quasiment constantes – malgré la reprise économique au milieu de 1922 –, s'ajoute désormais une forte agitation politique menée par les groupes d'action fasciste. Lors des élections de 1921, l'ensemble des nationalistes, autour du Bloc national ou des candidats fascistes ou parafascistes, regroupe à peine 31 % des voix pour 3 % au PCI, 25 % au PS et 21 % au parti populaire. Aucune véritable majorité ne se dégage entraînant de nombreuses crises ministérielles[1] et une forte instabilité socio-politique marquée par de nombreux coups de main fascistes. C'est dans ce contexte que Mussolini va prendre le pouvoir.

Il est vrai que le parti fasciste a considérablement évolué depuis sa fondation. Mussolini a compris que ce n'est pas en s'appuyant sur une gauche aux deux tiers internationaliste et marxisante, sinon marxiste, qu'il pourra l'emporter. Il va donc s'écarter des tendances nettement révolutionnaires du programme fasciste de 1920 pour se rapprocher, avec un opportunisme qui dément les assertions de Z. Sternhell, des

1. De juin 1921 à octobre 1922 il y aura quatre gouvernements !

milieux de droite, d'autant que les militants venus de gauche – tel Pietro Nenni – l'abandonnent. Le fascisme prend à partir du printemps 1920 un caractère nettement antibolchevique, recrutant chez les jeunes issus des classes moyennes et se donnant un caractère militariste. Ainsi s'organisent des escadrons (*squadre*) d'environ deux cents hommes auxquels Mussolini assigne d'être « les forces vives pouvant être opposées éventuellement aux éléments antinationaux et subversifs » (texte cité par P. Milza). Dès lors, les fascistes sont soutenus par les milieux financiers ou industriels et apparaissent comme les adversaires du bolchevisme et du socialisme prolétarien. Cela permet au parti mussolinien de se donner les moyens de devenir un parti « attrape-tout », unissant la petite bourgeoisie qui constituait la base du fascisme primitif et les milieux dirigeants. Ainsi on attire progressivement les électeurs socialistes des années d'après-guerre, déçus par le comportement des « maximalistes » du PSI, vers le fascisme. Celui-ci reçoit par ailleurs le soutien des milieux militaires.

Les élections de 1921 avaient permis la constitution d'un groupe parlementaire fasciste à la Chambre des députés, regroupant les députés directement élus comme tels et certains de ceux qui avaient été élus sous la bannière du Bloc national. Ce groupe parlementaire organisa le congrès du parti qui se tint à Rome, non sans difficultés, en septembre 1921. C'est à ce moment qu'est constitué le Parti national fasciste (PNF) dont le programme est approuvé par le Conseil national fasciste du 20 décembre.

Ce programme est national et conservateur. La nation est « la synthèse suprême de toutes les valeurs matérielles et spirituelles de la race ». Dans ces conditions il revient à la Nation italienne de « réaffirmer son droit à réaliser sa pleine unité historique... [et de] remplir sa fonction de bastion de la civilisation latine de Méditerranée ». L'État, lui, doit se réduire à ses fonctions politiques et juridiques et abandonner toute intervention économique. Le PNF aspire à un exécutif fort et demande la limitation des pouvoirs du Parlement.

Avec un programme aussi conservateur, les fascistes, soutenus par l'armée et la police, peuvent accentuer leurs assauts contre les organisations socialistes, communistes, syndicales de gauche. Ce sont les *squadre* fascistes qui brisent la grève générale d'août 1922. En octobre 1922, à la suite du congrès de Naples, les dirigeants du parti peuvent organiser la « marche sur Rome », tandis que Mussolini resté à Milan attend la convocation du roi qui va le charger de constituer un nouveau gouvernement, le président du Conseil ayant démissionné et Salandra, comme les autres hiérarques habituels, ayant refusé de constituer un gouvernement sans Mussolini.

C'est donc Mussolini qui va constituer le gouvernement. Il est vrai que les militaires, le général Diaz – le vainqueur de Vittorio Veneto –, l'amiral Thaon di Revel, les syndicats patronaux, financiers, industriels et agricoles ont poussé le roi à appeler Mussolini.

Mussolini, président du Conseil

Porté par le programme du PNF de 1921, soutenu par les milieux dirigeants comme par la petite bourgeoisie, le premier gouvernement Mussolini est un véritable gouvernement d'union nationale. Il est vrai que nécessité faisant loi, Mussolini veut respecter la Constitution car à la Chambre il n'y a que 35 députés fascistes sur 535. Il convient donc d'obtenir le soutien des partis non socialistes ; la répartition des portefeuilles est significative : outre les vainqueurs de 1918, Diaz et Thaon di Revel, on y trouve des démocrates-sociaux, des démocrates-populaires, des libéraux et même le philosophe Giovanni Gentile à l'Instruction publique. Cela rassurait les modérés, mais ce gouvernement avec seulement quatre fascistes exaspéra les vieux militants. Mussolini d'ailleurs cherche à rallier le monde monarchiste au fond réticent et plus encore les milieux catholiques et à rassurer les puissances occidentales. Le calcul était bon, la confiance fut votée par 306 voix contre 116 (socialistes et communistes). Les libéraux et leurs chefs, Orlando ou Salandra, les socialistes indépendants, comme Bonomi, ou des « populaires » comme Alcide De Gasperi soutiennent le gouvernement. Par contre le comte Sforza, ambassadeur à Paris, remit sa démission[1].

C'est alors que naît le mythe fasciste, le mythe du Duce qui apparaît au peuple italien comme un chef charismatique dont l'ascendant sur la population est incontestable au point que ses

1. Nous avons cité les noms de personnalités qui vingt ans plus tard joueront un rôle dans la vie politique de la République italienne. On pourrait ajouter Luigi Einaudi qui n'entre pas au gouvernement à la demande expresse des milieux industriels, hostiles à sa rigueur économique !

proches le poussent à dissoudre la Chambre pour profiter de cette conjoncture.

C'est dans ces conditions en tout cas qu'il obtint les pleins pouvoirs. Commence alors – et cela va durer jusqu'à l'assassinat de Matteotti en 1924 – ce que certains ont appelé le « règne du Duce ». C'est le début de la dictature fasciste ; est-ce le début d'un totalitarisme ?

Si l'on considère les définitions traditionnelles du totalitarisme, on peut se poser la question. Si on examine les définitions habituelles ce n'est pas évident :

Critères de Hans Kohn	Critères de Carl J. Friedrich
- Chefs issus des classes inférieures - Recrutement à partir de groupes sociaux opposés aux classes dirigeantes - Lutte contre la religion - Prétention à la vérité absolue - Volonté d'être la jeunesse du monde	- Idéologie officielle - Parti unique conduit par un dictateur - Contrôle policier - Organisation solide de la propagande - Concentration des forces armées dans les mains du dictateur - Contrôle et direction de l'économie entre les mains de l'État
D'après *Dictatorship in the Modern World* (1935).	D'après *Totalitarian Dictatorship and Autocracy* (1951).

Selon les critères de Hans Kohn qui pense d'abord aux systèmes nazi et soviétique, le fascisme n'est guère totalitaire ; il répond par contre à presque tous les critères de Carl J. Friedrich. Hannah Arendt, dans *Le Système totalitaire*, rappelle que la grande différence entre le totalitarisme fasciste et les autres, nazi et soviétique, est l'absence de Goulag et de KZ en Italie où les camps sont dans des îles où l'on ne cherche pas à vous exterminer : l'écrivain Carlo Levi sera exilé dans une bourgade reculée (cf. *Le Christ s'est arrêté à Eboli*) et, pendant sa détention de plus de dix ans, le philosophe marxiste Gramsci recevra régulièrement des livres et des journaux et pourra écrire l'essentiel de son œuvre. Non seulement il n'y a – malgré les décrets antisémites de 1937-1938 pris à l'imitation du Reich – ni rafles de juifs, ni camps à eux réservés. Pendant la Seconde Guerre mondiale, dans les territoires (France ou Croatie) occupés par l'armée italienne, les mesures antisémites des autorités locales sont souvent interdites par les forces d'occupation. Le fascisme italien serait-il un totalitarisme à l'eau de rose ?

La mise en place du fascisme

Non ! C'est en tout cas une dictature policière, un régime autoritaire. Certes la Chambre est maintenue, la presse hostile tolérée, mais le droit de grève est interdit. Profitant des pleins pouvoirs que lui a accordés le Parlement, le Duce gouverne seul. Il s'engage au départ dans une politique modérée et cherche en particulier à réconcilier l'État italien et l'Église catholique, brouillés depuis la prise de Rome en septembre 1870. Il multiplie les gestes d'apaisement : il se marie lui-même à l'église et fait baptiser ses enfants, restaure l'aumônerie aux armées, rend l'enseignement religieux obligatoire et met sur le même plan enseignement public et enseignement catholique. Au reste, dès son discours d'investiture, Mussolini avait affirmé que « la seule idée d'universalité... est celle qui rayonne à partir du Vatican ». L'Église reprend – pour la première fois depuis 1870 – une place officielle dans le protocole du royaume d'Italie. Ainsi le Duce favorisait le ralliement au régime d'une population encore profondément catholique. En attendant les accords de Latran, Mussolini obtient la condamnation des tendances antifascistes de Don Sturzo et de la gauche du parti populaire. Don Sturzo est alors amené à quitter la direction du PPI et s'exile.

Dès lors, Mussolini pense qu'il a la voie libre et, après avoir fait modifier la loi électorale dans un sens favorable (tout parti ou groupe de partis ayant au moins 25 % des voix obtenait les deux tiers des sièges), il fait dissoudre la Chambre. Les élections de 1924 se déroulent dans un climat de violence extraordinaire et les pressions en tout genre du PNF, soutenu par la Cofindustria, sur l'électorat donnent au Duce les deux tiers des sièges à la Chambre. Au-delà des violences et des truquages de toute sorte, les résultats des élections soulignent malgré tout l'incontestable popularité de Mussolini et du nouveau système politique. On le constate en considérant les résultats des grandes tendances.

Partis ou Tendances	1921 %	1921 députés	1924 %	1924 députés
PCI	3,4	15	3,9	19
PSI	25,3	123	10,7	46
Démocrates Populaires	21	108	9	37
Libéraux Démocrates	31,4	151	3,1	39
Bloc national et fascistes	23,4	129	68	375

En réalité le PNF sut réunir autour de lui la moitié des électorats socialiste et catholique et rassembler la quasi-totalité de la droite. Les procédés utilisés par les fascistes ont incontestablement été d'une grande brutalité, mais les élections de 1924 permettent malgré tout d'avoir une idée assez précise de l'opinion italienne d'alors ; il est d'ailleurs significatif que les communistes aient vu leur électorat grossir.

L'opposition socialiste ne manque pas de stigmatiser les conditions dans lesquelles se sont déroulées les élections. Un des chefs du PSI, Matteotti, est particulièrement virulent. La réaction des militants fascistes est d'une violence inouïe. Matteotti est enlevé, sera assassiné et enterré dans un terrain vague. De nombreuses personnalités condamnent ce procédé inqualifiable : certains députés démissionnent et même quelques personnalités fascistes hostiles à ces violences quittent le parti. La situation est difficile pour Mussolini et le gouvernement. De surcroît, il semble bien, à en croire l'historien italien du fascisme, Renzo de Felice, que cet « assassinat » va empêcher Mussolini de normaliser définitivement le régime mis en place. La réaction du Duce va donc être toute différente de ce qu'il souhaitait début juin 1924.

La fascisation de l'Italie

Le 3 janvier 1925 le Duce réagit brutalement et annonce l'instauration de la « dictature fasciste ».

La presse d'opposition est sévèrement contrôlée : les principaux journalistes hostiles au fascisme sont incarcérés ou obligés soit à l'exil, soit à la clandestinité. Des associations sont dissoutes et leurs dirigeants arrêtés. « C'est – dira un journal italien – le Caporetto du vieux libéralisme parlementaire et le début explicite d'une phase de réaction » (cité par P. Milza).

L'opposition tente de se regrouper et de réagir : il y a même une tentative d'attentat contre Mussolini organisée par un député socialiste ; elle va servir de prétexte à la dissolution des syndicats puis, avec les lois « fascistissimes » de 1926, à la liquidation des partis. Ces mêmes lois réduisaient fortement les libertés individuelles : aggravation des cas d'application de la peine de mort, création d'une police politique, renforcement des pouvoirs des préfets, réforme du système électoral, prévoyant la constitution des listes électorales sur proposition des corporations par le Grand Conseil du fascisme légalisé par une loi de décembre 1928.

Simultanément les élus des diverses assemblées locales disparaissaient au profit de délégués nommés par le ministre de l'Intérieur, ce qui renforçait encore les pouvoirs des préfets [1].

La réforme économique

En même temps que disparaissait le libéralisme politique, le dirigisme se substituait au libéralisme économique. Au début, Mussolini, dont le parti avait été financé par le patronat industriel de la Cofindustria, s'engagea dans les voies du libéralisme. On favorisa les investissements – y compris ceux venus de l'étranger. De 1922 à 1926 le PIB augmente de 20 %, le chômage diminue fortement (il n'y a guère que 122 000 chômeurs en 1924), le commerce extérieur connaît un essor soutenu, mais l'amélioration du niveau de vie, les fortes dépenses de l'État entraînent de graves difficultés économiques que le gouvernement va tenter de régler par des mesures dirigistes. En 1925, la Confindustria oblige quasiment le Duce à renvoyer ses ministres de l'Économie et des Finances. Le nouveau ministre, Volpi, assainit le budget et obtient un prêt américain de 100 millions de dollars ; cela permet à Mussolini de stabiliser la lire au niveau du franc français. Cette politique monétariste, dont certains estiment qu'elle a « sacrifié l'expansion économique de l'Italie », s'accompagne de toute une série de mesures diri-

1. Notons cependant que les deux tiers des préfets nommés entre 1922 et 1930 appartenaient au corps préfectoral avant 1922.

gistes permettant d'éviter les importations au profit des productions nationales. En réalité la politique économique du fascisme est dans une large mesure sa grande réussite. La meilleure preuve : c'est sur elle que se fondera la croissance extraordinaire de l'Italie après 1945 ; après tout en 1920 le PIB italien est moins de la moitié du britannique, il l'égale en 2000 !

Le régime s'engage dans une politique ambitieuse en matière agricole (la production de céréales augmente de 60 % de 1924 à 1931) en attendant des mesures encore plus fondamentales en ce qui concerne l'industrie.

La politique industrielle entre 1926 et 1932 est placée sous contrôle de l'État : Mussolini va construire ce que l'on pourrait appeler aujourd'hui un dirigisme de marché. Dans le cadre du discours, dit « de l'Ascension », prononcé en mai 1927, le Duce organise un système de type corporatif s'appuyant sur la Charte du Travail. Celle-ci est un texte cosigné par Mussolini, les membres du gouvernement, du Grand Conseil fasciste, les présidents des confédérations professionnelles, patronales ou syndicales. Le texte respectait les acquis sociaux mais plaçait l'économie capitaliste sous le contrôle de l'État : apparaissent ainsi des institutions qui vont perdurer jusqu'au milieu des années 80, telles l'IRI (Instituto per la ricostruzione indusriale), FINSIDER pour le financement et le contrôle de la sidérurgie, ou la célèbre AGIP pour les hydrocarbures. Dans les diverses entreprises, l'État est désormais représenté : on a pu parler d'une alliance renforcée entre le fascisme et le capitalisme, on peut aussi y voir un moyen judicieux d'interventionnisme étatique moins prégnant et moins dommageable à l'économie que le dirigisme soviétique. Les résultats sont là : l'Italie est un des rares pays où la crise économique de 1929 sera le moins ressentie.

On peut le constater si l'on observe l'évolution annuelle du PIB (indice 100 en 1922) :

1923	105,6	1928	121,7
1924	107,6	1929	125,5
1925	115,1	1930	118,8
1926	116	1931	117,9
1927	113,1	1932	120,7

Calculs de F.G. Dreyfus d'après A. Maddison, *op. cit.*

La politique économique du Duce est que l'Italie connaisse une quasi-autosuffisance. Il favorise donc le développement de l'agriculture. Certes il n'est pas question d'une quelconque réforme agraire mais on « bonifie » les Marais Pontins, les marécages du delta du Pô, on cherche à favoriser la renaissance de l'économie du Mezzogiorno ; Mussolini se contente de distribuer 60 000 hectares à quelques milliers de familles paysannes, tout en exaltant la force de la terre, faisant du monde rural un modèle pour le peuple italien tout entier. Même si, avec la crise, le niveau de vie paysan stagne ou même diminue, le monde rural – qui représente encore, comme en France d'ailleurs, la majorité de la population italienne – et que Mussolini ne cesse de glorifier car il incarne les vertus fondamentales de la « race » italienne, demeurera longtemps le premier soutien du Duce et du fascisme.

Mais la sollicitude du Duce va aussi au monde ouvrier dont le salaire réel augmente lentement mais nettement jusqu'en 1936. Au reste depuis 1926 existe l'Opera nazionale dopolavoro dont le rôle est d'organiser les loisirs de masse, théâtre, cinéma, bibliothèques et naturellement sports. Selon P. Milza le Dopolavoro réunissait plus de 27 % des salariés urbains avec « 6 247 bibliothèques, plus de 10 000 associations culturelles et plus de 15 000 sections sportives ». En 1935, « de loin il constituait... la principale organisation de loisirs populaires de la planète, URSS comprise ». Bien plus, à partir de 1932, étaient mis en place, le dimanche, des « trains populaires » offrant une réduction de 70 % sur le tarif normal. Cela permettait excursions à la campagne ou bains de mer.

La réconciliation avec l'Église et les accords de Latran

Simultanément, Mussolini songe à réconcilier l'État et l'Église catholique, en conflit depuis l'occupation de Rome en septembre 1870. Depuis lors le pape se considère comme « prisonnier » au Vatican. Dès son arrivée au pouvoir le Duce a cherché à calmer le conflit : invitations et participation des prélats aux cérémonies officielles, invitation aux préfets de faire des visites protocolaires aux évêques. Mais bien évidemment cela ne suffisait pas. Il fallait un accord en bonne et due forme. Le Duce le souhaitait et Pie XI également. Ce dernier, s'il est violemment hostile au bolchevisme (Encyclique *Divini Redemptoris*, de mars 1937) et si au même moment il condamne violemment le national-socialisme et le racisme (*Mit brenrender Sorge*, 1937), ne condamnera point le fascisme avec la même énergie. Bien plus, à certains égards, il n'y est pas hostile. Jusqu'à quel point le corporatisme italien n'a-t-il pas servi de base de réflexion au corporatisme qu'il prônera lui-même en 1931 avec la promulgation de *Quadragesimo Anno*. Au reste, encore archevêque de Milan au début des années vingt, il ne marque pas d'hostilité au fascisme naissant et en 1926 il exaltera « l'homme qui dirige le sort du pays avec tant d'énergie ». Mais Pie XI, même s'il considère le fascisme comme un moyen efficace de lutter contre le bolchevisme, ne veut point que l'accord soit une capitulation sans condition devant le fascisme car il sait que Mussolini attend de l'Église le feu vert pour la « fascisation » de l'Italie. Or, très naturellement, le pape veut protéger les mouvements d'action catholique et les associations de jeunesse, même si en 1927-1928 il accepte la disparition du scoutisme catholique[1].

Dés 1926 s'engagent des négociations secrètes entre le gouvernement italien et le Saint-Siège ; elles aboutissent à ce qu'on appelle les accords de Latran (11 février 1929). D'une part ils règlent la « question romaine », l'Italie reconnaissant le Saint-Siège comme État souverain, le Vatican reconnaissant la souveraineté italienne sur Rome. D'autre part, l'Église catholique est religion d'État, les autres Églises ou communautés n'étant que « tolérées ». Enfin, le Saint-Siège recevait, en dédommagement des pertes dues à l'annexion de ses États, une indemnité de 750 millions de lires et un capital d'un milliard de lires « portant intérêt à 5 % ». C'est un extraordinaire succès pour Mussolini qui a réussi là où, depuis Cavour, tous ses prédécesseurs avaient échoué. De surcroît, le traité contribue à rapprocher le roi Victor-Emmanuel III et le Duce, le souverain ayant été associé de très près à cette longue négociation.

Tout ceci explique le « consensus » (comme le dit P. Milza) qui s'établit en Italie autour du Duce et du régime fasciste. Milieux dirigeants, petite bourgeoisie, paysans et ouvriers, tous, dans leur immense majorité, soutiennent le système mis en place par Mussolini. Bien plus, le Duce a su rallier à lui l'essentiel de

1. Mais il ne faut pas oublier la méfiance de Rome à l'égard du scoutisme, mouvement d'inspiration protestante, à caractère « naturiste » et plus ou moins paramilitaire. C'est particulièrement sensible en France entre 1920 et 1930. Cf. le mémoire de maîtrise de Mlle Chabrier, *L'Église et les débuts du Scoutisme*, Université Paris IV, 1996.

l'intelligentsia italienne ; il n'y a ici absolument rien de comparable à la mainmise hitléro-stalinienne sur la culture ; certes il y avait bien un Institut national fasciste de la culture, mais son rôle était bien moindre que celui de l'Académie d'Italie fondée en 1929, académie de soixante membres, trente directement nommés par le Duce qui cooptèrent les trente autres membres. On y trouve le père du futurisme, Marinetti, les physiciens Fermi (qui s'exilera aux États-Unis en 1939 après avoir reçu le Nobel en 1938) et Marconi, le philosophe Giovanni Gentile et des écrivains comme Gabriele D'Annunzio ou Luigi Pirandello. C'est dans l'esprit de l'Académie et sous la direction de Gentile que va être lancée l'*Enciclopedia Italiana.* Certes il y a une opposition que poursuit la police secrète, l'OVRA, mais s'il existe quelques *confino* pour prisonniers politiques, en général dans des îles au large de la Sardaigne ou de la Sicile, ils sont peu nombreux et le sort des déportés n'a rien de commun avec celui des victimes des KZ et du Goulag. Après tout Gramsci pourra écrire l'essentiel de son œuvre au Confino. Certains opposants furent exilés dans des petits villages éloignés leur enlevant toute possibilité d'influence. C'est également le cas des émigrés à l'étranger : libéraux ou socialistes à Paris et à Londres, communistes à Moscou. Au besoin s'ils apparaissent trop actifs, on n'hésite pas à les exécuter.

En définitive, l'adhésion des masses au régime ne se démentira pas, même durant la crise et elle se « renforcera encore un peu plus après les sanctions votées par la SDN à la suite de l'agression fasciste en Éthiopie » (P. Milza). Tout cela explique le rôle de l'Italie dans la vie diplomatique européenne après 1922.

L'Italie et la diplomatie européenne

Au lendemain de la guerre, l'Italie humiliée est de surcroît isolée, l'entente franco-britannique joue contre elle et bloque l'élargissement vers l'Istrie orientale et la Dalmatie de la marche sur Fiume. C'est avec dépit que l'Italie a accepté le traité de Rapallo de novembre 1920. Au début des années vingt l'Italie ne joue guère de rôle dans le conflit helléno-turc, se contentant d'occuper Rhodes et les îles du Dodécanèse. L'arrivée de Mussolini au pouvoir n'entraîne guère de modifications immédiates, même si, lors des conférences sur les Réparations de décembre 1922, l'Italie soutient la France. Si elle approuve l'occupation de la Ruhr on ne va pas plus loin ; le Parlement et la presse nationaliste s'opposent à cette allégeance de Rome au Quai d'Orsay. Toutefois au cours de l'année 1923, Mussolini, constatant que la France est mécontente de l'application des traités imposée par les Anglo-Américains, souligne qu'elle a raison et qu'il faut la soutenir afin d'obtenir une révision des traités et modifier « le chaos » qui règne en Europe centrale.

Mais la France, au même moment, cherche à constituer un faisceau d'alliances permettant de prendre le Reich à revers en s'appuyant sur les États artificiels qu'elle a contribué à créer (Pologne, Tchécoslovaquie, Roumanie). La Yougoslavie, qui se sent menacée par une Italie qui semble n'avoir pas renoncé à s'installer en Dalmatie, va donc chercher à se rapprocher du noyau favorable à la France. Dès lors en raison de ces positions opposées une entente franco-italienne ne pouvait guère avoir de sens. Rome cherche à jouer Londres. Mais le faible lien italo-britannique va se briser sur un incident diplomatique : un général italien, en mission en Grèce, fut victime d'un attentat, l'Italie demande réparation à Athènes par un véritable ultimatum. La Grèce n'ayant pas accepté toutes les conditions italiennes, Mussolini fit bombarder Corfou et y débarqua quelques troupes. Ce fut aussitôt un véritable tollé : le Royaume-Uni soutient la Grèce et l'affaire est soumise à la SDN, Mussolini faisait savoir qu'il la quitterait si l'Italie était condamnée. La menace anglaise obligea l'Italie à évacuer Corfou mais une indemnité de 50 millions de lires, payée par la Grèce, pouvait satisfaire à peu près l'Italie. Cette affaire, somme toute bénigne, eut pour conséquence essentielle de rendre l'Italie et les Italiens méfiants, sinon hostiles, à l'égard de la SDN, même si la France soutint alors discrètement le gouvernement italien à l'Assemblée de Genève.

À ce moment les grandes lignes de la diplomatie mussolinienne apparaissent centrées autour de trois directions :

- Limiter la puissance du Reich et par conséquent empêcher tout Anschluss avec l'Autriche.
- Développer la présence italienne en Méditerranée orientale et renforcer la présence de l'Italie en Afrique, aussi bien en Libye qu'en Éthiopie.
- Affirmer le rôle de l'Italie dans les Balkans et en Europe centrale.

Pour accomplir ces diverses tâches, quel allié choisir parmi les puissances victorieuses : la France ou le Royaume-Uni ? L'arrivée au pouvoir en France, en 1924, du Cartel des gauches va faciliter le choix du Duce. La France radicale-socialiste, pacifiste, attachée à la sécurité collective et à la SDN, est d'autant plus hostile à l'Italie fasciste qu'elle subit l'influence de nombreux exilés politiques qui, tel le comte Sforza[1], ont fui le fascisme. Dès ce moment la France de gauche apparaît comme hostile au régime mussolinien et cette hostilité va durer jusqu'en 1940. Elle est au reste partagée : si Paul-Boncour (qui sera souvent ministre des Affaires étrangères) traite Mussolini de « César de carnaval » celui-ci qualifie Briand de « nourrice sèche du pacifisme ».

C'est donc vers Londres que se tourne le Duce. Pour Londres d'ailleurs, plus que pour Paris, la peur du bolchevisme est un élément essentiel de la politique extérieure et l'Italie fasciste apparaît comme un obstacle incontestable à une expansion possible du communisme dans les régions méridionales de l'Europe. Dès l'automne 1924, avec le retour au pouvoir des tories, le nouveau secrétaire au Foreign Office en visite à Rome rend hommage à Mussolini. Dès le début de 1925, Italie et Grande-Bretagne s'accordent sur un partage de zones d'influence en Éthiopie, admise – quoique esclavagiste – à la SDN sur la proposition de... Rome ! À l'Italie était donnée l'autorisation d'établir une voie ferrée reliant l'Érythrée à la Somalie italienne ; en termes moins diplomatiques, cela signifiait un partage de fait de l'Éthiopie : à l'Italie le Nord et l'Est de l'Éthiopie, à la Grande-Bretagne le Sud-Ouest avec le lac Tana.

Britanniques et Italiens s'accordent aussi pour éviter l'adoption par la SDN d'un projet Beneš sur « le règlement pacifique des différends internationaux » que soutenait la France et qui aurait introduit en droit international public le principe de l'ingérence. Durant toute cette période, la diplomatie italienne est fondée sur l'amitié avec la Grande-Bretagne. Au reste, lors de la conférence de Locarno en 1925, Mussolini n'est bien accueilli que par les Britanniques ; Français et Allemands lui font grise mine et Mussolini n'obtient pas de garantie de la frontière du Brenner en cas d'Anschluss. En réalité les Britanniques, bien plus sensibles à une menace soviétique que les Allemands ou les Français, voient d'abord dans le Duce un môle solide contre le communisme. C'est le temps où Churchill se dit « fasciné » par Mussolini ! (Cité par P. Milza.)

Pourtant Mussolini ne perd pas de vue les principes fondateurs de la diplomatie fasciste. Nationaliste, il veut inculquer aux Italiens une vision impériale de leur vocation que défendaient au

1. Ancien ministre des Affaires étrangères, puis ambassadeur à Paris, il a rejeté le fascisme dès 1922. Il a souvent l'oreille de Briand.

tournant du siècle quelques essayistes « panitalianistes ». D'une certaine manière Londres encourage Rome ; en 1926, conformément aux accords de 1925, la Grande-Bretagne abandonne à la Somalie italienne la vallée du Juba où les Italiens développent Margherita (aujourd'hui Jamaame) et Kismaayo, augmentant de 30 000 km^2 la surface de leur colonie ; on travaille au même moment sur le projet de voie ferrée de Mogadiscio vers l'Érythrée qui placerait sous contrôle italien les provinces éthiopiennes de l'Ogaden et du Tigré avec les centres de Harar et Diré Daoua.

En 1926, le gouvernement britannique favorise les desseins italiens sur l'Asie Mineure reconnus par le traité de Sèvres et dénoncés par le traité de Lausanne de 1923, au moins tant que dure la question de Mossoul. Ce problème réglé, Londres oublia ses suggestions et l'affaire fut classée. Pourtant l'Italie estimait qu'elle était mieux placée (ce qui n'était pas totalement inexact) que quiconque pour mettre en valeur la Carie entre Bodrum et Antalya.

En désespoir de cause, constatant les réticences, tant britanniques que françaises, l'Italie tourne ses regards vers l'Afrique et les Balkans.

Il s'agit de finir la pacification de la Libye – car en Tripolitaine comme en Cyrénaïque les résistances des tribus sahariennes devenaient encore vives – et de la mettre en valeur ; simultanément d'ailleurs la propagande tente – en vain – d'agiter les colons italiens de Tunisie, envisageant même des manœuvres navales entre Sardaigne, Tunisie et Sicile, en gros au large de Bizerte. Ce ne fut que projet en l'air.

Comme le dit l'ambassadeur, Jules Laroche, ce que Mussolini « cherchait, c'était, par des alliances avec Belgrade, puis Bucarest et Sofia, à s'assurer l'hégémonie dans les Balkans »[1]. En cela il rencontre l'opposition de la France. Celle-ci – on le verra – tente de constituer, sur les ruines de l'Empire austro-hongrois qu'elle a largement contribué à détruire, un bastion à la fois anti-allemand et antisoviétique. Elle s'implique économiquement, financièrement et militairement sans se rendre compte du caractère artificiel de ses ambitions propres et de la stature des États dont elle a favorisé la création. Elle tient donc au respect des traités.

1. J. Laroche, *Au Quai d'Orsay avec Briand et Poincaré*, Hachette, 1957.

Or Mussolini, parce qu'il est ambitieux et aussi plus réaliste, se rend assez bien compte de la situation : en Yougoslavie, Croates et Slovènes, dès 1919, mettent en cause la suprématie serbe et à partir de 1926 le conflit est évident. Dès ce moment Mussolini soutient les « Oustachis » croates ; or l'Italie n'a pas renoncé à la Dalmatie et à ses ambitions balkaniques.

Si, en 1924, Yougoslavie et Italie s'étaient rapprochées (Pacte d'amitié de Rome), la Yougoslavie reconnaissant l'annexion de Fiume, la rupture va venir très vite après le traité de Tirana de novembre 1926 qui fait de l'Albanie un véritable protectorat italien. Surtout, étant donné la situation géostratégique de l'Albanie, l'Italie pouvait menacer en Yougoslavie le Monténégro et le Sud de la Dalmatie (avec Dubrovnik), le Kosovo et la Macédoine et agir en Grèce du Nord. Belgrade abroge le traité et se rapproche de Paris. Mussolini en tire les conséquences et renforce encore ses liens avec Tirana et l'opposition croate. Simultanément, pour faire pression sur Belgrade, Mussolini, fort habilement, se rapproche de la Hongrie, grande victime des traités de 1919 et bête noire des Yougoslaves, mais aussi des Tchèques et des Roumains. Mussolini se dresse ici contre la Petite Entente très liée avec la France. Le Duce prend fait et cause pour la Hongrie, approuve l'irrédentisme hongrois et de ce fait remet en cause les clauses territoriales des traités de 1919.

À la suite du conflit gréco-bulgare de 1925, réglé non sans difficulté à la SDN sous une pression franco-britannique, le Duce cherche à s'allier avec la Bulgarie, adversaire déclaré de la Yougoslavie (revendications sur une partie de la Macédoine) et de la Grèce (revendications sur la Thrace orientale et le port de Kavala). Mais l'appui apporté à une organisation terroriste macédonienne éloigne Sofia de Rome ; bien plus la France et le Royaume-Uni arrivent à faire se conclure un accord frontalier entre Belgrade et Sofia.

Quant à l'Allemagne, Mussolini la craint : au fond, il est germanophobe et il veut à tout prix maintenir la frontière italo-autrichienne sur le Brenner ; il n'ignore pas les revendications allemandes actualisées dès 1926 par le chef du gouvernement bavarois qui proteste contre l'italianisation de la population du Tyrol du Sud. Ici l'adversaire des traités de 1919 en est le vigoureux défenseur ; incontestablement c'est une contradiction dans les conceptions de Mussolini. En tout cas, il soutient alors l'Autriche contre les revendications allemandes.

Au fond, il est plus logique avec ses idées qu'on ne le croit généralement. On lui reproche d'avoir soutenu le mouvement corporatif d'inspiration catholique du prince Starhemberg et son combat contre la social-démocratie autrichienne. C'est oublier un peu trop facilement que les républicains et les sociaux-démocrates de la jeune Autriche étaient favorables à l'Anschluss ; c'est d'ailleurs ce qu'ils proposeront en 1931 à partir d'un projet d'union douanière auquel Français et Britanniques mettront leur veto.

Avec la crise, nous l'avons vu, les États artificiels, créés après 1919, sont incapables de gérer le système parlementaire qu'avaient suggéré – pour ne pas dire imposé – les Alliés : ils se donnent des régimes plus ou moins autoritaires (Hongrie, Yougoslavie, Roumanie, Pologne, États baltes) qui, à bien des égards, s'inspirent du fascisme, au point que l'on a pu parler d'« Internationale fasciste ». Mais dans la plupart des cas il n'y a pas de parti unique et les apparences parlementaires sont mieux sauvegardées ; toutefois les présidents polonais ou baltes, le régent de Hongrie, les souverains bulgare et yougoslave ont presque autant de pouvoirs que le Duce, parfois plus. Mais cette « Internationale », à laquelle on peut joindre le Portugal de Salazar, n'a aucune structure commune ; au début des années trente, certains de ces États sont alliés de la France qui admet à Varsovie, Belgrade ou Bucarest ce qu'elle réprouve à Rome ! D'autres, telle la Hongrie, au contraire sont liés à l'Italie. En réalité ce que l'on pourrait plus justement appeler « Internationale fasciste » c'est l'ensemble des groupes nationalistes européens dont on retrouve les noms parmi les collaborateurs des revues fascistes. Internationale fasciste peut-être, mais bien réticente face au national-socialisme auquel jusqu'en 1935-1936 Mussolini et les fascistes reprochent leur racisme (après tout selon les critères nazis, les Méditerranéens ressortissent à une race inférieure à la race germanique !), leur expansionnisme, leur volonté de puissance et de domination. Il est significatif que lors du congrès organisé en l'honneur du grand physicien italien Fermi se retrouvent Goering et Rosenberg, mais aussi des intellectuels juifs ou d'origine juive – comme Stefan Zweig, Daniel Halévy – et des intellectuels de droite. Un peu plus tard apparaîtra le Comité d'action pour l'universalité de Rome, le CAUR, qui réunira un congrès international à Montreux, mais cela n'aura pas de suite.

Au début des années trente, Mussolini n'est peut-être pas « l'arbitre de l'Europe », comme dit Milza, mais il jouit dans le monde d'une réputation certaine. Les journalistes, tel Emil Ludwig, lui tressent des couronnes, et de nombreux politiques ou intellectuels le couvrent de louanges, tels, en particulier, chez les Britanniques, George Bernard Shaw, Kipling, Duff Cooper, Macdonald et Churchill ; mais il y a aussi Gandhi et, chose plus étrange, Chaïm Weizmann reçu en 1934 au Palais de Venise : Mussolini, qui est alors prêt à aider à la fondation d'un État juif, estime que Jérusalem ne peut être « une capitale arabe ». Quand Weizmann lui propose des savants et des capitaux pour aider l'Italie à « nuire à l'Allemagne », Mussolini ne dit pas non car il pense que « c'est vraiment très important » (P. Milza, *Mussolini*, p. 622).

Mais peu après il y a conflit entre la France et l'Italie à propos des armements navals et Mussolini va reprendre son antienne sur la révision des traités en soutenant les revendications hongroises. Pourtant en 1932 le gouvernement Herriot tourne à nouveau les yeux de la France vers l'Italie et l'on envoie comme ambassadeur à Rome un sénateur « de gauche » favorable à Mussolini, Henri de Jouvenel. Pour Jouvenel, « les solutions du fascisme méritent l'attention respectueuse due à toute œuvre positive » (cité par P. Milza, *op. cit.*). Et il va œuvrer à la mise en place du Pacte à quatre auquel songe Mussolini ; selon lui si « nous nous entendons à quatre pour une collaboration, et l'Europe et le monde commenceront à respirer » (cité par Milza). Mais cela impliquait d'admettre quelques revendications territoriales et naturellement les États nantis (Pologne, Tchécoslovaquie, Roumanie) s'y opposèrent, soutenus par le clan anti-italien du Quai qu'animait très particulièrement Alexis Léger.

Pourtant s'esquisse un rapprochement franco-italien qui va persister jusqu'à la chute de Laval en janvier 1936.

Toutefois, en 1933-1934, l'Italie n'est pas « l'arbitre de l'Europe », les grandes puissances : Allemagne, France, Grande-Bretagne, n'ont pas besoin d'elle et les déclarations de Mussolini à Jouvenel au moment du Pacte à quatre sont un peu des rodomontades. Ce n'est qu'avec la montée en puissance du Reich que l'Italie, pour quelques mois, sera réellement « Arbitre de l'Europe ». Qui alors saura l'attirer dans ses rets ?

CHAPITRE VI

LES CRISES BRITANNIQUES ET L'ÉCHEC DE L'ENTENTE CORDIALE

Même si elle n'a pas été envahie, la Grande-Bretagne va être profondément touchée par la guerre. Si elle ne connaît pas de vrais soubresauts politiques ou institutionnels, son système économique, fondé sur la puissance de la livre sterling et le libre-échange, est profondément perturbé. Profitant de la guerre, les Dominions d'une part, les États-Unis de l'autre, se substituent à bien des égards à la puissance anglaise. Enfin le Royaume-Uni, jaloux de l'apparente puissance française, va tout faire pour la limiter, particulièrement en Europe et au Moyen-Orient.

L'évolution politique

À peine la guerre terminée, le cabinet Lloyd George dissout le Parlement après avoir fait voter une réforme électorale. Celle-ci institue enfin le suffrage universel et l'étend aux femmes de plus de 30 ans, triplant ainsi le nombre des électeurs. Libéral, Lloyd George veut maintenir la coalition libérale-conservateur qui vient de gagner la guerre. Le résultat des élections lui est favorable mais les travaillistes du Labour Party tendent désormais à se substituer aux libéraux comme fondement de l'opposition ; ils gagnent deux millions de voix, arrivant jusqu'au niveau des libéraux d'opposition qui perdent 105 sièges [1].

Le Labour va monter rapidement en puissance, profitant des difficultés de la situation économique et sociale.

Bien que n'ayant subi aucun dommage matériel pendant la guerre, l'économie britannique, après avoir crû de près de 15 %

1. Rappelons que le parti conservateur est l'héritier des « Tories » et les Libéraux, plus à gauche, sont les héritiers des « Whigs ». Le parti travailliste, le Labour Party, est un parti social-démocrate.

de 1913 à 1918, est fortement retombée et elle ne retrouvera réellement son niveau de 1913 qu'en 1927. La hausse des prix, la médiocrité des salaires, l'impact de la révolution russe, vont entraîner toute une série de conflits sociaux graves, avec à plusieurs reprises des menaces de grève générale. En 1919 il y a trois fois plus de journées de grève qu'en 1913 et huit fois plus en 1920 qu'en 1919. Or le gouvernement se préoccupe bien davantage des problèmes internationaux que des problèmes sociaux avec des succès plus que mitigés.

Aussi en octobre 1922 les conservateurs abandonnèrent Lloyd George ; aux élections qui suivirent les conservateurs obtinrent 386 sièges avec 38 % des voix, les travaillistes 142 avec 29 %. Dès ce moment le Labour devient le second parti britannique.

Les conservateurs conservent le pouvoir mais, bien que parlementairement ils n'aient pas besoin des députés libéraux, le Premier ministre Stanley Baldwin chercha leur appui pour réduire les difficultés économiques et instaurer un nouveau régime douanier à caractère protectionniste. Selon Baldwin c'était le seul moyen de résoudre les conséquences du repli économique et de lutter contre le chômage. L'opposition au protectionnisme étant très forte, Baldwin demanda à l'électorat britannique de lui confirmer sa confiance et dissout les Communes. S'il n'y eut guère de déplacements de voix, le scrutin uninominal à un tour [1] entraîna une configuration très différente de la Chambre. Les conservateurs, ramenés à 293 députés, n'avaient plus la majorité absolue aux Communes et, pour la première fois depuis sa fondation en 1906, c'est le Labour qui fut appelé à former le cabinet : Ramsay Macdonald devenait Premier ministre à la tête d'un gouvernement de minorité qui allait vivre dix mois.

C'est pourtant un moment important pour l'histoire du Royaume-Uni ; il faut en souligner deux éléments : d'une part la division des libéraux en deux tendances, les défenseurs du libéralisme intégral, tel Asquith, hostiles au protectionnisme et au dirigisme, et les partisans, tel Lloyd George, d'une évolution liée aux mouvements du temps. Cela va entraîner une disparition rapide de l'électorat du parti libéral (29 % des suffrages en 1924, 11 % en 1935) : 55 % d'entre eux rejoignent le Labour tandis que seul

1. Le scrutin uninominal à un tour est de règle en Grande-Bretagne depuis l'instauration au XVIIe siècle d'élections régulières à la Chambre des Communes : il est toujours en vigueur au Royaume-Uni comme aux États-Unis, au Canada et en Australie.

un petit tiers demeure fidèle au parti, les autres se fondant dans le parti conservateur.

La première expérience d'un gouvernement travailliste ne dura que quelques mois : minoritaire à la Chambre, mal préparé à des tâches gouvernementales, le cabinet Macdonald fut rapidement renversé et les conservateurs, lors des élections de novembre 1924, l'emportèrent largement avec 45 % des suffrages et 435 députés sur 615. Mais le nouveau gouvernement, qui gère le Royaume-Uni de 1924 à 1929, va se révéler, comme ses prédécesseurs, incapable de juguler la crise économique que traverse le royaume depuis 1919.

La dépression économique

L'un des premiers actes du gouvernement conservateur va être le rétablissement d'une livre sterling fondée sur l'étalon-or à sa parité d'avant-guerre. Cette vision monétariste, que l'on retrouve au même moment en France, mais aussi en Italie et dans le Reich, était plus facile à gérer pour les Britanniques, leur monnaie n'ayant pas connu la même érosion que le franc ou le mark. Cette politique était fondée sur le rôle important que la livre sterling avait tenu jusqu'à la Grande Guerre. La livre britannique était la base des transactions internationales puisque une grande partie des contrats commerciaux était stipulée en livres sterling. Une monnaie britannique stable et solide était donc nécessaire aux transactions internationales. De surcroît, comme le note André Siegfried dans *La Crise britannique au XIX*e *siècle* : « Le retour à l'étalon-or était le symbole du "retour à la normale" auquel l'Angleterre était passionnément attachée. »

Ce retour à la parité monétaire entraîna une grave crise sociale marquée en 1926 par une longue grève des mineurs, soutenue par une grève générale, qui durera plus de neuf jours. La grève des mineurs soulignait l'importance de la crise charbonnière en Grande-Bretagne. De 1913 à 1929 la production a chuté de près de 15 % : le Royaume-Uni n'a pas su s'adapter au progrès technique. En 1929 il ne produit que 12 milliards de kwh d'électricité alors que le France en produit déjà 15,5 milliards et le Reich 30.

Or le charbon est un des éléments de la crise socio-économique que traverse alors la Grande-Bretagne. La crise minière entraîne le chômage de plus d'un million de salariés et de 1920 à

1935 le nombre de chômeurs ne sera jamais inférieur à ce nombre.

Comme l'avait montré, dès 1930, André Siegfried, « la crise britannique » s'explique par une chute de plus de 20 % des exportations. C'est une conséquence essentielle de la guerre : les Dominions se dotent peu à peu d'industries et, tout à la fois, renoncent à certaines importations de la métropole et la concurrencent. De surcroît, les importations du Royaume-Uni n'ont cessé d'augmenter, aggravant le déficit commercial, limitant de ce fait les capitaux que la Grande-Bretagne peut investir à l'étranger, même si la balance des comptes demeure encore excédentaire.

La crise – quoi que puissent dire les observateurs britanniques – n'est pas seulement conjoncturelle. Il faut du temps pour reconvertir une économie de guerre en une économie de paix[1]. Il est vrai que le maintien de la valeur de la livre sterling rend la reconversion plus difficile, puisque les prix britanniques sont sensiblement plus élevés que les prix mondiaux. La politique de déflation menée par le cabinet ne freine guère la hausse des prix mais entraîne un malaise social qui va aller grandissant.

De toute manière la conjoncture ne joue dans la crise britannique qu'un rôle de second plan. La crise britannique a des causes structurelles antérieures à la guerre.

En réalité, depuis la fin du XIXe siècle, la Grande-Bretagne n'a pas su s'adapter aux nouvelles techniques qui apparaissent, telles les industries chimiques et électrométallurgiques ; elle n'a pas aussi bien su que l'Allemagne suivre le progrès technologique (13 prix Nobel scientifiques contre 24 au Reich). Très symptomatique, elle ne sait pas substituer l'électricité au charbon et ne produit guère d'électricité thermique avant le début des années 30.

Il apparaît vraisemblable que, trop morcelée, l'industrie britannique n'a pas su rationaliser sa production. En face des grands Konzern allemands, des trusts américains, les petites et moyennes entreprises britanniques ne font pas le poids. Il est très significatif qu'en 1929, l'Institut d'économie mondiale de Kiel estime que 42 % des exportations britanniques proviennent « d'industries anciennes dont le marché ne se développe plus »,

1. On verra que la France, autrement plus touchée économiquement par la guerre que le Royaume-Uni, saura mieux se reconvertir.

contre 4 % de produits modernes dont la demande augmente. Il est vrai, par exemple, qu'en 1929 le Royaume-Uni produit moins de véhicules automobiles que la France, mais il fournit plus de fil de laine que les États-Unis et il est le second producteur de fil de coton. Par contre en ce qui concerne les textiles synthétiques il est au même moment dépassé, non seulement par le Reich, mais aussi par l'Italie. De même il produit autant d'acier que la France (9,8 millions de tonnes) loin derrière les États-Unis (57) et le Reich (16 millions de tonnes).

Cependant il ne faut pas exagérer le poids des structures économiques mais se demander jusqu'à quel point les gouvernements qui gèrent le Royaume-Uni de 1919 à 1931 ne portent pas une lourde responsabilité dans cette stagnation de l'économie britannique. De 1919 à 1927 l'indice du PIB demeure inférieur à l'indice de 1913 : cet indice est constamment dépassé – malgré la crise de 1929 – de 1928 à 1939. Certes la croissance britannique de cette période est largement inférieure à celle du Reich ; elle n'en est pas moins importante ; par rapport aux années de crise, la croissance en 1939 est de 23 % (France 13 %, Reich 33 %). Au reste on s'aperçoit qu'en 1938 le Royaume-Uni est avec le Japon, le Reich et l'URSS la seule nation où la production d'acier ait augmenté par rapport à 1929, celle où la construction de véhicules automobiles a doublé (445 000 contre 235 000) ; bien plus, la Grande-Bretagne demeure de loin le premier producteur européen de fil de textile traditionnel et en textile synthétique elle a rejoint l'Allemagne et dépasse alors la France et l'Italie.

Mais le repli industriel, les difficultés monétaires et la perpétuelle crise sociale qui caractérisent la vie intérieure du Royaume-Uni de 1919 à 1931 contribuent sans doute à expliquer la hargne dont la Grande-Bretagne fait preuve sur le terrain diplomatique européen.

La crise irlandaise

Aux difficultés économiques s'ajoute, il est vrai, la crise irlandaise. Le problème irlandais n'est pas nouveau. Il est latent depuis la conquête anglaise au XVIe siècle et ouvert depuis la grave crise rurale qui a ravagé l'île au milieu du XIXe siècle. Se pose depuis lors la question du *Home Rule*, en d'autres termes : l'autonomie de l'Irlande. Mais le problème est complexe : il englobe en effet des aspects religieux : l'essentiel de l'île est majoritairement catholique, mais l'Ulster au nord, est majoritairement anglicane et presbytérienne, et des aspects sociaux entre une aristocratie rurale et une bourgeoisie anglaises face à une masse de paysans et d'ouvriers irlandais. Le *Home Rule* avait été adopté en 1912 par les Communes ; la loi prévoyait l'autonomie avec, à Dublin, un Parlement compétent pour les affaires locales tout en maintenant une représentation aux Communes pour les affaires générales. Devant les manifestations violentes des protestations des comtés protestants de l'Ulster, cette région fut mise à part en 1914 ; la loi ne devait être appliquée qu'un an après la fin des hostilités. Mais les Irlandais terriblement déçus, soutenus dans une certaine mesure par le Reich, vont s'insurger en 1916. Ce complot de Pâques 1916 est rapidement réprimé, puis étouffé. Toutefois l'agitation persiste, d'autant que les Irlandais sont rebelles à la conscription.

Aussitôt après la guerre, 73 des parlementaires élus en Irlande refusent de siéger à Westminster, mais se constituent en Parlement irlandais autonome et mettent en place une véritable administration séparée. Elle est peut-être illégale, mais elle est mieux respectée que l'administration officielle. Au même moment l'Armée républicaine d'Irlande (IRA) engage une véritable action terroriste.

La Grande-Bretagne, face à l'IRA, n'ose pas s'engager dans des opérations importantes pour rétablir l'ordre au prétexte (assez fallacieux) que l'on ne peut demander un tel effort au peuple britannique après quatre ans de guerre. Aussi la Grande-Bretagne va engager des opérations de contre-terrorisme qui soulèvent la réprobation en Angleterre même, et surtout aux États-Unis où l'importante minorité irlandaise fait pression sur le gouvernement fédéral. Or depuis 1917-1918 la Grande-Bretagne ne veut plus faire de peine, même légère, au gouvernement américain : le Royaume-Uni a besoin des États-Unis pour contrebattre tout risque de prépondérance française en Europe.

Dès lors on s'achemine vers une solution de compromis entre Londres et Dublin. En décembre 1920, un Bill institue en Irlande deux ensembles distincts (l'Irlande et l'Ulster) disposant chacun d'une large autonomie. Après d'âpres négociations, Lloyd George obtient des nationalistes irlandais (qui en échange ont réussi à se faire reconnaître quasiment indépendants) leur maintien dans le Commonwealth. On fait aussi miroiter aux Irlandais le rattachement rapide de l'Ulster, sans se rendre compte de l'obstination des habitants des comtés protestants à vouloir demeurer dans le Royaume-Uni. Les Irlandais approuvent l'accord en décembre 1921, mais les partisans de la ligne dure de l'IRA, derrière Eamon de Valera, quoique très minoritaires, engagent une véritable guerre civile contre les majoritaires qui va durer jusqu'en 1932, date à laquelle Eamon de Valera devient Premier ministre. En 1938, l'État libre d'Irlande élit un président de la République mais il demeure dans le Commonwealth jusqu'en 1946.

En réalité l'Irlande est indépendante depuis 1921 et c'est un premier avertissement pour l'Empire britannique. L'Irlande est le deuxième ensemble à quitter le domaine anglais après les États-Unis en 1783 ; le moment est en tout cas important, il souligne le repli du Royaume-Uni et dans une bonne mesure sa dépendance à l'égard des États-Unis. Et l'on sait que quatre-vingts ans après le traité de 1921 le problème de l'Ulster n'est pas encore réglé. Tout cela permet de comprendre l'instabilité politique du Royaume-Uni qui, entre 1919 et 1931, connaît six cabinets différents alors que, sauf en 1929, les conservateurs ont la majorité absolue des sièges de 1918 à 1923, relative en 1923-1924, absolue à nouveau de 1924 à 1929 et la retrouveront en 1931 pour la conserver jusqu'en 1945. En réalité les vieilles équipes tories de l'immédiat après-guerre comme les nouvelles équipes travaillistes vont se révéler incapables de gérer les difficultés que connaît le Royaume-Uni.

La Grande-Bretagne est obnubilée durant toute cette période par le libéralisme et la valeur de la livre sterling. Et c'est vrai des travaillistes, même si naturellement ils s'en défendent, ce qui explique leurs échecs de 1924, comme de 1929. Il est vrai que le problème est complexe, car si aux Communes les majorités varient, l'opinion britannique est d'une extraordinaire stabilité. De 1918 à 1931 les travaillistes ne dépassent jamais 36 % des suffrages : les deux tiers des électeurs britanniques sont libéraux ou conservateurs, attachés à l'économie libérale et à la puissance de leur monnaie. Du reste, ni en 1923, ni en 1929, les travaillistes n'ont la majorité absolue des sièges (191 en 1923 et 288 en 1929 sur 615 députés), ils sont donc obligés de tenir compte de l'opinion de leurs soutiens libéraux.

Comme le remarque A. Briand, dès 1919, « au lendemain de la guerre, l'Angleterre n'a plus de politique personnelle : son économie et ses finances étaient celles des banques de la Cité, sa politique était celle des Dominions ». On ajouterait volontiers à cette formulation l'influence des États-Unis. Mais développant la formule que Briand lui a confiée, Georges Suarez, biographe de Briand, souligne l'impact des Dominions : ils siègent à la conférence de la Paix, vont « bientôt être membres de la Société des Nations et comme tels intervenir directement dans les affaires continentales... En fait, la présence des Dominions dans les Conseils européens ne cessera de peser sur l'orientation de la politique mondiale »[1]. Ajoutons que les quatre Dominions (Australie, Canada, Union sud-africaine, Nouvelle-Zélande) renforcent considérablement le poids de la Grande-Bretagne à la SDN.

Cette situation va apparaître très vite avec le conflit sans fin qui va se dérouler autour des Réparations. Les réticences du Reich à s'acquitter de ses obligations financières risquaient à plus ou moins long terme d'entraîner des réactions militaires de la France. Cela pouvait très vraisemblablement entraîner un renforcement des positions françaises en Europe, ce qui risquait de conduire à une renaissance de la prépondérance française, ce que les Britanniques récusaient énergiquement. Très vite la presse anglaise (celle de Londres comme le *Manchester Guardian*) va s'en prendre à la puissance militaire française, surtout après l'intervention victorieuse de la France en faveur de la Pologne menacée par les Soviétiques (1920).

Tout au long des années 20, le Royaume-Uni, conscient de ses faiblesses, n'aura de cesse de critiquer les divers aspects de la politique française en Europe ou au Moyen-Orient[2].

Bien que sa participation à la guerre ait été moins forte que celle de la France, quoique son territoire n'ait été ni occupé, ni dévasté, le Royaume-Uni est le grand bénéficiaire de la Grande Guerre : c'est à lui que sont confiés, avec l'appui des États-Unis, méfiants devant une renaissance d'un impérialisme français, conscients aussi du sous-développement de l'AOF et de l'AEF, les mandats de plus de la moitié des territoires allemands en Afrique (Sud-Ouest africain et Tanganyka) sur l'essentiel des territoires arabes de l'Empire ottoman (Palestine, Transjordanie, Irak) ou dans le Pacifique. Au fond la classe dirigeante britannique demeure francophobe ; elle se méfie de « l'impérialisme français en Europe » et elle profite de la maladresse de nos politiques et de nos diplomates.

1. G. Suarez, *Briand*, t. V. 1918-1923, Plon, 1941, p. 13.

2. Les *Carnets* du cardinal Baudrillart (Le Cerf depuis 1998) en portent, presque quotidiennement, témoignage. À plusieurs reprises le futur cardinal n'hésite pas à stigmatiser le Royaume-Uni et à parler de ses « trahisons ».

Les Britanniques et le Moyen-Orient

Pour compenser ses déboires en Irlande, le Royaume-Uni s'acharna à écarter la France du Moyen-Orient. Il est vrai que les conditions imposées à la Turquie par le traité de Sèvres étaient aussi aberrantes que celles prévues par les traités de Saint-Germain et de Trianon à l'égard de l'Autriche-Hongrie. Enlever à la Turquie la Cilicie, l'Arménie méridionale et une part du Kurdistan était évidemment absurde, sans compter que substituer les puissances occidentales à la domination ottomane posait de graves problèmes que la France n'entrevit même pas lors des accords Sykes-Picot de 1916[1]. En définitive, après de longues discussions et d'innombrables projets (cf. la carte, page suivante), la France obtenait seulement mandat de la SDN sur la Syrie et le Liban, soit 195 000 km^2 face aux 600 000 attribués aux Britanniques conformément aux accords de San Remo d'avril 1920. Briand, présentant ces textes, déclarera en juin, devant la Chambre, toute son amertume :

« Nous sommes assez liés d'amitié avec les Anglais pour que nous puissions dire tout ce que nous pensons les uns des autres. Les appétits des peuples sont comme ceux des individus. Quand il n'y a pas d'appétit, il n'y a pas d'action. La grandeur du peuple anglais est faite d'une action qui ne se contente jamais. Toutefois l'Angleterre est assez sportive pour comprendre que ce ne soit pas toujours le même qui gagne... » Et il reproche aux Britanniques la mainmise sur le pétrole de Mossoul et sur la Palestine. Il ajoute : « Cela n'empêchera pas la Grande-Bretagne positive pour réaliser ses vues de faire une propagande d'idées. Je demande que la France agisse de même. »

Il est vrai que l'Angleterre s'est, au Moyen-Orient, attribué la part du lion, non seulement territoriale, mais économique.

1. Selon cet accord, la France administrerait la côte syrienne de la Cilicie à Saint-Jean-d'Acre (Akka) : ce document lui confiait ainsi la moitié nord de la Galilée – seul Jules Cambon, alors secrétaire général du Quai d'Orsay, entrevit l'intérêt du problème et apporta le 11 juin 1917 le soutien de la France au projet sioniste, soit plusieurs semaines avant la Déclaration Balfour. Il ne fut pas suivi !

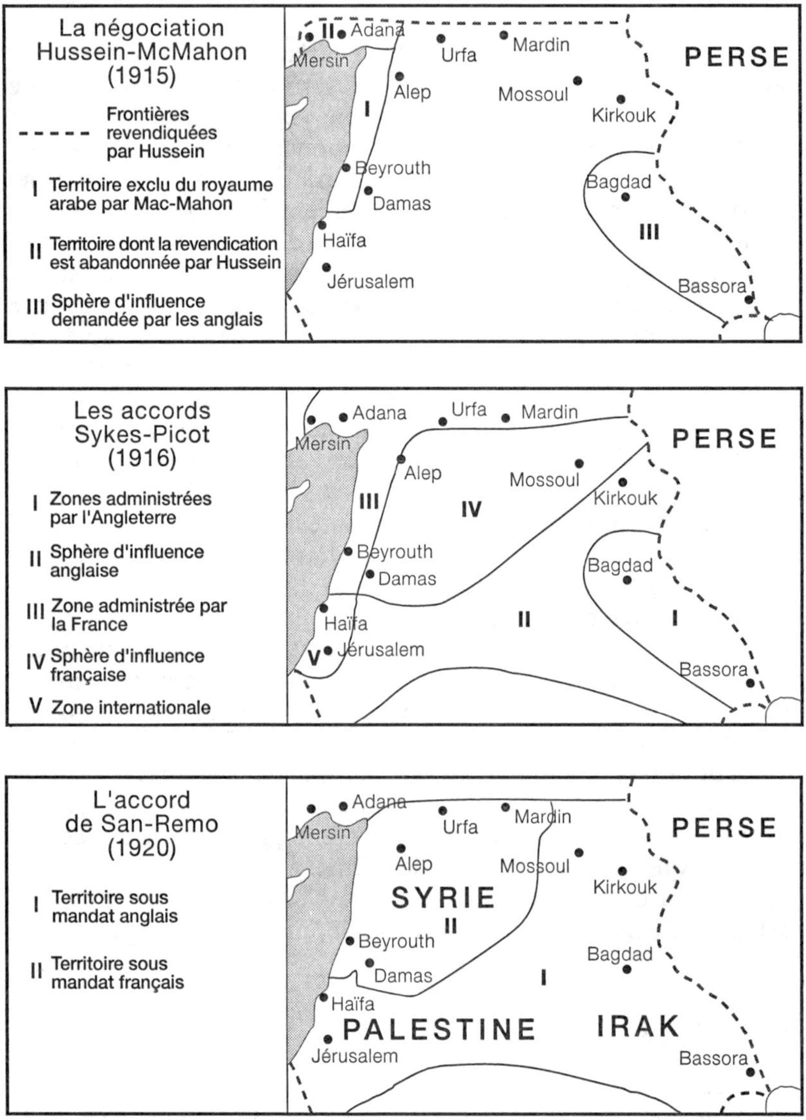

LES PROJETS DE PARTAGE DU MOYEN-ORIENT

Le soutien britannique à la politique allemande des Réparations

C'est davantage encore à propos de la politique continentale que la Grande-Bretagne va affirmer sa politique, menant en définitive une action diplomatique plus favorable au Reich qu'à la France. Dès les premiers mois de 1920 deux problèmes vont dominer : les Réparations et le désarmement de l'Allemagne.

Sur les Réparations, la position britannique reposait sur l'ouvrage de Keynes : *Les Conséquences économiques de la paix.* Selon l'économiste anglais, il fallait demander au Reich une indemnité relativement importante sans doute, mais ne pas l'accabler par des remboursements pendant des années ; cette idée – au reste judicieuse – rejoignait les conceptions des dirigeants britanniques. Pour les Anglais, prétend Briand, « la destruction de l'Allemagne enlèverait à l'Europe une partie de son armature ».

Les Anglais, toutefois, ne semblent pas se rendre compte que l'abandon par le Reich de ses colonies – essentiellement au profit de la Grande-Bretagne – diminuait aussi – au moins partiellement – les possibilités allemandes de remboursement et de relèvement économique.

Le Royaume-Uni tentera à plusieurs reprises de faire admettre l'idée de l'indemnité forfaitaire à la place des Réparations, malgré les objections et résistances françaises. Toutefois, en juin 1920, les Britanniques proposent un compromis : ramener les Réparations à 120 milliards, dont 60 reviendraient à la France, mais la Chambre des députés interpella le gouvernement Millerand. À Spa on arriva à un projet d'accord : le Reich paierait 3 milliards de marks-or pendant quarante-deux ans, plus 3 autres milliards de 1926 à 1931. L'Allemagne étant relevée, cela représentait chaque année pour le Reich l'équivalent de 6 à 8 % de son PIB de 1920 !

Par ailleurs les Britanniques fermaient les yeux sur les non-livraisons de charbon que devait faire le Reich ; cela permettait à l'Angleterre de vendre à la France, alors très largement déficitaire, son charbon au prix fort qu'elle n'arrivait plus à exporter ! Cependant, même si les fortes divergences entre les Alliés et le Reich persistaient, on cherchait un compromis, par exemple le paiement des annuités en marchandises et non en or. Pour

J.M. Keynes, « ces propositions de Bruxelles représentaient un grand progrès sur le traité », d'autant que les experts réunis à Boulogne, puis à Bruxelles, ne cessaient de dire – de manière raisonnable – que le paiement des Réparations était lié à la reconstruction économique du Reich.

Durant toute cette période Lloyd George cherche à limiter les initiatives de la Commission des experts en suggérant des procédures qui, n'étant pas prévues par le traité, ne pouvaient être adoptées qu'après une négociation particulière avec les diplomates allemands... ce qui freinait considérablement les transactions.

Il est vrai que les Britanniques jouent sur du velours : comme nous le verrons, la France s'est braquée sur la question des Réparations et estime que toute atteinte à ce qu'elle considère comme son droit est une marque d'hostilité à son égard. Or les gouvernements britanniques durant toute cette période, et sans doute jusque vers 1938, se méfient plus de ce qu'ils appellent le risque de prépondérance française que de l'impérialisme allemand qui n'est pas propre au national-socialisme.

Durant les années vingt quelques hommes dominent l'histoire britannique : Lloyd George, Baldwin, Macdonald, Chamberlain, comme Premiers ministres, Balfour, Lord Curzon, Sir John Simon, Anthony Eden et Lord Halifax, comme secrétaires au Foreign Office (ministres des Affaires étrangères). Peu d'entre eux sont réellement francophiles, à l'exception notoire d'Eden et de Lord Halifax.

La conférence de Washington

La conférence de Washington en 1921-1922, qui réunit Américains, Britanniques, Français, Italiens et Japonais, est même marquée par un véritable accès de francophobie. Cette conférence avait pour but de proposer une politique de désarmement progressif. Il fallait, disait l'invitation du président Harding, mettre fin à ces guerres dont « l'univers était las », guerres qui « écrasaient les budgets au détriment des œuvres utiles et bienfaisantes... le monde du travail chancelle sous leur fardeau trop lourd et... [elles] constituent une menace constante pour la paix... il faut donc limiter les dépenses stériles et dangereuses de tous les armements aussi bien terrestres que naval ». On voit déjà poindre dans ce texte américain ce que Ralph B. Perry appelle le « puritanisme démocratique » américain[1] et ce qu'étudiera soixante-dix ans plus tard le commandant Jean-Paul Mayer[2] : les liens entre les bonnes intentions apparentes et la stratégie américaine Les États-Unis sont alors préoccupés par les problèmes de l'Extrême-Orient, les crises permanentes dans la Chine de Sun Yat Sen et la montée de l'impérialisme japonais qui s'intéresse un peu trop, aux yeux de Washington, à ce qui se passe entre Pékin et Canton.

Il est significatif que le Quai d'Orsay, où deux diplomates importants sont spécialistes, paraît-il, de l'Extrême-Orient, Philippe Berthelot, secrétaire général du Quai, et Alexis Léger, ne se soit pas rendu compte que la conférence serait essentiellement navale dominée par la « Question d'Extrême-Orient ». C'est Albert Sarraut, si l'on en croit Suarez, qui, durant la traversée du Havre à New York sur le *La Fayette*, informa Briand des « faiblesses et des incompréhensions » de notre diplomatie en cette grave affaire !

En réalité l'hégémonie navale anglo-japonaise sur le Pacifique se transformait du fait du repli de la Grande-Bretagne en une hégémonie japonaise et le programme naval nippon assurerait à la fin des années 20 à l'Empire du Soleil Levant une puissance sensiblement analogue à celle des marines américaine ou britannique !

Pour lutter contre la concurrence japonaise Londres devait en appeler financièrement aux Dominions (Australie et Canada en particulier) hostiles au Japon. De surcroît les colons britanniques à Hong-Kong, en Malaisie ou à Singapour, sont inquiets de la politique nippophile de la Mère Patrie. Aussi la Grande-Bretagne ne va pas, devant l'opposition de ses Dominions, renouveler le traité d'alliance avec le Japon de 1902 qui venait à échéance.

Ce sont bien les problèmes maritimes et ceux du Pacifique qui vont dominer la conférence de Washington. Le désarmement terrestre intéresse d'autant moins les États-Unis que leur armée de terre atteint alors moins de 150 000 hommes, la marine ayant, au même moment, moins de 80 000 marins (officiers compris). Ce qui préoccupe les États-Unis ce sont les possessions japonaises du Pacifique occidental. Depuis 1918 (et les États-Unis vont seulement l'admettre en 1922) le Japon, allié des Occidentaux durant la guerre, a reçu en mandat une partie des anciennes possessions allemandes : les îles Caroline, Marianne et

1. R.B. Perry, *Puritanisme et démocratie*, R. Laffont, 1948.

2. J.P. Mayer, *Dieu de colère. Stratégie et puritanisme aux États-Unis*, Addim, 1997.

Palaos qui peuvent menacer les liaisons entre Hawaï et les Philippines (alors colonie américaine). L'US Navy est relativement faible et craint un essor important de la flotte nipponne. En ces domaines nombre de milieux britanniques partagent les craintes américaines et on est conduit à renoncer à concurrencer les États-Unis en Chine, d'autant que l'instabilité politique de « l'Empire du Milieu » est un facteur loin d'être négligeable.

Le Royaume-Uni depuis le début de 1919 n'est plus – quoi que puissent penser diplomates et politiques français – l'allié auquel la France aspire et dont elle ne veut pas se couper. En réalité, les Britanniques craignent que sur le continent la suprématie de la France ne se substitue à celle du Reich. Par ailleurs la situation économique de la Grande-Bretagne conduit le cabinet anglais à soutenir l'économie allemande contre la France. Visiblement le Quai d'Orsay, foncièrement anglophile, ne s'en rend pas compte et va pousser les ministres successifs des Affaires étrangères à ne pas renoncer à l'« Entente ». Cette situation sensible dès 1920-1921 perdurera jusqu'en 1939...

Pour le Royaume-Uni, les armées françaises sont alors devenues un « danger » et il pousse à une diminution importante de nos forces. De surcroît, Londres n'a pas apprécié le refus de Paris de soutenir les entreprises anglo-hellènes en Turquie et moins encore le traité franco-turc d'Angora d'octobre 1921.

Il faut dire que les déclarations peu nuancées des politiciens français facilitent la méfiance des Britanniques : témoin ce discours de Briand le 21 novembre 1921 à Washington dans lequel le président du Conseil, pour justifier l'importance de l'armée française, se plaint de la menace potentielle des « 7 millions de soldats » allemands anciens combattants s'appuyant sur une Sicherheitspolizei de 150 000 hommes, sur la Schutzpolizei de 150 000 hommes... qui au lieu de conserver le caractère d'une police locale est devenue une police « militarisée » et naturellement sur une Reichswehr de 250 000 hommes. Ces chiffres en 1921 sont nettement surévalués et, par conséquent, aux yeux des autorités américaines et britanniques ne peuvent en aucun cas servir d'excuse à l'importance des forces françaises ; et pourtant dans sa péroraison Briand ajoute : « Si j'avais parlé sans avoir derrière moi la force de l'armée française, que pèserait ma parole ! »

Si les délégués anglo-saxons accueillirent poliment ce discours, Balfour, paraît-il, fut ému, la presse fut remplie, à New York comme à Londres, de remarques et de critiques fort désagréables. Le *Times* du 23 novembre publie ce commentaire de H.G. Wells, repris du *New York World* : « Le fait brutal de la question est que la France maintient une forte armée en face d'un univers désarmé et qu'elle se prépare énergiquement à de nouvelles opérations belliqueuses en Europe et sans doute à une guerre sous-marine contre l'Angleterre. »

Au reste les Britanniques, soutenus d'ailleurs par les Italiens, rappelèrent la nécessité d'un « plan de désarmement terrestre général s'appliquant à l'Europe occidentale et à l'Europe centrale ». Briand tenta d'empêcher le débat voulu par les Britanniques : il n'y réussit qu'à moitié. Le secrétaire au Foreign Office, Lord Curzon, dès le 24 novembre, rappelle brutalement : « La conscience du monde... ne tolérera pas la réapparition au centre de l'Europe d'une grande et dangereuse puissance... constituant une menace perpétuelle pour la paix du monde. » Ce que le *Daily Chronicle* résume brutalement le même jour : « La France a brouillé les cartes et brisé l'espoir international. »

Pour Paris, l'Allemagne de 1921 c'est toujours « l'ancienne Allemagne... l'Allemagne pangermaniste » (Briand à Washington le 24 novembre). Cette vision – alors discutable – est totalement récusée par Londres et c'est là l'essentiel du différend franco-britannique. De surcroît Paris considère toujours que pour le gouvernement britannique la suprématie de la Royal Navy demeure l'alpha et l'oméga de leur politique militaire.

Aussi c'est sans surprise que l'accord naval de Washington se fonde sur une alliance anglo-américaine soutenue par l'Italie... la France en étant exclue. En effet États-Unis et Grande-Bretagne ont le même quota de remplacement de navires de ligne (535 000 tonneaux), la France et l'Italie étant limitées toutes deux à 174 000 tonneaux. La France était placée au même niveau que l'Italie, malgré les deux façades maritimes métropolitaines (Atlantique et Méditerranée) et l'existence d'un Empire colonial réparti sur deux continents, l'Afrique et l'Asie.

Quoi qu'ait pu dire Briand, le bilan de la conférence de Washington était négatif[1]. Au plan naval, la France était ravalée par les Anglo-Saxons au rang de l'Italie, au plan diplomatique la France se trouve isolée. Sans doute Suarez prétend que « la situation en Europe n'était pas défavorable à la France » car la position de l'Empire britannique, estime-t-il, était pire en raison de la question d'Irlande, des crises en Égypte et aux Indes. Cela n'empêche pas Lloyd George de négocier avec Rathenau un

1. Le bilan établi par Briand est cité dans G. Suarez, *Briand*, t. 5, p. 312.

compromis sur les Réparations, négociations qui suscitent aussitôt des inquiétudes en France ; le plan de Lloyd George se ramenait à une formule simpliste : « Si l'on donnait à la France des garanties formelles sur sa sécurité, elle se montrerait plus conciliante dans l'exécution des Réparations. » C'est sans doute ce que pensait aussi Briand qui avait, à Washington, rappelé que seule une garantie anglo-américaine à la sécurité de la France lui permettrait de s'engager sur le désarmement ; cela pouvait valoir pour les Réparations, mais Lloyd George semblait oublier que Briand avait parlé d'une garantie anglo-américaine.

La conférence de Cannes et l'échec du compromis franco-britannique

Le Premier britannique, à la différence de la plupart de ses collaborateurs, généralement soutenus par la City, souhaitait maintenir l'entente franco-britannique qu'il tentait de replacer dans un cadre européen : il souhaite « restaurer économiquement l'Europe » en réunissant autour d'une même table vainqueurs et vaincus afin d'accélérer la reconstruction de l'ensemble des pays européens. Pour appâter la France, Lloyd George propose que le Royaume-Uni accorde une garantie de sécurité mais il envisageait de telles conditions (limitation par la France du nombre de ses sous-marins, entre autres) que cela risquait de poser quelques difficultés. Il apparaissait aux observateurs que Lloyd George cherchait par tous les moyens à aider le redressement économique de l'Allemagne en diminuant le poids des Réparations. C'est d'ailleurs ainsi que réagit la presse française à l'annonce par les quotidiens de Londres d'un pacte franco-britannique. Lloyd George ne faisait, semble-t-il, que reprendre une idée de Briand. Celui-ci envisage un projet encore plus vaste puisqu'il pense réintégrer les États-Unis dans le concert européen : il suggérait d'éteindre les dettes interalliées par les obligations liées aux Réparations qui seraient remises aux États-Unis. Tout aussitôt le gouvernement américain marqua son opposition. Bien plus : le Sénat des États-Unis fixa à 5 % le taux des intérêts des dettes interalliées dont le dernier remboursement devrait avoir lieu le 15 juin 1947 [1].

1. Selon certains milieux financiers américains, la France devrait aujourd'hui 4 972 milliards de dollars aux États-Unis en tenant compte des dettes des deux guerres mondiales !

Le 15 décembre 1921, le Reich demande un moratoire : il déclare ne plus pouvoir acquitter intégralement les échéances de sa dette en raison des difficultés économiques. La commission des Réparations refusa cette demande qui remettait en fait ses pouvoirs aux Alliés.

Lloyd George et Briand se rencontrèrent à Londres le 18 décembre et décidèrent pour le début de janvier 1922 la réunion à Cannes du Conseil suprême interallié. Un accord franco-britannique se fit sur l'ordre du jour du Conseil, connu sous le nom de *Suggestions de Londres.* Le texte proposait de limiter à 1922 le moratoire accordé au Reich, l'Allemagne devant toutefois payer 720 millions de marks-or en espèces et la contre-valeur de 1 450 millions en nature. De surcroît, l'Allemagne devait accepter la « suggestion » alliée d'augmenter les tarifs de la Reichsbahn, des Postes, du charbon et de rétablir l'équilibre budgétaire. La Grande-Bretagne renonçait pour 1922 à sa part de réparations au profit de la France. Enfin, les deux chefs de gouvernement abordèrent le pacte de garantie proposé à la France. Il ressort de la note dictée par Briand[1], que Lloyd George, après avoir expliqué qu'un accord franco-britannique concernant « leurs intérêts dans toutes les parties du monde » était inconcevable, se déclarait prêt à garantir la France contre toute invasion allemande, mais refusait à s'engager en ce qui concernait les frontières de l'Europe orientale, zone à laquelle « le peuple anglais ne portait pas très grand intérêt... il ne serait pas disposé à se laisser entraîner dans des conflits qui pourraient s'élever au sujet de la Pologne, de Dantzig et de la Haute-Silésie »... D'ailleurs, ajoutait le Premier anglais, « le peuple anglais a l'impression que les populations de cette partie de l'Europe étaient instables et excitables... et qu'il serait très difficile de démêler les droits et les torts ».

Briand insiste pour élargir le traité envisagé à trois ou quatre puissances. Lloyd George refusa aussitôt cette proposition et précisa simplement « qu'il y aurait une majorité au Parlement et dans le pays pour l'octroi à la France d'une simple garantie contre l'invasion, encore que cette garantie risquerait de rencontrer plus d'opposition qu'il y a deux ans ». Ce traité de garantie allait être l'un des thèmes de la conférence de Cannes (janvier-février 1922) qui allait se tenir quelques jours plus tard.

Cette conférence, qui va entraîner la chute du cabinet Briand,

1. Dans G. Suarez, *op. cit.*, p. 349.

souligne tout à la fois la persistance de la méfiance britannique à l'égard de la France et la naïveté d'Aristide Briand.

Dans un mémorandum remis à Briand, Lloyd George proclamait le désir du cabinet de « faire ressortir clairement que l'Empire britannique et la France demeurent côte à côte aussi fermement devant les conséquences de la paix que pendant la guerre ». Mais en réalité le désaccord est profond. La France voulait la sécurité et les Réparations, alors que le Royaume-Uni souhaite d'abord la reconstruction économique qui permettrait la reconstitution des marchés étrangers à même d'acheter les produits industriels d'une Angleterre qui connaît un chômage important. De surcroît, la garantie proposée par Londres ne concerne qu'une attaque sur les frontières de la France, point du tout une agression allemande contre la Pologne ou la Tchécoslovaquie, alliées de la France.

En outre, l'ordre du jour de la conférence prévoyait de régler le conflit helléno-turc, le problème de Tanger, la politique française en matière de sous-marins ; il s'agissait aussi d'envisager une conférence économique européenne à laquelle la Russie devrait être conviée.

Les rencontres entre les deux chefs de gouvernement furent nombreuses, mais à la lecture des comptes rendus de ces entretiens on sent en permanence planer la méfiance britannique à l'égard de la France : Londres ne semble pas comprendre la politique française en Pologne et en Roumanie menacées par l'URSS, menace qui semble exclue par la Grande-Bretagne, alors que Briand ne cesse de rappeler que l'Armée rouge a 800 000 hommes sous les armes et dispose de matériels souvent fournis par les Allemands. Lloyd George affirme à plusieurs reprises qu'il « ne croit pas au péril russe ».

Tout ceci débouche sur une résolution concernant la convocation d'une « conférence d'ordre économique et financier » qui chercherait à renforcer la sécurité internationale en obligeant les États signataires « à reconnaître toutes les dettes... contractées par l'État et à les rembourser, ou, à défaut, à les indemniser ».

L'échec de Cannes et le départ de Briand

Cela entraîna aussitôt une vive réaction du président de la République, Millerand, qui va conduire à la chute du gouvernement Briand, ce que l'on étudiera ultérieurement (11 janvier 1922). Il est certain que le projet de traité proposé par la

Grande-Bretagne était très limitatif. Il soulignait parfaitement la méfiance britannique à l'encontre d'une France à ses yeux trop présente en Europe centrale et orientale ; et les propositions britanniques sur les Réparations, si raisonnables soient-elles, allaient à l'encontre d'une opinion française toujours convaincue que « l'Allemagne paiera ! ».

De surcroît, la lecture du mémorandum britannique accentuait encore la méfiance de Londres à l'égard de Paris en ce qui concernait la Turquie et le Moyen-Orient, Tanger et la question des sous-marins. Londres était en réalité hostile aux grandes tendances de la diplomatie française : ce qui est grave c'est que le Quai d'Orsay n'en prend pas conscience et va, pendant quatorze ans, tout faire pour que Paris ne s'écarte jamais de l'alliance anglaise.

Raymond Poincaré succède à Briand dès le 15 janvier. Il va essayer d'élargir le champ des négociations, d'autant que le gouvernement et le Parlement sont conscients que si une conférence internationale devait spécifier un nouveau montant des Réparations, la France n'aurait guère de recours puisqu'elle serait seule pour monter une opération contre l'Allemagne. Poincaré, par ailleurs, est tenu par les décisions prises à Cannes : conférence économique avec participation allemande et soviétique, préliminaires au pacte de garantie franco-britannique.

À cet égard, Poincaré ne ferma pas la porte des négociations mais il voulait obtenir des Anglais que le pacte devienne un véritable traité d'alliance, garantissant aussi les frontières polonaise et tchèque contre toute agression, complété par une convention militaire. Tout cela était totalement contraire aux vues britanniques ; dès la fin février, devant les réticences anglaises et le manque d'obstination de Poincaré, le pacte était enterré.

Toutefois la Conférence économique internationale, proposée par Lloyd George, se réunissait le 10 avril 1922 à Gênes. Ce fut un échec : les États-Unis refusèrent d'y participer car ils ne voulaient pas négocier avec des Russes. Dès le 16 avril, Allemands et Russes signent à Rapallo un accord par lequel les deux États rétablissent leurs relations diplomatiques et décident d'établir des relations économiques importantes sur la base de « la nation la plus favorisée ». Il semble que la Wilhelmstrasse ait été à l'origine de ces nouvelles relations germano-russes car on y craignait un accord franco-russe. Toujours est-il que, comme le remarque l'historien soviétique Potiemkine, le traité de Rapallo rompait « le front capitaliste anti-soviétique ». Cette alliance germano-soviétique permettait à l'URSS de refuser de reconnaître les dettes des tsars et d'indemniser les propriétaires des entreprises nationalisées (sidérurgie, pétrole, chemins de fer).

Une nouvelle conférence se réunit à La Haye en juin et juillet 1923 pour tenter de régler la délicate affaire des dettes russes : les Soviétiques émirent aussitôt de telles contre-propositions (facilités d'emprunt et reconnaissance de l'État soviétique) que la conférence échoua, tout comme celles de Gênes.

Naturellement le problème des Réparations n'en était pas réglé pour autant.

Les Réparations, la crise de la Ruhr et la mésentente franco-anglaise

Le Reich déclarant ne pouvoir payer ce qu'il devait pour 1921 demanda un moratoire : Poincaré ne s'y opposa pas mais y mit pour condition le contrôle des mines de la Ruhr par les Alliés ; apparaissait ainsi l'idée du « gage productif ». Les Britanniques y étaient tout à fait opposés. Ils le dirent nettement lors de la conférence de Londres en août 1922 et pour bien souligner leur hostilité ils réclament, à l'exemple des États-Unis, le paiement par la France de ses dettes de guerre. Poincaré répondit simplement que la France ne réglerait pas ses dettes tant qu'elle n'aurait pas reçu les Réparations qui lui revenaient ! L'échec de la conférence ne faisait que souligner le conflit franco-britannique. Poincaré d'ailleurs mettait de l'huile sur le feu en ordonnant l'évacuation des forces françaises qui protégeaient Constantinople défendue par les Anglais contre Atatürk.

Le gouvernement du Reich réclama un nouveau moratoire auquel la France, soutenue par le nouveau chef du gouvernement italien Benito Mussolini, s'opposa. Prenant prétexte de la non-livraison de poteaux télégraphiques, soutenue par les Belges et les Italiens, la France décida de prendre la Ruhr en gage. La Grande-Bretagne s'y refusa mais déclara qu'elle n'interviendrait pas (conférence de Paris du 2 janvier 1923). Le 4 janvier Poincaré déclara qu'il ne tiendrait pas compte de l'opposition britannique. Le 11 janvier cinq brigades françaises et une belge entrèrent dans le bassin de la Ruhr.

Avec l'occupation de la Ruhr, l'hostilité de la Grande-Bretagne envers la France ne va cesser de se renforcer. Peut-être Poincaré a-t-il agi maladroitement mais le raidissement anglais est d'autant plus sensible que le Royaume-Uni rencontre alors de nombreuses difficultés.

Les difficultés franco-anglaises au Moyen-Orient

En Turquie les Britanniques, après la défaite cinglante subie par les Grecs, vont être obligés de reconnaître que la mutilation absurde de la Turquie par le traité de Sèvres est dépassée : si l'Empire ottoman n'est pas reconstitué, la Turquie de Mustafa Kemal se voit reconnaître, par le traité de Lausanne (24 juillet 1923), outre la partie orientale de la Thrace, avec Andrinople, l'Anatolie tout entière, le maintien de la frontière de 1914 avec la Russie et l'Iran. Face à l'Irak et à la Syrie, elle récupère l'essentiel du Kurdistan et la Cilicie. La Grande-Bretagne admet difficilement ces décisions et reproche vivement à la France son soutien à la Turquie. Lloyd George accuse le gouvernement français de n'avoir « pas hésité à mettre [ses] mains dans celles des massacreurs » des Arméniens.

De surcroît la réorganisation du monde arabe au Moyen-Orient n'est pas encore totalement réglé. C'est seulement en février 1922, après plusieurs mois d'agitation, que prit fin le protectorat anglais en Égypte. Mais – même si le sultan Fouad se proclame roi en mars 1922 – l'Égypte n'était pas encore indépendante car les Britanniques s'étaient conservé un certain nombre de prérogatives : la sécurité de leurs communications, la défense de l'Égypte, la protection des minorités. L'indépendance de l'Égypte était factice et les rapports entre Britanniques et Égyptiens vont demeurer conflictuels jusqu'en 1939.

Selon les traités, sauf en Syrie et au Liban, placés sous tutelle française, mais mal délimités faute d'accords précis entre les gouvernements français et britannique, la plus grande part des régions du Croissant fertile était placée sous mandat anglais. Les Britanniques soutenaient en Mésopotamie la création d'un État irakien, intégrant les vilayets de Bagdad et Bassorah, qui serait confié à un Hachemite, le prince Fayçal, fils d'Hussein, roi du Hedjaz, chérif de La Mecque qui vient d'être défait par Ibn Séoud. Mais Fayçal souhaite intégrer à son domaine le vilayet de Mossoul, riche en pétrole, attribué à la France par les accords Sykes-Picot de 1916, revendiqué aussi par la Turquie. La SDN attribuera à l'Irak cette région occupée de toute manière par les Britanniques en 1926. En échange la France avait obtenu les parts allemandes (23,75 %) de l'Irak Petroleum Cy.

Presque simultanément était créée la Transjordanie, séparée de la Palestine et confiée par les Anglais à un autre fils d'Hussein :

le prince Abdallah. Mais le problème le plus délicat pour Londres était celui de la Palestine compte tenu de la Déclaration Balfour de 1917 prévoyant l'institution d'un Foyer national juif.

Or, en 1920 il n'y a en Palestine que 60 000 juifs sur 670 000 habitants : ils seront 120 000 en 1925 et, avec les persécutions antisémites des nazis, 393 000 en 1937. Dès 1920 était créé un « Comité exécutif arabe », réunissant Arabes, musulmans et chrétiens, qui engage de nombreuses attaques contre les implantations juives. Mais le triplement de la population juive avive encore le conflit, entraînant une mutation du comportement des autorités anglaises : pro-sionistes elles vont devenir peu à peu anti-sionistes. Au reste les Britanniques sont très réservés sur la présence française dans le Croissant fertile. Profitant des errements de l'administration française en Syrie et au Liban[1], les services anglais favorisent les mouvements antifrançais en Syrie (qui conduisent à l'expulsion du prince Fayçal de Damas) ou dans le Djebel Druze, en particulier durant l'année 1922, mouvements qui préludent à la grande révolte druze en 1923.

Occupation de la Ruhr et conflit franco-britannique larvé

Face à l'occupation de la Ruhr, on peut dire que le Royaume-Uni se sent plus proche du Reich que de la France, d'autant que de janvier à juillet 1923 la politique énergique de Poincaré semble porter ses fruits. Il est vrai qu'à un moment donné Londres a craint, tout comme Stresemann, le renforcement d'un mouvement autonomiste rhénan autour du Rheinische Volksvereinigung (association populaire rhénane). Mais avec son tempérament légaliste, Poincaré va hésiter à donner tout son appui à un mouvement qui ne souhaitait point une Rhénanie indépendante, mais la constitution d'un nouveau Land rhéno-westphalien séparé de la Prusse[2].

Mais à Londres on voyait dans le séparatisme rhénan la menace de la création d'une Rhénanie indépendante sous protectorat français. Et cela les Britanniques ne pouvaient l'accepter.

1. En particulier la politique menée par deux hauts commissaires militaires, les généraux Gouraud et Sarrail, à l'égard des Druzes.

3. Cf. la thèse récente de Stanislas Jeannesson sur *Poincaré et la crise de la Ruhr* qui met en avant la versatilité de Poincaré (P.U. Strasbourg, 1999).

Pourtant, on le verra, la politique de Poincaré, au début, ne tint aucun compte des réactions britanniques. Cette attitude change à partir de l'automne 1923. Il y a à cela plusieurs raisons : le légalisme de Poincaré l'empêche de pousser les avantages français en Rhénanie, la propagande française dispose de moyens ridicules (10 à 12 millions de francs face à plus de cent millions du côté du Reich), et surtout l'indécision chronique du président du Conseil lui interdit de soutenir à fond une politique monétaire de rupture fondée sur une Rheinische Staatsbank que préconisait le chef du mouvement autonomiste pour éviter les conséquences des dévaluations successives du mark. Poincaré soutient au contraire le projet du Oberbürgermeister de Cologne, Konrad Adenauer, car il pense apaiser ainsi les Britanniques. Le haut-commissaire Tirard faisait alors passer Adenauer pour un « homme des Anglais » ! Et la création du Rentenmark par Stresemann en novembre 1923 éliminait en fait le projet d'autonomie monétaire. Tout cela souligne aussi les insuffisances de nos services de renseignements au point que Mgr Bornwasser, catholique national et francophobe connu, sera nommé évêque de Trèves sur la proposition du haut-commissaire Tirard !

Outre sa propension au légalisme, Poincaré ne veut pas trop éloigner la France de l'alliance anglaise. C'est pour lui l'alpha et l'oméga de la politique extérieure française. Le Royaume-Uni étant manifestement hostile à l'occupation de la Ruhr, il fallait absolument en tenir compte pour ne pas arriver à une rupture qui, aux yeux de Poincaré, aurait eu des conséquences dramatiques.

Enfin, alors que du fait de la reconstruction, la croissance économique est là (de 1920 à 1923, le PIB a augmenté de 50 % et dépasse de 10 % le niveau de 1913), la France, dont la situation financière et monétaire ne cesse de s'aggraver, estime qu'elle a besoin de l'aide financière des Anglo-Saxons.

Dès lors, Poincaré sacrifie la politique menée de février à novembre tandis que Stresemann met fin à la politique de « résistance passive » conduite par le gouvernement précédent, le Kohlensyndicat (fédération des patrons des houillères) et les syndicats. Poincaré, après avoir longtemps hésité, accepte la médiation américaine proposée par le président Coolidge : ce dernier suggéra de faire réexaminer le règlement des Réparations par une commission d'experts à laquelle les États-Unis participeraient. C'est ainsi qu'est mis en place un comité d'experts présidé par un intendant général américain devenu banquier : Charles G. Dawes.

La Grande-Bretagne, durant toute cette période, n'a pas cessé de freiner les ambitions françaises et a cherché à faciliter les choses aux Allemands. Elle est convaincue de l'existence d'un impérialisme français, d'un « pangallicanisme » qui lui semble aussi dangereux que le pangermanisme. Elle craint cette France à l'armée de terre puissante – au moins en apparence – très supérieure à l'armée britannique[1] qui tente de mettre la main sur la Rhénanie et donne l'impression d'avoir « satellisé » Pologne, Tchécoslovaquie, Roumanie et Yougoslavie.

Les marques d'hostilité britanniques ont un écho certain en France ; naturellement communistes et socialistes, au nom de l'internationalisme, sont hostiles à la politique de Poincaré, mais ils sont appuyés par la grande majorité des radicaux qui ne veulent en aucun cas de rupture avec Londres. Quant à la majorité, si elle approuve Poincaré, elle se refuse à lui donner les moyens financiers de sa diplomatie car elle récuse sa politique intérieure.

Conseillé par les banquiers de Wall Street et de la City, l'Américain Dawes ira en Allemagne ; il veut se rendre compte sur place de la situation économique du Reich. À côté d'un système monétaire effondré, il ne peut que constater la bonne santé de l'industrie allemande. Malgré la crise de la Ruhr et l'inflation que vient de stopper Stresemann avec le Rentenmark, l'économie allemande est en bien meilleure posture qu'on ne le prétend à Berlin. Elle pourrait rapidement être en état de reprendre les versements des indemnités de réparations.

Macdonald au pouvoir

Mais la situation en Grande-Bretagne est telle que Stanley Baldwin a dû dissoudre les Communes. Les tories n'ont plus la majorité : sur 615 députés on compte 258 conservateurs, 191 travaillistes et 158 libéraux. Le 22 janvier 1924 Ramsay Macdonald constitue un cabinet travailliste minoritaire. Peu de temps après, en France, le Cartel des gauches emporte les élections : à Poincaré succède Édouard Herriot qui oblige Alexandre Millerand à démissionner. Le falot Gaston Doumergue lui succède ; à la différence de son prédécesseur, il se contente d'inaugurer les chrysanthèmes.

1. L'armée britannique compte à peine plus de 110 000 hommes en Grande-Bretagne en face d'une armée française aux effectifs théoriques de 600 000 hommes.

Herriot est bien décidé à renouer avec les Britanniques ; son homologue de Downing Street, Ramsay Macdonald, est très différent de ses prédécesseurs. Il n'a pas été formé par « Oxbridge » mais, enfant naturel, il a longtemps vécu dans une grande pauvreté ; autodidacte, il est devenu journaliste à la force du poignet. Cofondateur du Labour Party il sera député de Leicester avant de devenir le *leader* du parti travailliste en 1911. Comme tous les journalistes de gauche de son temps, Macdonald est pacifiste et il est, comme la majorité de ses camarades, convaincu du pacifisme de la social-démocratie allemande. Il est donc hostile à la politique germanophobe du Foreign Office et refuse de voter la guerre en août 1914. Il n'hésite pas à écrire, dans le *Leicester Pionneer*, le 7 août 1914 : « La pire forme d'alliance est l'Entente » ; il ne cesse de clamer que les Alliés sont les premiers responsables de la guerre et il sera naturellement hostile au traité de Versailles, dont il demande la révision sitôt après sa signature.

Il maintient ces positions après 1919 et elles formeront une partie des thèmes de sa campagne électorale en 1923 : il réclame dans son programme la mise en place d'une conférence internationale à laquelle l'Allemagne participerait sur un pied d'égalité avec les vainqueurs pour réviser les traités. Tout le sépare d'Herriot, même si celui-ci est convaincu du contraire – comme l'indique Jacques Bariéty, dans son ouvrage sur les relations franco-allemandes [1] : « Herriot est convaincu des responsabilités allemandes... Macdonald, lui, a toujours combattu la thèse de l'innocence des Alliés... Quant à l'avenir, Herriot a peur de l'Allemagne... il vient aux *Chequers* dans l'espoir de restaurer l'Entente cordiale ; Macdonald, lui, ne croit pas au danger allemand : le danger serait dans une restauration de l'entente. »

L'un des conseillers les plus écoutés du Premier ministre est son ambassadeur à Berlin, Lord d'Abernon. Il connaît admirablement l'Allemagne et les Allemands ; hostile à la politique française depuis des années (il a souvent contribué à aigrir les rapports franco-britanniques dans l'Empire ottoman d'abord comme conseiller financier du sultan égyptien, puis comme directeur de la Banque ottomane), il a acquis une grande influence auprès de la Wilhelmstrasse. L'ambassadeur François-Poncet, dans ses souvenirs, le proclamera « Lord Protecteur du Reich ».

Pour Lord d'Abernon il y a en Europe un seul danger : l'URSS ; et la politique française dans le Reich risque de jeter

1. Jacques Bariéty, *Les Relations franco-allemandes après la Première Guerre mondiale*, Pedone, 1977.

l'Allemagne dans les bras du Kremlin, ce qui serait dramatique. Il faut donc conduire la France à changer de politique. C'est dans cet état d'esprit que Downing Street et le Foreign Office préparent les premiers entretiens Herriot-Macdonald qui auront lieu à Londres à la demande du président français « par égard pour M. Macdonald et le peuple anglais » !

Si les Britanniques ont solidement préparé leurs dossiers, il n'en est pas de même du côté français, à en croire en tout cas les *Confessions* de Saint-Aulaire, notre ambassadeur à Londres, qui d'ailleurs n'a pas été convié aux entretiens préparatoires : les diplomates au Quai sont partagés sur la manière de mener les conversations qui vont avoir lieu dans la résidence de week-end du Premier anglais aux *Chequers*.

Macdonald va profiter de l'inexpérience d'Édouard Herriot, de sa légèreté brouillonne, de ses ignorances financières et géopolitiques. Dès le premier entretien aux *Chequers* le Premier anglais lie le plan Dawes à l'évacuation de la Ruhr et ignore les dettes interalliées auxquelles le président français attache tant d'importance. Macdonald évacue très vite l'idée française (elle n'est pas propre à Herriot) de la commercialisation de la dette allemande : elle fournirait des capitaux frais à une France qui en perd tous les jours depuis la victoire du Cartel, les milieux dirigeants n'accordant aucune confiance à la gauche.

Les Britanniques ont parfaitement compris que la délégation française n'a pas préparé ses dossiers et en tire les conséquences : il n'est pas question pour Londres de sanctionner le Reich en cas de manquement à ses obligations, de ressusciter l'Entente cordiale, de signer un pacte quelconque. Ou Herriot n'a pas compris ce que lui disait le Premier anglais, ou il est de mauvaise foi lorsqu'il laisse entendre aux Belges la préparation d'un pacte défensif franco-belgo-britannique, alors que Macdonald dément aussitôt, et brutalement, l'existence d'un tel engagement. En réalité, quoi qu'en dise Herriot, la conférence est un échec. Seul élément positif, il était entendu qu'en échange de l'évacuation il y aurait une commission de contrôle des armements allemands.

Le plan Dawes et l'évacuation de la Ruhr

Dès lors pouvait se tenir la conférence sur le plan Dawes, étant spécifié que la délégation allemande ne viendrait que pour la seconde partie de la conférence. Elle va se tenir à Londres du 16 juillet au 15 août. Au début y participent les Alliés, mais aussi les États-Unis, puis les Allemands y siégeront du 5 au 15. Le plan Dawes était adopté et prévoyait que pendant cinq ans l'Allemagne verserait des annuités de 1 à 2,5 milliards de marks sous le contrôle d'un comité des transferts de cinq membres (américain, belge, britannique, français et italien). Cela diminuait sensiblement la dette allemande.

En ce qui concerne l'évacuation de la Ruhr, Herriot essaya d'obtenir qu'elle soit subordonnée à la mise en place d'une commission de contrôle, ce à quoi le chef de la délégation allemande, Stresemann, s'oppose car cela donnerait des gages au nationalisme allemand : le parti nazi vient d'obtenir en mai 1924 près de deux millions de voix représentant près de 7 % de l'électorat allemand. De surcroît – même si Herriot ne l'a pas compris après le week-end des *Chequers* – Macdonald veut réintégrer le Reich dans le concert international. Il est soutenu par les Américains ; Belges et Italiens se sont écartés des conceptions françaises. Comme le remarque judicieusement J. Bariéty, « s'il [Herriot] ne cède pas, c'est l'échec de la conférence, la rupture avec l'Angleterre, la désillusion de ses partisans en France qui ne comprendraient pas ce revirement, le triomphe de ses adversaires politiques... ». Herriot doit céder à l'ultimatum implicite de Macdonald du 24 juillet : il prétendra plus tard que selon Foch et son état-major « la présence française dans la Ruhr n'était pas indispensable à la sécurité de la France ».

Quant à la négociation sur le plan Dawes elle est menée du côté allemand par Stresemann qui a craint un moment un accord franco-britannique. Rassuré par l'échec des *Chequers* il peut manœuvrer habilement avec l'aide du nouveau directeur de la Reichsbank, Hjalmar Schacht.

Mais la procédure pour l'évacuation est délicate. Il y a en Rhénanie trois secteurs dont les statuts sont différents :

- Les villes portuaires, Düsseldorf, Duisburg-Ruhrort dont l'occupation avait eu lieu en 1921, avec l'accord des Anglais.
- La Ruhr proprement dite, occupée depuis janvier 1923 par les troupes franco-belges
- Enfin la zone Rhénanie-Nord avec Cologne occupée par les Britanniques en vertu du traité de Versailles et qui devait être évacuée le 10 janvier 1925. Si cette zone était évacuée, les forces stationnées dans la Ruhr seraient isolées des forces occupant les zones Centre et Sud de la Rhénanie encore occupée.

Herriot, par ailleurs, dispose d'un énorme atout qu'il n'utilisera pas convenablement : les rapports des commissions de contrôle soulignaient que le Reich camouflait des armes, que

Krupp conserverait les moyens de fabriquer des canons pour l'artillerie lourde et que la Reichswher était en train de reconstituer un état-major, ce que le traité interdisait.

En réalité la France va disposer d'un allié ; les difficultés du gouvernement Macdonald sont telles qu'il doit dissoudre les Communes et les nouvelles élections donnent la majorité aux conservateurs. Le nouveau gouvernement (Baldwin avec Austen Chamberlain au Foreign Office), infiniment plus francophile que le précédent, décide d'ajourner l'évacuation (27 décembre 1924). Stresemann, tenté, dit-il dans ses *Papiers*, de rompre avec la France, se contente de protester. La Ruhr ne sera évacuée qu'en juillet-août 1925 et la zone de Cologne qu'en décembre-janvier 1926, après que l'on eut reçu suffisamment de garanties sur un véritable désarmement, ce que confirma la conférence de Locarno d'octobre 1925. Elle devait régler l'autre grand problème diplomatique de la période : la sécurité collective.

Les Britanniques, le désarmement et la sécurité collective

Pour les Britanniques la sécurité en Europe et dans le monde se fonde, sinon sur un désarmement général, à tout le moins, comme ce fut le cas lors de la conférence de Washington, sur un désarmement contrôlé. C'est peut-être la raison de la francophobie qui se manifeste dans la plupart des milieux officiels britanniques. En effet pour Paris il ne pourra y avoir de désarmement que lorsque, face à une Allemagne qui ne respecte pas plus les clauses militaires que les clauses économiques, la sécurité de la France sera assurée. Cela ne peut être que par la mise en place, dans le cadre de la Société des Nations, d'une clause obligeant à l'arbitrage en cas de conflit et la création d'une force internationale. Grande-Bretagne et États-Unis y étaient hostiles, d'autant que Washington craignait que cela ne permît l'intrusion des Européens dans les affaires de l'Amérique latine, domaine réservé des États-Unis.

La sécurité collective va faire l'objet de débats interminables au cours desquels les Britanniques ne cessent de se heurter aux positions françaises. Opposés aux « accords bilatéraux » suggérés par la délégation française, les Anglais, par la voix de Lord Cecil, proposèrent un traité de garantie mutuelle qui fut amendé par la Commission permanente de la SDN. La commission estimait que la solution devrait être un traité d'assistance mutuelle, le Conseil de la SDN devant déclarer à l'unanimité l'agresseur.

Pour Macdonald ce projet était insuffisant car il n'entraînait aucun désarmement véritable. De surcroît il donnait trop de pouvoir au Conseil de la SDN. Demander que le Conseil se prononce à l'unanimité renvoyait de toute manière toute décision aux calendes grecques. Rejeté par les Britanniques, le rapport de la commission fut repris par Beneš, ministre tchèque des Affaires étrangères, qui fonda sa proposition sur l'idée d'arbitrage. Si on ne s'y conformait, on serait soumis à des sanctions politiques, économiques et même militaires. Ces mesures seraient prises par le Conseil à la majorité des deux tiers « les pays membres seraient [alors] dans l'obligation de suivre les mesures annoncées ». Simultanément, selon le projet Beneš, une conférence internationale serait convoquée pour parvenir à un accord de désarmement.

L'Assemblée générale de la SDN approuva le projet en septembre 1924 et la France et la Tchécoslovaquie paraphèrent le protocole ; le Royaume-Uni, hésitant, demanda à réfléchir jusqu'au printemps 1925.

Entre-temps, Macdonald, ayant dû dissoudre les Communes et battu, a laissé le pouvoir aux tories. Sous la pression des Dominions – mais aussi de l'Italie – le nouveau secrétaire au Foreign Office, Austen Chamberlain, marquera son hostilité au projet. Les Anglais rejetaient aussi bien l'idée de l'arbitrage que les sanctions. Les sanctions économiques étaient considérées comme inefficaces et l'on récusait totalement l'idée même des sanctions militaires. Il est vrai que le Royaume-Uni, plus encore les Dominions, craignaient d'avoir à intervenir un peu partout dans le monde. Ainsi que le rappelle J.B. Duroselle, le délégué canadien soulignait que « les risques assurés par les différents États sont inégaux. Pour nous, ajoutait-il, nous habitons une maison à l'épreuve du feu, loin des matériaux inflammables ! ».

Vers les accords de Locarno

Le refus britannique portait un coup très dur à la sécurité collective. Il marquait aussi combien demeurait fort en Grande-Bretagne l'idée du « splendide isolement ». Dans ces circonstances il soulignait enfin le peu d'intérêt porté par Londres à l'entente avec la France.

Pourtant, depuis le début de 1925, les chancelleries européennes se penchent sur un mémorandum allemand du 9 février. Le gouvernement du Reich reprend la proposition faite en

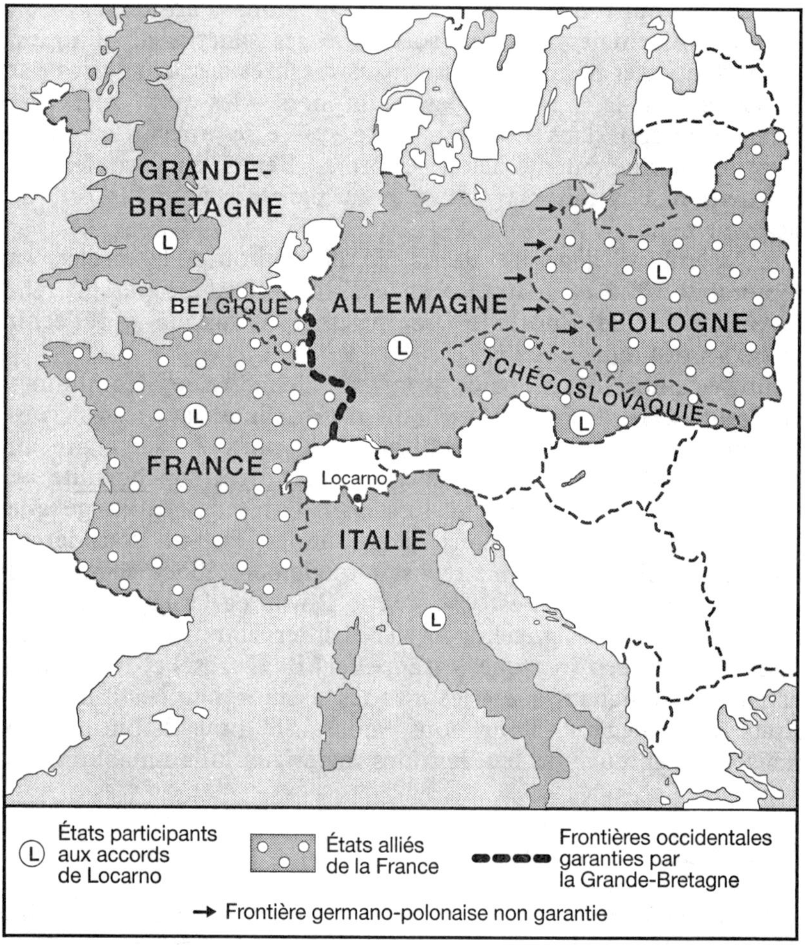

LES ACCORDS DE LOCARNO

décembre 1922 par le chancelier Cuno d'un « pacte par lequel les puissances intéressées au Rhin... s'engageraient... à ne pas se faire la guerre ». Bien plus, l'Allemagne se déclarait prête à « accepter un pacte qui garantirait formellement le *statu quo* territorial sur le Rhin ». L'idée, d'abord mal acceptée par la France en raison de ses liens avec la Pologne et la Tchécoslovaquie non incluses dans le projet de pacte, fait l'objet de nombreuses discussions. Il semble cette fois-ci que l'Angleterre est favorable au projet et Lord d'Abernon, son ambassadeur à Berlin, pousse Stresemann à faire preuve d'accommodement et Londres fait pression sur Paris. C'est ce que souligne le discours de Chamberlain aux Communes dès le 24 mars : « L'Angleterre reconnaît le besoin de sécurité de la France, mais Paris rechigne encore à négocier car la République ne peut « songer à un pacte qui léserait – si peu que ce soit – les intérêts de ses Alliés, particulièrement la Pologne ». Mais le gouvernement Herriot est renversé le 10 avril et le 17, dans le cabinet Painlevé, Briand redevient ministre des Affaires étrangères ; il va le demeurer jusqu'au 12 janvier 1931 (sauf du 17 au 23 juin 1926 !). Aussitôt Briand, sans désavouer Herriot, proclame au Sénat son désir de négocier avec Stresemann.

Les Britanniques relancent les négociations et Lord d'Abernon fait une forte pression sur Stresemann inquiet des réactions possibles de la Russie. Pour les pallier, il demande des « dédommagements ». Surtout il ressort des *Papiers* de Stresemann que le projet allemand « ne répondait pas aux désirs de l'Angleterre car il imposait à l'Angleterre l'obligation de se porter garante, c'est-à-dire d'intervenir éventuellement avec toutes ses forces dans un conflit européen ».

Après plusieurs semaines de négociations, rendues difficiles par les nationalistes allemands qui se refusaient à admettre la reconnaissance du retour de l'Alsace-Lorraine à la France, les Alliés invitaient Stresemann à une conférence à Locarno. Une série de traités fut conclue, les frontières occidentales du Reich étaient garanties par la Grande-Bretagne et l'Italie. À ce traité était associé un ensemble de conventions d'arbitrage sur les frontières orientales du Reich qui ne donnait guère de garanties aux alliés orientaux de la France : on se contentait de préciser que si l'Allemagne attaquait Pologne ou Tchécoslovaquie, elle serait considérée comme agresseur en vertu des statuts de la SDN. On autorisait aussi la France à venir à leur aide, même si la SDN n'arrivait pas à désigner l'agresseur, ce que confirment alors deux traités franco-tchèques et franco-polonais. Mais dans ce cas les Britanniques ne seraient pas tenus à intervenir. Bien plus, Chamberlain spécifia que la Grande-Bretagne réservait sa liberté d'action en cas de conflit sur les frontières orientales du Reich : elle promettait d'intervenir en cas d'agression à l'ouest. De surcroît, à la demande du Royaume-Uni, ni les Dominions, ni l'Empire des Indes n'étaient tenus par les obligations résultant du traité.

Locarno, grâce aux Anglais, est une victoire pour le Reich et Stresemann. Ce dernier a réussi à éviter une alliance franco-britannique, à obtenir l'assurance qu'une affaire comme l'occupation de la Ruhr ne se renouvellerait plus, à empêcher l'internationalisation du problème rhénan. Enfin, le Reich n'est tenu par aucun texte à admettre l'intangibilité des frontières de l'Allemagne avec la Pologne ou la Tchécoslovaquie. Comme il l'avait promis au Kronprinz, Stresemann, à force de *finassieren*, avait obtenu l'essentiel des revendications allemandes : les Réparations telles qu'elles étaient fixées par le plan Dawes ne coûteraient pas trop cher et il était évident qu'elles ne seraient pas payées pendant cinquante ans !

Conséquence des accords de Locarno, le Reich entrait à la Société des Nations : mais Stresemann réclamait de ne pas être tenu à appliquer les sanctions militaires et demandait à être « reconnu digne » d'avoir des colonies. Cela demanda plusieurs mois de négociation et ce n'est que le 8 février 1926 que l'Allemagne demanda officiellement son admission. Le Brésil s'y opposa et comme l'unanimité était requise, l'admission dut être reportée : il fallait réorganiser l'institution, mais le Brésil refusa les arrangements proposés et quitta la SDN. Ce n'est qu'en septembre que l'Allemagne fut enfin admise. Au cours de cette session mémorable, Briand et Stresemann se rencontrèrent à Thoiry, mais « l'entrevue », quoi qu'on ait pu dire, fut un échec. Elle préfigurait toutefois une négociation qui s'engageait entre Paris et Washington qui conduisit au pacte Briand-Kellog mettant la guerre hors la loi. Cela semblait instaurer un début de paix universelle...

Les Dominions, de l'Empire au Commonwealth

Du fait de la guerre, les Dominions s'étaient quasiment affranchis du pouvoir britannique. Ayant participé à la guerre et largement contribué à la victoire, les Dominions participèrent à la conférence de la Paix et signèrent le traité de Versailles. Très vite ils désignèrent des ambassadeurs et agirent de manière de plus en plus indépendante : ils intervinrent désormais dans la politique internationale (conférence de Washington ou problème turc) et contribuèrent à l'échec du plan Macdonald. De ce fait ils facilitèrent par leur refus d'interventions le renforcement de la tradition britannique du splendide isolement.

En 1926 la Conférence impériale substitue le terme de « British Commonwealth » à celui de « British Empire » : les Dominions sont désormais indépendants. Ils reconnaissent seulement leur allégeance à la Couronne, le roi (reine) du Royaume-Uni l'est également dans chacun des Dominions. Il était toutefois spécifié que Londres conserverait quelque temps encore une réelle primauté.

La conférence de 1930 alla encore un peu plus loin : il était entendu, à la demande de l'Afrique du Sud et de l'Irlande, que les Dominions avaient droit de sécession. Toutefois les conflits entre les membres du Commonwealth demeuraient de la compétence du Conseil privé du roi que présidait le Lord-Chancelier sans aucune participation des États constituant le Commonwealth.

En 1931, le Parlement britannique ratifia ces diverses dispositions qui devinrent le « Statut de Westminster ». Il prévoyait que désormais les Parlements des Dominions pouvaient annuler les textes adoptés par le Parlement britannique, alors que depuis 1865 ils ne pouvaient pas aller à l'encontre des Bills votés à Londres.

Mais la plus importante de ces conférences a lieu en 1932 à Ottawa. Elle va tirer les conséquences du rejet par le Royaume-Uni du libre-échange.

La crise de 1929 et ses conséquences

La crise de 1929 a en effet touché de plein fouet l'économie britannique ; la production de charbon baisse de 20 % en deux ans, celle d'acier de près de 50 %, les importations chutent de plus de 20 %. Le PIB tombe de 240 milliards de dollars à 220. Par contre le chômage passe de 1,4 million de sans-travail en 1928 à 3,4 millions en 1932.

Le gouvernement britannique, devant la gravité de la situation, a alors mis fin au libre-échange au début de 1932, rompant ainsi avec les Corn Laws de 1846. Malgré les efforts de Stanley Baldwin, la conférence d'Ottawa ne permit pas la signature d'un texte commun à l'ensemble du Commonwealth. Il n'y eut que des accords propres entre la « métropole » et chacun des Dominions, mais ils étaient suffisamment semblables pour que l'on puisse parler de « préférence impériale ». Mais si le Royaume-Uni s'engageait à accorder un régime douanier de faveur aux différents Dominions, ceux-ci « ne prirent à l'égard de la Grande-Bretagne que des engagements assez vagues » (J.B. Duroselle).

En réalité la crise de 1929 (qui ne produit ses effets qu'à la fin de 1930 en Royaume-Uni) va profondément modifier le comportement de la Grande-Bretagne à l'égard de l'Europe.

Dès leur apparition l'Angleterre prend clairement position contre les divers projets européens de Briand. Au nom de ses liens avec les Dominions elle s'oppose à tout organisme européen. W. Churchill le déclare clairement : « Nous sommes avec l'Europe, mais non de l'Europe. »

D'ailleurs la *Round Table*, analysant le projet Briand auquel elle trouve un ton antiaméricain, écrit face à ce projet : « Si l'Angleterre doit choisir entre l'Europe et les États-Unis, c'est avec l'Europe qu'elle rompra »...

Le mémorandum de février 1930, préparé par Alexis Léger, prévoyant une « Association au service de l'œuvre collective d'organisation pacifique de l'Europe », est encore plus mal reçu. Les Britanniques soulignent la primauté des problèmes économiques et rappellent que « de toute manière la SDN existe ». De surcroît, Londres songe d'abord aux Dominions ; on se contente de demander la multiplication de réunions régulières des États européens, membres de la SDN. Quelques semaines plus tard Artur Henderson, secrétaire au Foreign Office du cabinet Macdonald, rejette l'idée de Briand d'un « lien fédéral européen » et se contente de parler de « simple collaboration ».

Le refus de l'Anschluss de 1931

Pourtant l'Angleterre soutint la protestation française contre le projet germano-autrichien de mars 1931 d'Union douanière qui se développait dès le milieu des années 20 avec le soutien des grands partis allemands (SPD, Zentrum et droite modérée) et des grands partis autrichiens, en particulier les austromarxistes [1].

C'est le ministre Henderson qui sut faire adopter par le

1. Otto Bauer développa ce thème dans toute une série d'articles, en juillet 1927, dans une revue viennoise.

Conseil de la SDN un texte renvoyant le projet à la Cour de justice de La Haye. Mais un an plus tard, lorsque Tardieu, devenu président du Conseil et ministre des Affaires étrangères, propose, en mars 1932 – malgré Beneš[1] –, une sorte de communauté économique danubienne, avec la mise en place progressive d'un système douanier préférentiel et d'une monnaie commune qui grouperait Autriche, Tchécoslovaquie et Hongrie, le Royaume-Uni soutint l'opposition formelle du Reich et de l'Italie. Ces deux États « se refusaient à laisser l'Europe centrale s'organiser en dehors d'eux » (J. Droz). La Grande-Bretagne, elle, y était hostile pour des raisons économiques, elle estimait que le système douanier préférentiel porterait tort à ses exportations ! Il est vrai que cet ensemble devrait s'élargir plus tard à la Roumanie et à la Yougoslavie. Pour Londres il y avait là un risque de renforcement de la prépondérance française en Europe centrale. C'était à la fois inconcevable et dangereux.

En définitive, comme le souligne Christophe Charle dans *La Crise des sociétés impériales*, la société britannique de l'entre-deux-guerres, malgré nombre de facteurs de déstabilisation (les effets de la guerre, la crise économique, le sous-emploi chronique), demeure un ensemble infiniment plus stable que ses voisins. C. Charle parle même à son sujet d'« Empire recomposé », de « société restaurée », bien que, contrairement à lui, d'aucuns estiment que le recrutement élitaire de la classe dirigeante soit à l'origine de la « crise britannique »[2].

La stabilité sociologique du Royaume-Uni contribue à expliquer la permanence des grands principes de la diplomatie britannique : pas de puissance cherchant la prépondérance sur le Continent. Au début du siècle, c'est le Reich qui menace, on se rapproche de la France ; de 1918 à 1937-1938 on craint une prépondérance de la France, donc le Foreign Office joue l'Allemagne et se méfie de la France. Le drame c'est que Paris ne s'en rend pas compte et reste attaché à l'alliance avec une Angleterre qui, au-delà des grands mots, se détourne de la France.

---

1. En 1934 d'ailleurs Beneš récidivera en rappelant que « les États danubiens ont tous pour l'idée de Fédération une répulsion instinctive. Elle leur rappellerait... la vieille monarchie ».

2. Cf. P. Chassaigne, *Démocratie et société dans l'Angleterre en guerre*, 1977.

CHAPITRE VII

LE VATICAN CONTRE LA FRANCE

Bien évidemment, la loi de séparation de 1905 ne facilite pas les rapports entre la République et le Saint-Siège. Mais si le pape saint Pie X en tire les conclusions théologiques et ecclésiastiques, il ne s'en est pas pris à la politique française. Il n'en sera pas de même de ses deux successeurs, Benoît XV et Pie XI [1].

Benoît XV et la guerre

La volonté de Benoît XV de restaurer la paix, si louable et intelligente soit-elle, est mal perçue en France. On accuse le Souverain Pontife de protéger sinon les Empires centraux, du moins l'Autriche-Hongrie et les Habsbourg. Le pape, lui, a parfaitement compris que la disparition de l'Empire dualiste serait une catastrophe pour l'Europe. De ce point de vue la culpabilité de Caillaux ou de Malvy [2], poursuivis par Clemenceau, n'est pas du tout évidente. Mais ses propositions, en particulier celles concernant la Belgique, l'Alsace-Lorraine ou le Trentin, furent récusées tant par les Allemands que par les Autrichiens. Comme le remarque alors Mgr Chesnelong dans *La Croix*, « s'il y a dans la lettre pontificale [d'août 1917] une nation favorisée, ce n'est ni l'Allemagne, ni l'Autriche, mais bien la France et la Belgique » (cité par J.M. Mayeur dans *Histoire du*

---

1. La lecture des *Carnets* de Mgr Baudrillart, qui sert d'ambassadeur itinérant du catholicisme français, sont très précieux : A. Baudrillart tient chaque jour un journal très précis dans lequel il relate ses multiples entretiens aussi bien avec les ministres français qu'avec les papes (Pie XI en particulier) et les prélats de la Curie romaine.

2. Briand déclarera, plus tard, qu'il était partisan du maintien de la restauration des Habsbourg.

christianisme, t. XII, p. 311). Mais ni Paris, ni Rome, enfermées dans leur « antipapisme », ne daignèrent répondre au pape.

C'est dans l'encyclique *Pacem* que Benoît XV présenta ses propositions sur une conception catholique de la restauration de la paix. Il s'en tenait aux grands principes : mise en cause des traités, « inefficaces », reconnaissance de la SDN et de la sécurité collective, affirmation d'un désarmement nécessaire. Le pape n'allait pas plus loin mais « amorçait un mode nouveau d'intervention du Saint-Siège dans le domaine international » (J.M. Mayeur).

Le pape contre les puissances coloniales

Sous l'influence du préfet de la congrégation de la Propagation de la foi, le cardinal van Rossum, lui-même fortement marqué par les réflexions d'un missionnaire lazariste en Chine, le père Lebbe, Benoît XV promulgua, en novembre 1919, l'encyclique *Maximum Illud*. Il condamne certains aspects des politiques des missionnaires dans les colonies : « Quelle pitié ce serait de voir les missionnaires méconnaître leur dignité au point de... témoigner d'un zèle indiscret pour le développement de la puissance de leur pays, le rayonnement et l'expansion de sa gloire au-dessus de tout. Ces dispositions seraient pour l'apostolat une peste affreuse. » La France se sent particulièrement visée et avec elle nombre de congrégations missionnaires françaises ; pour bien des prêtres, partir en mission c'était servir à la fois Dieu et la France. Cette encyclique est donc considérée dans nombre de milieux – et pas seulement chez les anticléricaux – comme une critique de la politique religieuse de la France outre-mer. Rappelons que la loi de séparation n'a pas empêché le gouvernement de la République de reconnaître et de soutenir les missions ; d'ailleurs dès que Tahiti, puis Madagascar, deviennent françaises on expulse les missionnaires protestants allemands ou britanniques et on facilite l'implantation de pasteurs français, au pire (!) suisses. C'est d'ailleurs ce qui se passe dans les territoires sous mandat issus des anciennes colonies allemandes où les Alliés substituent aux missionnaires allemands des prêtres ou des pasteurs, français ou britanniques.

Certes, et à juste titre, l'encyclique souligne la nécessité de former des clergés indigènes, mais *nolens volens* le pape apporte son appui aux divers mouvements nationalistes locaux, au moment même où à Bakou les bolcheviks appellent les colonies à se soulever ! Dès 1922 le Saint-Siège nomme en Chine un délégué apostolique italien alors que depuis plus d'un demi-siècle les missions catholiques en Chine sont sous protectorat français.

En 1926 Pie XI, par l'encyclique *Rerum Ecclesiæ,* rappelle la nécessaire égalité entre clergé indigène et clergé européen. Cette même année il ordonne six évêques chinois, l'année suivante un évêque japonais.

Le rétablissement des relations de la France avec le Saint-Siège

Mais c'est à un autre niveau que la France et le Saint-Siège vont s'affronter. Après la guerre, Paris s'est rendu compte des inconvénients de la rupture des relations diplomatiques avec le Saint-Siège. On va donc chercher à les rétablir.

Durant la période de la guerre, c'est l'ambassadeur de l'anglicane Angleterre qui fait le lien entre Paris et le Vatican ! Or les problèmes sont complexes : les Empires centraux sont considérés comme favorisés par le Saint-Siège et l'on s'interroge sur le sort du protectorat français sur les missions catholiques au Proche-Orient comme en Extrême-Orient. De surcroît, la perspective du retour de l'Alsace et de la Moselle à la mère patrie peut entraîner des difficultés. Comment négocier avec le Vatican pour désigner les prochains évêques de Metz et Strasbourg ? Il faudra que ce soit un sénateur juif, d'origine alsacienne, Lazare Weiller, qui invite le gouvernement à renouer des relations diplomatiques avec le Saint-Siège (avril 1917). Il obtient le soutien de quelques parlementaires socialistes, comme Marcel Sembat, ou radicaux, comme Salomon Reinach ou Anatole de Monzie, auteur d'un *Rome sans Canossa* ; selon ce dernier la France doit pouvoir reprendre ses liens avec le Vatican sans faire amende honorable comme au Moyen Âge l'empereur allemand Henri IV.

Mais la classe politique demeure anticléricale, même quand la majorité est à droite, ce qui est le cas de 1919 à 1924, de 1928 à 1932 et de 1938 à 1940. Il y a peu de parlementaires à s'affirmer catholiques et aucun d'entre eux n'obtiendra de portefeuilles ministériels prestigieux. En 1919, le chef du Bloc national n'est autre que le « laïciste » Clemenceau, viscéralement hostile à la reprise des relations avec le Saint-Siège et les présidents du Conseil qui lui succèdent, même s'ils ne sont pas aussi anticléricaux que lui, sont tous des laïcs plus ou moins intransigeants, de Poincaré à

Daladier en passant par Millerand, Doumergue, Painlevé, Pierre Laval ou Blum. Tous les ministres de l'Intérieur de 1919 à 1940 sont des laïcs durs, généralement francs-maçons, sauf, peut-être, Justin de Selves (ministre de mars à juin 1924), Tardieu (minsitre de novembre 1928 à décembre 1930), Laval (ministre de janvier 1931 à janvier 1932) et Mandel (ministre de mai à juin 1940) [1].

Aussi, malgré les efforts du Vatican [2] il faudra attendre 1924 pour qu'un accord soit conclu ; le Saint-Siège accepte la création d'associations diocésaines (encyclique *Maximum gravissimumque* du 18 janvier 1924) et reconnaît au gouvernement un droit de regard sur la nomination des évêques français. Deux personnalités ont joué en cette affaire un grand rôle : Aristide Briand et surtout Charles Jonnart, un sénateur, ancien gouverneur général de l'Algérie (1900-1911) puis ministre des Affaires étrangères en 1913.

Soulignons que cette politique de rapprochement, outre l'opposition des laïques (socialistes, radicaux ou communistes), se heurte à l'hostilité des catholiques intransigeants et à celle de l'Action française.

Jonnart va d'ailleurs jouer un rôle considérable puisque, en janvier 1922, il est l'un des artisans de l'élection de Mgr Ratti, archevêque de Milan, au Saint-Siège. Quelques semaines plus tard, pour limiter le poids des intransigeants, il obtient la nomination d'un prêtre conciliant à la *Documentation catholique*.

Cela n'empêche pourtant pas Pie XI de critiquer vertement, en juin 1923, l'occupation de la Ruhr : l'occupation était, dans une première version, qualifiée « d'odieuse » ; elle ne sera plus que « pénible » (Encyclique *Quando nel Principio*). Et le 11 décembre 1925 Pie XI récidive, bien que de manière plus modérée *(Quas Primas)*. Dès le début le pape avait estimé qu'il fallait « examiner le problème des Réparations avec un aspect chrétien et ne pas accabler le débiteur au risque de créer des bouleversements sociaux qui seraient la ruine de l'Europe » [3].

---

1. Mgr Baudrillart se fait gloire d'avoir tout fait pour favoriser l'élection de Deschanel comme président de la République contre Clemenceau ! Cf. *Carnets du Cardinal* du 12 décembre 1919 au 18 janvier 1920.

2. Le pape Benoît XV canonise Jeanne d'Arc en mai 1920 ; simultanément il canonise Marguerite-Marie Alacoque à l'origine de la dévotion au Sacré-Cœur.

3. La réaction de Mgr Baudrillart est assez hostile à l'encontre de la Curie et du pape lui-même (cf. *Carnets* aux dates des 27, 28 et 29 juin) : il lui semble que le pape « a dépassé la mesure ». Il lui arrive souvent de reprocher à Pie XI sa francophobie aussi bien face à l'Allemagne que dans les affaires du Proche-Orient.

La condamnation de l'Action française

Quoi que puissent penser certains historiens, catholiques ou non[1], la condamnation de l'Action française (20 décembre 1926) n'est pas seulement théologique, elle a un fondement politique lié aux problèmes internationaux. Comme le remarque Jacques Prévotat : « Sans avoir vraiment lu l'œuvre de Charles Maurras, le cardinal-archevêque de Bordeaux estime que l'on ne peut séparer le système politique de la philosophie de Maurras. » La réhabilitation de Maurras par Pie XII en 1939 souligne, au moins partiellement, que c'est aussi pour des raisons politiques que l'Action française est condamnée[2] ; au reste, si l'Action française était aussi hérétique qu'on le dit à Rome, comment se fait-il que la très grande majorité des évêques de France et des dirigeants des congrégations religieuses ne s'en soient pas rendu compte avant la décision de Pie XI ! C'est sans doute pour lutter contre les réticences épiscopales que Pie XI prendra des mesures drastiques contre le mouvement, le journal et ses lecteurs.

Pie XI se méfie de surcroît de l'influence du laïcisme français en Europe centrale, particulièrement en Pologne et Slovaquie. Incontestablement les conceptions politico-administratives françaises ont fait des émules. La Pologne et la Tchécoslovaquie ont construit leur administration selon le modèle jacobin et l'anticléricalisme fleurit fortement à Prague. Or la présence française en Europe centrale comme contrepoids à l'impérialisme allemand est un thème constant de l'Action française, même si J. Bainville, à juste titre, est très réservé face à ce qu'il appelle le « tchécoslovaquisme » du Quai d'Orsay.

Mais surtout Pie XI est très attentif aux plaintes des catholiques allemands ; ce sont eux qui ont payé le plus lourd tribut démographique lors des traités de 1919 : 1,5 million de catholiques considérés comme Allemands en Pologne (ce qui n'est vrai que pour un tiers d'entre eux) et un million en Alsace-Moselle en admettant que les dialectophones soient allemands ! La politique anticléricale du Cartel des gauches, annoncée par la déclaration ministérielle d'E. Herriot en juin 1924, fait effectivement naître en Alsace-Moselle[3] un autonomisme à tendances

1. Cf. J. Prévotat, *Les Catholiques et l'Action française*, Fayard, 2001.

2. Cela peut conduire à se demander qui de Pie XI ou de Pie XII est le plus germanophile !

3. *Cf.* F.G. Dreyfus, *La Vie politique en Alsace 1918-1936,* Fondation nationale des sciences politiques, 1969.

pro-allemandes que le gouvernement s'avère incapable de combattre au point qu'une majorité d'Alsaciens soutient un important manifeste antifrançais. Celui-ci réclamait pour protéger « notre race et notre langue... une autonomie complète... législative et administrative... avec un pouvoir exécutif siégeant à Strasbourg ». Même si Mgr Ruch, évêque de Strasbourg, condamne fermement ce texte, le parti catholique, majoritaire en Alsace, l'UPR, constate que « le programme du Heimatbund est identique au programme de l'UPR ». Face à ces déclarations, saluées chaleureusement par la presse catholique allemande, les réactions des partis jacobins (SFIO, radicaux, républicains modérés) n'ont naturellement qu'un impact limité. Par contre l'Action française se lance dans une campagne extraordinairement active et habile soutenue par un jésuite, le père Riedinger, le comte de Leusse, Pierre Hepp, animée par des militants comme Dungler ou Paul Winter, futurs dirigeants de la résistance alsacienne entre 1940 et 1945. Elle rappelle que le problème de l'autonomisme ne se poserait pas si l'on suivait le programme maurrassien favorable à la décentralisation et à la reconstitution des « provinces ». Et la campagne de l'Action française a une audience incontestable, gênant fortement les milieux catholiques devenus germanophiles.

En effet, face à cette offensive nationale, soutenue fortement par le sénateur Lazare Weiller, se constitue à Francfort-sur-le-Main une association panallemande, la « Erwin von Steinbach Gesellschaft »[1] et les chefs du mouvement autonomiste, soutenus par le catholicisme allemand, s'adressent directement au Saint-Père pour lui demander aide et protection. Simultanément est créée une Caisse Andreas Hofer, vivant, là encore, de financements allemands.

Tous ces événements, qui se déroulent entre juin et novembre 1926, contribuent à conduire le Saint-Père, qui tient à soutenir les catholiques allemands, à freiner l'impact de l'Action française en Alsace-Lorraine.

Mais il est une autre raison pour Pie XI de condamner l'Action française : elle s'oppose de plus en plus fortement à la politique de Briand qui cherche à rapprocher France et Allemagne. Les accords de Locarno sont considérés par l'Action française comme un marché de dupes. Elle exprime mieux que quiconque ce que pensent une partie de la classe politique et le Français moyen. On le vit bien lorsque, en septembre 1926, Briand et Stresemann se rencontrèrent à Thoiry. Briand prit un

1. Elle existe toujours...

certain nombre d'engagements qu'il ne pourra tenir devant l'opposition du président du Conseil, Poincaré, et de la presse, soudain à la remorque intellectuelle des thèmes diffusés alors par l'Action française.

En pontife, défenseur de la paix, Pie XI ne pouvait qu'être favorable à Briand, d'autant que celui-ci – en ce même automne 1926 – obtenait, malgré l'opposition des radicaux, des aménagements favorables aux lois de 1901 et 1905 concernant les congrégations et les biens de l'Église.

Certes il y a des éléments philosophiques et théologiques qui peuvent justifier la condamnation de Maurras, mais non celle de l'Action française. Le journal ou le mouvement, comme la plupart des militants du mouvement, plus encore la très grande majorité des lecteurs du journal sont profondément catholiques. Or le comportement de Rome, du nonce et de certains évêques est d'une brutalité difficilement imaginable aujourd'hui mais se rapproche des méthodes utilisées aux XVIIe et XVIIIe contre les jansénistes. En Bretagne, l'évêque de Nantes est quasiment persécuté parce qu'il tolère le mouvement, celui de Rennes, après la disparition du cardinal de Charost, utilise des moyens dignes de l'inquisition ; il n'est pas le seul et ces actions vont entraîner certains milieux catholiques dirigeants à s'éloigner du catholicisme officiel. Dire, comme le dit J. Prévotat, que dans cette crise le pape « n'a obéi qu'à des motifs religieux » nous semble largement inexact.

L'affaire de l'Action française est dans une certaine mesure le signe de l'internationalisme de l'Église appliqué aux rapports franco-allemands. La condamnation de Maurras a eu assez rapidement pour conséquence la diminution de l'influence de l'Action française. Le journal, en six ans, perd la moitié de ses abonnés, d'autant qu'après avoir été fort modérée *La Croix* s'attaque, sous l'impulsion de son nouveau directeur, le père Merklen, directement à Maurras et à son mouvement.

Un internationalisme pontifical teinté de germanophilie

Si, dès 1925, Marc Sangnier[1] s'est engagé dans la voie du rapprochement franco-allemand en organisant une rencontre

1. Journaliste chrétien-démocrate de gauche et pacifiste. Il sera le fondateur de *La Jeune République.*

franco-allemande qui se tient à Bierville, le mouvement ne prend vraiment son essor qu'en 1926.

Dans le sillage de *Pax Romana*, le pape et le nonce à Berlin, le futur Pie XII, favorisent des séminaires théologiques franco-allemands, tel celui de Fribourg en 1932 sur la « moralité de la guerre ». Simultanément, Mgr Julien rejoint le comité fondé par l'industriel luxembourgeois Mayrisch (le Comité franco-allemand d'information et de documentation) qui va peu à peu déboucher sur le comité France-Allemagne. D'un côté on favorise la compréhension internationale, d'un autre on est conduit à fermer les yeux sur la persistance du pangermanisme. Le VDA [1] de Stuttgart inauguré solennellement par Stresemann en 1925, soutenu par tous les partis (sauf les communistes) cache en fait – au-delà de l'action culturelle – un centre de propagande fort actif dans les territoires perdus par le Reich [2].

C'est à cette époque aussi que se développe la très pangermaniste *Zeitschrift für Geopolitik* de Haushofer.

En freinant, au moment même où l'Allemagne accélère son réarmement, le nationalisme maurrassien, on a décapité en France une forme incontestable de patriotisme et on laisse le champ libre à un pacifisme de droite qui trouve un large écho dans nombre de milieux catholiques français et qui va atteindre en fait une bonne partie des modérés français entre 1928 et 1940.

Un signe de l'impact du pacifisme catholique apparaît avec l'accueil de la publication des *Papiers* de Stresemann en 1932. On y découvre sans grande difficulté la duplicité du chancelier, mais la plupart des recensions mettent en avant au contraire le rôle éminent de Stresemann dans la politique de Briand de rapprochement franco-allemand. Le livre connaît un succès d'estime mais Bainville souligne dans ses recensions dans la presse d'Action française, le rôle ambigu de Stresemann.

Il est un des rares à le faire ; il serait intéressant de savoir qui, à l'Académie française, demeurée proche de Maurras [3], fera attribuer un prix à l'ouvrage.

---

1. *Verein des Deutschtums in Ausland*, Association pour le germanisme à l'étranger.

2. L'édition de 1925 du volume *Deutschland* de la *Saydlistche Geographie* consacre 30 pages aux Allemands de l'étranger et aux anciennes colonies... sur 390 pages !

3. L'Académie élira Bainville en 1935, puis Maurras en 1939.

Mais la vision réaliste du problème allemand, que Bainville n'a cessé dans *L'Action française* d'examiner jusqu'à sa mort, est presque le monopole de rares publications maurrassiennes[1]. Partout ailleurs on n'entrevoit guère l'Allemagne comme un danger. À gauche on évoque le danger « fasciste » mais c'est un reproche que l'on faisait depuis la prise de pouvoir par Mussolini à tous ceux qui souhaitent un pouvoir fort. En 1936 aucun parti de gauche n'appelle à la riposte contre la réoccupation de la Rhénanie.

À droite, trop souvent, le Reich apparaît comme un exemple. Et le monde catholique, à part quelques intellectuels comme Robert d'Harcourt ou la plupart des rédacteurs de *L'Aube*, ne sait pas véritablement discerner les miasmes diaboliques du nazisme. En mars 1936, seule *L'Action française* appelle à réagir devant la remilitarisation de la Rhénanie et cela ne durera guère.

Ainsi la décapitation de l'Action française en 1926 a largement contribué à émousser, pendant plus de dix ans, la méfiance française à l'égard de l'Allemagne tant celle de Weimar[2] que celle d'Hitler.

Le Saint-Siège et le nazisme

Même si pendant le séjour de Briand au Quai d'Orsay les relations franco-vaticanes sont relativement bonnes, il n'en demeure pas moins que Rome continue à se méfier de Paris.

On le voit bien dans la politique catholique en Chine où les Français sont souvent évincés, comme en 1932. Rome continue de condamner le nationalisme exacerbé et cherche à faire admettre une évolution de la théologie de la « juste guerre » à celle de juste défense ; la notion de guerre offensive est mise en cause même si, remarque J.M. Mayeur, « la légitime défense demeure un devoir ». Mais, malgré la prise de pouvoir par Hitler, l'occupation de la Mandchourie par le Japon, le Saint-Siège persiste à réaffirmer ses positions. Pourtant le nouveau secrétaire

1. Il faudra attendre G. Pompidou pour que l'on songe à souligner la validité de certaines assertions diplomatiques de Maurras et de Bainville.

2. À cet égard on se reportera à *Mémoire secret* de Stresemann du 13 janvier 1925 sur les minorités allemandes en Europe et à l'article de J. Bainville dans *L'Action française* du 8 mars 1929, ensemble de textes cités par P. Hillard, *Minorités et régionalismes*, F.X. de Guibert, 2001.

d'État, le cardinal Pacelli, le futur Pie XII, plus proche des réalités, « marque une moindre confiance que son prédécesseur dans l'aptitude des organismes internationaux à résoudre les conflits. Diplomate et juriste il mène une politique un peu trop compliquée pour être bien comprise de la masse » (J.M. Mayeur).

Au reste, Rome, poursuivant sa politique concordataire, signe en juillet 1933 un concordat avec le Reich cautionnant *nolens volens* le régime totalitaire mis en place quelques semaines auparavant par A. Hitler. Même si ce concordat accorde enfin une reconnaissance juridique aux catholiques allemands qui la réclamaient depuis 1918, il n'en demeure pas moins – au moment même où le parti catholique, le Zentrum, est interdit – qu'il donne une sorte de bénédiction non seulement religieuse mais aussi internationale et même éthique au système totalitaire et raciste qu'est le IIIe Reich.

Toutefois le Vatican va changer de position en mars 1937. À ce moment, en même temps que l'encyclique antinazie, *Mit brennender Sorge*, Pie XI promulgue une encyclique virulente contre le marxisme « intrinsèquement pervers ». Or, au même moment, la France a un gouvernement de gauche soutenu par les communistes ; cela justifie naturellement une certaine méfiance du Vatican à l'égard de Paris, d'autant que le gouvernement de Front populaire a débuté avec des intentions nettement anticléricales qui entraînent des remous en Alsace ; il est vrai que le climat s'améliore peu à peu sous la pression de Blum et de Delbos. La visite à Paris, en juillet 1937, du cardinal-secrétaire d'État, Mgr Pacelli, est un extraordinaire succès : ses allocutions sont accueillies avec faveur jusques et y compris par *L'Humanité* ! Cela détend considérablement les relations ; mais Rome, favorable à l'accord Laval-Hoare sur l'Éthiopie, a été déçue par le comportement de la gauche française et la chute du gouvernement Laval.

De 1918 à 1940 les relations entre Paris et le Vatican sont empreintes de méfiance réciproque. Sans doute les interventions de Rome dans la politique française, en particulier la condamnation de l'Action française, auront des répercussions que l'on ne peut négliger quand on examine la politique de l'Europe à l'égard de la France. N'oublions pas, comme l'a remarqué Étienne Fouilloux, que le catholicisme national n'est pas monopolisé par l'Action française ; il y a, à côté de celle-ci, la Fédération nationale catholique (FNC) du général de Castelnau : dans une large mesure, elle est le prolongement populaire de l'Action française. La très grande majorité des catholiques nationaux n'est pas à l'Action française, n'ont jamais lu Maurras (à commencer, rappelle E. Fouilloux, par le général de Castelnau) mais on voit dans le maurrassisme « la rencontre entre une exigence de rationalité religieuse et une exigence de rationalité politique ». Plus simplement, disons que l'Action française apporte indirectement aux catholiques nationaux une doctrine plus nationale et chrétienne que monarchique qui soutient et sous-tend leur activisme, qui encadre leurs actions. Souvent ce sont les jeunes « Camelots du Roi » qui assurent le service d'ordre des grandes manifestations de la FNC. De surcroît *L'Action française* des années 1925-1930 est plus agréable à lire que la presse FNC, elle compte des collaborateurs prestigieux : Maurras, Bainville, Léon Daudet. Ses pages économiques et littéraires sont d'une rare qualité. Il est significatif qu'après 1927-1929 la FNC ne joue plus qu'un rôle second. Comme le dit G. Cholvy « les belles années de la FNC... vont durer jusqu'à 1930 ». Il est vrai que les liens AF/FNC sont loin d'être négligeables ; pensons au rôle de Xavier Vallat, vice-président de la FNC, à celui de Jean Guiraud ou du père de La Brière. *Les Carnets* du cardinal Baudrillart soulignent bien les interférences entre les deux mouvements. La condamnation de l'Action française entraîne le déclin de la FNC.

Or ce qui se substitue intellectuellement à l'Action française dans le monde catholique fidèle au Saint-Siège, c'est le néo-thomisme de Maritain qui, par son caractère ouvert et progressiste, scandalise les catholiques nationaux en France, mais aussi en Amérique latine et au Canada [1].

C'est le temps d'une action catholique à tendance progressiste (en particulier la JOC) et pacifiste ; c'est aussi le temps de la *Vie intellectuelle*, d'*Esprit*, de *Sept*, qui auront de la vie internationale une vision angélique conduisant à une forme de pacifisme contradictoire face aux difficultés réelles qui se développent après 1933. Tout cela contribue à favoriser la politique de l'autruche qui caractérise la diplomatie française de la IIIe République finissante que stigmatise dans ses *Carnets* le cardinal, recteur de l'Institut catholique de Paris.

Même si ce n'était pas le but recherché, la politique du Vatican à l'égard de la France a favorisé un véritable désarmement moral qui aura incontestablement de lourdes conséquences.

---

1. Là encore le témoignage du cardinal Baudrillart est significatif. Cf. l'avant-dernier volume, p. 923 et suivantes.

Cette tendance se modifie insensiblement après l'élection de Pie XII voulue par la France (« tenir le plus longtemps possible pour Pacelli », écrit avant le conclave Mgr Baudrillart) qui très vite va annuler la condamnation de 1926 (juillet 1939), mais cela arrive trop tard pour réintégrer l'Action française dans le circuit intellectuel et politique français.

Mise peu à peu à l'index, violemment anticommuniste, l'Action française, à son tour, est, après l'arrivée au pouvoir du Front populaire, souvent tentée de soutenir des positions pacifistes. Le Saint-Siège, en jouant la carte des catholiques de gauche, a contribué à diminuer dans l'opinion française l'esprit de défense que le gouvernement Daladier, après Munich, aura bien du mal à reconstituer.

DEUXIÈME PARTIE

LA FRANCE DE 1919 À 1939

CHAPITRE VIII

LA RESTAURATION DE LA FRANCE LE MYTHE ET LA RÉALITÉ

Dans la mesure où elle est fondée sur des traités absurdes, qu'elle a largement sinon inspirés, du moins soutenus en laissant faire Wilson sans vraiment réagir, la diplomatie française de l'entre-deux-guerres ne pouvait être que faussée.

Une France en ruines

Tel est le thème que l'on ne va pas cesser de clamer au lendemain de la guerre ; sans minimiser les énormes dommages occasionnés par les batailles, aggravés par les destructions systématiques commises par les armées allemandes en retraite, il faut sans doute relativiser : au 11 novembre 1918 la France a subi moins de destructions que la France du 8 mai 1945, mais infiniment plus de pertes en hommes.

Le désastre est d'abord démographique : 1 500 000 tués naturellement jeunes ; si le monde paysan a été terriblement frappé (plus de 10 % de la population active rurale), une autre catégorie sociale a particulièrement souffert : les jeunes cadres littéraires ou scientifiques ; plus de 20 % des diplômés de Sciences-Po des années 1908-1914, davantage encore parmi les normaliens de la Rue d'Ulm, plus de 20 % de polytechniciens des promotions 1905-1914 et les chiffres sont analogues pour les autres grandes écoles. À ces morts glorieux s'ajoutent les mutilés graves : plus de 300 000.

Économiquement, les ruines sont à relativiser. Les régions des combats les plus durs sont souvent des zones peu peuplées et dont l'importance économique est seconde. C'est le cas du massif des Vosges, du plateau lorrain ou de la Champagne de Pont-à-Mousson à Berry-au-Bac. Seules parmi les régions dévastées ont une réelle importance agricole les régions qui s'étendent de Berry-au-Bac à Armentières, soit environ 25 à 30 000 km^2 ; seules deux grandes villes sont réellement très fortement atteintes : Amiens et Reims. Arras ou Saint-Quentin, les autres agglomérations ont subi des dommages plus ou moins grands, de nombreux villages sont détruits, mais leur remise en état ne pose pas de problèmes insurmontables.

Plus graves sans doute sont les dégâts subis par les mines de charbon, les voies ferrées[1] et les routes... mais à comparer le « Chaix » du service d'hiver 1913-1914 et celui de 1921-1922 on constate que les réseaux du Nord et de l'Est ont retrouvé assez rapidement leur état antérieur : bien mieux, on peut noter que les dessertes Paris-Nancy ou Paris-Lille ont profité des améliorations dues aux nécessités militaires (sur Paris-Nancy qui ne sera coupée que pendant quelques jours en 1914 et en juillet 1918) ou à la reconstruction (Paris-Lille). On peut dire la même chose de la remise en état des routes qui, dans les régions dévastées, est davantage l'œuvre des régiments du génie que des subdivisions des Ponts et Chaussées !

On ne cessera de dire que la guerre a porté à l'industrie des dommages difficilement réparables. Est-ce aussi exact qu'on le prétend ?

Les charbonnages du Nord et du Pas-de-Calais ont été systématiquement noyés par l'armée allemande en retraite et sont rendus inutilisables pour plusieurs mois. En 1919 la France ne produit guère plus de 19 millions de tonnes de charbon contre 39 en 1913 ; mais en 1925, avec les mines rééquipées à neuf, la production atteindra 55 millions de tonnes, tonnage qui se maintiendra jusqu'à la crise de 1929-1930 et que l'on ne retrouvera qu'en 1955.

Au reste il faut, à travers l'enquête du tome I de la somme de Claude Paillat, *Dossiers secrets de la France contemporaine*, examiner les situations régionales. Auparavant il convient d'envisager les rôles tenus par deux ministres de Clemenceau : Clémentel et Loucheur. Clémentel, ministre radical de l'Industrie d'octobre 1915 à janvier 1920, fait dresser un bilan de l'état industriel de la France que résume sa lettre d'envoi du document aux prési-

1. Le réseau du Nord compte 1 350 km de voies doubles et 622 km de voies uniques à refaire, 1 100 ponts, 9 viaducs. En 1944-1945 il y aura plus de 4 000 km de voies à refaire, une trentaine de viaducs non seulement dans l'Ouest mais aussi dans le Midi et autour de Paris, alors que le Nord et l'Est seront largement épargnés : début 1947 l'essentiel était rétabli.

dents de la République et du Conseil. Il souligne la nécessité de renforcement de la production et plutôt que de recourir à la main-d'œuvre étrangère, « solution simpliste qui ne serait pas sans danger pour l'intégrité de notre race et le maintien du niveau de vie du travailleur national », il suggère l'utilisation de la machine, en regrettant que la France « première à faire surgir des inventions, mais trop souvent dernière à les réaliser » n'en dispose guère.

Il faut organiser et standardiser la production et l'État doit y contribuer par des laboratoires. Il réclame une réforme du système bancaire et une amélioration de la politique agricole. Les rendements français étant sensiblement inférieurs aux rendements des pays voisins, il appelle à la reconnaissance de l'agriculture et aussi à une réelle mise en valeur des colonies. Enfin il souhaite rendre l'appartenance à un syndicat « obligatoire comme en Allemagne » et estime que « les syndicats français devront accepter de leur plein gré des disciplines volontaires ».

Pour accroître l'impact de ce rapport pessimiste, il fait inviter par le Musée social le professeur Henri Hauser, titulaire de la chaire d'histoire économique à la Sorbonne, pour qu'il analyse devant le grand public l'état de l'économie française : H. Hauser souligne le retard de l'économie nationale en 1914, rappelle notre déficit en charbon et en coke, déficit qu'aggravera « l'accroissement de nos industries métallurgiques et chimiques ». Plus grave, il met en avant « les défauts de la race d'une nation de paysans, de petits artisans des campagnes, de gens qui n'ont pas de très larges horizons » ; il déplore « les insuffisantes liaisons entre l'industrie et la science, cette tour d'ivoire où se complaisent les instituteurs ». Il regrette qu'on ait constamment recours à l'État pour « demander, par exemple, un tarif douanier, une bonne muraille de Chine ». Il conclut en réclamant de l'État « qu'il prenne des habitudes industrielles ».

Ce discours est vivement critiqué dans la plupart des milieux industriels (en particulier au Comité des forges dont l'influence politico-économique est considérable) et par la classe politique : on admet difficilement qu'un professeur de Sorbonne se permette de proclamer, pourtant à juste titre, « on s'aperçoit que les pays à grand rendement industriel sont des pays à gros salaires, à courtes journées de travail et à œuvres sociales multiples ». De surcroît, il proclame « qu'une loi s'impose avec une main de fer, c'est la loi de concentration industrielle ».

C'est ce que J. Bariéty notera plus de cinquante ans plus tard dans sa thèse complémentaire sur *Le rôle de la minette dans la sidérurgie allemande.* En 1913, dernière année normale de l'avant-guerre, l'Allemagne produit près du quart de l'acier fabriqué dans le monde entier... ce chiffre suffit à marquer la place de l'Allemagne dans le monde entier. À cette date le Reich produit deux fois et demi plus d'acier que la France et son PIB dépasse celui de la France.

Évolution comparée des PIB en France et dans le Reich
(en millions de dollars 1990)

	France	Allemagne
1870	71 400	44 100
1880	82 000	53 000
1890	96 300	70 500
1900	115 600	99 200
1913	143 100	145 100

Source : A. Maddison, *op. cit.*

On voit à ce tableau ce qu'a été le malthusianisme républicain : de 1870 à 1913 l'Allemagne voit son PIB augmenter de plus de trois fois, la France double péniblement le sien ! Clémentel et Hauser n'avaient pas tort de souligner le retard français en 1914.

Les études régionales de Claude Paillat ne font que souligner ce retard avec quelques heureuses exceptions (l'aéronautique, l'industrie automobile) Mais on notera ce sous-titre de paragraphe très significatif : « *La laine.* La paix permettra-t-elle une rénovation qui s'imposait avant 1914 ? » Dans un rapport à Clémentel, Jacques Seydoux souligne « qu'étant donné la médiocrité de notre outillage, inférieur au point de vue de la qualité au machinisme anglais, allemand, voire même américain, il valait mieux faire du neuf plutôt que de moderniser le matériel ancien ».

Pour la région Nantes-Saint-Nazaire, C. Paillat fait revivre les grandes heures des biscuiteries et des conserveries, les difficultés des chantiers navals ; mais il faut, avec Yves-Henri Nouailhat, se souvenir que « le dynamisme américain » apporté par les années américaines, qui ont leur base arrière dans l'estuaire de la Loire, « restera américain. [Il] n'avait pas suffisamment pénétré les milieux locaux qui ne purent pas... maintenir leur région au niveau de prospérité... où pour un temps les avait haussés la présence américaine ». Et Nouailhat conclut : « Au fond la population... avait-elle cherché à méditer ou à s'inspirer de la présence américaine ? » En définitive tout ceci donne raison à Henri Hauser.

Le renouveau industriel

Cela explique peut-être les réactions d'un certain nombre de chefs d'entreprise. Dès 1909 on avait envisagé d'organiser un groupe de pression chargé de défendre les intérêts des classes moyennes et des chefs d'entreprise. Le mouvement prend le titre d'« Union des intérêts économiques » et ne joue guère de rôle lors des élections de 1910 et de 1914, mais l'Union cherche des appuis politiques et favorise la création à la Chambre d'un « Groupe républicain des intérêts économiques » que soutiennent des parlementaires influents : R. Poincaré, M. Colrat (un proche de Poincaré), P. Doumer, L. Barthou, J. Bardoux, G. Doumergue.

Mise en sommeil après la guerre, elle renaît en 1917 et va jouer un rôle important lors des élections de 1919 car elle finance les candidats du Bloc national qui, en raison de l'abandon du scrutin uninominal, regroupe quasiment tous les partis politiques, savoir, de droite au centre gauche : la Fédération républicaine, l'Alliance démocratique, les républicains socialistes et le parti radical avec la bénédiction du « Comité républicain pour le commerce et l'industrie » (dit comité Mascuraud). Le programme du Bloc repose sur trois grands thèmes :

- l'application *stricte* du traité de Versailles et par voie de conséquence le règlement *intégral* des obligations contractées envers les héros et les victimes de la guerre [1],
- la participation à la Société des Nations,
- la « défense de la civilisation contre le bolchevisme qui n'est qu'une des formes du péril allemand ».

Parmi les dirigeants du Bloc national, on trouve quelques radicaux de gauche, même s'ils sont hésitants, comme Herriot, Sarraut ou Viviani, des radicaux du centre, Briand, Klotz (le ministre des Finances de Clemenceau), Clémentel, Queuille et des hommes de droite tels Barrès, P.E. Flandin, Louis Marin, Tardieu ou F. de Wendel.

1. C'est nous qui soulignons.

On notera que l'on trouve parmi eux la plupart des ministres des Affaires étrangères qui vont gérer le Quay d'Orsay de 1920 à 1934 : Briand, Poincaré, Herriot, Barthou.

Par ailleurs, le Bloc national, après avoir gagné les élections de 1919 [1], va mettre en place, en pleine période de reconstruction des dommages dus à la guerre, une politique économique libérale. Les radicaux la maintiendront au temps du Cartel des gauches. Au reste, rappelons que, dès juillet 1926, Poincaré redevient président du Conseil. Ce libéralisme va porter ses fruits. Il suffit de comparer l'indice d'évolution du PIB (de 1920 à 1929) de six États occidentaux et du Japon :

Indice 100 : 1920 calculé sur le PIB
(en dollars constants de 1990)

France	179	Belgique	137
Allemagne	165	Italie	118
États-Unis	140	Grande-Bretagne	117
Japon	130		

Source : A. Maddison, *op. cit.*

Durant cette courte période, la croissance française – favorisée par des gouvernements de droite qui gèrent la France de 1919 à 1924 et de 1926 à juin 1932 – est extrêmement rapide : pour la première fois depuis un siècle elle dépasse celle du Reich et elle est au premier rang dans le monde.

Or ce ne sont pas les investissements étrangers qui ont financé cette croissance, pas plus que les réparations allemandes. *A posteriori* cela suffirait à démontrer que la revendication française « l'Allemagne paiera » n'était pas essentielle. Or ce thème, ce leitmotiv, va empoisonner pendant toute la décennie la diplomatie française et favoriser le diabolique essor d'un néo-pangermanisme infiniment plus offensif que celui du Reich wilhelmien.

1. Les élections donnent 88 députés conservateurs, 330 à l'Union républicaine et aux radicaux indépendants, 123 aux radicaux et à leurs alliés, 72 à la SFIO. Il y a donc 195 députés de gauche pour 418 de droite.

La restauration de l'économie est en effet assez extraordinaire. Nous l'avons dit, la production de houille atteint un sommet en 1929, qu'elle ne retrouvera que vingt-cinq ans plus tard. Plus significatives encore sont les productions métallurgiques ; en 1929, si le Reich produit plus d'acier que nous, les productions d'aluminium sont analogues (30 000 tonnes), mais la production allemande est à cette date égale à celle de 1920 alors que la production française a presque triplé ; et en 1929 la France fabrique deux fois plus d'automobiles (253 000) que le Reich (127 000) et se place au deuxième rang dans le monde, loin derrière – il est vrai – les États-Unis [1].

Cela vaut aussi pour l'agriculture et les statistiques posent quelques problèmes. Si en 1910 on a produit 6,9 millions de tonnes de froment, malgré la guerre la production chute seulement de 10 % (6 millions de tonnes) en 1915 et retrouve son niveau normal dès 1920 ; mais les rendements demeurent parmi les plus faibles d'Europe occidentale. La production de sucre est fort significative, elle chute de moitié pendant la guerre et remonte lentement jusqu'en 1925 pour augmenter de moitié entre 1925 et 1930 ; de même, dès 1920, le cheptel bovin a presque retrouvé ses effectifs d'avant-guerre. La France des années 1928-1930 est un pays prospère dont le PIB par habitant (4 700 dollars) demeure un peu inférieur à celui du Royaume-Uni (5 100) mais il est très supérieur à celui du Reich (4 300) alors que c'était le contraire en 1913.

Bien entendu la croissance n'est pas régulière et la crise financière de 1925-1926 brise le rythme de 5 % par an que l'on trouve entre 1922 et 1924 et entraîne une stagnation du développement, mais elle reprend très fortement entre le début de 1927 et 1929 (le taux de croissance pour 1929 est à l'indice 130 par rapport à celui de 1926-1927).

La politique économique et financière de la Chambre bleu-horizon porte ses fruits, très particulièrement celle menée par Charles de Lasteyrie qui freine l'augmentation des impôts, qu'il pallie par l'emprunt, mais effectue des réformes drastiques (diminution du nombre des fonctionnaires, réorganisation du ministère des Finances) ; grâce à un prêt de la banque Morgan il maintient pour l'essentiel la stabilité du franc et obtient par le

1. Les États-Unis construisent en effet un peu plus de deux millions de véhicules.

biais de décrets-lois la possibilité de restructurer l'administration ; ce sera une politique analogue que mènera Poincaré de 1926 à 1928, poursuivie jusqu'en 1932 par Henry Chéron qui mérite mieux que sa réputation puis par Pierre-Étienne Flandin.

Le « Redressement français »

Mais surtout l'on assiste à un début de modification des comportements dans certains milieux économiques. C'est, au départ, l'œuvre d'un homme seul, sans doute un des premiers « technocrates »[1], Ernest Mercier. Fils d'un pied-noir, protestant, longtemps maire de Constantine, polytechnicien (X 1897), ingénieur du Génie maritime, il fait avant 1914 l'essentiel de sa carrière à l'arsenal de Toulon, où il s'occupe souvent des problèmes d'électricité. Il fait la guerre dans la marine, il est aux Dardanelles, participe aux combats dans l'armée roumaine, s'y intéresse aux problèmes pétroliers, ce qui amène Clemenceau à songer à lui pour lancer un début de politique pétrolière.

Démobilisé, Mercier va s'occuper d'électricité en liaison avec la Lyonnaise des Eaux et met en place avec le groupe de l'avenue de Messine le réseau électrique de la Compagnie parisienne de distribution d'électricité, la CPDE, tout en devenant le père de la Française des pétroles (la CFP, futur TOTAL). À ce titre il contribue au démarrage de l'entreprise Schlumberger de prospection électrique des sols.

Mercier est un des rares industriels français à avoir une vision européenne des problèmes économiques. En 1924, après la victoire du Cartel des gauches, alors qu'il avait mis beaucoup d'espoir en Millerand, il se demande si malgré sa victoire la France n'a pas perdu la paix. Surestimant alors la puissance économique du Reich (il n'est pas le seul), il stigmatise le comportement irresponsable du Reich qui refuse de reconnaître ses responsabilités et ne respecte pas ses engagements. Que faire face à cette renaissance allemande ?

Mercier connaît trop le monde politique pour envisager la création d'un parti : c'est à ses yeux du temps perdu, de l'argent gâché et parfaitement inefficace ; les élections de 1924, où – en raison du système électoral discutable mis en place en 1919 mais auquel on renoncera très vite – la droite est majoritaire en voix

1. Cf. R.F. Kuisel, *Ernest Mercier, french technocrat*, Los Angeles, 1967.

(4 712 000 sur 9 millions d'exprimés) mais minoritaire en sièges (282 sur 584), viennent de le montrer. Il va donc créer un lieu de réflexion, un laboratoire d'idées, un centre réservé à une élite intellectuelle et morale, extrêmement ouverte puisqu'on y trouvera des hommes qui, de 1940 à 1944, seront dans des camps opposés.

Son programme est essentiellement économique et social car selon lui il faut sortir du slogan « l'Allemagne paiera ». Il faut que la France reconstruise et développe seule son économie et réaménage ses structures sociales. Et les principes qu'il propose se résument à trois points d'où tout découlera : l'éducation, la sécurité sociale et la construction. Selon Mercier, la France est emplie de taudis, c'est un frein terrible à la natalité, or il est obsédé par la faiblesse démographique de la France (40 millions d'habitants) face au Reich (62). Il faut donc investir dans la construction, il en évalue le coût à 5 milliards de francs par an, pendant dix ans. Il est aussi très conscient du retard éducatif en France dans les milieux populaires : face à l'Allemagne, la France ne possède qu'un médiocre enseignement post-primaire. Mercier estime que ce retard éducatif a des conséquences économiques : l'ouvrier français est moins qualifié que son collègue allemand et cela a des conséquences sur la qualité de nos productions. Mais ce retard a aussi des conséquences sociales, « il est dangereux pour l'équilibre social de développer essentiellement une éducation de classes » : cela coûtera un milliard par an[1]. Cela représenterait environ 40 à 50 milliards de francs d'aujourd'hui.

Enfin, il préconise une politique d'assurances sociales proche du système allemand que son ami, Auguste Detœuf[2], qui vient de passer cinq ans à Strasbourg pour développer le port rhénan, connaît bien ; en effet le droit social du Reich, fondé sur les lois de Bismarck, demeure en vigueur dans les départements recouvrés et prévoit une importante couverture sociale inexistante en

1. À titre de comparaison entre 1923 et 1925 les dépenses budgétaires sont de l'ordre de 40 milliards de francs. Le budget actuel prévoit 2 000 milliards de dépenses budgétaires : le PIB a évolué, en francs constants de 1990, de 850 milliards de francs en 1923 à 6 500 milliards en 1998.

2. A. Detœuf, également polytechnicien et ingénieur, est un des pères de la renaissance industrielle de la France : il est l'auteur d'un essai toujours d'actualité malgré son âge, *Propos de O.L. Barenton, confiseur*. Il vient d'être réédité.

France à cette époque [1]. Pour Mercier, « sans sécurité il n'y a pas de travail joyeux, pas de production abondante ».

Il préconise, par ailleurs, une refonte profonde du système administratif conduisant à diminuer le nombre des fonctionnaires dont les traitements devraient être sensiblement relevés. Enfin il incite à une augmentation du budget de la défense.

Mercier estime que ce programme représenterait 15 milliards de dépenses supplémentaires. Mais pour Mercier il n'est pas question d'augmenter la charge fiscale qui représente déjà environ 25 à 30 % du produit national. Il veut trouver les ressources nécessaires dans l'amélioration de la productivité, la croissance et la chasse au gaspillage. Ce sera d'ailleurs la politique Poincaré entre 1926 et 1929 ; les recettes budgétaires passent de 43 à 64 milliards de 1926 à 1929, les dépenses demeurent relativement stables autour de 44/45 milliards de francs. Le programme de Mercier est loin d'être absurde. Mais Poincaré, trop légiste, demeure attaché aux prérogatives d'un Parlement profondément conservateur (y compris à gauche) qui ne veut pas entendre parler de réforme. Et Poincaré ne veut pas le forcer ! Donc, il ne suivra pas les propositions de Mercier : il n'y aura ni réforme sociale ou éducative, ni politique sérieuse du logement ; les excédents serviront exclusivement à apurer la dette ; le total de la dette intérieure est ramené de 294 à 264 milliards, la dette flottante étant ramenée de 93 à 37 milliards de francs. Cela n'a rien à voir avec le productivisme préconisé par Mercier !

Le Redressement français attire à lui de nombreux adhérents de haute qualité, des parlementaires de renom : Jacques Bardoux et surtout des polytechniciens comme Arthur Bommelaer (Alsthom), Paul Eschwege (banque Rothschild) Raoul Dautry (Chemins de fer de l'État), Auguste Detœuf (Port autonome de Strasbourg) ou des juristes de grande classe comme Achille Mestre ou le premier président de la Cour des comptes (Colson), des dirigeants du *Temps*, Émile Mireaux. Mais le « Redressement » est aussi présent en province (Lyon, Bordeaux, Rouen, Strasbourg). Surtout Mercier structure son mouvement en grandes sections qui produisent des rapports de qualité.

---

1. Ajoutons que le système bismarckien de sécurité sociale perdure en Alsace-Moselle encore aujourd'hui. Si les cotisations sont plus élevées qu'ailleurs en France, la couverture sociale est sensiblement supérieure. Plus autonomes, les caisses sont mieux gérées.

Parmi les rapporteurs, outre Detœuf et Dautry, citons Léon Guillet, directeur de l'École centrale, qui préconise une réforme éducative en profondeur et critique vivement le cours magistral, Raphaël Alibert, le futur garde des Sceaux du gouvernement de Vichy. Ce dernier propose une intéressante réforme de la Constitution : il défend fermement le régime parlementaire, suggère de renforcer la présence des électeurs urbains dans l'élection des sénateurs, réclame le vote obligatoire pour les hommes et les femmes, le scrutin uninominal à un tour, le renouvellement partiel de la Chambre et la présence dans les commissions de la Chambre de membres non parlementaires « proposés par un comité désigné par les deux assemblées parmi des personnalités qualifiées par leur situation et leurs connaissances ».

Par contre, il refuse de donner des pouvoirs réels au président de la République (c'est, dit-il, la conception américaine ; elle est irréalisable en France) ; il propose de renforcer les pouvoirs du président du Conseil. Il suggère enfin de limiter à neuf le nombre des ministres.

Sauf en ce qui concerne l'organisation de l'exécutif ce texte fait prévoir le grand mouvement de réflexion institutionnel animé par les « non-conformistes des années trente » sur lequel nous reviendrons.

Si les propositions du Redressement français (qui édite *La Revue antibolchevique*) apparaissent alors étranges à ses contemporains, le mouvement est récusé par la droite extrême qui le considère comme trop réformiste. D'autres, tel le journaliste Mennevée, directeur des *Documents politiques, diplomatiques et financiers* [1], accusent le Redressement français d'être l'organe du grand capital. Mennevée considère le Redressement comme « l'organisation fasciste de l'oligarchie électrique… et pétrolière » soutenue par la banque Morgan. La revue des Jésuites, *Les Études*, lui consacre plusieurs articles critiques car leur programme est lacunaire, superficiel, même si leur raisonnement est sérieux. Toutefois on s'étonne de « l'imprécision de leurs idées ».

1. On nous permettra de rendre ici hommage à Pierre Lavigne, directeur de l'IEP de Strasbourg lorsque j'y débutai et qui me fit connaître la richesse informative de cette revue.

Les politiques contre la réforme économique et sociale

Toutefois Mercier et le Redressement français vont inspirer Tardieu. Ce dernier va rompre avec l'austérité de Poincaré : devenu président du Conseil en novembre 1929 il engage effectivement une politique de « conservateur réformiste ». Outre la ligne Maginot, il lance l'idée d'un plan d'équipement et engage la construction du Grand Canal d'Alsace ; il réduit les impôts, supprime l'examen d'entrée en sixième et tente de constituer en France un grand parti conservateur. Il renforce le régime des assurances sociales, mais en même temps il réprime fermement les manifestations socialistes et communistes à Paris et en province.

Le Sénat, aux tendances conservatrices et anticléricales, est particulièrement hostile à ces projets qui lui paraissent hautement révolutionnaires. Il profite de l'affaire Oustric et de ses conséquences pour censurer le gouvernement sur une affaire mineure (4 décembre 1930). Après un intermède Steeg, la droite majoritaire à la Chambre investit un cabinet Laval qui va durer un an mais est renversé à son tour par le Sénat qui refuse la réforme électorale – étendant le droit de vote aux femmes – proposée par R. Alibert, adoptée le 12 février par la Chambre (16 février 1932). Tardieu redevient président du Conseil mais les élections de mai 1932 ramènent au pouvoir une majorité de gauche (356 sièges pour 259 à la droite). La gauche allait être au pouvoir pour huit ans. Toute possibilité de politique économique réformiste, pourtant indispensable, était écartée, les radicaux s'en tenant à leur malthusianisme traditionnel, les socialistes ne voyant de solution que dans des formules marxistes plus ou moins extrêmes. Les tentatives de réforme autres que marxisantes étant aussitôt présentées, soit comme liées au « grand capital », ce qui dans la France des années trente était absurde car il n'existait pas, soit comme « fascistes » : il en sera ainsi pour ce que l'on appelle le plan de juillet 1934, patronné par Jules Romains, fortement inspiré par les idées de Mercier et celles de certains socialistes favorables, à la suite d'Henri de Man, à l'idée de plan.

Au reste industrialisation, productivisme, croissance ou même « consommationnisme » sont des termes bannis et honnis. Pensons à l'influence d'un Georges Duhamel dont trois essais, *Scènes de la vie future* (1930), *L'Humaniste* (1933) et *L'Automate* soulignent l'acharnement de l'auteur contre la révolution industrielle. Mais Duhamel est bien le témoin de son temps et ses idées se retrouvent aussi bien à *L'Action française* que chez les catholiques fidèles au Saint-Siège ou chez les radicaux, sans parler de la gauche socialiste ou communiste.

Jamais la formule de Raymond Aron « Ruralisme, catholicisme et socialisme, voilà les sources du sous-développement français » n'a été plus exacte. Soutenues un temps à droite par les catholiques nationaux, qui sentent la double menace politique et économique que fait peser le Reich sur la France, les idées d'un Tardieu vont peu à peu disparaître sans retour entre 1930 et 1933. Un Edmond Vermeil [1], qui dénonce à juste titre les risques du néo-nationalisme de la Révolution conservatrice, puis du national-socialisme, n'aborde que très rarement avant 1940 l'aspect économique. Alors que de 1895 à 1914 des dizaines d'essais soulignent la menace économique allemande, il y a peu d'études analogues entre 1933 et 1939, la plus remarquable étant celle d'Albert Rivaud [2]. Bien plus, comme on ne cesse de souligner, largement à tort d'ailleurs, les liens entre fascisme et grand capital, défendre une politique économique de développement ne peut être que du fascisme : c'est largement le sens des travaux des quelques économistes communistes, de la plupart des socialistes, mais aussi de la majorité des universitaires.

Le christianisme social contre l'économie

Sur ces points, le monde chrétien (catholique ou protestant) a d'ailleurs une large responsabilité. En effet il va focaliser son action sur le social et dans le monde catholique le social va se substituer au national.

Il est vrai que le monde ouvrier français est celui qui a le plus subi la hausse du coût de la vie ; alors que les prix au détail doublent entre 1921 et 1930 les salaires – même ceux des mineurs – n'augmentent que de 70 %. La misère est grande et comme il n'y a guère d'assistance ou d'assurance le monde

1. Professeur de civilisation allemande à l'Université de Strasbourg puis à la Sorbonne, E. Vermeil est un des premiers (dès 1930) à souligner le caractère dangereusement dramatique du national-socialisme.

2. Professeur de philosophie à la Sorbonne, A. Rivaud a publié un livre, *Le Relèvement de l'Allemagne*. Il sera ministre de l'Éducation nationale dans le premier gouvernement du maréchal Pétain (17 juin - 12 juillet 1940).

ouvrier est en désespérance. La classe politique s'en rend à peine compte et a laissé le champ libre à la revendication et aux syndicats : les grèves sont dures et nombreuses.

Déjà pendant la guerre, certains milieux catholiques, à Lyon, dans l'Ouest et dans le Nord, s'étaient ouverts aux problèmes sociaux, élargissant considérablement l'action des mouvements chrétiens-sociaux d'avant-guerre souvent organisés autour de bulletins ou de revues comme *La Chronique sociale de France* et *L'Action populaire* fondée en 1903 par la Compagnie de Jésus. Un an plus tard apparaissent *Les Semaines sociales de France* qui vont devenir chaque année une sorte de laboratoire du catholicisme social. Tout cela contribue à « faire l'éducation sociale du clergé et à populariser l'idée syndicale chez les catholiques » (Y.M. Hilaire).

Le syndicalisme chrétien se développe dans certains milieux d'employés et d'ouvriers. Le syndicat des employés combat la CGT, n'hésite pas à critiquer certains abus patronaux mais, « attaché à l'organisme du catholicisme social », il défend la famille et un certain type de structure professionnelle pouvant favoriser le corporatisme. Au reste la Semaine sociale de Caen aborde en 1920 « les revendications du travail », celle de Toulouse (en 1921) « le rôle de la profession organisée contre l'injustice dans les relations économiques ». Plus tard on aborde le problème de « l'autorité dans l'entreprise » (Lyon 1925).

Tout cela se retrouve en province : à Rouen avec l'École sociale, à Lyon avec la Ligue pour la vie, à Grenoble apparaît pendant la guerre l'idée du sursalaire familial, idée reprise dans le Nord avec la mise en place de la Caisse de compensation de la bonneterie qui instaure un véritable système d'allocations familiales. Tout cela va mettre du temps à déboucher au plan national, les premières mesures sont initiées par Auguste Isaac, un industriel catholique de Lyon, ministre du Travail en 1920-1921 et va devenir la loi du 11 mars 1932 qui rend obligatoires les allocations familiales. Mais ce n'est qu'à l'été 1939 que le gouvernement adopte, avec le Code de la famille, une vraie politique familiale.

Un plan d'aide sociale apparaît dès 1919, lorsque les « Équipes sociales » de Robert Garric vont irriguer un monde ouvrier qui augmente de près d'un million entre 1921 et 1931 en raison de l'essor industriel : métallurgie, chimie, industries électriques ou du pneumatique. Pourtant la concentration des entreprises, violemment critiquée par les catholiques de droite ou de gauche, comme par les syndicats, est limitée. Face à Siemens et AEG, dont la production est trois fois supérieure, Alsthom ou la CGE font figure de nains ; n'oublions pas qu'à cette époque tous les fabricants français de matériel téléphonique sont filiales d'entreprises étrangères (Siemens, General Electric, Ericsson, etc.). Ne parlons pas de la chimie divisée en de multiples entreprises face au géant IG-Farben ! Même si elle s'améliore lentement la condition ouvrière demeure très dure et face à la CGT les multiples syndicats catholiques ne font pas le poids ; il faut attendre 1920 pour que naisse la CFTC (Confédération française des travailleurs chrétiens). De même s'organise un patronat chrétien, mais il est très divisé : certains patrons catholiques voient « rouge » face à la CFTC et cela explique les difficultés, mais aussi la carrière, de l'abbé Liénart. Curé de Roubaix, il soutient des grévistes contre certains patrons catholiques du Nord, mais il a l'appui de Pie XI. Quelques mois plus tard, le pape fait de lui l'évêque de Lille (1928) avant de l'élever très rapidement au cardinalat (1930). Au reste, en 1931, Pie XI complétait la doctrine sociale de l'Église avec l'encyclique *Quadragesimo Anno.*

Les dirigeants du catholicisme français privilégient, dès le milieu des années 20, le social et la condamnation de l'Action française accentue le recul de l'idée nationale dans le monde catholique. À cet égard les *Carnets* du cardinal Baudrillart sont significatifs : il ne cesse de se plaindre du déclin de l'idée nationale chez les jeunes et dans le clergé. Certes le scoutisme se développe mais, avec sa discipline et son uniforme, il apparaît très souvent comme un mouvement militariste. De ce fait nombre de prêtres et surtout d'évêques se méfient du scoutisme catholique, d'autant qu'ils n'oublient pas qu'à l'origine le scoutisme est protestant !

Les préoccupations sociales du clergé l'emportent incontestablement sur les préoccupations nationales ; la crise de 1929, la chute de l'économie française et ses dramatiques conséquences sociales renforcent encore la place du social dans la réflexion de l'Église. Pour tenter de freiner le développement de l'idée de lutte des classes, elle s'intéresse de plus en plus au développement de l'idée corporative. Quoi qu'on dise, ce n'est pas le modèle fasciste qui est à l'origine de cette tendance, mais tout simplement l'encyclique de Pie XI : *Quadragesimo Anno*. Il ne s'agit pas, bien naturellement, de regroupements obligatoires, mais de regrouper « les personnes qui exercent la même profession » et leur permettre de « s'associer librement... ; l'homme est libre de créer de pareilles sociétés d'ordre et de droit privé et... de leur donner les statuts et règlements qui paraissent les plus appropriés au but poursuivi » (*Quadragesimo Anno*, 94). Pie XI ne fait que reprendre ici l'enseignement de Léon XIII : « Dans la société, les deux classes sont destinées par la nature à s'unir harmonieusement... Il ne peut y avoir de capital sans travail, ni de travail sans capital » (*Rerum Novarum*, 15).

Dès lors s'engage une longue recherche théologo-sociale sur ce problème et se développe, dans le cadre d'une vision communautariste, une réflexion approfondie sur le corporatisme, largement conduite par F. Perroux. Il anime de fait la Semaine sociale d'Angers consacrée au corporatisme : il deviendra tout naturellement le président de l'Institut d'études corporatives de l'État français, de 1940 à 1944, avant de devenir l'économiste à la mode de la IVe République et de la République gaullienne.

L'engagement social de l'Église s'élargit donc tout au long de ces années ; il se marque par le développement de la JOC (Jeunesse ouvrière catholique) qui sera la brèche par laquelle le progressisme « internationaliste » va pénétrer l'Église de France.

Le libéralisme social et pacifiste

On retrouve des tendances analogues dans les milieux laïcs. C'est ainsi que les « décades » de Pontigny constituent à cet égard un microcosme intéressant[1].

S'y retrouvent en effet des tenants du libéralisme politique, Albert Thibaudet, André Siegfried et parmi les jeunes : Alfred Fabre-Luce et Gaston Palewski et des tenants du socialisme démocratique ou d'un radicalisme rajeuni : Henri de Man, Albert Thomas, Gaston Bergery. À ces derniers s'ajoutent plusieurs membres du Redressement français, tels Mercier et Peyerimhoff, président par ailleurs du Comité des Houillères.

Les dirigeants des Décades avaient parfois des positions ambiguës et souvent provocatrices : le programme de la Décade de 1927 n'affirme-t-il pas « le peuple italien et le peuple russe expérimentent que la renonciation aux Droits de l'Homme procure : 1) de la force réelle aux États ; 2) de la félicité aux particuliers ; 3) de la paix au monde » !

Celui de 1926 affirme, lui, à propos de la France : « Nous avons les institutions d'un peuple de petits propriétaires ruraux

1. Cf. François Chaubet, *Paul Desjardins et les décades de Pontigny*, Villeneuve-d'Ascq, 1999.

pour résoudre en 1926 les problèmes d'un pays de grande industrie. » Mais, à la suite d'Albert Thomas, secrétaire général du BIT (Bureau international du travail), c'est de la paix et de l'internationalisme que l'on se préoccupe le plus à Pontigny. On y dénonce avec force, tel Alfred Fabre-Luce [1], les archaïsmes d'une vie politique inapte à saisir « les lignes de force dessinées par l'internationalisation du monde ». On y réfléchit sur le respect de l'article 10 du Statut de la SDN engageant au respect de l'intégrité territoriale et l'indépendance d'un État membre. Très significatives de la réflexion de la gauche laïque, libérale et cultivée sont ces Décades de Pontigny.

On y met en avant la solidarité internationale, le pacifisme, le renouvellement de la pensée sociale que personnifie Henri de Man [2], auteur de *Au-delà du marxisme* ; son appel à « une synthèse nouvelle qui incorporerait les acquis du marxisme tout en exprimant la permanence du socialisme dans ses aspects religieux, moral et civilisateur », comme le dit Michel Brelaz [3].

La décade « Bourgeoisie » de 1929 souligne le caractère pluraliste et non conformiste de Pontigny ; on trouve à la fois Henri de Man, Georges Valois, (ce dernier est un personnage « extraordinaire », ancien de l'Action française, créateur du « Faisceau » en 1925 qu'il dissout en 1928 ; il revient à la République en 1928-1929, fonde les *Cahiers bleus* et édite Déat), Jean Luchaire et Bertrand de Jouvenel. On le sait, Valois entrera en Résistance et mourra en déportation. Valois, proche de Georges Sorel, demeurera toute sa vie anticapitaliste : mais il est un des rares « participants » à être viscéralement national et patriote. Dans la période qui suit 1929-1939, si l'on en croit François Chaubet, le problème national n'est guère pris en compte. On refuse « l'ordre totalitaire » mais la question de la nation n'est abordée que par Malraux qui après avoir ironisé sur Paul Desjardins, « contemporain de Montaigne et non des quarante millions de Français »,

1. A. Fabre-Luce publie au début de 1924 *La Victoire*, où il remet en cause et la responsabilité du Reich dans les origines de la guerre et la politique « anti-allemande » de Poincaré.

2. La présence de H. de Man à Pontigny et l'influence qu'il a eue sur ce cercle de réflexion doit amener à nuancer la diabolisation de cette personnalité et de sa pensée : soixante-dix ans après les réactions de Blum à son égard, elles contribuent à expliquer le refus français de la social-démocratie jusqu'en 2000 !

3. Michel Brelaz, *Henri de Man*, Genève, 1935.

parle d'un reniement en France de la tradition héroïque... qu'il date de la guerre [1].

Très symptomatique est l'analyse de Guy Grand après l'étude judicieuse de Raymond Aron sur la mutation de l'Allemagne lors de la décade de 1932. Raymond Aron, pacifiste jusqu'à la fin des années vingt (« chartiériste » [2], dit perfidement Sirinelli), avait bien compris le risque que représentait le nazisme et distinguait nettement les deux valeurs récurrentes de l'idéologie allemande : « le holisme et une *Bildung* liée à l'idée de *Gemeinschaft* » (Chaubet).

Guy Grand insiste, lui, malgré la montée des périls, sur la nécessité de « vivre plus pleinement par un double mouvement qui permettrait d'approfondir la justice sociale... et d'aboutir à davantage d'équité dans le domaine international ». En réalité le danger totalitaire et les menaces politiques et militaires, la crise économique qui se développe ne sont presque pas pris en compte. On se contente de gémir sur la prise en défaut de la « culture républicaine ». Or [3] François Chaubet souligne que « l'arrivée au pouvoir de Hitler... acheva de convaincre les démocrates républicains qu'il n'était plus temps de procéder à des concessions politiques ou à la démission idéologique ». En réalité on persiste dans l'anticommunisme, on ne prend vraiment en compte le danger totalitaire nazi que lors des Décades de 1934, 1935 et 1938, mais on se garde bien d'en tirer les conséquences. Le régime républicain, tel qu'il fonctionne depuis 1930, est-il à même de lutter contre les totalitarismes ? Le socialisme, même humaniste, que préconisent Guy Grand ou Ramon Fernandez, peut-il aider à juguler la crise économique ? L'humanisme pacifiste que personnifie Maurice de Gandillac donne-t-il les moyens d'envisager une défense nationale efficace ? Au reste en 1937 il y a à Pontigny une Décade consacrée à « Reconstruction de la SDN, comment mettre ensemble la justice et la force ? ». Il est significatif qu'aucun des exposés n'aborde directement la crise rhénane de mars 1936, ni la guerre civile espagnole ! On se

---

1. Cité par F. Chaubet, *op. cit.*, p. 239. Selon F. Chaubet, Desjardins se récria « devant une telle accusation et rappela que les vraies traditions françaises relevaient de l'universel : le XVIIIe siècle, l'œuvre coloniale avec Lyautey, la confiance en la SDN ». Malraux reprit alors son jugement sur l'abandon en France de l'héroïsme (décade de 1932).

2. C'est-à-dire disciple du philosophe radical-socialiste Alain.

3. Sur tout ceci, cf. F.G. Dreyfus, *Histoire de Vichy*, 1990, la partie intitulée « Vichy avant Vichy » et G. Noiriel, *Les Origines républicaines de Vichy*, 1999.

contente de conférences théoriques sur « l'alternative à la guerre », « l'organisation d'un tribunal international » ou « d'une force internationale ». Mais pratiquement, à Pontigny, il est à peine question de proposer des solutions.

C'est ici que l'on voit l'inanité de ce que Desjardins appelait la « culture républicaine ». À cet égard « les non-conformistes des années trente » sont infiniment plus sérieux.

Maritain, Mounier et le néo-thomisme

Les non-conformistes, selon Lloubet del Bayle, constituent une tendance essentielle de la pensée française entre 1930 et 1940. Un ouvrage, *L'Avenir de la République*, auquel collaborent les « jeunes Turcs » du parti radical, Paul-Boncour, Georges Bonnet, Maurice Sarraut, mais aussi Ernest Mercier, André Tardieu et Georges Valois, réclame la « rénovation des partis » et une « réforme républicaine » fondée sur un renforcement de l'exécutif au détriment des assemblées, au fond le retour à la « monarchie républicaine » instaurée par les textes constitutionnels de 1875, non appliquée au nom de la tradition dite républicaine.

Sous la triple influence de Barrès, Bergson et Péguy, sans parler de Maurras, les « non-conformistes » vont, à partir de la pensée de saint Thomas d'Aquin remise à l'ordre du jour par Jacques Maritain, chercher à élaborer des propositions, mûrement réfléchies, à même de juguler la crise économique et de réformer l'État. On trouve parmi eux des hommes très divers, de Robert Aron à Robert Brasillach, en passant par Daniel-Rops, Daniel Halévy, François Perroux et naturellement Emmanuel Mounier. L'originalité de la tendance est grande : d'abord elle est la marque d'un certain renouveau catholique, même si Bergson est juif et Maurras condamné par Rome ! En fait c'est Jacques Maritain, un des penseurs du néo-thomisme, qui regroupe ces hommes si divers. Venu de l'Action française, qu'il quitte après la condamnation de 1926, il se réclame de saint Thomas d'Aquin, du thomisme, doctrine fondamentale de l'Église catholique. Il insiste sur le droit de la personne en face du pouvoir de l'État.

Des revues concrétisent les réflexions des non-conformistes : *Esprit*, *Ordre Nouveau*, *Plans*, *Jeune Droite*. Un peu plus tard : *Les Nouveaux Cahiers*. En réalité, seuls *Esprit*, fondé par Emmanuel Mounier, et *Les Nouveaux Cahiers* auront un impact réel ainsi qu'un groupe de réflexions animé par des polytechniciens « X-Crise ».

La crise de 1929 et le déclin économique de la France

Mais en dehors de X-Crise, nul n'aborde réellement un des deux grands problèmes de l'époque, le déclin économique de la France, l'autre étant bien naturellement la politique internationale.

Le déclin économique sous-tend l'ensemble de la politique française après 1930. Si tous les historiens de la période 1929-1940 parlent de la crise économique, bien peu d'entre eux la mesurent avec l'évolution des pays voisins.

Or la comparaison est accablante ; il suffit de laisser parler les chiffres :

L'évolution du PIB global en Europe de 1929 à 1939
en milliards de dollars 1990

	France	Allemagne	Italie	Royaume-Uni
1929	192	175	122	240
1932	164	134	119	227
1935	169	174	130	260
1937	186	204	140	280
1939	198	241	152	287
Indice de 1939 par rapport à 1929	103	137	125	120

Source : A. Maddison, *op. cit.*

Même si le Reich[1] est un cas à part, on peut noter que dans les autres pays développés la croissance a repris dès 1935, le PIB de cette année-là étant égal ou déjà supérieur à celui de 1929. La France est vraiment un cas à part : son économie stagne jusqu'en 1938, son PIB évoluant entre 165 et 185 milliards de dollars, le redécollage n'ayant lieu qu'à partir du quatrième trimestre de 1938 !

1. Une tentative d'explication dans F.G. Dreyfus, *Le IIIe Reich*, Livre de Poche, 1998.

La crise est bien entendu ressentie mais la réflexion est hexagonale ; rares sont les contemporains qui essaient de comparer la stagnation française, sensible dès 1934, au redémarrage des économies voisines. Or le non-redémarrage français obère notre politique extérieure. Il explique le recul de la présence économique de la France en Europe orientale, les difficultés budgétaires qui entraînent des retards importants dans la construction d'une armée moderne. Entre 1935 et 1939 les déficits budgétaires atteignent 90 milliards de francs ; entre 1933 et 1938 le franc a perdu 48 % de sa valeur par rapport au franc Poincaré ! La situation financière est loin d'être aussi grave chez nos voisins. L'incapacité de réduire la crise économique entre 1930 et 1938 est une des causes de la défaite de 1940. Il est de bon ton de n'en point parler car, en l'affaire, les responsabilités sont générales.

Or, la crise était visible même si l'on ne savait pas aussi bien établir les comptes de la Nation qu'aujourd'hui et si l'outil statistique était médiocre [1]. De 1929 à 1938, la production industrielle a baissé d'un tiers, ramenée de 151 en 1929 à 100 en 1938 et là encore les données de l'INSEE (rapport A. Sauvy du 23 mars 1954) sont significatives.

Évolution de la production industrielle et du revenu national de 1929 à 1939 (indice 100 en 1938)

	Revenu national	Production industrielle
1913	103	102
1929	119	151
1932	105	104
1935	99	102
1936	98	107
1938	100	100
1939	107	109

Source : INSEE.

1. Rappelons que l'INSEE, créé en 1946, n'a fait que prendre la suite d'un Service national de statistiques fondé en 1941 par A. Sauvy, organisme scientifiquement plus solide que la Statistique générale de la France fondée pendant la Révolution.

De surcroît la dette ne cesse de s'amplifier en raison de la montée des déficits budgétaires. Elle passe, selon A. Sauvy, de 276 à 380 milliards de francs courants de décembre 1932 à décembre 1938.

De fait la production d'acier n'est en 1938 que le quart de la production allemande (Reich 22,5 millions de tonnes, France 6,2), la production anglaise augmentait, elle, de 10 % de 1929 à 1938. Il n'y a qu'un domaine où la production française ait augmenté, c'est celui de l'aluminium, mais la croissance française (50 %) est dix fois inférieure à celle du Reich (500 % ; production 1929 : 33 000 t ; 1938 : 165 000 t). « Trop peu d'hommes, trop peu d'enfants, trop peu d'alliés », dira en juin 1940 le maréchal Pétain pour expliquer la défaite : on aurait dû ajouter : trop peu d'acier.

C'est donc une crise profonde que connaît l'économie de la France après 1929 ; naturellement elle diminue sensiblement ses moyens d'action et cela contribue à expliquer l'immobilisme diplomatique de la IIIe finissante. En tout cas il est extraordinaire de souligner qu'en dehors de X-Crise et des *Nouveaux Cahiers*, cela ne préoccupe guère les intellectuels et politiques qui dissertent à longueur de temps de réforme de l'État ou de problèmes sociaux. Il n'est pas inintéressant d'ailleurs de noter que la majorité de ceux qui se préoccupent des questions économiques (venant d'X-Crise pour l'essentiel) vont se retrouver à Vichy où, de 1940 à avril 1942 (jusqu'au retour de Laval), ils donneront le ton d'une reconstruction économique à caractère technocratique [1].

Pensons à cette remarque, citée par J.L. Lloubet del Bayle, extraite de *La Revue française* de juin 1932, après une virulente critique du capitalisme, le rédacteur déclare : « Laissons là, si vous le voulez bien, ces vaines spéculations pour ne nous occuper que de la seule question positive qui mérite de retenir l'attention des capitalistes : quelles mesures convient-il de prendre pour réparer des dégâts causés à notre portefeuille par la crise ? »

---

1. À ce propos on a souvent parlé d'une organisation économique secrète appelée « Synarchie ». L'historien américain Richard Kuisel, dans *Le Capitalisme et l'État en France*, a bien montré qu'il s'agissait d'un mythe. Il s'explique par l'arrivée au pouvoir avec le gouvernement Reynaud en mars 1940, puis sous le régime de Vichy, de polytechniciens ou d'inspecteurs des finances – c'est le début du pouvoir « technocratique » important à Vichy de 1940 à avril 1942, puis à partir de 1958.

La tentation pacifiste

Pour tirer l'économie libérale du marasme, la solution, pour les héritiers de l'Action française, ici rejoints par la masse catholique, passe par le corporatisme. Sans doute une revue comme *Réaction* tente de maintenir un certain spiritualisme nationaliste, mais cela ne va pas très loin.

En fait, même dans les milieux de droite (catholique ou libérale) ou dans le monde catholique, ce qui compte c'est la paix. Il est significatif que lorsqu'en janvier 1931 la revue *Notre Temps*, publie un « Manifeste des jeunes intellectuels contre l'esprit de guerre et les excès du nationalisme » (rédigé par Emmanuel Berl et Jean Luchaire) [1], elle soit rapidement soutenue par *La Croix* qui, le 9 avril 1931, publie une « Déclaration des jeunes catholiques sur la paix », cosignée par l'Action catholique (JAC, JEC, JOC), l'ACIF et la CFTC.

Certes quelques catholiques nationaux, comme le général de Castelnau, ou conservateurs, comme le Mauriac d'alors, protestent ; même si la grande presse de droite (qui l'emporte sur la gauche avec *Candide* et *Gringoire*) soutient cette réaction nationale, elle n'a en la matière guère d'impact. Au reste une bonne moitié de l'électorat de droite – s'il demeure plus anti-allemand que celui de gauche qui se veut essentiellement antifasciste – est pacifiste ; l'évolution des budgets de la défense de 1933 à 1936 est très claire : c'est alors que, de 1934 à 1936, les ministères plutôt à tendance droitière (Doumergue, Flandin, Laval, Sarraut) – dont les ministres de la Guerre sont le maréchal Pétain (février-novembre 1934), puis le général Maurin (novembre 1934-juin 1935 et janvier-juin 1936) ou l'ancien officier supérieur qu'est Jean Fabry (juin 1935-janvier 1936) – acceptent de faire des économies !

À gauche, naturellement, on est pacifiste. Pour la plupart des milieux dirigeants politiques, socialistes ou radicaux, la paix doit être le fondement de toute diplomatie : cela conduit la SFIO à récuser toute politique de défense et quoi qu'on ait dit, elle freinera toute politique militaire sérieuse jusqu'en 1936. Au nom de

1. On notera que Berl sera le rédacteur des premiers messages du maréchal Pétain et que Luchaire sera exécuté pour collaboration en février 1946.

ses principes, elle se refuse à admettre la colonisation de l'Éthiopie par l'Italie tout comme à lui faire la guerre, souhaitant et se contentant d'un embargo que l'on ne respectera guère, récusant la politique de Laval, au fond infiniment plus réaliste et pacifique que les rodomontades pacifistes de la SFIO, même s'il est de bon ton de critiquer Laval ! Mais le pacifisme d'opposition, face à des gouvernements de droite, persiste largement de 1936 à 1939 avec Paul Faure, Zyromski et une bonne partie de la SFIO, même si Léon Blum conçoit peu à peu une autre politique.

Le refus de la guerre et la paix à tout prix n'est pas propre à la classe politique. On la retrouve chez la plupart des écrivains qui comptent à cette époque, de la gauche à la droite. Dans *Autopsie d'une défaite*, L. Mysyrowicz (L'Age d'Homme, 1973) souligne qu'à partir de 1930 « les romans se multiplient, qui prennent pour thèmes la lâcheté, la peur, la désertion ». Il cite le succès de *À l'Ouest rien de nouveau* de Erich Maria Remarque (1929), *La Peur* de Gabriel Chevallier, l'auteur de *Clochemerle*, *Voyage au bout de la nuit* de Céline (1932) et *Le Grand Retour* de Giono (1931). On pourrait rajouter *La Comédie de Charleroi* de Drieu (1934).

Même le thème de la paix est général : il domine le *Journal d'un homme de quarante ans* (1934) d'un Guéhenno obsédé par le thème de la guerre, la pièce de Maurice Rostand, *Marchands de canons* (1933) et peut-être surtout deux œuvres maîtresses : *La Guerre de Troie n'aura pas lieu* (1935) de Giraudoux et *La Nausée* de Jean-Paul Sartre (1938). Le thème de la paix revient à chaque instant dans les journaux intimes des contemporains : Dabit, Green ou Léautaud, les correspondances de Gide, Jean Paulhan ou de Roger Martin du Gard en font foi. Il suffit de lire le message d'Alain, en mars 1938, au lendemain de l'Anschluss, invitant « plus que jamais à rester soi-même » contresigné par André Breton, Félicien Challaye, Victor Margueritte et Léon Werth, pour comprendre l'impact du pacifisme des intellectuels.

Ce pacifisme on le retrouvera bien sûr au parti radical. Il est vrai que là pontifie Alain (*Mars ou la guerre jugée*). Les radicaux, plus encore peut-être que les socialistes, sont hypnotisés par la paix et le pacifisme. Même quand les gouvernements de droite gouvernent, ils sont là et freinent toute politique un peu énergique. Pleins du souvenir de Briand et Painlevé, ils ont choisi la paix à tout prix ; ils se sentent soutenus au fond par une France profondément pacifiste, comme le montrent nombre de rapports de gendarmerie pour la période 1939-1940 pendant la drôle de guerre, comme le montreraient des enquêtes à travers la presse locale ou régionale. Nul ne s'étonne ou ne se scandalise quand Félicien Challaye proclame : « Plutôt l'occupation étrangère que la guerre. »

Ainsi les intellectuels donnent le ton à la classe politique et dès ce moment on peut parler de « littérature engagée » au service du pacifisme, d'un pacifisme « primaire et borné » pourrait-on ajouter, en reprenant le commentaire que Jean Prévost, avant la guerre et pendant Munich, fait du livre d'Alain : « La paix à tout prix reste le plus bel idéal humain... mais elle veut dire le sacrifice le plus complet, le malheur le plus assuré pour nous et nos enfants. Le reste n'est qu'hypocrisie... Ce qui attend la France c'est un asservissement complet et l'obligation au bout du compte de combattre au profit d'Hitler après avoir refusé de se défendre contre lui » (NRF, août 1939, p. 319). Mais cet appel lucide tombe dans le vide et n'est pas vraiment entendu.

Même à ce moment là, la *Correspondance* entre André Gide et Martin du Gard (tome 2, 1938-1951) était déjà très significative : « Devant les monstrueuses absurdités qui se préparent, je n'ai plus qu'une envie : fuir... et me tenir n'importe où en attendant que les folies soient consommées » (Martin du Gard à Gide, 3 avril 1938). Et, à la veille de Munich, Martin du Gard soutient encore les pacifistes du Rassemblement universel pour la paix (RUP) [lettre du 20 août 1938] ; le 19 septembre, Martin du Gard espère encore « une réorganisation de l'Europe... L'idée est dans l'air... aussi bien dans les démocraties que dans les dictatures ». Le 2 octobre : « La force a dû céder à la raison... C'est à la fermeté [*sic*] de la France et de l'Angleterre qu'a cédé Hitler » ! ! !

On peut facilement le constater, le pacifisme est devenu l'idéologie dominante de la France de 1939. Déclin économique, pacifisme et diplomatie sans horizon, cela peut expliquer bien des comportements !

Le pacifisme n'est pas propre à la gauche. On le retrouve chez les modérés et à droite.

L'Action française verse elle-même dans une certaine forme de pacifisme. En mars 36 son quotidien est un des rares à appeler à une réaction immédiate contre la remilitarisation de la Rhénanie, mais cela ne durera pas. Nous verrons qu'une réaction française dès le 8 mars était possible puisque, face aux cinq bataillons et huit groupes d'artillerie alors en place sur la frontière de la Sarre et des quatre bataillons entre Fribourg et Karlsruhe, l'armée française, outre les éléments de la ligne Maginot[1], dispose de cinq divisions d'infanterie, une division de cavalerie et quatre régiments de chars dans le triangle Metz-Lauterbourg-Belfort.

Avec *L'Action française* militent pour la réaction immédiate *Gringoire* (par la plume de A. Tardieu) et *La Revue de France* (avec R. Recouly) ; il faut bien le reconnaître c'est peu, d'autant que *L'Action française* change très vite de position. La presse et les milieux modérés demandent que la paix soit maintenue à tout prix. Nombreux sont ceux qui voient en Hitler le protecteur de l'Europe face au bolchevisme, d'autant que depuis janvier le parti radical a décidé d'adhérer au « Front populaire » au côté de la SFIO de Léon Blum et du PCF de Maurice Thorez

Le pacifisme des Nouveaux Cahiers

Le pacifisme des modérés est parfaitement exprimé entre 1937 et mars 1939 par *Les Nouveaux Cahiers* (*NC*) que fonde et dirige A. Detœuf. Le premier numéro des *NC* s'ouvre sur un long appel : « Il faut organiser la paix », que suit un important manifeste pacifiste de Simone Weil : « Ne recommençons pas la Guerre de Troie » :

« Le mot national et les expressions dont il fait partie sont vides de toute signification, ils n'ont pour contenu que les millions de cadavres, les orphelins, les mutilés, le désespoir, les larmes.

« Un autre exemple admirable d'absurdité sanglante c'est l'opposition entre fascisme et communisme. Si on examine... ces deux termes on trouve deux conceptions politiques et sociales presque identiques. De part et d'autre c'est la même mainmise de l'État sur presque toutes les formes de vie individuelle... la même militarisation forcenée, la même unanimité artificielle... le même régime de servage imposé par l'État... On peut affirmer sans crainte que l'opposition entre fascisme et communisme n'a rigoureusement aucun sens. »

Ce qui amène S. Weil à conclure : « Si une guerre d'extermination... entre antifascistes et anticommunistes avait lieu, la guerre de Troie serait un modèle de bon sens. »

En avril 1937, le groupe des *NC*, qui aborde problèmes

1. Commencée en 1928, achevée jusqu'à la frontière belgo-luxembourgeoise, à peine commencée le long de la frontière belge.

économiques et sociaux, estime qu'une négociation européenne doit prendre en compte « le problème colonial », ce qui doit amener à être indulgent devant les revendications coloniales allemandes [1]. C'est un thème analogue que le numéro du 1er mai 1937 reprend sous le titre « Entente internationale ».

Dans presque tous les numéros, on a droit à un long article sur la paix : « Premières mesures pour l'organisation de la paix » (1er juin), ce que d'ailleurs d'aucuns leur reprochent (cf. n° du 1er octobre 1937, p. 3 et 5). Mais on persévère (« L'opinion anglaise et l'organisation de la paix », 1er décembre) et on demande à René Cassin une réflexion sur la SDN (« Que faut-il attendre d'une réforme de la SDN ? », 15 décembre).

Le plus significatif de cet état d'esprit est l'éditorial d'A. Detœuf du 1er avril 1938 au lendemain de l'Anschluss : « Il faut choisir d'être puissants ou d'être heureux. Il faut choisir d'imposer sa volonté ou de séduire. Il faut choisir d'aimer au-dessus de ses forces ou de vivre. Au fond de notre cœur nous avons choisi mais nous agissons, nous agirons... comme si nous n'avions pas choisi. Nous continuerons à vouloir paraître mener une partie de l'Europe, à refuser, par un faux prestige, les occasions de paix, à prétendre nous réserver le monopole d'un domaine colonial disproportionné, à prendre des attitudes de matamore. Si nous choisissons d'être puissants il faut dès aujourd'hui être en guerre... ne penser qu'à la guerre... renoncer à parler, à rire, à garder ses situations sociales ou à les améliorer, renoncer à ses vacances... » Et il ajoute : « Laissons l'Allemagne grandir, si elle le peut, dans cette partie de l'Europe qui, économiquement, dépend d'elle mais qu'ethniquement elle n'absorbera pas. » Un peu plus haut A. Detœuf en arrive à demander « une honnête révision des traités qui respecte réellement les honnêtes principes de Wilson et qui donne aux pays maltraités, parce que vaincus, la part du monde à laquelle ils ont droit ». Et dans les pages suivantes on invite la Tchécoslovaquie à respecter les droits de ses minorités « conformément aux principes de justice et de démocratie dont elle se réclame » selon les « déclarations formulées en 1919 par le président Beneš lui-même, prévoyant une organisation analogue au régime suisse ».

Certes, et nous avons essayé de le souligner précédemment, les traités de 1919 étaient aberrants : détruire l'Empire austro-hongrois et construire un État aussi artificiel que la Tchécoslova-

1. *Les Nouveaux Cahiers* du 15 avril 1937, « Sur le problème colonial ».

quie était absurde (comme le reconnaissait E. Beneš lui-même dans sa propre thèse[1]), enlever au Reich la partie allemande de la Posnanie, ses colonies qu'il avait – au fond – mieux gérées que la France ou l'Angleterre, au moins en Afrique, était absurde, réclamer des réparations beaucoup trop lourdes était aberrant. Mais c'était dans les années vingt qu'il convenait de le dire et de l'écrire : or, à ce moment A. Detœuf collabore avec Ernest Mercier au « Redressement français » qui soutient... la politique de Poincaré. Les rédacteurs des *NC* réagissent comme la masse des Français d'alors.

De surcroît les *NC* en viennent à critiquer assez rudement une vraie politique de réarmement. Le 15 avril 1938, à peine un mois après l'Anschluss, Henri Bouché, le chroniqueur militaire des *NC* s'attache à analyser « le problème français de la défense nationale ».

Il s'en prend aux idées du colonel de Gaulle exprimées par Paul Reynaud à la Chambre d'abord, puis dans un ouvrage intitulé *Le Problème militaire français*, publié en mai 1937.

Reynaud y défend « les corps d'élite spécialisés », dotés de blindés, car précise P. Reynaud « c'est le moyen que va utiliser le Reich » ; pour Henri Bouché c'est donc la méthode que la France ne doit pas employer ! Il réagit de même sur la politique aérienne. Certes, au passage, H. Bouché souligne les retards de notre politique industrielle en matière d'armement, mais il se demande « à quoi pourront bien servir nos forces d'assistance offensive ». Écrire cela après la remilitarisation de la Rhénanie, puis de l'Anschluss, à une époque où notre seul allié réel est la Tchécoslovaquie, laisse songeur[2].

Cette force « d'assistance offensive » aurait évité l'excuse de la non-intervention en 36 (comme un peu plus tard au moment de Munich), l'appel à la mobilisation générale !

Il est vrai qu'Henri Bouché en arrive à écrire à la fin de son article : « L'Allemagne étant le seul adversaire concevable de la France, c'est le rétablissement de relations normales avec l'Allemagne qui permettra d'éviter la guerre. » Il ajoute : il convient de déterminer « à quelles conditions la France et l'Allemagne peuvent concilier leurs doctrines et leurs principes quant aux méthodes de la vie internationale et à l'ajustement des difficultés européennes actuelles ».

---

1. Thèse soutenue à Dijon en 1906.

2. C'était bien à cela que songeait C. De Gaulle en écrivant *Vers l'armée de métier*.

Dès lors on comprend mieux le refus de la Chambre lorsque, le 15 mars 1935, Paul Reynaud développe les idées inspirées par le colonel de Gaulle visant à constituer un corps blindé. Le projet effarouchait la gauche hostile car elle faisait confiance à l'État-major !

C'est un débat analogue qui a lieu en janvier 1938. Seuls 124 députés soutiennent les propositions de Paul Reynaud, 413 faisant confiance au gouvernement.

*

Ainsi, tout au long de la période 1930-1939, la France est marquée par plusieurs éléments qui vont contribuer au désastre de 1940.

— Le choc de la Grande Guerre est essentiel pour comprendre les atermoiements de la France : 1,5 million de morts, presque autant de mutilés, des ruines considérables. Mais l'aspect humain, l'horreur de la guerre contribuent fortement à accentuer la réaction pacifiste.

— Sans doute les pertes humaines allemandes ont également été considérables, mais il y a en Allemagne un désir de revanche qui fait oublier la rudesse des combats et le poids des pertes.

— Le déclin économique de la France qui se substitue à l'essor des années vingt et contribue à faire de la France une puissance médiocre. En comparant les PIB des grands pays de 1938 on se trouve devant un classement dont *nul* n'a conscience en France, savoir : États-Unis (864 milliards de dollars), URSS (405), Royaume-Uni (287), Allemagne (220), Japon (196), France (187). La France est alors au sixième rang dans le monde, alors qu'en 1929 elle était au troisième. Et à ce déclin économique s'ajoute la stagnation démographique que souligne le tableau qui ne concerne que les pays européens (population en millions d'habitants) :

	France	Allemagne	Italie	Royaume-Uni
1920	39	62	37	43
1938	42	67 sans l'Anschluss	43	47

— À cela s'ajoute un pacifisme généralisé qui touche la quasi-totalité de la population française. Le refus de toute guerre est tel que les partis du Front populaire veulent lutter contre le fascisme en proclamant : Pain, *Paix* et Liberté. À droite, la peur du bolchevisme stalinien, qui a redressé l'Union soviétique, la guerre d'Espagne conduisent les modérés à préférer une paix boiteuse avec le Reich nazi dont ils ont l'impression qu'il défend l'Europe contre le marxisme.

— Il est enfin un autre élément, très présent aussi bien chez les modérés que chez les « non-conformistes », qui joue un rôle déterminant : l'incapacité de la France à se gouverner. De juin 32 à septembre 39, la France a seize gouvernements, neuf ministres des Affaires étrangères, huit ministres de la Guerre, étant précisé qu'Édouard Daladier détiendra ce portefeuille de décembre 1932 à janvier 1934 et de juin 1937 au 18 mai 1940, soit près de quarante-neuf mois ! Cette instabilité ministérielle conduit nombre de politiques, de juristes, de meneurs intellectuels, de Mounier à Tardieu en passant par les jeunes Turcs du parti radical, à réclamer une réforme de l'État. Toutes les tentatives échoueront, en particulier devant l'opposition des radicaux faisant bloc derrière Édouard Herriot qui ne veut en aucun cas accepter la diminution des prérogatives d'un Parlement pourtant incontrôlable.

Face à une Europe qui se méfie d'elle, la France n'a plus, dans les années trente, la force morale et les moyens matériels de lutter sérieusement.

CHAPITRE IX

LA FRANCE FACE À L'APRÈS-GUERRE
I. L'ILLUSION DES RÉPARATIONS

De 1918 à 1940 la France comptera vingt ministres des Affaires étrangères dont seulement deux détiendront le portefeuille plus de deux ans de suite : R. Poincaré de janvier 1922 à juin 1924 et A. Briand d'octobre 1925 à janvier 1932.

La médiocrité des services français

De janvier 1932 à septembre 1939 il y aura dix ministres différents à la tête du Quai d'Orsay. Cette instabilité permet de dire que de 1932 à 1939 la France n'a pas de politique extérieure suivie : le temps des grands ambassadeurs est à peu près terminé, à part quelques rares exceptions, François-Poncet ou Massigli : il est loin le temps, après 1930, où un ambassadeur reste dix ans et plus en poste dans la même ambassade, tels les Cambon ou mieux encore Camille Barrère qui sera plus de vingt ans notre ambassadeur à Rome (1897-1922).

En dehors des deux précédents, les diplomates que l'on connaît encore sont des écrivains : Claudel, Giraudoux, Paul Morand et Alexis Léger, plus connu sous le nom de Saint-John Perse. Ce sont, peut-être de grands écrivains mais des fonctionnaires moyens – Giraudoux sera à peine un diplomate et sûrement un piètre commissaire à l'Information pendant la « drôle de guerre ». Le plus désastreux de ces diplomates-poètes sera Alexis Léger. Disciple de Briand et de P. Berthelot, lié à la gauche intellectuelle, il visera à empêcher tout rapprochement avec l'Italie fasciste. Partisan d'une politique ferme à l'égard du Reich en mars 1936, en conflit avec son ministre, le pacifiste P.E. Flandin, il n'a pas le courage de rompre avec l'administration alors qu'on vient de refuser sa démission. Son pacifisme, son refus de toute vision vraiment nationale, son rejet de toute politique nous écartant de l'Entente, ont sans aucun doute contribué à la décrépitude de la politique extérieure de la France dont il a été le responsable réel, étant donné la valse des ministres. Idéologue il n'a pas compris que, jusqu'en 1936, l'Italie, quoique fasciste, était hostile au Reich nazi [1].

Il succédera en 1933 à Philippe Berthelot comme secrétaire général au ministère des Affaires étrangères (le Département). Ce poste, le plus élevé de la hiérarchie, a dans sa compétence la coordination des postes et des services. Au besoin il supplée le ministre. Philippe Berthelot, secrétaire général de 1920 à 1923 et de 1925 à 1932, a dû lui servir de modèle dans la manière dont il administrait le Quai, mais Berthelot était contrôlé par des ministres, tel Briand dont il sera l'homme lige, qui avaient une vision réelle (même si elle peut paraître discutable) de l'action diplomatique de la France. Ce n'était évidemment pas le cas d'Alexis Léger qui, de 1933 à 1940, servira neuf ministres, et qui n'avait pas compris que l'Europe de 1935 n'était plus celle de 1931.

Face au Quai d'Orsay, il aurait dû y avoir un ministre de la Guerre à même de réagir devant les erreurs de nos diplomates. Là encore nous ne pouvons guère parler des ministres : il y en eut vingt et un de 1919 à 1939 et, sauf Maginot et Daladier, peu marquèrent leur département. Ils ne voulaient pas affronter les chefs prestigieux qui avaient, en 1918, conduit à la victoire. La plupart du temps, ils s'inclinent devant les « grands chefs », les maréchaux Foch, Pétain, les généraux Weygand (chef d'état-major général de 1930 à 1935) et Gamelin (chef d'état-major général de 1935 à 1940). Or les « grands chefs », comme l'a bien montré Guy Pedroncini, sont pusillanimes : l'essentiel de la stratégie française est fondé, dès 1925, sur la défensive s'appuyant sur des zones fortifiées : le principe de la ligne Maginot est adopté, Painlevé étant ministre de la Guerre, lors de la séance du Conseil supérieur de la guerre du 15 décembre 1925 en présence du président Doumergue et par un vote unanime des présents, dont les trois maréchaux Foch, Joffre et Pétain ainsi que les généraux Guillaumat, Gouraud, Debeney, Nollet (ancien et futur ministre de la Guerre), Weygand. Et Pedroncini souligne, à juste titre, qu'en 1925-1926 Foch critique Pétain d'accorder « aux chars une importance capitale ». À ses yeux « le char n'est qu'un complément ». Ainsi dès ce moment s'élabore une

1. On pourra compléter ce portrait avec les observations de J.B. Duroselle, dans *L'Abîme*.

doctrine militaire profondément défensive. À lire les débats du Conseil supérieur de la guerre, on a l'impression très nette que l'État-major général ignore l'essentiel des engagements diplomatiques et même militaires français en Europe centrale et orientale[1]. Reconnaissons toutefois que nos attachés militaires savent beaucoup de choses, les rapportent fort bien et que nul n'en tient compte ; lit-on seulement leurs rapports, pourtant souvent d'une qualité bien supérieure à celle des « dépêches » du Quai ? Celles-ci, d'ailleurs, les lit-on davantage ?

La France et la conférence de la Paix

Dès les débuts de la conférence de la Paix, on peut constater que la France n'a pas de vues bien claires de ce qu'elle souhaite : une seule chose est évidente, il faut détruire tout risque de renaissance allemande tant militaire qu'économique. Mais de manière déraisonnable la France va présenter des revendications totalement irréalistes, tant sur le plan territorial[2] que dans le domaine économique. Incontestablement on n'avait pas préparé la paix ; sans doute Clemenceau avait-il créé deux commissions d'études préparatoires, l'une pour les questions territoriales et les tracés de frontière, l'autre chargée des problèmes économiques.

La Commission des affaires territoriales, présidée par l'historien Ernest Lavisse, était composée essentiellement d'universitaires, mais comme la plupart des membres de leur corporation ils n'avaient guère d'idées précises sur l'évolution des problèmes en cours et jugeaient en fonction des données historiques et de leurs *a priori*.

C'est à cette commission que l'on doit, sous la pression d'un autre professeur à la Sorbonne, entiché de l'histoire de Bohême, la création aberrante de la Tchécoslovaquie[3]. André Tardieu était

1. En décembre 1925, le général Guillaumat qui commande alors les troupes d'occupation en Rhénanie (et sera ministre de la Guerre en juin 1926) demande : « Avons-nous une alliance avec Bruxelles ? » (cité par G. Pedroncini, *Pétain, la Victoire perdue, 1918-1940*, 1995).

2. À l'origine la France envisage de réclamer la rive gauche du Rhin ; elle se contentera plus tard de réclamer Landau (dans le Palatinat) et la Sarre, c'est-à-dire la frontière que nous accordait le traité de Paris de mai 1814.

3. Il faut lire dans *Les Nouveaux Cahiers* de 1938 et de 1939 les pages sévères que J. Rovan consacre à Edvard Beneš et les déclarations de Beneš lui-même sur le lobby tchèque.

en cette affaire l'homme de confiance de Clemenceau. Selon de nombreux témoignages, son rôle ne fut guère brillant[1].

Il est significatif au reste que le projet raisonnable d'organisation du Congrès de la paix que Philippe Berthelot prépara dès la fin novembre, qui prévoyait une réunion des Alliés et des ennemis, fut jugé « absurde » par Clemenceau et on n'en parla plus, ce que nombre d'observateurs, tel Harold Nicholson, jugèrent regrettable.

La politique française de démantèlement de l'Empire des Habsbourg était admise par tous les alliés, mais avec des nuances : les Italiens, plus au fait des réalités du monde danubien, voulaient que Cluj et la partie septentrionale de la Transylvanie demeurent hongroises. Le délégué français, Jules Laroche, plus tard ambassadeur de France, soutint les Roumains contre les Hongrois. Selon lui la position des Italiens n'était pas exempte d'arrière-pensées ; « s'ils combattaient... les revendications roumaines ou yougoslaves... c'était pour renforcer leur influence dans la vallée du Danube »[2]. Les débats sur la frontière austro-yougoslave en pays slovène ne manquèrent pas de piquant.

Le sort des anciens domaines des Habsbourg fut réglé sans problème ; nul ne songea à exclure du nouvel État tchécoslovaque « les Allemands de Bohême » : visiblement les diplomates français se voulaient aveugles et sourds puisque dès novembre 1918 les Allemands des Sudètes, comme les Autrichiens d'ailleurs, réclamaient leur rattachement au Reich !

Cela aurait dû attirer l'attention des négociateurs. Quatre-vingts ans après on est frappé de leur légèreté : aucun ne se rendit compte que les mini-États, comme l'Autriche ou la Hongrie, comme les États artificiels, telles la Tchécoslovaquie ou la Yougoslavie, seraient longtemps difficilement viables et qu'un jour ou l'autre cela faciliterait une expansion allemande ; on voulait à tout prix que l'Empire des Habsbourg disparût.

Comme on l'a déjà dit, la France n'obtint pas les rectifications de frontières qu'elle réclamait (retour au premier traité de Paris de 1814 laissant Landau, Sarrebruck et Sarrelouis à la France), ni le morcellement du Reich[3], ni même l'autonomie de la

---

1. Cf. J. Laroche, *Au Quai d'Orsay*, 1957.

2. *Ibid.*, p. 73.

3. La France, à un moment, a souhaité casser le Reich en renforçant l'autonomie des Länder.

Rhénanie dans le cadre du Reich. Elle obtint que le bassin de la Sarre lui fût confié pour quinze ans en compensation des destructions des mines du Nord et du Pas-de-Calais ; il fut entendu que la rive gauche du Rhin, divisée en trois zones autour de Cologne, de Coblence et de Mayence, serait évacuée en trois fois en 1925, 1930 et 1935 et qu'elle serait démilitarisée. Enfin la sécurité de la France face au Reich était assurée par un accord de garantie franco-anglo-américain qui n'entra jamais en vigueur puisque les États-Unis ne ratifièrent pas le traité de Versailles. Au reste les États-Unis, comme le Royaume-Uni, voyaient poindre une volonté française d'hégémonie en Europe continentale, dont ils ne voulaient entendre parler à aucun prix. Dès 1919 les Anglo-Saxons vont commencer à jouer la carte du Reich.

Les conférences des Ambassadeurs et le problème des Réparations

Cela va apparaître lors des nombreuses conférences des Ambassadeurs. Elles réunissent les représentants des grands vainqueurs pour veiller à l'exécution des traités. On va ainsi faire le tour de toutes les villes de grand tourisme de l'Europe occidentale d'alors : San Remo, Spa, Cannes, etc.

La première conférence eut lieu à San Remo. Plutôt que de régler les grands problèmes on tenta d'aplanir un différend franco-britannique. À la suite de la tentative de « putsch » de Kapp, la France envoya des troupes dans la Ruhr pour prévenir tout incident et rappeler le Reich à ses devoirs : elle fut aussitôt critiquée par Londres, mais, sous la pression de Millerand, le gouvernement français – malgré les refus des Alliés de se joindre aux troupes françaises – fit occuper Francfort et sa région. Millerand, devant les protestations de nos alliés, s'inclina et promit d'agir de concert avec eux ; cela n'empêchera pas l'occupation de la Ruhr en 1923...

On chercha aussi à faire aboutir le délicat problème des Réparations : ce fut la conférence de Spa où l'Angleterre et la France se heurtèrent sur le problème du charbon. Le Royaume-Uni « qui n'a pas besoin de charbon » (Lloyd George) s'opposant aux propositions de Paris.

Le mirage des Réparations va empoisonner les relations entre les Alliés et aggraver la tension avec le Reich. Nous avons déjà dit l'absurdité du montant des Réparations imposées au Reich :

132 milliards de marks-or, soit deux fois et demie le PIB allemand de 1913 ; la France devait recevoir 52 % du montant des réparations, la Grande-Bretagne 22 %, l'Italie 10 %, la Belgique 8 %, la Serbie 5 %, le Japon, le Portugal et la Roumanie 1 % chacun.

Or, de janvier 1919 à juin 1921, le Reich estime avoir livré aux Alliés plus de 20 milliards de marks-or ; la France estime ce montant à 5 milliards, mais Paris ne décomptait pas les livraisons en nature :

- les deux tiers de la flotte marchande,
- le quart de la flotte de pêche,
- le cinquième des flottes fluviales (Rhin, Elbe, Oder et Danube),
- 5 000 locomotives et 130 000 wagons de marchandises,
- 24 millions de tonnes de charbon.

Et pendant de longues années la France va réclamer ce qu'elle considère comme son dû. De surcroît, les Britanniques réclament eux-mêmes des réparations pour compenser leurs pertes humaines (1 250 000 morts). Tout cela était parfaitement concevable à condition que les montants réclamés soient convenables... Or ils ne le sont pas. Certains économistes ont fait remarquer que la France avait payé son indemnité de guerre de 1871, qui représentait 25 % de son PIB d'alors, en deux ans : c'est oublier que tout au long du XIXe siècle, et jusqu'en 1914, la France dispose de capitaux considérables (qu'elle utilise malheureusement fort mal) et que le Reich a toujours été pauvre en capitaux.

C'est bien ce que Keynes avait montré dans *Les Conséquences économiques de la paix*, estimant que les Réparations auraient incontestablement un effet inflationniste. C'est évidemment une des raisons essentielles de la crise monétaire de 1922-1924 préparée par les Réparations payées jusqu'en 1921. Mais s'y ajoutent aussi les politiques monétaires et budgétaires du Reich jusqu'en 1924.

Français et Britanniques furent rarement sur la même ligne : Lloyd George rappela à Millerand qu'il ne voulait pas d'un ultimatum au Reich et qu'en aucun cas le Royaume-Uni ne participerait à l'occupation de la Ruhr et cette « occupation ne devait pas être le fait d'un seul allié ».

On aboutit à un compromis (Millerand pensant dès ce moment à une opération franco-belge) : on présenterait aux Allemands un « projet de protocole énumérant les étapes du désarmement » qui prévoyait « à titre de sanction l'occupation de la Ruhr ». On spécifia en particulier que « si le 15 novembre les livraisons de charbon n'étaient pas effectuées, les Alliés occuperaient la Ruhr ou toute partie du territoire allemand ».

Quant aux Réparations proprement dites, elles posaient de tels problèmes que la solution fut remise à une session ultérieure de la conférence. On se contenta toutefois de confirmer les quotas de répartition.

Les Britanniques avaient en définitive soutenu partiellement les Français, encore que ce soit à cause de leurs hésitations que le problème des Réparations n'avança guère à Spa.

C'est à Spa que les Britanniques tentèrent de faire adopter la ligne Curzon comme frontière orientale de la Pologne ; ethniquement, la solution était raisonnable (c'est d'ailleurs, à peu de détails près, l'actuelle frontière polonaise), mais elle allait contre les traditions historiques de la Pologne : celle-ci se fondant sur l'histoire annexera, après sa victoire sur l'URSS, Vilnius, Pinsk, Lviv ou Lwow et Tarnopol.

On tenta aussi de régler à Spa l'attribution du duché de Teschen, en Silésie, aux confins de la Pologne et de la Tchécoslovaquie ; le partage bâtard auquel arrivent Français et Britanniques ne satisfaisait aucune des deux parties. Ce problème délicat engendra une hostilité latente entre Tchèques et Polonais qui va empêcher une véritable entente et toute coopération militaire entre ces deux États alliés de la France et adversaires du Reich ; après Munich, les troupes polonaises occuperont la part tchèque du duché qu'ils n'avaient pas obtenue à Spa (octobre 1938).

Les débuts du conflit franco-britannique

Millerand et Lloyd George s'opposèrent sur l'aide à apporter à la Pologne menacée par les Soviets. La Grande-Bretagne considère alors que la Pologne est un État non viable qui risque, de surcroît, de renforcer la puissance française en Europe centrale. Le soutien à la Pologne fut donc une action purement française. La France envoie lors de l'offensive soviétique de 1920 une importante mission militaire[1], commandée par le général Weygand. Elle contribue puissamment à la victoire des forces polonaises commandées par le maréchal Pilsudski. Elle favorisera

1. La « mission » est une mission d'état-major. Il n'y a pas de soldats proprement dits.

une alliance franco-polonaise que la France laissera rapidement tomber en déshérence.

Comme le désaccord sur les Réparations persistait entre les Alliés et Berlin, ceux-ci décidèrent, le 8 mars, d'occuper Düsseldorf et Duisburg.

Après une nouvelle conférence à Londres, le Reich tardant à obtempérer, les Alliés lui adressèrent un ultimatum qui incita Berlin à payer ses redevances. Cela dura tout au long de 1921, au point que Loucheur et Rathenau signèrent au nom de leur pays respectif à Wiesbaden un accord qui pouvait paraître judicieux : on instaurait un règlement direct en nature des sinistrés français par une entreprise allemande (6 octobre 1921). Il y eut aussitôt une levée de boucliers. Le patronat français s'estimait écarté d'un marché intéressant et craignait la concurrence des produits allemands. Plus importante encore fut l'hostilité des Alliés qui redoutaient que la part des réparations reçues par la France soit supérieure à son pourcentage de 52 %. Aussi cette recherche d'un accord réaliste, qui était plein de bon sens, va échouer. Cela conduira à des débats interminables sur les Réparations jusqu'à l'adoption du plan Dawes, à l'aggravation des relations franco-allemandes, non seulement diplomatiques et économiques, mais aussi gangrènera les comportements dans le Reich. De surcroît les Réparations vont compliquer les relations franco-britanniques comme le montre la conférence de Cannes ainsi que le débat quasi conflictuel entre les deux puissances de l'Entente sur le problème de la Haute-Silésie.

La France prit en cette affaire une part décisive. Après le plébiscite (700 000 voix pour le maintien dans le Reich, 470 000 pour le rattachement à la Pologne), il paraissait évident qu'il faudrait partager la province, ce que contestaient naturellement les Allemands, soutenus ouvertement par les Britanniques. « La Silésie est allemande depuis plus longtemps que la Normandie est française », déclara inexactement Lloyd George ; n'arrivant pas à trouver un accord on renvoya le problème au Conseil de la SDN qui adopta le projet français de tracé des frontières.

Mais la France ne sut pas tirer les dividendes du coup de pouce à la Pologne dans l'affaire de Haute-Silésie : le poids de Berthelot, secrétaire général du Quai d'Orsay, féru des idées d'Ernest Denis et du linguiste Millet, joua en effet lors de l'affaire de Teschen au profit des Tchèques dont on estimait le positivisme alors qu'on se méfiait du catholicisme polonais. De la même manière, on soutint les Serbes contre les Croates, ce qui amena à protéger une Yougoslavie dirigée par les Serbes face à l'Italie. Tout cela contribuera, à plusieurs reprises, à refroidir nos relations avec l'Italie comme avec la Pologne.

La conférence de Cannes est liée à la crise des Réparations. Le Reich, devant la menace de l'effondrement du mark, demande un moratoire. Il fut entendu que le problème serait examiné lors d'une nouvelle conférence convoquée à Cannes le 5 janvier 1922.

Briand venait de rentrer de Washington : l'offensive anglo-saxonne, inquiète d'un risque d'hégémonie française en Europe, avait ravalé la France au niveau de l'Italie au point que, dans la *Revue des Deux Mondes* du 15 décembre 1921, Poincaré se prenait à écrire : « M. Briand est revenu de Washington, il a ouvert sa valise et a loyalement montré qu'elle était vide »...

Conscient de son échec A. Briand chercha à lui substituer en mettant sur pied une alliance défensive franco-britannique. Cela compenserait le retrait des États-Unis du processus de rétablissement de la paix en Europe.

Cela fit l'objet de négociations entre Paris et Londres, en décembre 1921, facilitées, il est vrai, par les déboires britanniques en Turquie où Mustafa Kemal et les nationalistes turcs culbutaient les protégés du Royaume-Uni. Briand alla même à Londres et au cours d'une conversation avec Lloyd George lança sa proposition d'alliance. Selon l'ambassadeur Laroche, alors directeur adjoint des affaires politiques au Quai, « Lloyd George, sans repousser l'idée, se montra peu disposé à aller au-delà du traité de garantie de 1919. Briand suggéra alors qu'on pourrait s'inspirer du traité de Washington, qui venait d'organiser la sécurité dans le Pacifique, et compléter l'alliance franco-anglaise par un accord plus large auquel pourrait participer l'Allemagne. Le Premier ministre, qui redoutait une collusion germano-soviétique, parut intéressé... » [1].

Un groupe de travail fut aussitôt mis en place afin de prévoir « deux pactes : l'un constituant une alliance défensive franco-britannique, l'autre de non-agression englobant en outre l'Allemagne avec l'Italie et la Belgique ». On s'efforçait en même temps « de tenir compte de la crainte qu'on éprouvait à Londres d'être entraîné par le jeu de nos alliances dans un conflit à propos de la Pologne ou de la Tchécoslovaquie ».

1. J. Laroche, *Au Quai d'Orsay*, *op. cit.*, p. 147.

De leur côté les Britanniques avaient – nous l'avons vu – préparé un aide-mémoire dans lequel ils acceptaient de soutenir la France en matière de Réparations et de lui accorder une garantie. Par contre ils refusaient l'idée d'un traité et spécifiaient que l'accord entre les deux États était subordonné à un règlement des divers litiges franco-britanniques (Moyen-Orient, Turquie, problème des sous-marins, la question de Tanger). Par ailleurs, Londres souhaitait que la France « donne son assentiment à la convocation immédiate d'une conférence économique à laquelle seraient représentées toutes les puissances de l'Europe, y compris la Russie ».

Tout cela fit l'objet d'entretiens nombreux et souvent agités. La France et le Royaume-Uni avaient des vues fort différentes sur le problème russe considéré comme une menace pour la sécurité de la Pologne, ce que Lloyd George balaya d'un revers en prétendant que l'invasion de 1920 « tenait plutôt de la farce », soulignant avec raison « par l'équipement et l'efficacité, l'Allemagne reste le seul ennemi sérieux ».

Lloyd George n'en démordit pas : « l'avenir de la Pologne n'intéressait pas les Anglais » [1].

La conférence de Cannes et son échec

Les négociations piétinaient, mais Briand pensait réussir à convaincre Lloyd George et l'annonça, par un télégramme au président de la République ; en fait, à lire les procès-verbaux des réunions du 8 janvier, il était évident que l'Angleterre « finassait » : Lloyd George proposait seulement un engagement *écrit* de l'Angleterre confirmant les principes mis en place dans le cadre de l'Entente avant 1914. Par ailleurs les Anglais renâclaient devant l'idée d'une entente générale sur l'Europe. Selon le résumé publié par G. Suarez, « M. Lloyd George répond que la conclusion de pareil accord équivaudrait à faire garantir la paix de l'Europe par l'Angleterre et la France, l'Angleterre craint que pareil engagement ne risque de la mêler à des complications dans l'Europe orientale ».

Briand souligne que le but est de lier ce que Lloyd George appelle les « puissances dangereuses pour la paix européenne :

---

1. Les citations sont extraites du *Compte rendu analytique de l'entretien*, d'après Suarez, *op. cit.*, p 356 et suivantes.

Russie, Allemagne, Pologne, Hongrie, Bulgarie » ; Lloyd George reconnaît « l'utilité... d'une entente de ce genre » mais ne s'avança pas davantage.

Le président du Conseil, tout à son rêve, prend pour un engagement ferme ce que le Premier anglais lui a vaguement concédé du bout des lèvres ; il rend compte au président de la République de ses difficultés mais fait preuve d'un optimisme peu en rapport avec la situation réelle :

N° 25 Cannes, le 9 janvier 1922
Reçu le 9 janvier à 22 heures
À remettre d'extrême urgence à Monsieur le président de la République

« Je vous prie de croire que nous faisons ici tout ce qui est en notre pouvoir et avoir fait ce qui était, je crois, humainement possible pour sauvegarder dans la situation présente les intérêts de la France. Mais vous connaissez les difficultés d'un Conseil suprême [...] D'après l'accord du 13 août, la Grande-Bretagne accepte d'abandonner 140 millions de marks-or en notre faveur. Nous espérions pouvoir obtenir en outre 200 millions de la Belgique par abandon sur sa priorité. Elle se déclare absolument réfractaire à ce sacrifice et je considère qu'il serait dangereux pour nos relations avec elle d'insister pour le lui imposer. Après accord avec MM. Doumer et Loucheur, j'ai proposé, à titre transactionnel, de réduire notre demande à la Belgique à 60 millions de marks-or, portant ainsi à 200 millions la somme que nous devrions recevoir.

« Nous venons d'avoir une réunion particulière avec MM. Lloyd George et Theunis sur cette question et nous nous sommes heurtés à une impossibilité absolue. Les choses ne peuvent donc se régler qu'en acceptant les 140 millions de marks-or offerts par l'Angleterre. Nous mettrions toutefois comme condition à cette acceptation l'engagement pris par les Alliés de reconnaître que l'imputation des mines de la Sarre pour l'année 1922 soit limitée à 300 millions de marks-or. Le supplément de valeur de ces mines, soit entre 50 et 100 millions de marks-or, serait payable en obligations-or, ce qui augmenterait d'autant les sommes à recevoir par nous en 1922. En réalité, si ces propositions sont ratifiées et grâce aux sacrifices consentis par nos alliés sur leur part, la France, malgré le moratorium et grâce au jeu des Réparations en nature, recevrait tout ce qui lui est dû et même plus. En outre disparaîtraient certains inconvénients résultant de la situation antérieure, notamment pour la Sarre le prix FOB, et l'accord de Wiesbaden qui se trouverait ratifié. En cas de refus, tous ces avantages disparaîtront et nous ne devons pas nous faire d'illusions sur la décision de la commission des Réparations. Les experts belges, italiens et anglais se sont prononcés à l'unanimité pour la nécessité d'un moratorium à l'Allemagne...

A. Briand [1] »

Le président du Conseil envoya son ministre des Finances, qui avait participé aux négociations, exposer la situation devant le Conseil des ministres. Auparavant Paul Doumer rendit compte au président Millerand ; il devait insister sur les positions britanniques concernant la garantie à la France. Lloyd George veut bien élargir le cadre du projet de garantie, mais il doit tenir compte de l'opinion anglaise et de la position des Dominions. Le texte sera donc à la fois – laisse entendre Briand – ferme et vague !

Le compromis accepté par Briand ne tenait compte ni de l'opinion française qui tenait aux Réparations, ni de la position de la Chambre bleu-horizon. C'est ce qu'avait parfaitement compris Doumer et Millerand, toujours réticents devant les positions de Briand.

Suarez, biographe et admirateur de Briand, explique que le président du Conseil « avait imaginé un système où les concessions sur l'accessoire étaient balancées par des gains sur l'essentiel ». Pour Briand l'essentiel c'était l'offre britannique (pourtant aléatoire) de garantie et les Réparations étaient l'accessoire.

Millerand et le gouvernement trouvaient que la garantie anglaise serait toujours douteuse mais que les Réparations, elles, étaient tangibles. L'expérience montrera que, pour la période qui va de janvier 1922 au 15 mars 1939, la France ne pouvait pas compter sur un appui anglais. Le comportement du cabinet britannique depuis novembre 1918 était prémonitoire de ses attitudes ultérieures à l'égard de la France.

Le Conseil des ministres réuni par Millerand en l'absence du président du Conseil désapprouva la manière dont les négociations étaient menées par Briand en termes assez sévères : ce fut la

---

1. Ce document et le suivant sont extraits du livre de G. Suarez, *op. cit.*, p 382 et suivantes.

seule fois dans l'histoire de la IIIe République où un président de la République appliqua réellement l'article 3 de la loi du 19 février 1875 et l'article 8 de la loi constitutionnelle du 16 juillet 1875, textes qui affirment le rôle essentiel du président [1] dans le système constitutionnel et ses pouvoirs particuliers en matière de politique extérieure [2]. Mais cela allait à l'encontre de tous les grands principes dits « républicains ». Quand, dans la presse du 10 janvier au soir, on put lire les termes des décisions prises par le Conseil en l'absence du chef du gouvernement, on fut abasourdi dans bien des milieux politiques :

a) Sur la conférence de Gênes, le Conseil partageait les appréhensions de Millerand :

b) Sur les Réparations, un moratorium ne devait être accordé à l'Allemagne qu'après avoir obtenu des garanties suffisantes (contrôle et gages). En aucun cas, la priorité belge ne pouvait être affectée.

c) Sur le pacte de garantie, il déclarait qu'il ne pouvait être envisagé favorablement s'il devait être le prélude d'autres pactes où l'Allemagne serait admise à discuter les conditions du traité de Versailles.

La lettre du président à Briand était plus ferme encore :

« 1° Le Conseil a décidé que conformément à votre interprétation, il était impossible que le gouvernement russe reçût de vous, président du Conseil suprême, une invitation à la conférence économique avant qu'il n'eût expressément accepté les conditions posées. Les deux mois qui nous séparent de la réunion de la conférence lui permettront d'ailleurs de prouver la sincérité de son acceptation.

« 2° Le Conseil a décidé ensuite qu'il convenait de maintenir la politique invariable suivie par tous les gouvernements français en affirmant avec une netteté redoublée le droit pour la France, tant en vertu du droit commun que du traité de Versailles, d'user de contrainte vis-à-vis de l'Allemagne en cas de manquement à ses obligations jusqu'au jour où elle s'en sera complètement libérée.

« 3° L'examen de ce point a naturellement amené le Conseil à envisager la question précise que votre télégramme 25 m'a prié de lui demander de résoudre.

---

1. Doit-on rappeler que les textes constitutionnels de 1875 ignorent le président du Conseil, titre qui n'apparaît qu'avec le gouvernement Dufaure de mars 1876 ?

2. Avant la lettre, c'est le principe du « domaine réservé ».

« Les renseignements de votre télégramme, non plus que les informations complémentaires fournies par M. le ministre des Finances, ne permettent de chiffrer le total espèces que l'Allemagne serait capable de verser au cours de 1922. Nous avons noté seulement qu'au moment où les experts de Cannes le réduisent à 500 ou 700 millions, notre ambassadeur à Berlin nous informe par son télégramme n° 31 que selon la délégation qualifiée du Comité des garanties, les Allemands paraissent susceptibles de fournir en 1922 au titre des réparations plus de 1 100 millions de marks-or. Sans doute ces 600 millions de surcroît ne seraient pas touchés par nous cette année, mais en diminuant d'autant la priorité belge ils nous profiteraient sûrement.

« Quel que soit d'ailleurs le montant de l'abandon que les Alliés consentent pour cette année à l'Allemagne, la considération qui a retenu l'attention et emporté l'opinion du Conseil est que pour la première fois le gouvernement français consentirait un ajournement de l'exécution d'une obligation allemande non seulement sans avoir reçu de justification suffisante, mais surtout sans lui avoir imposé ni gages, ni suffisantes garanties.

« Ce serait l'abandon de la politique arrêtée par le Conseil lui-même, d'accord avec vous et avec M. Loucheur avant votre départ pour Cannes. Ce jour-là le Conseil a décidé qu'il ne pourrait être question de moratorium que contre la remise de gages et de garanties. »

Désavoué, Briand rentra à Paris et démissionna, d'autant que, dans un télégramme ultérieur, le président Millerand rappelait que le Conseil des ministres acceptait la responsabilité de la rupture.

Briand ramenait à Paris un projet de pacte franco-anglais que lui avait remis Lloyd George qui mettait noir sur blanc la proposition initiale du cabinet britannique.

La seule décision de la conférence de Cannes fut la convocation à Gênes d'une conférence à laquelle le Reich et l'URSS étaient invités.

Le départ de Briand fut diversement apprécié. À l'étranger on retiendra celle du *Pall Mall Gazette* : « Si la Chambre des députés représente la France, ce pays est bien à plaindre car si l'opinion française considère que M. Briand est trop conciliant..., la France devra se frayer son chemin elle-même dans la solitude. » Toutefois les tories critiquent l'attitude de Lloyd George qu'ils jugent trop antifrançaise. La presse américaine, en particulier celle de New York, estimait quant à elle que l'attitude de la France manquait de dignité.

En France, même si la gauche n'apprécia pas et ne comprit

pas le départ de Briand – qui n'avait pas été mis en minorité à la Chambre [1] –, la droite nationale approuva et les députés accordèrent une confiance massive au nouveau président du Conseil, Raymond Poincaré. Il obtint 472 voix contre 107, seule une trentaine de radicaux s'abstinrent [2].

Le nouveau gouvernement allait marquer un changement de la politique extérieure. Ce changement était plus lié à l'échec de la politique de Briand qu'à l'échec de Cannes qui n'en était que l'expression. La mauvaise volonté allemande, les incompréhensions et les réserves, pour ne pas dire l'hostilité, des Britanniques, avaient eu raison des positions conciliatrices de Briand. Mais la politique que préconisaient Millerand et Poincaré n'avait de sens que si elle s'écartait de la crainte de faire de la peine à Londres. Or dès sa déclaration ministérielle Poincaré affirma combien il tenait aux liens avec Londres. De même, comme à son habitude, courageux mais peu téméraire, Poincaré avait tenté d'associer Herriot à son cabinet.

Poincaré, président du Conseil

Pourtant les dossiers que laissait Briand à son successeur étaient remplis de contentieux avec les Britanniques et par conséquent avec les conceptions diplomatiques des radicaux. Allait-on vers un renversement de la politique extérieure, comme le disaient alors certains observateurs, ou simplement des méthodes nouvelles ?

En effet les problèmes que Briand n'a pas réglés concernent largement les relations franco-britanniques. Quels vont être les rapports avec l'URSS lors de la conférence de Gênes ? Comment régler les difficultés entre les deux nations à propos de la Turquie (traité d'Angora) ou du « découpage » du Moyen-Orient ? Selon *Le Temps* le président Poincaré allait tenter de limiter le nombre des réunions internationales, d'ailleurs très mal organisées [3].

---

1. On notera au passage que les constitutionnalistes critiquèrent souvent avec virulence l'intervention du président Millerand « obligeant le ministère Briand à se retirer » (A. Duguit, dans *La Renaissance*).

2. Poincaré prit les Affaires étrangères et confia le ministère de la Guerre à André Maginot.

3. M. Édouard Bonnefous fait judicieusement remarquer dans son *Histoire politique de la IIIe République*, qu'il n'y a, à cette époque, ni secrétariat, ni interprète, ni procès verbal : « Trop souvent, ajoute-t-il, on croit seulement s'être compris » !

En réalité, Poincaré poursuit la politique menée par Briand ; il continue de négocier avec Rathenau sur les modalités des Réparations, admettant le principe de livraisons de marchandises en lieu et place de monnaie sonnante et trébuchante. En même temps il se méfie de l'Angleterre et ne cherche pas à renouer sérieusement avec Lloyd George la négociation sur le projet de pacte franco-britannique. En effet, si l'on en croit les témoignages de l'époque, Poincaré voulait accompagner le traité d'une convention militaire, alors que Lloyd George « estimait qu'une promesse d'assistance était plus effective que des précisions sur les divisions à fournir » ; il est vrai que la Grande-Bretagne dès ce moment n'a plus d'armée de terre digne de ce nom et que Lloyd George aurait été bien en peine de prendre un engagement quelconque. Le président français le sait-il ou utilise-t-il ce prétexte pour enterrer le projet ?

Au Quai d'Orsay on se contente d'adresser à notre ambassade à Londres des instructions tendant, témoigne le directeur des Affaires politiques, « à atténuer les exigences pointilleuses dont le président du Conseil voulait accompagner des demandes raisonnables » (J. Laroche).

La conférence de Gênes

Mais la grande préoccupation de ce début d'année 1922 est la préparation de la conférence de Gênes voulue par les Anglais, à laquelle Poincaré est hostile. En fait la conférence de Gênes est éclipsée par l'accord germano-soviétique de Rapallo du 16 avril. Cet accord en effet marquait la fin de l'isolement et pour l'URSS et pour le Reich. C'était un échec pour les Britanniques qui souhaitaient un accord avec Moscou afin de voir s'ouvrir le marché soviétique en ce temps de la NEP, comme pour la France dont l'adversaire allemand était renforcé. Cela aurait pu entraîner une renaissance des relations franco-anglaises, Poincaré ne le voulut point, se gardant bien d'inviter Lloyd George à s'arrêter à Paris à son retour de Gênes.

Il est vrai qu'à Gênes les relations franco-britanniques avaient été mises à mal par les remontrances britanniques à l'égard de Paris qui soutenait la majeure partie des revendications de la Petite Entente (Tchécoslovaquie, Roumanie, Yougoslavie) présentées par E. Beneš. Londres protesta et accusa « la France d'assurer son hégémonie sur l'Europe danubienne et de chercher ainsi à contrôler la conférence de Gênes ». Il est vrai que la France tendait à consolider la situation en Europe centrale en soutenant l'Autriche à la demande des Tchèques. Mais Poincaré ne fit rien pour suggérer la mise en place d'une « Confédération danubienne » associant Autriche, Hongrie et Tchécoslovaquie et essayer de convaincre Beneš, et Poincaré avec lui, de renoncer à son opposition viscérale à ce projet par son hostilité incontournable aux Habsbourg. Sans s'en rendre compte Beneš, et Poincaré avec lui, en agissant ainsi faisaient le jeu du Reich.

Poincaré et tous les gouvernements français de 1915 à 1938 portent ainsi une lourde responsabilité dans l'expansion allemande dans l'espace danubien qui reprend dès 1924 et ne cessera de s'amplifier.

Incontestablement, la conférence de Gênes, qui se prolongea tout un mois, fut un échec. C'est ce qu'A. Tardieu reproche à Poincaré qui n'a pas été suffisamment ferme : « L'Europe est dirigée contre la France parce qu'elle s'est instituée la gardienne des traités. » De surcroît, la France n'obtint pas la reconnaissance de la dette russe : il est vrai que notre délégué, Franklin-Bouillon, aurait déclaré au délégué soviétique, Krassine : « Nous ne voulons pas faire du rapprochement franco-russe une affaire de gros sous… nous voulons la paix » ; simultanément on proclamait que la Russie était « gouvernée par des dictateurs et des tyrans »[1].

Comme, par ailleurs, la France ne cessait de critiquer l'Italie, la délégation française, boudée par les Britanniques et les Italiens, se trouvait totalement isolée face à la nouvelle alliance germano-russe. Les Britanniques soulignèrent le caractère vindicatif de la délégation française, n'hésitant pas à déclarer que la France s'était opposée aux « projets européens » de Lloyd George.

La crise financière allemande et les préludes à l'occupation de la Ruhr

En fait Poincaré, son gouvernement et sa majorité constataient que les remboursements allemands étaient de plus en plus difficiles à obtenir et étaient décidés à des mesures fermes ; à Bar-le-

1. Au même moment, il est vrai, Édouard Herriot déclare à son retour d'URSS : « Je pense que la République russe n'est qu'une République socialiste qui demain deviendra… bourgeoise. »

Duc le président du Conseil n'hésitait pas à parler de sanctions contre le Reich, quitte à agir seul « si par malheur nos alliés ne croyaient pas pouvoir s'associer aux mesures qui nous paraîtraient nécessaires pour le respect de nos droits ».

Mais quelques jours plus tard, toujours hésitant, profondément marqué par son juridisme, Poincaré proclamait hautement devant la Chambre qu'il « entendait agir en étroite collaboration avec nos alliés britanniques ».

La crise financière

Cependant en mai 1922 les Allemands obtenaient une prorogation du moratoire qu'on leur avait accordé en mars. Toutefois les experts alliés avaient envisagé à Gênes de lancer un emprunt international pour renforcer l'économie allemande. Un comité de banquiers se réunit à Paris en juin pour en étudier les modalités : la conclusion de leurs travaux tomba comme un couperet : réduire « la créance française était la condition préalable à toute solution réaliste ».

En réalité, depuis l'assassinat de Rathenau [1], le gouvernement allemand était bien décidé à ne pas exécuter le traité de Versailles. La Volkspartei s'engagea violemment dans une campagne d'annulation du traité qui avait un retentissement populaire incontestable : la France apparaissait comme « l'ennemi juré » ; en voulant soutenir une politique de rapprochement, Rathenau s'était condamné à mort.

La gauche française reprochait à Poincaré de n'avoir point soutenu la démocratisation de la République de Weimar, mais nul ne comprenait à Paris que, des communistes à l'extrême droite, le patriotisme allemand rejetait un traité aberrant qui traitait l'Allemagne en coupable. Après tout, disaient les communistes, la France a aussi des responsabilités dans le déclenchement de la guerre (cf. le discours de Maurice Thorez à Strasbourg en 1935).

Dès ce moment le gouvernement est décidé à rechercher des « gages de production » (rapport du président de la commission des finances à la Chambre) tandis que la gauche invite le gouvernement à changer de politique, certains allant jusqu'à demander

1. Rathenau (1867-1922), d'abord président de la Société générale d'électricité (AEG), fut de 1914 à 1915 chef de l'Office des matières premières, contribuant efficacement à l'effort de guerre allemand. Monarchiste et nationaliste, cet israélite signe en 1922 le traité de Rapallo avec l'URSS. Il est assassiné par un groupe de nationalistes antisémites qui l'accusent de trahir le Reich.

une révision pure et simple du traité de Versailles ! D'autres suggéraient une coopération économique franco-allemande marquée par un programme de grands travaux auxquels collaboreraient des travailleurs allemands financés par le gouvernement du Reich. Sinon on s'engagerait dans une politique militaire de prise de gages.

Devant la crise financière que connaît l'Allemagne, le gouvernement de Berlin fait savoir le 12 juillet 1922 qu'il demande la réduction de ses livraisons et un moratoire de deux ans, ce que Lloyd George accepta ; R. Poincaré, lui, prit aussitôt des mesures de rétorsion sur les biens privés allemands.

Pour » amadouer » les Français, Londres proposa de renoncer à ses créances sur la France ou même sur l'Allemagne à condition que les États-Unis renoncent aux leurs.

Lors de la conférence de Londres (7-14 août), la diplomatie française fut battue en brèche par le Foreign Office qui rappela à la France que si l'Allemagne ne réglait pas ce qu'elle devait, Paris ne remboursait pas davantage les Britanniques. La conférence fut un échec total et marquait une aggravation sensible des rapports franco-britanniques : une prise de gages sur l'Allemagne romprait l'équilibre européen au profit de la France. Cela, Londres le refusait fermement.

Le gouvernement français, dès lors, est décidé à occuper la Ruhr. Mais une telle opération impliquait de disposer d'une majorité solide et convaincue. Cette majorité siégeait à la droite de la Chambre mais Poincaré se refusait à s'agréger à elle. Comme le disait Herriot, « c'est un homme tourné vers nous » (« nous », c'est-à-dire les radicaux et la gauche). Le pasteur Soulier, député de la droitière Entente républicaine, et ses amis, reprochaient au président de s'appuyer sur des majorités de rechange : « La politique extérieure est l'envers de la politique intérieure. » Georges Mandel, Paul Reynaud et Léon Daudet développaient les mêmes arguments de manière encore plus virulente. Tout cela, qui va perdurer jusqu'en mars 1924, contribue à expliquer l'échec de fait de l'occupation de la Ruhr. P. Reynaud, lors du débat devant la Chambre, le 20 octobre 1922, invite Poincaré à s'engager fermement : « Vous ne pouvez pas, tous les deux mois... agiter le spectre de la Ruhr car vous finirez par rappeler l'image du dragon menaçant qui jette le feu par les narines mais dont la queue est solidement fixée à la muraille. » S'appuyant sur un article de *Vorwaerts*, le quotidien des sociaux-démocrates, Reynaud réclamait que l'on « impose aux féodaux de l'industrie allemande une solution légitime ». Selon P. Reynaud une telle politique, menée selon lui en accord avec une importante partie de l'opinion allemande (c'était un pari perdu), devait ultérieurement conduire à une coopération économique entre les deux pays.

Poincaré approuvait sans doute, au fond de lui-même, une telle solution mais il refusait de s'y rallier sans avoir consulté le Royaume-Uni. Dans sa réponse, Poincaré, après avoir refusé de se séparer des préfets proches de la gauche, stigmatise l'utilisation par la droite des « maréchaux politiciens » et il cite Franchet d'Esperey, Foch et Lyautey, omettant le maréchal Philippe Pétain, considéré comme lié à la gauche républicaine [1].

Enfin, le président du Conseil n'hésite pas à préciser que sa majorité n'est pas à droite, c'est une « majorité républicaine de reconstruction nationale », excluant les seuls communistes et socialistes.

Poincaré mettait de grands espoirs dans la désignation de Bonar Law comme Premier ministre, remplaçant Lloyd George mis en minorité après l'échec de la politique anglaise dans la crise turque. Mais c'était méconnaître la politique traditionnelle du Foreign Office : éviter la suprématie d'un pays quelconque sur le continent européen. Poincaré avait, avant sa visite à Londres, précisé que si les Allemands ne payaient pas la France refuserait de rembourser les dettes contractées auprès des Américains et des Britanniques, qu'au besoin une prise de gages serait nécessaire et que s'il le fallait la France agirait seule.

L'occupation de la Ruhr

Le 4 janvier 1923 Bonar Law reprenait à son compte les propositions de Lloyd George (moratoire de quatre ans, pas de prise de gages, des paiements considérablement réduits, suppression de la commission des Réparations). Poincaré conclura ces entretiens avec une formule brutale, relativement exacte, mais il n'en tirera aucune conséquence : « Ce que préparerait le programme britannique c'est la très prochaine suprématie du Reich sur l'ensemble de l'Europe. » Soutenue par l'Italie, qui cherche à se rapprocher de la France, et par la Belgique, la France décide alors, après la constatation faite par la commission des Réparations d'un nouveau manquement du Reich, d'occuper la Ruhr. Le lieu était significatif : était-il bien choisi est une autre

1. C'est la raison pour laquelle, lors de la guerre du Rif, il fut chargé de remplacer à Rabat le maréchal Lyautey limogé.

LES LIMITES SUCCESSIVES DE L'OCCUPATION RHÉNANE

affaire ? Occuper simultanément Essen, Düsseldorf, Francfort-sur-le-Main, Karlsruhe et Fribourg en Brisgau aurait été plus facile et eût posé bien davantage de difficultés aux Allemands. En particulier une telle prise de gages n'aurait pas permis au chancelier Cuno de parler de « l'annexionnisme de la France » ni d'en appeler à l'Angleterre en évoquant Louis XIV et Napoléon.

L'opinion française approuvait cette politique et à la Chambre les députés radicaux votaient en majorité (42 sur 83) la confiance au gouvernement. La situation dans la Ruhr était délicate car la grève générale, soutenue par le Reichstag, était décrétée : on dut mobiliser des cheminots français et belges pour permettre le maintien du trafic ferroviaire et on mit en place entre la Ruhr et le Reich un cordon douanier qu'il eût sans doute fallu instaurer tout le long de la zone d'occupation.

Quelle politique allait-on devoir mener ? L'exploitation de la Ruhr était rendue impossible : devant les tentatives des mineurs d'interdire l'accès de leurs mines, les piquets de grève furent dispersés *manu militari* ; le 31 mars l'armée tira sur des ouvriers refusant leur réquisition, il y eut plusieurs morts. C'était donc un demi-échec, d'autant que l'opposition redressait la tête. À gauche, nombreuses étaient les voix qui demandaient une révision du traité de Versailles, comme on venait de le faire avec la Turquie pour le traité de Sèvres. Cette idée n'était pas rejetée par l'opinion mais Poincaré, s'il n'y était pas aussi hostile qu'on le dit, rappelait la nécessité des remboursements et des garanties. Il cherche d'ailleurs à négocier directement avec le Reich, ce à quoi naturellement le Royaume-Uni s'oppose ; comme le rappelle P. Renouvin « le Foreign Office souhaitait arbitrer les affaires d'Europe sans s'y associer ».

Les Allemands, à une offre anglaise de médiation, firent des propositions inacceptables que même les Anglais condamnèrent. On persiste du côté français à chercher une possibilité de négociation. En réalité, malgré les dénégations de Poincaré, l'occupation de la Ruhr ne rapporte nullement les avantages que l'on espérait. Elle avait été mal préparée : « il fallait en faire une opération de force » en lui donnant dès le départ « un caractère politique et militaire ». Mais, comme le remarquera Charles Benoist dans ses *Souvenirs*, « la politique que M. Raymond Poincaré a faite… de janvier à octobre 1923 n'était pas celle de son caractère ».

En réalité Poincaré n'a pas de véritable stratégie, comme l'a bien montré Stanislas Jeannesson dans sa thèse *Poincaré, la France et la Ruhr*. Un certain nombre d'opportunités se présentent alors en Rhénanie, nouvelle crise autonomiste liée à la chute du mark, crise dans les mines de la Sarre, tout cela pouvait permettre d'envisager des moyens de pression sur le Reich, sans chercher à annexer la Rhénanie, ce qui eût été absurde, et de négocier en position de force. Or Poincaré n'utilise aucun de ces moyens de pression. Le haut-commissaire Paul Tirard n'a guère de possibilités et dispose de près de dix fois moins de crédits de propagande que le gouvernement allemand : on n'a aucun service de renseignement sérieux, ou s'il en existe on n'utilise pas ses informations ; c'est ainsi qu'on laisse nommer à Trèves un évêque francophobe alors que l'on aurait pu suggérer un candidat bien plus neutre.

Naturellement les relations avec Londres s'aigrissent chaque jour davantage sans que l'on se rende compte que dès que cela sera possible le Royaume-Uni aidera de tous ses moyens la renaissance d'une nouvelle monnaie en Allemagne. Les tentatives de négociation faites par Stinnes, puis par Stresemann, auprès de Paul Reynaud échouent : sur l'ordre exprès de Poincaré, Reynaud est obligé de renoncer à ces démarches officieuses tandis que Stresemann est amené à abandonner la résistance passive devant les difficultés économiques, sociales et monétaires que connaît le Reich. Au lieu de se mettre à négocier directement avec le Reich, Poincaré s'obstine et ergote en avocat sur des points de détail. Comme dit Paul Reynaud, dans *La France a sauvé l'Europe* : « Le 24 septembre 1923 la résistance passive cesse dans la Ruhr. Le monde entier pense que la France, qui a gagné la partie, va enfin parler avec l'Allemagne et le franc monte. M. Poincaré n'en fait rien et, le mois suivant, le franc rebaisse. » Au moment où Stresemann va stabiliser le mark, le franc traverse une crise grave à laquelle les banques anglo-saxonnes et naturellement allemandes ne sont pas étrangères.

Certains, au lendemain du 24 septembre, parlèrent du « triomphe de M. Poincaré » ; c'était un triomphe à la Pyrrhus. En effet si l'on dresse le bilan de l'occupation de la Ruhr, on est amené à constater :

- Le Reich n'a rien payé.
- Les apports en nature sont faibles.
- L'hostilité des Allemands à l'égard de la France atteint des sommets.
- Le nationalisme allemand sort considérablement renforcé de cette occupation : les nationalistes allemands qui avaient obtenu 17 % des suffrages en 1920 se retrouvent en mai 1924 avec 26 % des voix, auxquelles s'ajoutent 6 % de voix natio-

nales-socialistes : un tiers des Allemands a donc voté pour les partis ultranationalistes et pangermanistes.

- Les tensions franco-britanniques sont à leur plus haut niveau : l'Entente cordiale n'est même plus la « désentente cordiale ».

Ainsi la crise de la Ruhr était-elle un échec. Dans une très large mesure c'était la responsabilité de Poincaré lui-même. En soi, occuper la Ruhr n'était pas une erreur, mais il ne fallait pas se limiter à ce qu'un ancien ambassadeur définissait comme « une sorte d'exécution de commandement d'huissier » mais, comme tenta de le faire P. Reynaud, profiter de la situation de force pour chercher à négocier officieusement de manière à présenter aux Britanniques et aux Américains une transaction qui respectait l'honneur des deux parties sans les laisser apporter une médiation qui ne pouvait se faire que contre la France, étant donné la volonté anglo-saxonne de mettre fin à l'isolement et aux difficultés du Reich.

Ajoutons que les débats budgétaires de 1923 et 1924 permettent alors de constater qu'en 1924 il restait à payer pour le dédommagement réel des Réparations, des indemnités dues aux sinistrés et des pensions, la somme de 38 milliards de francs 1923, soit environ 10 milliards de francs-or, soit 8 milliards de marks-or. En considérant les budgets de 1919 à 1926 on peut évaluer le coût réel des Réparations à moins de 40 milliards de francs-or, pour la France qui était, et de loin, la principale victime, soit 32 milliards de marks-or... On était loin des 68 milliards attribués théoriquement à la France !

Mais ni Poincaré ni les Français ne voudront démordre de la première estimation faite à Spa qui accordait à la France près de 70 milliards de marks-or.

De toute manière, à l'automne 1923, Poincaré veut freiner la chute du franc et se rapprocher de la Grande-Bretagne. « La France veut maintenir le front uni avec la Grande-Bretagne face au danger allemand », explique alors Poincaré devant la Chambre. Cela conduit la France à accepter le comité sur le montant des Réparations qu'allait présider le général Dawes. Il est vrai que la France républicaine tremble devant le retour à Berlin du Kronprinz et l'idée d'une restauration des Hohenzollern la met dans le même état que le gouvernement tchèque devant l'éventualité d'une restauration des Habsbourg.

En définitive, l'échec de l'occupation de la Ruhr entraîne une remise en cause totale du problème des Réparations, il conduit en réalité à une nouvelle version du traité de Versailles. De ce fait Poincaré laisse la place libre à une tout autre politique : celle de la recherche du rapprochement franco-allemand que Briand va mener d'avril 1925 à janvier 1932.

Le conflit franco-français sur la Ruhr

Naturellement l'opposition socialo-communiste s'était déclarée hostile à la politique de Poincaré : la SFIO se contentait de critiquer sans faire aucune proposition sérieuse, utilisant sa phraséologie habituelle sur la paix et la fraternité internationale. Quant aux communistes, ils envoyaient des délégués dans la Ruhr soutenir les positions des communistes allemands qui jouent le nationalisme de la classe ouvrière de la Ruhr ! Édouard Herriot, au nom du parti radical, après avoir réaffirmé son opposition à l'occupation de la Ruhr, déclara qu'il n'était pas partisan d'une évacuation inconditionnelle et rappela que le premier objectif des radicaux était « le rétablissement du front uni franco-anglais » ; « tout est lié à ce rapprochement », ajoutait Herriot, « notre sécurité extérieure aussi bien que notre redressement financier ». Enfin Herriot invite la France à ne pas s'éloigner des positions anglo-saxonnes, « une alliance heureuse des travaux de la conférence des experts... aurait une influence sensible sur le cours du franc ». Cela avait été la politique menée avant Poincaré sans résultats positifs. Cela sera la politique du Cartel des gauches, puis celle de Briand, qui conduiront à Locarno et au pacte Briand-Kellog, c'est-à-dire – grosso modo – à la politique envisagée par Lloyd George à Cannes en janvier 1922, en d'autres termes à la victoire des conceptions britanniques et par conséquent à une renaissance de la suprématie allemande en Europe !

En réalité, Poincaré, par « son aspect plus juridique que constructif » (P. Reynaud) et en refusant toute négociation directe avec l'Allemagne, avait perdu les atouts que représentait une politique de force et « n'avait fait que souffler sur le brasier de la revanche allemande et nous aliéner... la sympathie de nos alliés ». La politique de Poincaré n'avait de sens que si elle permettait une vraie négociation avec le Reich, quitte à rompre les liens avec l'Angleterre, et repenser totalement le problème des Réparations : au fond, comme le montrèrent les débats à la Chambre, le montant total des Réparations était de l'ordre de 40 milliards de francs-or, soit 32 milliards de marks-or, il y avait là une marge de négociation que nul ne voulut saisir ; c'était la rançon de l'aberrante formule « l'Allemagne paiera » !

De surcroît une telle politique aurait évité les humiliantes démarches à Londres et permis à la France une réelle indépendance diplomatique alors que durant tout l'entre-deux-guerres la France sera l'obligée, le « brillant » second, du Royaume-Uni. Au fond la question des Réparations mal engagée, mal traitée, aboutira au résultat opposé au but recherché : l'intransigeance française entraînant la sympathie anglo-saxonne à l'égard du Reich permit la reconstruction économique de celui-ci.

La France tira de cette affaire un seul bénéfice dont personne ne se rendit vraiment compte : la renaissance et l'essor de son économie industrielle.

Dans le conflit Briand-Herriot-Poincaré, un seul politique a vu à peu près juste : Paul Reynaud. Nul ne lui en saura gré.

CHAPITRE X

LA FRANCE FACE À L'APRÈS-GUERRE
II. LE MYTHE EUROPÉEN ET L'ÉCHEC DU DÉSARMEMENT

Pendant que les politiques du Continent débattaient des Réparations, d'autres s'interrogeaient sur le devenir de l'Europe. Dès 1919, le géographe Albert Demangeon publiait un ouvrage intitulé *Le Déclin de l'Europe*. Ce déclin est incontestable face à la montée en puissance des États-Unis. Et ce thème va devenir un leitmotiv durant tout l'entre-deux-guerres, même s'il est très largement surfait.

Le déclin de l'Europe, mythe et réalité

Certes, de 1913 à 1920, le PIB des grandes puissances européennes a chuté de plus de 20 % tandis que celui des États-Unis croissait dans la même proportion. Mais si on compare les PIB de 1938 à ceux de 1913 ce « déclin » européen est infiniment moins sensible, comme le montre le tableau ci-après :

Évolution du PIB
des grandes puissances européennes et des États-Unis
de 1913 à 1938 (en milliards de dollars 1990)

Années	France	Allemagne	Italie	Royaume-Uni	les 4 grands européens	États-Unis
1913	143	145	93	216	597	517
1920	102	104	103	203	512	594
1929	192	175	122	239	728	844
1938	185	220	140	284	829	800

Source : Maddison, OCDE, *op. cit.*

En 1938, comme en 1913, les PIB des quatre « grands » européens dépassent le PIB américain : le déclin est moins net qu'on ne le croyait. De 1919 à 1939, l'Europe a fait un effort gigantesque dont on se rend rarement compte.

Néanmoins en 1919-1920 le déclin est évident : les destructions dues à la guerre, si elles sont infiniment moins lourdes (même en France) que ne le disent les discours dominicaux, ne sont pas négligeables. Plus dramatiques sont les pertes humaines : cinq à six millions d'hommes sont morts aux combats ou des suites des combats.

La création d'États-croupions (Albanie, États baltes), plus encore d'États artificiels (Yougoslavie et Tchécoslovaquie), ou des États reconstitués mais sans autre identité que celle d'une petite majorité de la population (Roumanie, Pologne), créations fondées généralement sur le démantèlement de l'Empire des Habsbourg, entraîne de graves difficultés juridico-sociales qui ne facilitent pas le redémarrage des économies.

Enfin apparaît très vite un véritable désordre idéologique et politique : sauf en Estonie, en Lettonie, dans la partie tchèque de la Tchécoslovaquie ou dans la Slovénie rattachée à la Yougoslavie, la masse de la population des nouveaux États n'a aucune idée de ce que sont la démocratie et le régime parlementaire que les bons esprits puritains anglo-saxons ou radicaux français leur imposent. La plupart des nouveaux États ne sauront pas s'adapter à ce système tout nouveau, d'autant qu'une démocratie pour fonctionner vraiment demande l'existence d'une classe moyenne et des populations alphabétisées. Ce n'est le cas ni en Lituanie, ni en Pologne orientale, ni en Roumanie, moins encore en Yougoslavie, hormis la Slovénie et partiellement la Croatie. Dans ces conditions il n'est pas étonnant que ces divers États connaissent de graves dérives autoritaires.

Naissance de l'idée d'Europe

Ce désordre européen « risque d'entraîner des évolutions dramatiques ». C'est l'une des raisons pour lesquelles un aristocrate magyar, d'origine rhénane, Coudenhove-Kalergi (1894-1972) crée « PanEurope » en 1923 puis lance l'idée d'une Union paneuropéenne fondée sur le maintien des nations ; par contre elles s'uniraient au niveau économique et militaire pour lutter contre la prégnance du capitalisme anglo-saxon et la menace bolchevique. L'idée de « PanEurope » repose sur trois éléments :

- L'union paneuropéenne exclut la Grande-Bretagne et l'Union soviétique.
- C'est une union douanière.
- C'est une Europe des États qui (comme l'ancienne Autriche-Hongrie) mettent en commun leur diplomatie, leur défense, leur commerce extérieur ; mais il n'y a ni politique agricole, ni politique bancaire communes, ni droit européen.

L'idée rencontre un succès mitigé : s'y rallient des intellectuels comme Paul Valéry, Rainer Maria Rilke, Paul Claudel ou Miguel de Unanumo, des politiques comme Briand, Herriot, Beneš, le comte Sforza, Adenauer ou le prélat autrichien Mgr Seipel. L'idée pourtant fait son chemin et plusieurs ouvrages sont alors publiés sur le thème de l'Europe. *Les États-Unis d'Europe* est un titre que l'on retrouve sous la plume de B. de Jouvenel et du comte Sforza. Édouard Herriot intitule le sien *Europe* mais il s'écarte de « PanEurope » car il ne veut rien faire sans la Grande-Bretagne et persiste à inclure « PanEurope » dans le cadre de la SDN.

Toutes ces réflexions ne débouchent guère : il faut toutefois souligner l'action de l'industriel Mayrisch qui cherche à mettre en place un Cartel de l'acier autour d'industriels français, allemands, belges et luxembourgeois. Mais ce cartel qui veut organiser la production sera victime de la crise de 1929. Il ne restera de l'idée de Mayrisch qu'une coopération intellectuelle franco-allemande qui sombrera dans les filets de la propagande nazie dès 1933.

Dans le même esprit, Louis Loucheur (1872-1931) va préconiser une entente économique paneuropéenne pour lutter contre la prégnance industrielle des États-Unis. Ce polytechnicien, industriel en travaux publics et en construction électrique, est le premier « technocrate » à entrer dans un gouvernement de la IIIe République ; il sera ministre de l'Armement, puis de la Reconstruction, puis à l'Industrie de décembre 1916 à juin 1924. Il est le père des HBM[1]. En 1927 il propose à la SDN l'organisation d'une conférence économique internationale. Constatant les difficultés de celle-ci – « alors que le pouvoir de production a augmenté... la capacité d'achat loin de se développer a diminué » – il écrit : « Il n'y a pas d'autre moyen, me semble-t-il, que d'organiser l'industrie européenne suivant la méthode dite horizontale, c'est-à-dire par l'industrie. Cela seul permettra de faire les transformations profondes nécessaires et

1. Habitation à bon marché.

nous voici ramenés une seconde fois à la notion des ententes et cartels. Nous discuterons à la deuxième commission de leurs avantages... Je vous signale simplement qu'ils résoudront en partie la question des barrières douanières et qu'ils donneront surtout la possibilité d'augmentation parallèle et simultanée des salaires pour redonner à l'Europe d'après-guerre la puissance de consommation de l'Europe d'avant-guerre. »

Ce paneuropéen défend l'orthodoxie monétaire, la consommation de masse et l'organisation scientifique du travail. Tout cela ne peut se faire qu'à travers l'Europe et la libérera de l'emprise américaine.

Rien de cela ne débouche : en dehors de quelques intellectuels, de quelques politiques, opinion publique et milieux économiques sont infiniment plus sensibles aux sirènes de la SDN ou à celles du nationalisme.

Sécurité collective et pacifisme

C'est incontestable en France, où les défenseurs de la sécurité collective, particulièrement nombreux, se recrutent dans la plupart des partis politiques de gauche et du centre, dans le monde intellectuel. Certes les nationalistes conservent une certaine influence, s'appuyant sur une presse solide, des hebdomadaires à grand tirage (*Candide*, *Gringoire*), la majeure partie des catholiques et un bon tiers des protestants. Les deux tendances vont s'affronter pacifiquement, mais la présence de Briand au Quai d'Orsay pendant sept ans va vraisemblablement contribuer sinon à « désarmer la France », du moins à favoriser l'explosion d'un humanisme pacifiste qui s'appuie sur un sentiment diffus de refus de toute guerre. Il est vrai que cela s'explique par les horreurs de la Grande Guerre. Le pacifisme est encore renforcé par la montée des socialismes (26,5 % des suffrages en 1920, 30 % en 1924, 34,4 % en 1928) et le mouvement des idées.

Les intellectuels de gauche renforcent leur poids par le biais des multiples et diverses associations dites « antifascistes » car, sous l'influence des communistes, on met sur le même pied fascisme italien et national-socialisme. Dans *Autopsie d'une défaite*, un historien helvétique, L. Mysyrowicz, souligne qu'à partir de la fin des années vingt « les romans se multiplient qui prennent pour thèmes : la lâcheté, la peur, la désertion ». D'aucuns remarquent que « les radicaux, plus encore que les socialistes, sont hypnotisés par la paix et le pacifisme ». Or les radicaux obtiennent plus de 17 % des suffrages en 1920, 18 % en 1924 et 1928. La pensée et les électeurs de gauche dominent donc fortement la pensée française, même si parmi les électeurs radicaux une bonne moitié sera plus nationaliste que pacifiste.

Se fondant sur cette atmosphère de « la paix à tout prix » Briand veut la dépasser, agissant en faveur de la réconciliation franco-allemande : ce sera Locarno, mais il souhaite aller plus loin en prônant une politique européenne.

Il est vrai qu'en France l'idée européenne a conquis quelques adeptes : même un maurrassien comme Henri Massis va jusqu'à écrire dans *Défense de l'Occident* : « *Nihil europeanum a me alienum puto.* » Drieu La Rochelle, dans *Genève ou Moscou*, proclame : « Je veux faire l'Europe. » Dans les années vingt-huit-trente l'Europe est à la mode chez les radicaux et les intellectuels de gauche, tels Henri de Jouvenel, Jean Luchaire, Mendès France, Émile Roche, mais aussi André Chamson, Jean Richard-Bloch, Maurice Martin du Gard, etc. Il y a alors de nombreuses revues qui sont ou se disent européennes : *L'Europe nouvelle* de Louise Weiss, *Europe* (Jean Richard-Bloch), *Notre Temps* (Jean Luchaire). C'est le temps où Herriot proclame : « L'Europe n'est qu'un petit canton du monde... mon plus grand désir est de voir apparaître un jour des États-Unis d'Europe. » Mais en dehors du monde tchèque, de certains milieux catholiques allemands et surtout autrichiens, l'écho de ces proclamations est faible. Beaucoup y voient seulement le moyen d'une France affaiblie de renforcer sa place en Europe.

Briand et Stresemann mènent alors une politique de réconciliation franco-allemande mais les intentions des deux partenaires sont bien différentes. Stresemann pense d'abord à rompre l'isolement du Reich, à le réintégrer dans le concert diplomatique, à récupérer l'égalité des droits, à libérer la Rhénanie de l'occupation française, à préparer le terrain pour des modifications territoriales au profit de l'Allemagne [1].

Briand, au contraire, est un vrai partisan de la réconciliation franco-allemande car il estime qu'une entente franco-allemande est à même d'assurer la paix en Europe. C'est le sens de son apostrophe devant la SDN en septembre 1926 au moment de l'entrée du Reich dans l'assemblée de Genève : « Arrière les

1. La politique extérieure d'Hitler jusqu'à Munich est conforme au programme élaboré par la Wilhelmstrasse... en 1928, Stresemann étant ministre des Affaires étrangères !

fusils, les mitrailleuses, les canons, place à la conciliation, à l'arbitrage, à la paix. » Briand est sans doute naïf mais il est sincère. Stresemann, lui, « finasse » comme il le reconnaît dans sa lettre au Kronprinz.

Aristide Briand et l'Europe

Mais Briand veut aller plus loin et développe devant la SDN un projet européen, marqué par la création d'un lien fédéral : cela n'entraîne qu'une approbation limitée des délégués à la SDN. Stresemann souligne la nécessité d'une action commune en matière économique et propose sérieusement, en attendant, la mise en place... d'un timbre-poste européen ! Ce à quoi songe d'abord le Reich c'est le retour à l'égalité des droits. Seul Beneš approuve sans réserve. Downing Street ne réagit pas mais la presse britannique dit hautement ce que le cabinet pense en son for intérieur : La *Round Table* déclare sans ambages : « Si l'Angleterre doit choisir entre l'Europe et les États-Unis, c'est avec l'Europe qu'elle rompra. » Quant à Churchill, il se contente de répliquer : « Nous sommes avec l'Europe, mais non de l'Europe. » Naturellement le gouvernement français soutient Briand, seuls les communistes sont hostiles car ils craignent que cette Europe soit une forme d'alliance contre l'Union soviétique. Partout en Europe les réactions sont réservées quand elles ne sont pas purement et simplement hostiles.

Pourtant Briand ne renonce pas : sa démarche est soutenue par le secrétaire général du Quai d'Orsay, Alexis Léger. Il rédige un mémorandum remis le 1er mai 1930 à Briand. Il souligne la « nécessité d'un pacte d'ordre général... pour affirmer le principe de l'union morale européenne ». Le mémorandum met en avant une « politique commune ». Le principe de l'Union européenne se trouverait désormais placé hors de toute discussion et au-dessus de toute procédure d'application quotidienne : l'étude des voies et moyens serait réservée à la conférence européenne ou à l'organisme permanent.

L'« Association européenne » serait subordonnée à la SDN : les États membres seraient tous représentés à la conférence européenne ; il y aurait un organe exécutif, le « comité » politique permanent, composé seulement d'un certain nombre de membres de la conférence. Il y aurait un secrétariat permanent.

Il convient de subordonner « le problème économique au problème politique. Toute possibilité de progrès dans la voie de l'union économique étant rigoureusement déterminée par la question de sécurité et cette question elle-même étant intimement liée à celle du progrès réalisable dans la voie de l'union politique, c'est sur le plan politique que devrait être porté tout d'abord l'effort constructeur tendant à donner à l'Europe sa structure organique... Devrait ensuite s'élaborer, dans ses grandes lignes, la politique économique de l'Europe, aussi bien que la politique douanière de chaque État européen en particulier.

« Un ordre inverse ne serait pas seulement vain, il apparaîtrait aux nations les plus faibles comme susceptible de les exposer, sans garanties ni compensation, au risque de domination politique pouvant résulter d'une domination industrielle des États les plus fortement organisés. »

La fin essentielle du projet est ainsi résumée : « Une fédération fondée sur l'idée d'union et non d'unité » respectant « l'indépendance et la souveraineté nationale de chacun... tout en assurant à tous le bénéfice de la sécurité collective », ce qui permettrait d'étendre « à toute la communauté européenne de la politique de garantie... inaugurée à Locarno ».

Selon Alexis Léger, le champ de coopération pourrait concerner :

- la politique économique générale,
- les grands travaux d'équipement,
- les transports européens,
- les problèmes des travailleurs (émigration intereuropéenne, lois sociales...),
- l'hygiène,
- la coopération intellectuelle.

Les réactions sont plus que nuancées : la proposition Briand-Léger de subordonner l'économique au politique est rejetée. Tous les États soulignent la primauté des problèmes économiques : l'Allemagne attachant, elle, une grande importance au régime douanier et à l'ouverture des frontières. La Hongrie met en avant le problème des minorités ethniques (un tiers des Magyars vivant à l'extérieur de la Hongrie). L'Italie estime qu'il faut mettre sur le même pied les anciens vainqueurs et les anciens vaincus. Les Scandinaves sont très réticents. Le Danemark craint que l'on oublie les petits États et la Suède dit explicitement son opposition. Le Royaume-Uni souligne la primauté du problème économique ; pour le reste, ajoute-t-il, il y a la SDN qu'il ne faut pas amoindrir. Seule la Tchécoslovaquie applaudit des deux mains !

En 1930 on comprend la réaction sur la primauté de l'économie, mais, malgré les interventions d'André François-Poncet, on ne cherche pas à constituer un programme européen pour lutter contre la crise qui ne cesse de se développer.

À la limite on peut se demander si le mémorandum d'Alexis Léger n'était pas un paravent. En effet il faut essayer de dissimuler le mieux possible les limites de la diplomatie française. En effet le bilan de Briand au Quai d'Orsay n'est guère positif. Bien sûr il y a Locarno et le pacte Briand-Kellog mettant « la guerre hors la loi » ! Concrètement la France a quasiment renoncé – en deux fois avec le plan Dawes, puis le plan Young – aux réparations allemandes ; elle a par ailleurs, en acceptant d'évacuer dès 1930 la rive gauche du Rhin, renoncé en fait à toute garantie. Cela est d'autant plus délicat qu'au même moment l'Allemagne, utilisant au maximum le traité germano-russe de Rapallo confirmé en 1925 par Stresemann, est en train de se doter de moyens militaires non négligeables.

Dès janvier 1927 Stresemann a appris qu'une école d'aviation et de blindés pour la Reichswehr est créée à Kazan et qu'au même endroit on expérimente des gaz. En avril 1929 il autorise la livraison de blindés pour cette école, se contentant de suggérer que cela soit « sous le couvert de tracteurs ». Au reste le général Tournès, notre attaché militaire à Berlin, rapporte au même moment (3 novembre 1927) que « la Reichswehr est une armée admirable... En face d'une infanterie ennemie très mobile... appuyée par une artillerie... étroitement liée avec elle, la nôtre peut éprouver des aventures désagréables » [1].

Le désarmement de la France

Au même moment on pourrait presque dire que la France désarme : déjà en 1922, en votant le service de dix-huit mois, on avait rejeté l'idée, défendue par le général de Maud'huy, qui ne sera reprise qu'en 1938, d'une organisation de la défense intégrant tous les secteurs de la vie nationale et permettant l'instauration d'un service d'un an proposée par le ministre de la Guerre, A. Maginot. On se rabat sur une politique plus traditionnelle, fondée sur une forte armée de couverture avec un service de dix-huit mois en évitant « la multiplication d'un matériel qui se démode rapidement ».

1. Cité par Sébastien Boucher dans *Les Attachés militaires français à Berlin de 1927 à 1939 et les blindés allemands*, Maîtrise, Paris IV, 1997.

De 1922 à 1930 les budgets militaires furent les victimes des difficultés financières de la France. Paul Painlevé, fier de défendre un projet d'armée défensive, manquait d'imagination et ne chercha pas à tirer la leçon des propositions du député socialiste Renaudel : couverture sur la frontière avec douze divisions, solide préparation militaire des réserves et possibilité de porter à vingt divisions en cinq jours les forces de couverture. Ni le projet Paul-Boncour, défendu par Paul Painlevé, ni le contre-projet Renaudel, n'aboutirent. En réalité il faudra attendre 1935 et 1937 pour que le Parlement s'intéresse vraiment à l'organisation de la Défense nationale ! Comme le disent Jean Doise et Maurice Vaïsse dans *Diplomatie et outil militaire*, l'armée française est de 1919 à 1935 « une armée en trompe-l'œil ».

Sans doute la France a des alliés : à l'ouest la Belgique, à l'est la Pologne et la Tchécoslovaquie. Nous sommes liés avec ces deux États par des accords militaires (1921 et 1926 avec la Pologne, 1924 et 1925 avec la Tchécoslovaquie, complétés par des accords de 1926 avec la Roumanie et de 1927 avec la Yougoslavie), mais c'est un rideau de fumée : la Petite Entente est un mythe. Tchèques et Polonais sont en conflit à propos de Teschen ; Tchèques, Roumains et Yougoslaves se méfient plus de la Hongrie que du Reich. Que peut faire la France pour aider ces États en cas de conflit avec l'Allemagne ? « Elle peut, soulignent Doise et Vaïsse, par une audacieuse opération au travers de l'Allemagne, porter secours aux États d'Europe centrale. » C'est d'ailleurs ce que craint l'Allemagne comme le montre une étude de la *Zeitschrift für Geopolitik* accompagnée d'une carte fort parlante. Mais – malgré les propositions d'armée blindée du général Estienne de 1922 – la France ne se dotera *jamais* d'un corps à même de mener une opération offensive quelconque à travers l'Allemagne. Tous les plans de mobilisation que l'on met sur pied après 1926 sont strictement défensifs. Les plans précédents prévoyaient des actions en territoire allemand ; le plan A-*bis* de juin 1926 a pour but de protéger le territoire national, la ligne de concentration des troupes va de Birkenfeld à Landau, juste au nord du territoire de la Sarre. C'est ce que confirme la loi militaire de 1927. « L'objet de notre organisation militaire est d'assurer la protection de nos frontières et la défense des territoires d'outre-mer. » La ligne Maginot est l'expression matérielle de cette conception exprimée par Foch dès le début des années 1920 alors que Pétain défend, lui, une tout autre analyse : notre défense doit être « inspirée par trois soucis... l'échéance prochaine de l'évacuation de la Rhénanie...

la préservation de l'intégrité du territoire... enfin la conjoncture diplomatique »[1].

Mais cela entraîne la construction de ce qu'on appelle la ligne Maginot : des fortifications dans les zones menacées, mais comme on considère les Ardennes comme infranchissables on n'aménage pas leurs débouchés.

La France, le franc et les Réparations

Durant ces années (1920-1930), le maréchal Pétain étant commandant en chef, la France désarme : c'est ce qu'écrit le 26 avril 1930 le général Weygand : « À suivre les événements en cours l'armée française risque de n'être qu'une façade coûteuse et impropre à la guerre »[2]. Certes, l'armée compte environ 550 000 hommes, c'est une armée importante en nombre, ce n'est pas une force, mais... c'est un « monstre ». La durée du service ramenée à un an n'a entraîné aucune modification de structure. Au surplus on n'a pas réfléchi à ce que pourrait être le simple rappel des disponibles, pas davantage on a profité de la hausse du budget militaire, à partir de 1928, pour améliorer le matériel, même si l'on sort des prototypes. Il est vrai que la construction de la ligne Maginot pèse lourd sur les dépenses.

Durant toute la période qui suit Locarno la politique française est concentrée sur l'évolution de l'économie et la stabilisation du franc. Pourtant la situation internationale, si elle était détendue, n'était pas aussi limpide que Briand le déclare devant la Chambre qui demeure sceptique devant les engagements franco-allemands pris à Thoiry. Au reste Stresemann confirme cette impression lorsque six mois plus tard il n'hésite pas à critiquer la France « on ne peut parler d'une grande offre de paix et maintenir une occupation de 100 000 hommes qui n'est pas dans l'esprit de Locarno »[3]. Pourtant la SDN adopte, en septembre 1927, le principe d'un pacte général de non-agression, mais les Britanniques freinèrent de toute leur influence la partie réelle du texte, mettant leur veto à l'adoption d'un texte hollandais sur la limitation des armements. Comme le dit E. Bonnefous « cette discussion avait marqué une fois de plus l'antagonisme irréduc-

1. Cité par Doise et Vaïsse, *Diplomatie et outil militaire*, p. 341.
2. *Ibid.*, p. 345.
3. Cf. *Papiers de Stresemann*, t. III.

tible entre la conception anglaise de la sécurité étroite et flottante... et la conception continentale [qui] portait sur l'ensemble des frontières » constituant l'ordre nouveau de l'Europe. Toutefois cette conception, qui était celle de la France et de ses alliés, était rejetée par l'Allemagne et l'Italie. Cette situation était aggravée par le soutien porté par la France à la Yougoslavie qui s'estimait menacée par la politique italienne en Albanie. Entre un pays instable et l'Italie, Paris choisissait l'État instable ; on ne peut pas dire que c'était un choix fondé sur la défense des droits de l'homme car la politique anticroate du très serbe gouvernement yougoslave était infiniment plus rude que la politique de Mussolini à l'encontre de ses adversaires. Et les deux régimes étaient aussi autoritaires l'un que l'autre ! Mais Briand se contentait d'appeler à « consolider la paix » et souhaitait réaliser un Locarno de l'Est auquel participerait l'URSS. Ce projet sera repris par L. Barthou en 1934 et on sait qu'il échoua comme cela était prévisible.

Le débat sur les Réparations se poursuivait. En janvier 1929 le Sénat ratifia le pacte Briand-Kellog non sans que certains membres de la Haute Assemblée se soient interrogés sur la valeur réelle de ce traité. Le sénateur Lemery critique le pacte avec virulence mais non sans bon sens.

Henri Lémery ironise sur le pacte : « La déclaration d'amour qu'était le traité d'arbitrage franco-américain de 1928 s'est transformée en déclaration d'amitié universelle »... Il souligne que le traité affaiblit la SDN puisque abrogeant toute guerre elle ne peut plus faire respecter le droit ; « c'est ainsi, ajouta-t-il, que rien n'empêcherait l'annexion de fait de l'Autriche par l'Allemagne ». Briand se réfugia derrière les grands principes, admettant mal que l'on ironise sur « cette condamnation morale de la guerre... qui est une chose qui n'est pas négligeable ». Cette médiocre réponse convainquit à peu près le Sénat. À la Chambre, Briand rappela que le traité faisait appel à la conscience morale et voulait « prendre la guerre au collet et la présenter aux peuples comme une criminelle ». Tous les députés approuvèrent ce beau langage, sauf les communistes et Xavier Vallat qui eut le courage de dire qu'il « ne voulait pas être dupe de phrases par lesquelles on veut faire croire aux foules qu'il n'y aura plus de guerre ».

Bien que le plan Dawes fonctionne sans difficulté et de manière à ne pas écraser l'économie allemande, les milieux financiers anglo-saxons y étaient de plus en plus hostiles au prétexte qu'il ne fixait ni le montant total de la dette, ni le nombre d'annuités, dans la réalité parce qu'il profitait infiniment plus à la France qu'à la Grande-Bretagne. La France accepta donc une nouvelle conférence qui se tint à La Haye. Comme d'habitude elle fut précédée par un comité d'experts qui ramena la dette allemande à 37 milliards de marks-or et les annuités fixées à 2 milliards par an au lieu de 2 milliards et demi comme le prévoyait le plan Dawes. De surcroît « comme le gouvernement allemand pouvait prétendre avoir exécuté le traité il pouvait demander la cessation des mesures de coercition » ; en d'autres termes la France était invitée à mettre fin à l'occupation de la rive gauche du Rhin. L'accord sur le plan Young fut signé le 31 mai 1929. Mais les réticences de l'opinion étaient très vives, d'autant que le gouvernement s'était engagé dans un processus de remboursement des dettes aux alliés anglo-saxons, ce que les Chambres ne ratifièrent qu'après des débats houleux, Briand adjurant de ratifier en rappelant l'aide américaine et proclamant que la France était « assez riche pour payer sa reconnaissance ». En définitive les textes furent ratifiés le 24 juillet 1929.

La conférence de La Haye et l'enterrement de l'idée européenne

C'est alors que se déroula une nouvelle conférence à La Haye (août 1929). Elle fut marquée par une offensive britannique au sujet des Réparations. Le chancelier de l'Échiquier revendiquait fermement une augmentation de la part britannique et pour ne pas entraîner l'échec de la conférence, les autres États, France en tête, durent céder. De surcroît la France dut accepter l'évacuation de la Rhénanie avec cinq ans d'avance : il était entendu que la France évacuerait la région de Coblence pour le 15 novembre 1929 et celle de Mayence au plus tard le 1er juillet 1930. La France renonçait par ailleurs au Comité spécial de surveillance de la zone démilitarisée. La France abandonnait tous ses gages. Briand, devenu président du Conseil après la démission pour raisons de santé de R. Poincaré, souhaitait ainsi marquer la volonté française d'une coopération pacifique entre les États européens. C'est alors que le président du Conseil chercha à engager le premier processus de construction européenne. L'ambiance de la conférence de La Haye aurait dû lui faire comprendre combien étaient vains ses espoirs. Poliment les délégués applaudirent Briand mais marquèrent par leur froideur le peu d'intérêt qu'ils portaient à cette proposition. On lui suggéra de préparer un mémorandum. Alexis Léger rédigea alors le texte, que nous avons analysé, suffisamment vague pour ne gêner personne et obtenir le soutien des États. En réalité ni Briand, ni Léger n'avaient compris le peu d'intérêt porté par les nations européennes à un projet qui leur paraissait totalement irréaliste. Il est vrai qu'ils ne s'étaient pas rendu compte que la situation en Europe en septembre 1929, donc *avant* le krach de Wall Street, s'était profondément modifiée. Nos ambassadeurs et nos ministres plénipotentiaires avaient mal informé le Quai de la radicalisation de la vie politique interne de l'Europe centrale depuis le milieu des années vingt. En Europe centrale et orientale, sauf en Finlande et en Tchécoslovaquie, des régimes autoritaires se sont mis en place pour gérer les difficultés sociales, économiques et financières dues à leur installation. L'évolution de leur PIB entre 1926 et 1929 le souligne parfaitement. Dans ces États, aux régimes démocratiques et parlementaires instaurés artificiellement après 1919, le niveau de vie a stagné quand il n'a pas régressé de 1924 à 1929 ; il régresse en Bulgarie, Roumanie, Pologne, États baltes ; il stagne en Hongrie et en Yougoslavie ; il n'y a qu'en Tchécoslovaquie qu'il augmente de 17 %. Face à cet essor de l'autoritarisme, les gouvernements favorisent la montée des sentiments nationaux : il n'y a plus rien « pour soulever nations et individus au-dessus de leurs intérêts immédiats », déclara Nicolas Politis ; Beneš – qui soutenait les idées de Briand – parla lui d'un « enterrement de première classe ».

Quel bilan pour Briand ?

La formule de Beneš n'est pas seulement humoristique, elle souligne l'échec total de la politique que Briand a menée depuis 1921. Et on peut légitimement se demander si cet échec global n'est pas dû avant tout à la volonté tant de Briand que de Poincaré de ne jamais trop se démarquer de la Grande-Bretagne. La tentation de rupture envisagée par Poincaré au premier semestre de 1923 avait montré qu'une telle politique était possible. L'étroitesse d'esprit de Poincaré, son juridisme, sa peur de se couper des radicaux, l'ont poussé à se rapprocher de Londres ; dès lors c'est Londres qui mène le jeu avec le soutien de Washington.

Sans doute aurait-il fallu, dès le début, faire preuve de plus de compréhension à l'égard du Reich et ne pas s'attacher ainsi aux conditions aberrantes du traité de Versailles. En réalité ni la droite, qui s'accroche à un traité absurde, ni la gauche, attachée à des idéologies faussées par les nationalismes, n'avaient compris qu'il fallait sortir des sentiers battus. Les débats à la Chambre soulignent d'ailleurs l'incompréhension et l'irréalisme de l'ensemble de la classe politique. La politique de Briand, en octobre 1929, avait fait l'objet de virulentes critiques tant de la gauche (Léon Blum) que de la droite (Louis Marin). Cela entraîna la chute du gouvernement Briand, mais ce dernier se retrouve à nouveau ministre des Affaires étrangères dans le premier cabinet Tardieu, sensiblement plus à droite, ce qui choqua nombre de journalistes et de députés de droite étonnés de voir Tardieu conserver son adversaire au Quai d'Orsay, où naturellement il poursuivit ce que Tardieu avait dénoncé quelque temps auparavant : « la politique du chien crevé au fil de l'eau » !

Certains considèrent que l'arrivée de Tardieu à la tête du gouvernement marquait « un véritable tournant entre deux époques » ; intellectuellement c'est l'apparition des non-conformistes, mais c'est surtout le temps où débute la grande crise économique avec tous les bouleversements qu'elle va entraîner. Plus grave encore la France va poursuivre avec Briand une politique extérieure totalement coupée des réalités. Nul ne semble avoir dès ce moment pris garde à la montée du nationalisme allemand. Le front de Hartzburg, émanation du « Front national unifié » créé par le magnat de la presse Hugenberg et le chef de ce qui n'est alors qu'un petit parti nationaliste, Adolf Hitler, arrive à obtenir un référendum contre le plan Young et la politique de Stresemann. Politiquement ce fut un échec puisque la proposition du Front n'obtint que 14 % des voix, mais il soulignait clairement le renforcement du nationalisme extrême en Allemagne.

Les élections du 14 septembre 1930, au lendemain de la conférence de La Haye et de l'évacuation par l'armée française de la rive gauche du Rhin, amènent au Reichstag 107 députés nazis, le parti obtenant plus de 18 % des suffrages. Face aux critiques qui se développent en octobre 1930 contre Briand, critiques fondées sur l'évolution de la situation en Allemagne, celui-ci se déclare « attristé par le vent de panique que l'on essaye de souffler sur notre peuple ». Tardieu soutient son ministre malgré l'aggravation de la situation dans le Reich.

Briand faisait preuve d'une constance extraordinaire et ne cessait de parler du « rapprochement nécessaire avec l'Allemagne ». Il le redit le 4 mars 1931. Mais Berlin lui apportait quinze jours plus tard un cinglant démenti : en effet le 19 mars le Reich et l'Autriche signaient un traité d'union douanière qui, comme le dira *Le Temps*, préparait l'Anschluss et la constitution de cette Mitteleuropa à laquelle on songeait déjà avant 1914. La France réagit assez mollement [1]. Soutenue par Rome et la Petite Entente et plus tardivement par l'Angleterre, la France obtint, au bout de deux mois, que le Reich soumette le projet à la Cour de justice internationale de La Haye de manière à ce qu'elle dise si le traité envisagé était compatible avec les traités de Versailles et de Saint-Germain.

En réalité c'est la faillite de la banque autrichienne, la Kredit Anstalt, qui ruina le projet. Les banques allemandes (elles seront même fermées quelques jours), puis britanniques furent touchées. Le 7 août l'Autriche demanda à la SDN de la soutenir dans ses difficultés économiques ; la France était prête à soutenir l'Autriche si celle-ci renonçait au traité. Le 3 septembre Reich et Autriche déclarèrent ne pas poursuivre le projet.

La fin des Réparations

Mais la crise économique austro-allemande amène le Reich à demander à nouveau un moratoire sur les Réparations. Le président américain, Herbert Hoover, accorde le moratoire et suspend le règlement des dettes interalliées jusqu'au 30 juin 1932. Mais, devant l'aggravation de la situation en Allemagne, se réunit une nouvelle conférence à Paris avec Laval, alors président du Conseil, le chancelier Brüning et des délégués américains, belges, britanniques, italiens. On met en place un groupe d'experts animés par un économiste britannique, Sir Walter Layton, qui suggéra dans son rapport l'annulation des Réparations, ce à quoi la France consentait si les États-Unis acceptaient la réduction des dettes alliées.

Lors de la conférence de Lausanne (16 juin-9 juillet 1932) on décida que l'Allemagne paierait encore trois milliards de reichsmarks, puis les Réparations disparaîtraient. Les États-Unis réclamaient, eux, le paiement de l'annuité française, ce que

1. Cf. les ordres du jour votés alors par la Chambre sont significatifs : « La Chambre... condamnant le projet d'union douanière austro-allemand qui serait en opposition... avec les traités... approuve les déclarations du gouvernement... et passe à l'ordre du jour »...

E. Herriot, président du Conseil depuis juin 1932, acceptait mais la Chambre refusa le paiement. E. Herriot dut se retirer.

Durant toute cette période le danger de renforcement du nationalisme dans le Reich est de plus en plus sensible. En juillet 1932 les nationaux-socialistes obtiennent 37 % des suffrages lors des élections au Reichstag. Avec les petits partis de droite et les nationaux-allemands ils représentent 46 % des électeurs et des sièges. Or l'Allemagne ne cesse de reconstituer son armée.

Le Pacte à quatre

Peu après les élections, en octobre 1932, Mussolini, après avoir proclamé que la SDN était incapable de maintenir la paix en Europe, suggérait de rétablir « un Comité des quatre puissances » : France, Angleterre, Allemagne, Italie. Le pacte d'entente avait seulement six articles : il devait amener « les quatre puissances occidentales » à adopter et mener une politique commune en Europe et dans les colonies ; l'article 2 prévoyait la possibilité de réviser les traités de 1919 dans le respect de l'article 19 du pacte de la SDN ; un autre article supprimait toute discrimination entre les quatre et permettait *de facto* le réarmement du Reich. Naturellement le chancelier du Reich, alors F. von Papen, applaudit à un tel projet que soutiennent en fait les Britanniques. Mais l'idée de la révision des traités se heurte à l'opposition de la Petite Entente qui rappelle aux « Grands » qu'il ne peut être question qu'ils « puissent disposer de leur territoire ».

E. Daladier, alors président du Conseil, rappelle l'existence des articles du pacte « garantissant les droits des États membres » : la France obtient un certain nombre de garanties, ce qui permit l'adoption d'un texte bâtard. Il s'agit simplement de collaborer effectivement au maintien de la paix, que l'on ne pourrait disposer des États sans leur accord ; de surcroît l'Allemagne n'obtenait pas l'égalité des droits. En définitive le Pacte à quatre était un immense bluff : il ne faisait que souligner l'incapacité de la France à sortir de ses rêves et à prendre conscience des réalités de l'Europe de 1932-1933.

Les tentatives de désarmement et leur échec

Depuis 1926 siège à Genève une commission chargée de préparer les travaux d'une conférence du désarmement où siégeraient les chefs de gouvernement.

La conférence débute le 2 février 1932 avec une proposition française assez inattendue : A. Tardieu, président du Conseil, suggérait :

- les armes puissantes : bombardiers, artillerie lourde, cuirassés, seraient sous commandement de la SDN qui les confierait à une nation pour défendre son territoire ;
- la création d'une police internationale ;
- l'arbitrage rendu obligatoire.

Les Anglo-Saxons, hostiles à l'arbitrage et à la police internationale, réclamaient un désarmement limité ; le Reich renouvelait sa demande d'égalité des droits, l'URSS le désarmement absolu. De plus, l'Allemagne souhaitait ramener le niveau des armées européennes à celui de la Reichswehr. C'était un rejet pur et simple de la proposition française dont on peut se demander si elle n'avait pas été faite pour être rejetée.

En avril 1932, le chancelier Brüning demande de porter l'effectif de la Reichswehr à 200 000 hommes (ce qui était quasiment l'effectif réel !). Il est soutenu par l'Italie et les Anglo-Saxons, mais la France s'y oppose.

Le président Hoover, en juin, présente alors un contre-projet : réduction d'un tiers des armements lourds ; la France s'y refusa ; on se rejeta sur un compromis proposé par Beneš qui n'apportait strictement rien de nouveau et qui ne faisait qu'aggraver le discrédit qui atteignait désormais la SDN considérée par beaucoup comme une institution inutile. Ce ne sont pas les propositions françaises, développées en novembre 1932 par Herriot et Paul-Boncour qui modifieront cet état d'esprit : il faut transformer, disent-ils, les armées en milice et n'utiliser les matériels lourds que pour « le maintien de l'ordre international » en définissant ces « matériels lourds » comme des « armes offensives » : un canon de 155 est-il défensif ou offensif ? la distinction est spécieuse

Macdonald, en mars 1933, au nom des Britanniques, reprenait le projet Brüning des grandes armées européennes à 200 000 hommes pour l'Allemagne, la France, l'Italie et la Pologne, au point que l'*Ordre* répliquait : « Religionnaire aux ordres de la Wilhelmstrasse, Macdonald est un danger pour l'Europe. »

Le Reich, lui, faisait remarquer que la France, outre 200 000 hommes en Europe, disposait de près de 400 000 hommes avec ses troupes coloniales ; or, au même moment, dans le Reich on intègre de fait SA et SS dans les effectifs de la Reichswehr, ce qui fait beaucoup plus que 400 000 hommes. Mais la mise en place du régime hitlérien anticipe un durcissement des positions franco-britanniques : leur désarmement n'aura lieu que lorsque la sécurité sera assurée. Du coup le Reich va quitter la SDN. On négociera encore jusqu'au printemps de 1934 en jouant un peu sur les mots. Une tentative de médiation de Anthony Eden, fondée sur le projet Macdonald, était acceptée par Hitler et Mussolini : tout dépendait de la France. Les Britanniques avaient fait valoir que la politique de la France était vouée à l'échec car « de toute manière l'Allemagne réarmera... Mieux vaut donc rentrer dans le jeu », avait précisé Sir John Simon, « en gardant un pouvoir de contrôle que de l'ignorer et se trouver ainsi placé devant le fait accompli » et il ajoutait : « Il faut introduire du réalisme dans l'idéalisme genevois. » C'est ce que pensait Louis Barthou, ministre des Affaires étrangères du gouvernement Doumergue. Mais le président du Conseil, poussé par Tardieu, convaincu d'un prochain effondrement du Reich, s'obstina et par une note du 17 avril 1934 rejeta la médiation anglaise.

Pourtant l'ambassadeur de France à Berlin, A. François-Poncet, avait tenté vainement de faire comprendre au gouvernement que le système hitlérien avait de fortes chances de se renforcer. La France apparaissait responsable de l'échec de la médiation anglaise, même si, au Palais-Bourbon le 25 mai, L. Barthou était venu se plaindre du réarmement allemand et des importantes forces paramilitaires qui complétaient la Wehrmacht.

Au demeurant, la France n'avait qu'à s'en prendre à elle-même. Dès février 1933, le maréchal Pilsudski avait proposé une action préventive franco-polonaise contre le Reich hitlérien. Pilsudski s'inquiétait de la délicate situation de la Pologne entre le Reich et l'URSS. Germanophobe, il avait pourtant été ulcéré par le comportement français lorsque la France n'avait pas demandé, lors du projet mussolinien de pacte à quatre, une place pour la Pologne. Il connaissait les ambitions allemandes et avait parfaitement compris que dès qu'elle le pourrait l'Allemagne tenterait de récupérer les territoires qu'elle estimait siens et que dans ce cas l'Angleterre ne bougerait pas ; il était vraisemblable qu'alors la France ne bougerait pas non plus ! Dès lors une opération préventive lui paraissait être une solution convenable. Pour Pilsudski, il faut « écraser dans l'œuf » la politique hitlérienne ; « Le danger doit être stoppé immédiatement car postérieurement il sera trop tard ». La Pologne dispose ses troupes sur la Westerplatte face à Dantzig en espérant créer un incident d'où pourrait naître un conflit. Les gouvernements français (Daladier, président du Conseil) et britannique (Ramsay Macdonald, Premier ministre) furent littéralement scandalisés par cette prétention polonaise [1]. On adressa des « représentations à la Pologne l'adjurant de ne pas susciter un conflit », rapporte A. François-Poncet dans les *Souvenirs d'une ambassade à Berlin.* Pilsudski n'avait qu'à s'incliner, mais dès lors il chercha à se rapprocher de Berlin et se méfia de la France. Il était convaincu que la France laisserait faire la remilitarisation de l'Allemagne. Il le dit crûment à Barthou lors de la visite de celui-ci à Varsovie où il était venu défendre l'idée d'un pacte de l'Est auquel elle refusa de s'associer [2]. Pilsudski, s'estimant abandonné, avait signé le 26 janvier 1934 un pacte de non-agression avec le Reich.

Cette idée de guerre préventive pour empêcher le réarmement allemand n'était pas propre à la Pologne. Mussolini fit une proposition analogue dans le *Popolo d'Italia*, le 13 mai 1934. Au fond c'était une proposition logique dans la ligne de la note française du 17 avril : « La France assurera désormais sa sécurité par ses propres moyens. » La proposition du Duce fut évidemment rejetée par les gouvernements français et britanniques. Aussi, écrire, comme l'a fait J.B. Duroselle, que le Pacte germano-polonais de non-agression de 1934 était une véritable « trahison » de Pildsuski est bien abusif. La France avait rejeté la Pologne et celle-ci se tournait vers le Reich, récusant naturellement tout accord avec la Russie.

C'était en tout cas la première capitulation des démocraties occidentales rongées par le pacifisme et le désir d'*appeasement* face au pangermanisme hitlérien.

1. Cf. Tadeus Wirwa, *La Résistance polonaise et la politique en Europe*, 1983, p. 44 sq.

2. Stefan Wilkanowicz, *Pologne année 39*, 1984, p. 22-23.

TROISIÈME PARTIE

LA FRANCE DÉSARMÉE FACE À L'EUROPE TOTALITAIRE 1933-1939

CHAPITRE XI

LA TOTALITARISATION DE L'EUROPE

Les difficultés d'adaptation des États artificiels créés par les traités de 1919 sont aggravées par la crise de 1929. Les populations de la plupart de ces pays, qui, pendant des siècles, ont vécu sous des régimes autoritaires, ont du mal à s'acclimater à la démocratie parlementaire, d'autant que dans la plupart des cas les systèmes électoraux interdisent la constitution de majorités stables. De surcroît le régime fasciste italien apparaît donner des résultats positifs : l'ordre règne, l'économie est relativement prospère. L'Italie fasciste devient un modèle pour un grand nombre de pays où vont se constituer des partis « national-patriotes », anticommunistes, antiparlementaires, favorables à une organisation autoritaire de l'État

La renaissance de la Russie, après le succès relatif de la NEP, le renouveau de l'économie (le PIB russe croît de 10 % entre 1928 et 1931), l'activisme du Komintern, la réorganisation de l'armée, tout cela inquiète les voisins de l'URSS mais aussi les États européens soumis à une agitation communiste croissante. Or la crise de 1929 avec ses dramatiques conséquences sociales favorisa la montée de l'activisme communiste. Dans une bonne partie de l'Europe monte la peur du bolchevisme et il apparaît à nombre de pays que la démocratie parlementaire n'est guère à même de s'y opposer.

L'autoritarisme portugais

Cela est particulièrement sensible au Portugal. Le ministre des Finances, qui a rétabli la situation économique en son pays, Salazar, devient président du Conseil en juillet 1932. Il organise peu à peu un système autoritaire inspiré tout à la fois par le fascisme italien, la pensée maurrassienne et la doctrine sociale de l'Église. Il crée un régime semi-dictatorial, opposé à la démocratie (pour laquelle, dira-t-il, le peuple portugais n'est pas préparé) et au régime parlementaire car il estime que le « parlementarisme anglais n'est pas capable de s'adapter à tous les peuples européens ». Catholique fervent, il stigmatise, conformément aux grandes encycliques *Rerum Novarum* et *Quadragesimo Anno*, l'individualisme et le socialisme, le libéralisme et le nationalisme et s'attaque à la franc-maçonnerie. Dans le cadre de ce système national-chrétien Salazar fait adopter en mars 1933 une constitution qui réduit fortement le droit de l'individu portugais. Elle établit un régime corporatiste fondé sur la famille, la commune et les corporations. Il s'agit de fonder la vie de la nation sur les « réalités permanentes de notre société », d'éviter la lutte des classes, de mettre en avant les « intérêts légitimes de la Communauté nationale, face aux revendications des individus et des intérêts de groupes ». Et le texte constitutionnel précise bien qu'il s'agit de favoriser « la vérité, la justice, la bonne administration pour le bien commun de tous ».

La Constitution portugaise maintient une Assemblée nationale qui a un rôle strictement législatif et budgétaire, étant entendu qu'avant tout débat législatif à l'Assemblée, la Chambre des corporations doit examiner tous les projets de loi. Le président du Conseil nomme et révoque les ministres et il n'est responsable que devant le président de la République élu pour sept ans au suffrage universel : les députés sont élus sur une liste unique proposée par l'Union nationale, en fait par le gouvernement [1].

Le système portugais repose sur les corporations nationales mais à la différence de la corporation fasciste, conformément à la doctrine de l'Église, elles sont largement autonomes, l'État se contentant de surveiller leur action.

Mais en ce pays peu développé [2] les corporations ne font pas toujours preuve d'un grand dynamisme. Pourtant le niveau de vie s'améliore un peu, les infrastructures se développent, mais tout cela se fait lentement dans un pays où l'illettrisme est un des plus élevés d'Europe.

---

1. Cf. *Le Droit public de l'État nouveau*, Lisbonne, 1937 : « La Révolution nationale... orientée par la conception de l'État autoritaire limité par la morale chrétienne. »

2. Le PIB par habitant est en 1929 le plus faible d'Europe occidentale (à peine 1 500 dollars), analogue à celui de la Yougoslavie ou de la Russie.

Cependant la paix civile est revenue et le système de Salazar (moitié fascisant, moitié catholicisant) va servir de modèle à l'Autriche de Dollfuss, comme à la Hongrie de Horty ou, dans une moindre mesure, à la Pologne du maréchal Pilsudski ; ainsi vont naître en Europe au tout début des années 30, *avant* la prise de pouvoir hitlérienne, des États autoritaires national-catholiques à bien des égards méfiants devant les grandes démocraties en crise comme devant le national-socialisme !

Le national-catholicisme autrichien

C'est également au national-catholicisme que se rattache le système autrichien. Après plusieurs années d'instabilité politique due aux divisions entre sociaux-démocrates, nationalistes agrariens et chrétiens-démocrates, le parti catholique de Mgr Seipel tend à devenir le parti dominant. Le conflit entre socialistes (de tendance social-marxiste) et catholiques a tourné en faveur des catholiques à la suite des émeutes de 1927. C'est alors que se renforce la Heimwehr, « milice patriotique » à dominante chrétienne-sociale, née dès 1919 pour lutter contre le marxisme rampant des socialistes qui ont bien du mal à gérer la crise économique et ses difficiles conséquences sociales. Pourtant la Constitution de 1920 est profondément modifiée en 1929 dans un sens autoritaire. Elle sera aménagée en 1931 : le président fédéral nomme le chancelier, a le droit de dissoudre le Parlement et il peut promulguer des « décrets de nécessité ».

Mais la situation demeure instable : pour essayer de résoudre la crise le chancelier Schober signe le projet de traité d'union douanière avec le Reich ; cela va accélérer la fin de sa carrière politique ; en mai 1932 Engelbert Dollfuss devient chancelier et le restera jusqu'à son assassinat par les nazis le 25 juillet 1934. Il s'appuie sur la Heimwehr et institue un régime largement marqué par la pensée corporatiste de l'Église. Face au national-socialisme, qui trouve soutien à gauche chez les austro-marxistes qui, depuis 1918, défendent l'Anschluss, Dollfuss organise un État national-catholique. La nouvelle Constitution, promulguée le 1er mai 1934, fait de l'Autriche un « État chrétien allemand » et elle est placée sous l'invocation du « Dieu tout-puissant ». Le président fédéral est élu par un Conseil dont les membres sont nommés. Quant à l'Assemblée fédérale elle groupe quatre institutions qui représentent les professions et les régions. Dans le texte il est spécifié que le gouvernement a tout pouvoir, mais on précise qu'à terme le président sera élu pour sept ans par les maires. C'est le président qui nommera le chancelier. Un Front patriotique groupant chrétiens-sociaux et Heimwehr se substitue à tous les partis, mais le régime autrichien mis en place ne ressemble en rien au nazisme, ni même au fascisme italien. C'est presque l'application politique d'un régime que l'on peut envisager à partir de l'encyclique *Quadragisimo Anno.*

Face au Reich, où Hitler a pris le pouvoir, Dollfuss peut compter sur l'appui total de l'Italie. Mussolini ne veut pas de troupes allemandes sur le Brenner, elles seraient tentées de récupérer le Tyrol du Sud. C'est ce que démontre la tentative nationale-socialiste de prise de pouvoir par les nazis. Leur coup d'État échoue mais les militants nazis autrichiens, soutenus par les hommes de main SS ou SA venus de Berlin, ont failli réussir et Dollfuss est assassiné (25 juillet 1934).

Si Paris et Londres protestent mollement, Rome n'a pas hésité : le Duce réagit avec vigueur et rassemble plusieurs divisions d'Alpini et de Bersaglieri sur la frontière prêtes à porter secours à l'Autriche si elle était envahie. Kurt von Schuschnigg remplace aussitôt Dollfuss et ce timide ministre de l'Éducation devient un chancelier énergique qui poursuit la politique nationale catholique de son prédécesseur. Il engage, simultanément et avec *vigueur*, la lutte contre l'extrême gauche socialiste, contre les nazis (dont le parti est interdit) et les pangermanistes mettant en prison leaders et militants. Pour lui l'échec du coup d'État hitlérien est la preuve que le nationalisme autrichien et l'État chrétien allemand ont été renforcés. Il n'hésite pas à dire au Reich, qui réclame un référendum, que le 25 juillet a été un véritable plébiscite en faveur de sa politique.

Le régime polonais

En Pologne, depuis le coup d'État de Pilsudski en 1926, la démocratie parlementaire s'est muée en démocratie autoritaire. Le Parlement existe toujours et les élections ont lieu régulièrement mais la présidence de la République est confiée à un ami de Pilsudski qui se contente d'être ministre de la Guerre, sauf d'octobre 1926 à juin 1928 où il est président du Conseil.

En Pologne, quel que soit le poids de l'Église, le national-catholicisme n'apparaît guère officiellement. De 1928 à 1935 les chefs de gouvernement sont des amis de Pilsudski ; c'est un véritable compagnonnage autour du maréchal et les présidents se succèdent comme des « relèves de sentinelles ».

La dictature du maréchal est fondée sur sa personne, son prestige et son charisme : au reste aucun parti n'a été supprimé et les élections ont lieu régulièrement, mais les opposants les plus combatifs sont jetés en prison ou condamnés à l'exil. Le Parlement se contente de légiférer et de voter le budget mais la Chambre dominante est le Sénat dont près du tiers des membres sont nommés.

La monarchie autoritaire magyare

Une situation analogue existe de fait en Hongrie. Elle remonte ici à la défaite de Béla Kun. Sans doute le royaume de Hongrie n'a pas de roi puisque ses voisins ont refusé la proclamation de Joseph de Habsbourg, Palatin de Hongrie, puis celle du roi Charles, condamnant la Hongrie à la régence autoritaire de l'amiral de Horty qui bien évidemment ne possède ni le prestige, ni le charisme d'un Habsbourg ! La Hongrie, du fait des excès abominables de Béla Kun et de ses sbires [1], va tourner le dos à la démocratie parlementaire. Bien plus, la plupart des collaborateurs de Béla Kun (et Béla Kun) étant juifs, se développe en Hongrie un antisémitisme qui va devenir terriblement prégnant. À cela s'ajoute le poids de quelques officiers à la fois socialisants et nationalistes et celui de Gömboes, personnalité qui rejoindra plus tard les partis fascisants hongrois. Ils font pression contre les Habsbourg et poussent à un régime autoritaire.

La Hongrie, dépecée par le traité de Trianon, cherche à faire réviser le traité de manière à permettre le retour à la mère patrie de certaines terres irrédentes : le Sud de la Slovaquie, le Nord de la Voïvodine, le Nord de la Transylvanie avec Cluj que le diplomate français Jules Laroche se vantera d'avoir fait attribuer à la Roumanie avec des observations plus que spécieuses [2]. Le soutien constant de la France à la Tchécoslovaquie contribua à la déstabilisation de la Hongrie et de l'Europe danubienne ; l'hostilité permanente d'un Beneš à la restauration des Habsbourg, à laquelle Millerand et Briand étaient favorables, souligne

1. Avril-juin 1919.
2. Cf. J. Laroche, *op. cit.*, p. 140 et 141.

d'ailleurs la faiblesse et la médiocrité de la diplomatie française. Dès 1922 refuser les Habsbourg c'était faire le jeu du Reich, plus encore en 1928-1930... ; en 1934 et 1937 encore, alors que le Reich est devenu hitlérien, l'essentiel des conversations de Beneš avec nos ministres Barthou, puis Delbos, est centré sur le refus de Prague d'une restauration des Habsbourg !

Aussi c'est vers l'Italie que se tourne le royaume de Hongrie, bien que, tout autoritaire qu'il soit, le régime hongrois ne soit pas fasciste. Dès 1927 Budapest signe à Rome un « traité d'amitié indélébile » avec l'Italie (avril 1927). Paris, plutôt que chercher à s'associer avec l'Italie et à organiser une coopération franco-italo-tchéco-magyare, ce qui n'était pas impossible, va, en prétextant son refus de collaborer avec les autoritarismes italien et hongrois, soutenir une Yougoslavie encore plus despotique que le système fasciste et le régime magyar.

Autoritarisme et panserbisme : le cas yougoslave

La Yougoslavie est l'État le plus artificiel de toute l'Europe construite après Versailles. Si le royaume des Serbes-Croates et Slovènes est en difficulté avec l'Italie, rappelons que ses problèmes sont d'abord internes. Les Croates supportent mal l'impérialisme serbe et pour se protéger le parti agrarien croate ira jusqu'à adhérer... à la IIIe Internationale. On craint la création d'une « Fédération des Républiques socialistes et ouvrières des pays danubiens et des Balkans ». Le chef du parti agrarien, Radič, accusé de trahison, est mis en prison avec ses collaborateurs immédiats. Devant la peur des revendications italiennes en Croatie et Slovénie, Radič se rallie au régime et entre au gouvernement. Mais la menace italienne s'apaisant, il rejoint à nouveau l'opposition et lutte, d'ailleurs, davantage contre la prégnance serbe que contre le gouvernement lui-même. Les problèmes régionaux en Croatie, en Bosnie, en Macédoine s'étendent, soulignant le rejet du pouvoir serbe. En 1927 le gouvernement Vukicevič n'ose même pas se présenter devant le Parlement qui est aussitôt dissous. Le nouveau Parlement élu en septembre 1927 n'est pas très différent du précédent mais Vukicevič demeure président du Conseil.

Le 20 juin 1928, un député serbo-monténégrin abat deux députés croates en pleine séance de la Chambre, trois autres, dont Radič, sont blessés. Ce dernier meurt six semaines plus tard. Pour tenter de calmer les esprits, le roi Alexandre Ier appelle à la tête du gouvernement un prélat catholique slovène, Mgr Korosec̆, mais ce dernier ne peut empêcher que de graves incidents se déroulent à Zagreb pour le dixième anniversaire de la création de l'État yougoslave (1er décembre 1928). Alexandre Ier prend « personnellement le pouvoir » pour éviter l'implosion du royaume et maintenir en réalité la prééminence serbe. Dès lors la dictature de fait qui existait depuis le gouvernement Vukicevič devient officiellement le caractère du régime. Le roi suspend la Constitution, renvoie le Parlement et met à la tête du gouvernement le commandant de la garde royale, le général Zivkovič. Aussitôt on supprime les libertés fondamentales de presse et de réunion et on suspend pour cinq ans l'inamovibilité des magistrats.

Pour tenter de constituer un sentiment national yougoslave le roi interdit les partis régionaux ou confessionnels : l'opinion ne suit pas et lorsque les électeurs sont convoqués pour élire en 1931 un nouveau Parlement, plus du tiers d'entre eux s'abstient, tant sont fortes les appartenances nationales traditionnelles. La crise économique freine toutes les tentatives de mise en valeur et d'équipement en infrastructures ; la Yougoslavie est aussi pauvre que le Portugal, mais Slovènes et Croates ont un niveau de vie deux fois supérieur à celui des Serbes, trois fois à celui des Bosniaques et des Macédoniens. En 1929 le PIB par habitant est de 2 800 dollars (1990) en Slovénie, de 2 650 en Croatie, de 1 300 en Serbie et inférieur à 1 000 en Bosnie et en Macédoine. Le sous-développement de ces dernières régions perdurera jusqu'en 1990 dans un État qui ne retrouvera qu'en 1951 son niveau de vie d'avant-guerre et le triplera difficilement jusqu'à l'implosion de fait de la Yougoslavie socialiste, en 1989 !

Les conflits entre Serbes et Croates sont constants et l'agitation permanente, très particulièrement en Croatie où la répression est rigoureuse. Dès lors, face au pouvoir serbe, se constituent des organisations terroristes de plus en plus actives et fortement soutenues par la population croate au point qu'à la suite de multiples attentats contre le réseau ferré, Matchek, le successeur de Radič, est arrêté et envoyé en prison. En y réfléchissant, les Italiens n'avaient guère besoin d'expliquer aux Croates la nécessité d'assassiner le roi Alexandre ; ils y pensent tout seuls et réussiront à Marseille en octobre 1934 grâce aux fautes graves des services français de sécurité.

Les autoritarismes balkaniques : Grèce et Roumanie

La totalitarisation du régime yougoslave ne s'explique pas seulement par les problèmes ethniques. La Grèce et la Roumanie connaissent des problèmes analogues. La République grecque, née après la guerre, en 1924, n'évolue pas davantage vers le renforcement de la démocratie parlementaire, même si elle est établie par la Constitution de juin 1927. De 1928 à 1935 républicains et monarchistes s'affrontent avec violence et en octobre 1935 le roi Georges est restauré ; devant l'agitation permanente, il confie le pouvoir au général Metaxas qui, de 1936 à 1941, va gouverner le pays avec une poigne de fer, rétablissant l'ordre et restaurant l'économie : le PIB qui stagnait depuis la guerre croît de 11 % entre 1936 et 1939.

En Roumanie la réforme agraire qui distribue moins de cinq hectares à 1 350 000 paysans, dont seulement un peu plus de 400 000 possédaient déjà moins de trois hectares, n'a évidemment pas comblé les revendications paysannes, d'autant que plus du tiers de la surface cultivée appartient toujours à quelques milliers de gros propriétaires.

La Constitution de mars 1923 instaure une démocratie parlementaire, avec deux Chambres dont l'une est élue au suffrage universel. Dans un royaume où près de 50 % de la population est illettrée (43 % en Moldavie-Valachie, 40 % en Transylvalnie, 60 % en Bukovine, 94 % en Bessarabie [1]) et où les classes moyennes sont inexistantes [2], la démocratie est largement un leurre.

Le pouvoir est l'objet de luttes complexes plus à l'intérieur de la classe politique que de l'électorat. Longtemps contrôlé par les libéraux, qui, malgré leur nom, gouvernent autoritairement, le pouvoir est conquis en 1928 par le Parti national paysan qui se veut plus libéral. Son chef, Julius Maniu, devient président du Conseil en novembre 1928.

Mais Maniu est confronté dix-huit mois plus tard (juillet 1930) au retour du prince Carol qui, obligeant son fils âgé de 8 ans à abdiquer, se fait reconnaître comme roi. Hostile aux libéraux, il

---

1. Cf. à cet égard K. Manoliu, *La Reconstruction économique de la Roumanie*, 1931, et H. Prost, *Destin de la Roumanie*, 1954.

2. Ajoutons ici le poids de la communauté juive qui, avec 13 % de la population, fournit plus de 20 % des professions libérales, entraînant un fort antisémitisme.

supporte Maniu mais le roi Carol II veut non seulement régner, il veut aussi gouverner et il renvoie Maniu dès octobre 1930 pour mettre en place un chef national paysan moins gênant. En 1931 il appelle un historien respecté, Nicolas Iorga, pour diriger le gouvernement, mais il démissionne en 1932. Dès lors, de 1932 à 1940, on compte dix-sept ministères, certains étant même dirigés par le patriarche de Roumanie (février 1938-mars 1939). Georges Tataresco est très présent durant cette période à la présidence du Conseil, il gouverne du 3 janvier 1934 au 28 décembre 1937 (mais il y aura quatre ministères successifs), puis du 25 novembre 1939 au 4 juillet 1940 (là encore trois gouvernements successifs). Quant aux Affaires étrangères elles connaissent une certaine stabilité : de 1932 à 1940 il n'y a que huit ministres, dont Titulesco d'octobre 1932 à juillet 1936 et Grégoire Gafenco en juin 1932, puis de décembre 1938 à juin 1940.

Autoritarisme et sous-développement

Cette instabilité ministérielle ne fait que traduire les difficultés socio-économiques du royaume, bien qu'il produise en 1938 4 millions de tonnes de maïs, 2,5 millions de tonnes de blé ; les cheptels ne sont pas négligeables et si l'industrie est inexistante, la Roumanie produit près de 7 millions de tonnes de pétrole, ce qui la place alors au huitième rang dans le monde, loin devant l'Irak. On comprend l'intérêt du Reich pour la Roumanie. Entre 1929 et 1938 la part de l'Allemagne dans le commerce roumain passe du quart au tiers !

À la fin des années vingt la France est très présente dans les pays balkaniques et danubiens. En juin 1925 elle est liée à la Tchécoslovaquie par un traité d'assistance mutuelle que complète en 1926 un traité d'amitié avec la Roumanie et en 1927 avec la Yougoslavie, mais l'adversaire de ces États de la Petite Entente c'est la Hongrie, bien plus que l'Allemagne. Les capitulations successives de la France devant le IIIe Reich : en mars 1935 après le rétablissement du service militaire, en mars 1936 après la remilitarisation de la Rhénanie, en mars 1938 après l'Anschluss, en septembre 1938 après Munich, ont sérieusement distendu les liens de Paris avec ces régions, malgré les visites de L. Barthou, puis de Y. Delbos.

Ce qui est le plus frappant dans l'évolution de ces divers États de l'Europe centrale et balkanique c'est leur passage du parlementarisme à la dictature. Cela fait l'objet de critiques des États démocratiques de l'Ouest, mais leurs responsables ont négligé d'intégrer dans leur réflexion un certain nombre d'éléments essentiels :

- D'abord ce n'est pas la signature d'un traité qui rend démocratique un peuple qui ne sait pas ce que c'est et qui pendant des siècles a vécu dans des structures féodales ou semi-féodales,
- Ensuite on n'a pas pris en compte l'analphabétisation de ces populations. Partout elle dépasse 40 %, à l'exception de la Bohême et de la Slovénie (où elle n'existe pas), la Slovaquie, la Hongrie et la Croatie mais là elle est tout de même supérieure à 25 % ; procéder à des élections avec des électeurs ne sachant ni lire, ni écrire, permet tous les abus.
- Enfin, tous ces pays, à l'exception de la Bohême, sont des pays sous-développés. Le PIB par habitant, dans ces régions, est significatif :

(en dollars constants 1990)

	Bohême	Slovaquie	Hongrie	Roumanie	Croatie	Serbie	France
1925	3 000	1 800	2 300	1 250	2 300	1 200	4 100
1929	4 000	2 400	2 500	1 150	2 650	1 300	4 700
1933	3 200	2 100	2 300	1 150	2 250	1 100	3 900
1938	3 300 [x]	2 200 [x]	2 600	1 240	2 700	1 300	4 400

[x] = PIB en 1937

Source : A. Maddison, *op. cit.*, OCDE, 1995.

Les données d'Angus Maddison permettent de constater que la crise de 1929 y a été infiniment moins sensible qu'on ne l'a écrit : elle touche d'ailleurs davantage une région industrialisée, comme la Bohême (chute de 20 %) que les régions rurales, surtout les plus arriérées, comme la Roumanie. Ajoutons que la Bulgarie, elle, maintient sa prospérité et voit même son PIB ne cesser de croître : le PIB de 1933 est *supérieur* de 22 % à celui de 1929 et celui de 1938 est supérieur de 10 % à celui de 1933.

Or cette mise en place généralisée des régimes autoritaires en Europe centrale est antérieure à l'arrivée au pouvoir d'Hitler ; ce ne sont pas des régimes fascistes car s'il y a antiparlementarisme il n'y a pas, sauf en Yougoslavie, de parti unique ; en fait ces divers États ont compris qu'étant donné leur situation économique et leur niveau culturel il valait mieux un système politique proche de ce que l'on pourrait appeler « l'ancien régime » ou despotisme éclairé, quitte à conserver en façade les Assemblées parlementaires.

La Tchécoslovaquie, une démocratie dictatoriale

Au reste on peut se demander si la Tchécoslovaquie, que l'on ne cesse de présenter comme un modèle de démocratie parlementaire, n'a pas adopté un régime assez analogue à celui de la Hongrie voisine.

La monographie de Timbal [1] dans la petite collection Colin de 1935 est tout à fait éclairante : soulignant le dynamisme tchèque il en montre les limites, liées au poids des minorités nationales ; les Allemands des Sudètes ont pendant plus d'un an protesté contre leur intégration dans cette République artificielle que les Slovaques répudient de la même manière. « Au lieu d'une fédération de nationalités à larges autonomies régionales, on a formé un État de type jacobin beaucoup plus centralisé que ne l'étaient les territoires de l'ancienne monarchie. » Pour lutter facilement contre les minorités, la Constitution de 1920 a donné des pouvoirs considérables au président de la République, élu pour sept ans, qui dispose du droit de veto et de dissolution, qui nomme et révoque les ministres. En fait règne en Tchécoslovaquie ce que Timbal appelle « la dictature du respect » autour du président Masaryk. Il est vrai que malgré un nombre considérable de groupes parlementaires le système fonctionne grâce aux coalitions des partis. La prépondérance social-démocrate ayant été affaiblie par l'apparition d'un parti communiste relativement fort, les gouvernements tchèques fonctionnent avec la participation des partis socialistes, agrariens, catholiques et nationaux-démocrates. Aussi la Tchécoslovaquie connaît une relative stabilité ministérielle avec aux Affaires étrangères l'inamovible Edvard Beneš qui devient président de la République en 1935, à la mort de Masaryk.

Mais le revers de ce système c'est qu'il conduit à une « dictature de fait » : en effet comme le remarque André Timbal : « Les partis sont tenus de s'accorder car toute crise risquerait, du fait des minorités hostiles, de prendre une ampleur dramatique mettant en cause l'unité même de l'État. »

Ainsi dans toute l'Europe orientale, centrale et balkanique, de

1. Cf. A. Timbal, *La Tchécoslovaquie*, Armand Colin, 1935.

la Baltique à l'Égée l'espoir des démocraties occidentales d'implanter des États démocratiques a été vain. Tout cela va favoriser l'impérialisme hitlérien qui, utilisant toutes les méthodes possibles d'expansion, de la pénétration commerciale à la propagande idéologique, va faire basculer, en à peine cinq ans, l'espace centre européen de la zone d'influence française en région sous protectorat allemand.

Pangermanisme exacerbé et national-socialisme

Notons d'ailleurs que, aveuglés par le vocabulaire marxiste, les observateurs n'ont pas vu une différence fondamentale entre le fascisme italien et le nazisme hitlérien. Le fascisme italien, même s'il a une vision expansionniste, très particulièrement en Méditerranée et en Afrique, ne cherche guère à diffuser son idéologie. Le national-socialisme, au contraire, va élargir les conceptions pangermanistes ; les défenseurs du germanisme, sous l'Empire comme sous la République de Weimar, ont cherché à défendre les populations allemandes dispersées à l'étranger. C'est le but du VDA (*Volksbund für das Deutschtum im Ausland*, Union pour le germanisme à l'étranger), comme du BDA (*Bund der Auslands Deutschen*, Union des Allemands de l'étranger), sans compter d'autres institutions, le tout couronné par le DAI (*Deutsche Auslands Institut*, Institut allemand pour l'étranger), toutes ces associations étant installées à Stuttgart. Déjà, sous Weimar, ces diverses organisations se mêlaient de propagande et de renseignements, avec l'aide et la bénédiction du gouvernement du Reich. Tout cela était suffisamment inquiétant pour que Poincaré le dénonce en 1928 à la tribune de la Chambre. Cela sera confirmé par une longue étude terriblement suggestive de Paul Levy, *Le Germanisme à l'étranger*, publié en 1932 par le Comité alsacien d'expansion.

Avec le IIIe Reich, la défense du germanisme implique aussi une propagande en faveur de la pensée hitlérienne : les Allemands de l'étranger doivent devenir les « propagandistes de la nouvelle Allemagne », comme le montre R. Poidevin [1]. L'historien allemand H.A. Jacobsen précise bien leur implantation [2] :

1. R. Poidevin, *L'Allemagne et le monde au XXe siècle*, 1983.

2. Les données démographiques sont empruntées à E. von Seydlitz, *Geographie*, t. 1 *Deutschland*, éd. de 1925, p. 370.

- les Allemands des territoires perdus par le Reich : 2 millions en Pologne, 1,5 million en France, 110 000 en Belgique,
- les Allemands des États baltes : 154 000,
- les Allemands vivant dans les États issus de l'Empire austro-hongrois : 5,6 millions, dont 3 760 000 en Tchécoslovaquie,
- les Allemands vivant en Russie : environ 1,4 million,
- les Allemands d'outre-mer : environ 9 millions aux États-Unis, 300 000 au Canada, 450 000 au Brésil, 100 000 en Argentine.

La section des affaires extérieures du parti nazi (Auslands Organisation, AO) a été fondée dès 1931. En janvier 1933 elle compte 160 groupes locaux et plus de 500 en janvier 1936. En 1937, 30 000 Allemands de l'étranger sont membres du parti, en particulier aux Pays-Bas, en Pologne et en Suisse et il y en a 3 000 en Afrique, davantage en Amérique ; cela permet souvent de contrôler la diplomatie officielle généralement peu encline à favoriser le parti.

Les militants sont actifs et entraînent souvent des conflits avec les États qui craignent la propagande nazie et protestent contre son activisme : c'est le cas en Suède, en Hongrie où les activistes anticommunistes sont rapidement contrôlés par les nazis, en Suisse où le VDA arrive à pénétrer les associations anticommunistes et les milieux conservateurs. Très vite en Tchécoslovaquie, les diverses associations sudètes, y compris celles proches des sociaux-démocrates, sont passées sous contrôle national-socialiste. En Autriche enfin le parti nazi s'implante rapidement, s'appuyant sur les milieux hostiles au parti chrétien social, puis à l'État corporatif, qu'ils soient de gauche ou de droite. Jusqu'en 1938, et même un peu au-delà, la social-démocratie autrichienne est favorable à l'Anschluss.

Le système hitlérien

La nomination d'Hitler comme chancelier et l'installation du parti nazi au pouvoir changent en effet toutes les données géopolitiques et géostratégiques en Europe, même si à Paris ou à Londres on n'intègre pas cet élément nouveau dans la politique extérieure européenne. Seuls Mussolini et Pilsudski l'ont compris tout de suite, mais on ne les a pas écoutés.

Sans revenir sur l'histoire du IIIe Reich[1], rappelons qu'il est arrivé au pouvoir « par des méthodes strictement légales en vertu de la Constitution de Weimar » (M. Baumont), mais la nomina-

1. Renvoyons à F.G. Dreyfus, *Le IIIe Reich*, Livre de Poche, 1998.

tion d'Hitler comme chancelier est une révolution. Très vite le Reich sort de la légalité démocratique pour devenir un État totalitaire. Une police secrète d'État, la Gestapo, est créée et devient un instrument essentiel dans un régime où les libertés disparaissent, où des dizaines de milliers d'adversaires politiques sont jetés en camp de concentration. Malgré la « Terreur brune »[1], le parti, lors des élections de mars 1933, n'a pas la majorité absolue et pour obtenir les pleins pouvoirs il lui faut la majorité des deux tiers au Reichstag. Ces voix lui seront apportées par le Centre catholique qui va permettre ainsi l'instauration légale de l'État totalitaire.

Les nazis essaient de détruire les particularismes locaux et on centralise une partie de l'administration et la justice. Toutefois, même s'il y a un ministre du Reich à l'Éducation, les Pays (Länder) conservent nombre de compétences, même éducatives et l'essentiel de leurs pouvoirs en matière d'agriculture ou de travaux publics. En réalité il y a enchevêtrement entre administrations du Reich et celles des Länder auxquelles s'ajoutent les ingérences continuelles du parti nazi ; les autres partis et mouvements politiques sont interdits et le Reichstag est ramené à une Chambre d'enregistrement.

Pourtant, le Reich signe dès juillet 1933 un concordat avec le Vatican qui apporte à Hitler une véritable caution morale. Pie XI semble estimer qu'Hitler, malgré son antisémitisme proclamé (le premier décret aryen est d'avril 1933 !), malgré ses mesures contre les syndicats (interdits le 2 mai 1933), les partis (interdits en juin 1933) et la représentation populaire, est un homme d'État honorable et fréquentable. Naturellement le IIIe Reich ne respectera pas ses engagements à l'égard de l'Église catholique qui est partiellement[2] flouée : les prêtres résisteront infiniment plus que les pasteurs et il y aura proportionnellement trois fois plus de prêtres envoyés en camp que de pasteurs, malgré la constitution dans l'Église évangélique d'une Église confessante à caractère antinazi. Il faudra attendre mars 1937 pour que le pape condamne le nazisme à cause de son racisme par l'encyclique *Mit brennender Sorge*. Simultanément, le Vatican condamne le

1. On appelle ainsi la pression que font peser Gestapo, SA et SS sur l'opinion et les électeurs.

2. Disons « partiellement » car refusé aux catholiques depuis l'unité allemande en 1871, le concordat accorde de grandes libertés à l'Église catholique en Allemagne, la met sur le même plan que les Églises évangéliques. Le concordat de 1933 est toujours en vigueur en RFA.

bolchevisme avec l'encyclique *Divini redemptoris* qui proclame le communisme « intrinsèquement pervers ». À cette date le nazisme apparaît très souvent comme le vrai bouclier face aux Soviétiques. Il est vrai qu'à comparer les deux totalitarismes en 1933, l'un est non seulement « pervers » mais sanguinaire (dès ce moment il y a plus de dix-neuf millions de victimes du pouvoir soviétique, les victimes du nazisme ne sont encore que quelques milliers). Au reste, comme le remarque le professeur Broszat : ceux qui « combattirent le régime... et qui payèrent de leur vie cet engagement avaient été remplis d'espoir dans les premières années... et avaient salué avec enthousiasme le IIIe Reich »[1]. En dehors du colonel von Stauffenberg, il y a alors auprès d'Hitler le Dr Goerdeler (haut-commissaire du Reich aux prix de 1933 à 1935), le Dr Popitz (ministre des Finances de Prusse d'avril 1933 à septembre 1944), le général von Fritsch (vraisemblablement exécuté devant Varsovie en septembre 1939) ou l'ambassadeur von Hassel (ambassadeur du Reich à Rome jusqu'en 1938, ou l'ambassadeur von der Schulenburg (ambassadeur du Reich à Moscou jusqu'en 1941) qui seront tous exécutés en 1944. Il fallait avoir été un vrai révolutionnaire comme Mussolini ou même Pilsudski pour comprendre ce qu'était le nouveau Reich ! Il fallait aussi avoir lu *Mein Kampf* !

La diplomatie hitlérienne et ses soutiens

Comme le remarque Martin Broszat, de 1933 à 1938 – à l'exception de la tentative d'Anschluss en 1934 – « la politique « extérieure » ne fait que poursuivre le néo-pangermanisme auquel s'était... convertie la plus grande partie des partis de la République de Weimar ».

En 1933-1934, Hitler ne fait effectivement que continuer la politique de l'Allemagne de Weimar réclamant l'égalité des droits en matière de réarmement. Au reste il est significatif que le ministre des Affaires étrangères Konstantin von Neurath s'est vu confier ce portefeuille dès le 1er juin 1932 par Franz von Papen. Il le conservera jusqu'au 5 février 1938. C'est un diplomate de la vieille école, ministre à Copenhague, puis ambassadeur à Rome (il est le prédécesseur de von Hassel), enfin à Londres de 1930 à 1932.

---

1. Cf. M. Broszat, *L'État hitlérien*, 1985.

Le chancelier Hitler précise, dès le 17 mai 1933, ce que sera sa politique extérieure. Il n'est pas question pour lui de conquêtes impérialistes, il est prêt à conclure des pactes de non-agression avec tous ses voisins, mais il critique les tergiversations de la conférence de désarmement, réclame une rapide révision des traités et surtout critique la SDN qui ne « sert qu'au maintien des injustices créées par les traités ».

Lors de l'assemblée de la SDN de 1933 (au cours de laquelle Dollfuss est follement applaudi) le Reich rejette le projet anglo-italien de désarmement. Le 14 octobre les représentants allemands quittent la conférence et le 21 Hitler annonce le départ du Reich de la SDN.

Même si Macdonald et avec lui Baldwin s'acharnent à promouvoir le désarmement contre Churchill, inquiet du réarmement allemand, l'opinion anglaise « réclame pour l'Allemagne un rang d'égalité parmi les autres nations ». Le *Times* mène une véritable campagne antifrançaise : face à un Hitler « connu pour avoir toujours tenu parole » (*sic*), le quotidien britannique invite la France à plus de compréhension. Or, nous l'avons vu, Doumergue et Tardieu ont rejeté le compromis qui accordait à l'Allemagne une armée de 300 000 hommes.

À cette date le Reich ne dispose pas d'autant d'hommes réellement formés. Mais le commandement de la Reichswehr a mis au point dès 1928 un plan prévoyant l'équipement d'une armée de 16 divisions, soit 250 000 hommes environ, en 1932. Faute de moyens le plan n'est pas réalisé et la Reichswehr ne dispose guère de plus de 150 000 hommes solidement formés. La Reichswehr n'est pas alors la préoccupation première à Berlin.

Avec Hitler tout change : le 3 février 1933, quatre jours à peine après sa nomination, il présente à ses généraux sa politique extérieure et précise ce qu'en seront les fondements militaires ; il la ramène à quatre points :

- « Lutter contre Versailles...
- « Égalité des droits à Genève...
- « Recherche d'alliances...
- « Redressement de la situation militaire... et se préparer au service militaire obligatoire ».

La reconstruction de l'armée allemande

Au temps de Weimar, on avait prévu en 1932 que la « nouvelle armée de paix » serait constituée partiellement de recrues astreintes à un service réduit de trois mois accompagné de périodes de réserve, selon le modèle suisse. Cela permettrait de disposer de 21 divisions en 1938. En décembre 1933 ce programme est engagé et accéléré de manière à disposer, fin 1937, des 21 divisions ; mais cela implique la mise en place d'un service militaire que réclame, dès 1934, le général Beck. Il ne l'obtiendra qu'en 1935. Les propositions du Truppenamt (Direction des forces) de mettre sur pied, fin 1936, 36 divisions et 3 blindées ne seront pas tenues.

Mais l'équipement ne suit pas ; les premiers chars (PZK) ne sont mis en place qu'en 1933 et 1934, ils sont légers (5 à 10 t), peu armés mais rapides. Les chars qui vont équiper les Panzerdivisions ne commencent à sortir qu'en 1936 (PZK III) et 1937 (PZK IV), mais ce dernier, avec un canon de 75 et deux mitrailleuses, est encore rare en 1939.

Si le Reich a très vite renoncé à poursuivre la première tentative d'Anschluss en juillet 1934 c'est qu'il est tout à fait conscient de la faiblesse de la nouvelle Wehrmacht. Jusqu'en 1935 les dépenses militaires du Reich restent presque analogues – en apparence – à celles de la France ou de la Grande-Bretagne si on les estime par rapport au PIB.

Années	Reich	Royaume-Uni	France
1933	3	3	6
1934	6	2	5
1935	8	2	5
1936	13	5	5
1937	13	7	9
1938	17	10	18

Tableau cité dans F.G. Dreyfus, *Le IIIe Reich*, *op. cit.*

Le seul problème, et il est de taille, c'est que les PIB évoluent de manière totalement différente. En 1933, le PIB français est supérieur de 40 milliards de dollars au PIB allemand, en 1938 le PIB allemand est supérieur de 35 milliards de dollars au PIB français. Si en 1933 et 1934 la France dépense plus que le Reich pour sa défense, ce n'est plus le cas à partir de 1935 : les dépenses militaires du Reich ont sensiblement augmenté et son PIB est déjà supérieur de cinq milliards à celui de la France.

Cela va permettre au Reich d'équiper son armée de terre, de renforcer fortement sa marine et de se doter d'une aviation de combat. Tout cela souligne combien Pilsudski avait raison. Il faut aussi préciser que jusqu'à l'automne 1936, si médiocre soit-elle, l'armée française demeure supérieure en hommes et en équipement à la Wehrmacht.

Cela explique l'apparent pacifisme d'Hitler entre juillet 1934 et mars 1936 : le pari de mars 1936 – la remilitarisation de la Rhénanie – va modifier le comportement d'Hitler.

Le problème sarrois

Pourtant si 1934 est pour Hitler et le Reich une année délicate, le début de 1935 améliore la situation du nouveau Führer ; en effet la Sarre va rentrer dans le giron du Reich.

On se souvient que depuis le traité de Versailles, la Sarre est pour quinze ans un territoire autonome sous contrôle de la SDN, en union douanière avec la France qui a l'usufruit des mines de charbon. En janvier 1935, la Sarre doit choisir entre le rattachement à la France, le retour au Reich ou le *statu quo*. C'est seulement au cours de l'été 1934, sous la pression des milieux économiques alsacien et mosellan que l'on commence en France à songer à ce problème alors que le parti nazi mène une propagande active depuis des mois. Mais à Paris, avec naïveté, on est convaincu que les Sarrois, qui votaient aux deux tiers pour les partis catholique et socialiste, persécutés l'un et l'autre dans le Reich, voteraient largement pour le maintien du *statu quo*. Ce n'est que le 31 août 1934 que Louis Barthou demande à la SDN quelques garanties pour contrôler la sincérité du vote.

Or le territoire, qui, depuis deux ans accueille des milliers de réfugiés politiques ou juifs fuyant le nazisme, où nul ne peut ignorer ce qu'est le système hitlérien, vote massivement, sous contrôle international, le retour au Reich (477 000 voix sur 528 000 votants !). Preuve indubitable de la popularité du nazisme dans la masse de la population ; et ce qui est incontestable pour la Sarre l'est aussi pour le Reich. Cela devrait conduire à nuancer certaines idées sur les liens entre nazisme et population. Et, si puissante soit-elle, la Gestapo n'a guère en 1938 que 40 000 agents pour 62 millions d'habitants, alors qu'en 1988 la Stasi avait plus de 200 000 agents pour 15 millions d'habitants. On peut d'ailleurs comprendre que les référendums portant sur les problèmes de politique extérieure aient de 1933 à 1938 les succès que l'on connaît. Combien d'Allemands, même anti-hitlériens, allaient voter contre le départ d'une SDN considérée depuis 1919 comme agent d'oppression de l'Allemagne ?

Dès lors Hitler peut avancer à nouveau quelques pions. En secret il a, au cours de 1934, accéléré la restructuration et le réarmement de la Wehrmacht. On prépare les prototypes des nouveaux blindés et surtout le Reich reconstitue une armée aérienne, la Luftwaffe, mais prudemment ce sont officiellement des pilotes « civils » que l'on forme et des aérodromes d'aéro-club que l'on construit. André François-Poncet, dès janvier 1935, alerte Paris sur le renforcement des moyens militaires. Pierre-Étienne Flandin, alors président du Conseil, cède, non sans mal, à la double pression du Quai et de l'État-major et fait voter par les Chambres le rétablissement du service militaire de deux ans.

Réarmement allemand et abandon du pacifisme apparent

Hitler réagit aussitôt et promulgue, le 16 mars 1935, une loi rétablissant le service militaire et organisant une armée allemande de 36 divisions. Or, malgré le vœu fermement exprimé par François-Poncet d'une réaction forte, France et Angleterre se contentent de protestations purement platoniques. Il est vrai que dès le 25 mars le secrétaire au Foreign Office fait savoir au Reich que « le Royaume-Uni est prêt à prendre en considération les revendications allemandes en Europe centrale ». Le 18 juin Reich et Royaume-Uni signent un accord qui annule définitivement les clauses navales du traité de Versailles. Une fois de plus Londres joue contre la France, mais Paris persiste à ne pas comprendre [1].

Le Führer peut alors se proclamer « l'ardent défenseur de la paix et du calme » ; pour développer le nombre de leurs habitants les États, ajoute-t-il avec un humour grinçant, ont à leur disposition « une façon simple et naturelle : avoir des enfants ».

Le Reich peut alors espérer l'appui de la Grande-Bretagne – et peut-être même de la France si l'on en croit l'historien allemand Hildebrand – contre l'Union soviétique. Bien plus, selon l'historien israélien Charles Bloch, Hitler pense au fond de lui que l'accord militaire franco-soviétique « pousserait l'Angleterre vers

1. Comme le dit le soir même le président Lebrun, « c'est un nouveau Waterloo » (cité par Bonnefous, *op. cit.*, p. 332), mais il n'y a pas d'autres réactions françaises.

l'Allemagne » et que la France « perdrait la plupart de ses amis ». Durant toute la seconde moitié de 1935, le Reich « joue délibérément l'Angleterre contre la France » et l'Angleterre se laisse faire ! C'est, il est vrai, le temps où autour du prince de Galles, le futur Édouard VIII, se développe dans de nombreux cercles dirigeants britanniques un double sentiment germanophile et hitlérophile.

Pierre Laval, qui en octobre 1934, a succédé au Quai d'Orsay à L. Barthou, assassiné avec le roi Alexandre de Yougoslavie, devient le 7 juin 1935 président du Conseil. À la différence de ses prédécesseurs et de ses successeurs, Laval n'est pas obnubilé par l'amitié franco-britannique. Ministre des Affaires étrangères d'octobre 1934 à janvier 1936, c'est lui qui signe, sans conviction, le 2 mai 1935, le traité franco-soviétique.

Le traité fait plaisir à la gauche française, convient aux militaires et comme il comporte quelques mesures restrictives, tel un traité d'assistance franco-germano-soviétique (!), il ne gêne pas la droite ! Soixante ans après on peut se demander qui a pris ce traité au sérieux. L'URSS et le Reich n'ont alors aucune frontière commune ; pour intervenir et porter assistance à la Tchécoslovaquie ou même à la Pologne, il faut que l'Armée rouge entre en Pologne, ce dont le gouvernement de Varsovie ne veut à aucun prix [1]. Dès lors le traité est un coup d'épée dans l'eau, mais il est explosif face à l'anticommunisme proclamé du IIIe Reich !

Laval et la tentative de constitution d'un front antinazi

Dès son arrivée au Quai, Laval, surmontant les préjugés antifascistes du secrétaire général et d'une bonne partie des agents du Département, a engagé un dialogue avec Mussolini. Lors d'un voyage à Rome, en janvier 1935, Laval signe un accord avec l'Italie. Les deux États entament un processus devant conduire à un pacte protégeant l'Autriche de toute agression et s'engagent à se concerter en cas de renforcement de la militarisation du Reich. L'Angleterre s'y associa formellement permettant ainsi le premier accord franco-anglo-italien de Stresa (avril 1935).

Incontestablement, cela inquiète Hitler et François-Poncet parle du « flottement significatif » de la diplomatie allemande ; « Jamais les nazis, souligne-t-il, n'ont été abattus et découragés à ce point. » L'accord naval anglo-allemand du 18 juin 1935 met

1. On le verra bien au cours de l'été 1939.

partiellement fin aux angoisses d'Hitler ; le front franco-anglo-italien n'est qu'un mythe : l'Angleterre ne bougera pas sans un accord explicite de la SDN, et encore ! En effet, en février 1935, « l'Union en faveur de la SDN » avait organisé un référendum pour savoir quelles sanctions il fallait mettre en place en cas de rupture du pacte de la SDN : il y eut 10 millions de participants favorables à des sanctions économiques, 6 500 000 seulement favorables à des sanctions militaires ; notons au passage qu'il y a alors 29 400 476 électeurs inscrits et que le nombre de votants dans cette période évolue entre 21 646 000 et 22 650 000. Cela permet de relativiser sérieusement les résultats de ce référendum officieux. En tout cas cela confirme les conservateurs dans la nécessité de leur politique d'*appeasement*.

Surtout en janvier 1935 un accord militaire avait été envisagé que vont préciser des rencontres entre le général Gamelin et le maréchal Badoglio. Il est alors prévu qu'en cas de risque grave d'agression contre l'Autriche, l'Italie enverrait un corps d'armée en Alsace du Sud, la France un corps d'armée face à la frontière austro-italienne.

Toute cette négociation fut jetée à bas par l'impérialisme italien, les réactions britanniques et l'antifascisme de la gauche française.

L'impérialisme italien, la crise éthiopienne et ses conséquences

Depuis la fin du XIXe siècle, l'Italie a jeté son dévolu sur l'Éthiopie, devenue, sur proposition de l'Italie elle-même, membre de la SDN. On sait qu'en 1896 une première tentative de conquête avait échoué après la déroute italienne d'Adoua. Mussolini voulait venger cette défaite et élargir l'emprise italienne en Afrique orientale. Il semble que l'idée de s'installer en Éthiopie remonte à 1923. On se souvient qu'à cette époque la Grande-Bretagne et l'Italie s'étaient partagé des zones d'influence sur une partie de l'Éthiopie et que Londres avait cédé à la Somalie italienne un important territoire au sud du fleuve Giuba (accord italo-britannique de 1924).

Mussolini souhaitait étendre l'empire colonial italien à l'Éthiopie pour plusieurs raisons : d'abord effacer la défaite d'Adoua ; ensuite se développe chez le Duce ce que Milza appelle « le rêve impérial » : « l'Éthiopie annexée pourrait servir de support à l'établissement d'un "Empire" dont le roi d'Italie ceindrait la couronne... ainsi serait rétablie la continuité... entre la "Troisième Rome" et celle des Césars, entre le Duce et le conquérant des Gaules » ; enfin, il y a aussi des raisons économiques, favoriser l'implantation de colons italiens et mettre en valeur un pays qui – non colonisé – était, et de loin, le plus pauvre d'Afrique [1].

Mussolini se serait sans doute contenté des possibilités considérables que lui accordait l'accord anglo-italien de 1924. Seulement le Négus – vraisemblablement « inspiré » par Londres – refusa d'accorder la concession du chemin de fer et accorda des facilités aux investissements américains et japonais au détriment des Italiens. Peu à peu Mussolini envisagea la conquête de l'Éthiopie : dès 1932 de grands travaux sont en cours pour moderniser l'Érythrée, agrandissement du port de Massaouah, construction de routes et d'aérodromes, amélioration de la voie ferrée Massaouah-Asmara.

Le Duce rendit publiques ses ambitions éthiopiennes en 1934, en insistant sur le caractère civilisateur de l'opération envisagée par l'Italie, en soulignant l'état féodal d'une société où régnait encore l'esclavage. L'Angleterre fut officieusement informée des intentions italiennes lors de la conférence de Stresa. Dès le 15 avril 1935 Londres fit part de son opposition à toute offensive armée contre l'Éthiopie au prétexte que l'opinion publique anglaise n'accepterait pas le viol d'un État membre de la SDN et que « cela affaiblirait notablement la coalition anti-hitlérienne ».

Comme le fait remarquer P. Milza ce ne sont que des prétextes : laissons de côté le risque d'affaiblissement de « la coalition anti-hitlérienne », le Royaume-Uni avait depuis deux ans montré son peu d'enthousiasme pour des engagements face au Reich et se prépare à signer un accord avec lui ! Par contre la Corne de l'Afrique était, dans la vision géostratégique de Londres, un élément essentiel sur la route des Indes. De surcroît le contrôle du lac Tana pouvait modifier le régime des crues du Nil. Enfin Londres craint que l'Égypte soit encerclée par une opération italienne visant à relier Libye et Éthiopie à travers le Soudan. En réalité, comme le dit P. Milza, l'attitude britannique de respect du pacte de la SDN se fondait sur la nécessité pour les Anglais de « préserver leurs positions dominantes en Méditerranée et en Afrique ».

1. Selon l'OCDE le PIB par habitant des États-Unis est alors de 10 700 dollars 1990, celui de la France de 5 500, ceux du Maroc de 800, du Zaïre de 800, du Kenya de 650, du Nigeria de 600, de la Tanzanie de 480, celui de l'Éthiopie est de 270... Il est analogue en 1992 ! (Source : A. Maddison, *op. cit.*)

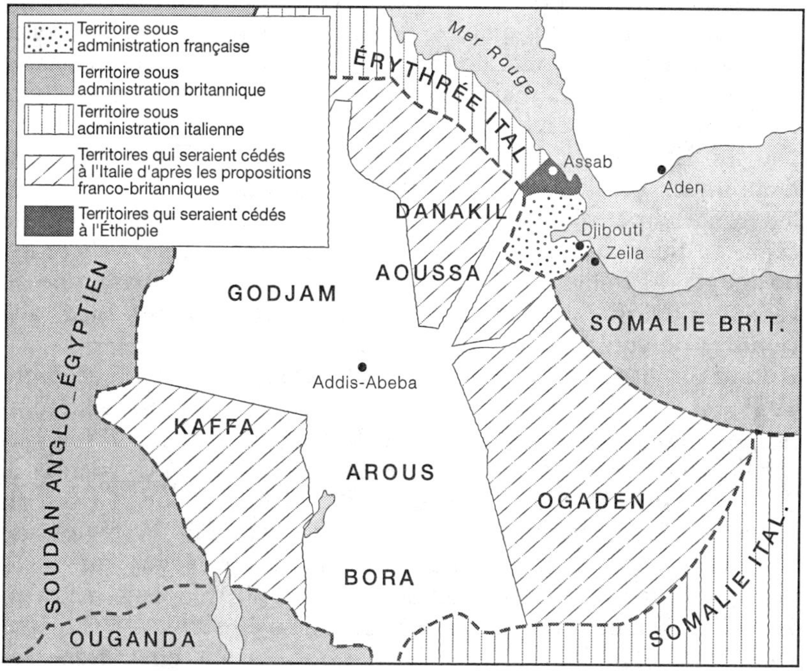

LE PROJET LAVAL-HOARE DE PARTAGE DE L'ÉTHIOPIE

(d'après la carte du Quai d'Orsay - décembre 1935)

On ne saura jamais ce que Laval et Mussolini se sont dit le 7 janvier 1935 : Laval aurait-il fait comprendre à Mussolini le peu d'intérêt que la France portait à l'Éthiopie ? Ce n'est pas impossible, mais n'est nullement certain. De toute manière Laval n'avait pas les mêmes raisons que Londres de s'inquiéter de la pénétration italienne en Éthiopie. Laval est convaincu que, contre le Reich, l'Italie est le seul allié crédible de la France et il se méfie, non sans raison, des ambiguïtés britanniques face à l'Allemagne. Mais ici, il s'oppose à la vision de la classe politique française hostile à toute incartade vis-à-vis de l'Angleterre. Laval en donnant la préférence à « l'alliance » italienne (formule de J.B. Duroselle) s'écarte d'une constante de la politique française depuis 1904.

Lorsque l'armée italienne entre en Éthiopie (3 octobre 1935) on demande aussitôt des sanctions contre l'Italie. Il faudra plusieurs mois pour qu'elles soient votées ; au surplus elles sont strictement économiques : on interdit d'exporter certains produits vers l'Italie, mais sont exclus toute une série de produits belligènes, acier, cuivre, textile ; quant au pétrole il était fourni par les États-Unis qui, non membres de la SDN, refusèrent d'appliquer l'embargo. Quant aux Anglais, autre fournisseur, ils livrèrent le pétrole nécessaire. On n'interdit pas davantage le canal de Suez aux navires italiens. C'était une décision absurde : on mettait l'Italie au ban des Nations mais l'embargo ne la gênait en réalité nullement. Au reste cela montrait bien que Londres ne voulait pas rompre avec l'Italie.

Laval avait tenté une solution de compromis en décembre 1935. Avec le secrétaire au Foreign Office, Sir Samuel Hoare, il proposa un partage de l'Éthiopie largement fondé, au surplus, sur l'accord anglo-italien de 1924. L'Italie recevait l'Ogaden et le Tigré, c'est-à-dire les deux tiers de l'Éthiopie de 1934 ; en échange l'Éthiopie restée indépendante recevrait la région de l'Érythrée avec le port d'Assab donnant au Négus un accès direct à la mer, revendication séculaire de l'Éthiopie... jusqu'en 1995 ! D'ailleurs – ce dont nul ne semble s'être avisé – l'Éthiopie chrétienne était laissée au Négus, l'Italie ayant en partage les populations islamiques ou islamisées. Mussolini, soutenu par le Grand Conseil fasciste, acceptait le projet. Mais à la suite d'une fuite, savamment organisée, au Quai d'Orsay par les adversaires de l'alliance italienne, le projet fut divulgué par la presse française et souleva aussitôt un tollé en Grande-Bretagne : Hoare dut démissionner et fut remplacé par Eden. Quant à Laval, il n'obtint la confiance qu'à condition de renoncer au projet de partage. (Cf. carte p. 305.)

Ce qui est grave c'est que, au fond d'elles-mêmes, la France et l'Angleterre étaient réticentes devant les sanctions : en France la droite politique ainsi qu'une bonne partie des milieux économiques soutiennent la politique de Laval, tout comme la plupart des associations d'anciens combattants et nombre d'intellectuels. Bien plus, en Angleterre, le gouvernement est partagé : Chamberlain, qui deviendra Premier ministre quelques mois plus tard (en mai 1937), est hostile aux sanctions, tout comme le prince de Galles (qui va devenir roi... le 20 janvier 1936). Outre Baldwin, le Premier ministre, et Eden, seuls sont vraiment favorables aux sanctions les milieux travaillistes, c'est-à-dire l'opposition ! Cela explique le caractère gesticulatoire des sanctions qui ne seront d'ailleurs pas respectées par le Reich et les États-Unis (non membres, il est vrai, de la SDN), mais pas davantage par l'URSS, la Belgique, la Pologne, la Tchécoslovaquie, la Yougoslavie, tous théoriquement alliés de la France !

Le rapprochement germano-italien

On avait voulu isoler l'Italie, la France et la Grande-Bretagne l'étaient bien davantage. Au surplus l'opposition italienne soutient le Duce, y compris nombre d'exilés. La politique des sanctions enfin va jeter l'Italie dans les bras du Reich. Ceux qui en France critiquent la politique italienne, l'impérialisme fasciste, en particulier à la SFIO et au parti radical, font le jeu d'Adolf Hitler, d'autant que la Grande-Bretagne n'aura aucune reconnaissance du soutien que lui apporte ce que Léon Blum appelle la « majorité républicaine ».

En décembre 1935, puis en janvier 1936, les attaques contre Laval sont de plus en plus acérées : Blum critique la « politique personnelle » de Laval et estime que Mussolini n'a pu agir que parce qu'il a senti le désaccord franco-anglais engagé par la position du président du Conseil et proclame : « Qui serait la condition primordiale de notre sécurité ? Ce serait l'appui sans réserve de la Russie soviétique et de la Grande-Bretagne. » Au nom du parti radical Yvon Delbos estime : « L'Allemagne a été fortement impressionnée par l'adhésion de l'Angleterre à la sécurité collective » et ajoute : « Pour conjurer le péril allemand il faut l'union de tous les peuples pacifiques. » Paul Reynaud, acerbe, critique Laval de n'avoir pas tenu compte du développement dans l'opinion publique anglaise de l'idéal de la sécurité collective. Ce discours du 27 décembre 1935 valut à Reynaud une lettre ouverte d'A. Tardieu, publiée par *Le Temps* du 31 décembre 1935, soulignant que l'Angleterre avait toujours été « anti-sanctionniste » et il concluait brutalement : « Ce brusque revirement de l'Angleterre constitue : pour l'Italie, une injustice ; pour la paix, un péril ; pour le pacte, un risque de faillite. » Le 22 janvier 1936, sous la pression de la gauche radicale (Daladier, Delbos), les ministres radicaux quittaient le gouvernement. Le cabinet Laval cédait la place à un cabinet Sarraut.

Ce gouvernement fait ratifier le traité franco-soviétique. Le débat souligne les illusions des politiques français, tel Édouard

Herriot : « Oublions-nous que nous sommes garants de la Roumanie, de la Yougoslavie, de la Tchécoslovaquie et même de la Pologne ? Pourrions-nous assumer ces responsabilités sans l'aide de la Russie ? » Herriot ne semblait pas savoir que ni la Roumanie, ni la Yougoslavie, moins encore la Pologne, n'avaient envie de l'aide soviétique. De surcroît, sauf la Tchécoslovaquie, ces États avaient des régimes dictatoriaux plus ou moins fascisants. Pourquoi donc tenir tant à leur alliance quand on a refusé celle de l'Italie ?

La remilitarisation de la rive gauche du Rhin

Aussi, prenant prétexte de la ratification du Pacte franco-soviétique – qui n'est en fait qu'un simple accord de non-agression – le Reich décide le 7 mars 1936 de réoccuper la zone démilitarisée par le traité de Versailles, à savoir la Rhénanie et une bande de 50 kilomètres au-delà du Rhin.

Devant cette violation caractérisée du traité de Versailles et qui la touche directement, la France se contente de grands discours et ne fait rien, au prétexte élevé par le général Gamelin qu'il aurait fallu une mobilisation générale avant d'intervenir ! On sait aujourd'hui, grâce aux travaux du colonel Defrasne, qu'il n'en était rien : la France, outre les régiments de forteresse de la ligne Maginot, dispose alors dans un triangle Strasbourg-Belfort-Metz de près de 100 000 hommes, savoir : cinq divisions d'infanterie, une division de cavalerie et trois régiments de chars. En face les Allemands mettent en ligne une douzaine de bataillons d'infanterie, huit groupes d'artillerie et quelques avions, soit moins de 20 000 hommes. Ils sont renforcés, il est vrai, par des membres de la SS, de la SA et de la police qui ont une formation militaire partielle et surtout par 50 000 membres du Service du travail dont la formation militaire est inexistante mais qui portent un uniforme ! Ce sont eux qui font peur à Gamelin et au gouvernement : de l'utilité de l'uniforme !

Les renseignements fournis judicieusement par le Deuxième Bureau et notre consul général à Cologne soulignaient la médiocrité des forces immédiatement engagées par le Reich et on insistait sur la faiblesse encore réelle de l'armée allemande qui à cette date n'a pas encore intégré les efforts de réarmement et a du mal, faute d'officiers, à encadrer les recrues. Comme le dit le colonel Defrasne : « On comprend mal les réactions du général Gamelin. »

De surcroît, depuis le mois de janvier 1936, on s'attendait à cette opération hitlérienne. En accord avec le Conseil des ministres, P.E. Flandin, successeur de Laval au Quai, convoqua donc le Haut-Comité militaire. Il lui posa – dit-il dans *Politique française* – une question précise : « Quelles mesures militaires est-il possible de prendre immédiatement pour s'opposer » à une tentative de remilitarisation de la Rhénanie ? Le ministre de la Guerre, le général Maurin, répliqua que « l'armée française avait été conçue pour une mission défensive et qu'elle n'avait rien... de prêt pour une intervention militaire », telle qu'elle était suggérée. La Marine prétendait ne rien pouvoir faire en mer du Nord sans les Anglais et l'aviation ne pourrait intervenir que par un bombardement, ce qui, précisait Marcel Déat alors ministre de l'Air, « constituerait un acte indiscutable de guerre avec tous les risques d'atteindre les civils ».

Pierre-Étienne Flandin s'entretint de ce problème avec Sir Anthony Eden. Eden se contente de dire à P.E. Flandin qu'il saisirait le cabinet et qu'il ferait parvenir une réponse. P.E. Flandin précisera qu'il n'en reçut aucune. En réalité Londres savait qu'elle ne pouvait que répondre négativement à la demande d'aide française dans l'attente des réponses des Dominions ; il semble cependant que l'on espérait à Londres une réaction française immédiate obligeant le Royaume-Uni à intervenir. Mais le gouvernement français, rongé par le pacifisme, freiné par un État-major qui interdit toute action au corps de cavalerie du général Flavigny, se refuse à toute mesure qui pourrait entraîner un conflit avec le Reich. La vraie crainte de Sarraut, c'est d'avoir à mener une campagne électorale après une mobilisation générale, n'imaginant pas une seconde qu'une réoccupation de la Rhénanie entraînerait la défaite du Front populaire.

On se contente de rappeler les permissionnaires et de « préparer une action collective » concertée, conformément aux accords de Locarno, avec les États garants et la SDN. Au reste au Conseil des ministres le général Maurin précise que si l'on veut intervenir, il faut « une mobilisation totale » : le simple rappel des « disponibles » n'étant pas suffisant, alors que le général Flavigny estimait – selon le colonel Defrasne – que la mise en état d'alerte permettant la mise sur pied de guerre des grandes unités de la zone frontière « sans rappel ni des disponibles, ni des réservistes, était réalisable dans un délai de six à vingt-quatre heures ». Sans les régiments de forteresse, on pouvait compter sur 70 à 80 000 hommes à pied d'œuvre sur la frontière dans la nuit du 7 au 8 mars : les divisions de l'est « après le discours du président

Sarraut... espèrent une marche vers certaines villes allemandes ». A-t-on imaginé la réaction des Allemands et d'Hitler si dans la matinée du lundi 9 mars Trèves, Sarrebruck, Pirmasens, Landau, Karlsruhe Offenburg et Fribourg-en-Brisgau avaient été occupées. Trèves par la 42e DI et le 507 Régiment de chars, Sarrebruck par la 11e DI, Pirmasens par la 2e D. cav. Landau par la 2e DINA, Karlsruhe par la 43e DI et Fribourg par la 14e DI ? Il ne fallait pas réagir sans la bénédiction de la SDN. Selon P.E. Flandin, « le Conseil des ministres était d'avis d'attendre les réactions intérieures [*sic*] et internationales avant de prendre une décision », ce que confirme G. Bonnet dans *Le Quai d'Orsay sous trois Républiques*. Selon ce dernier « la carence du gouvernement s'explique par l'hostilité de la Grande-Bretagne à un plan de réaction militaire immédiate ». En l'occurrence il s'agirait d'un plan Gamelin tendant à occuper Kehl et Sarrebruck. Il est vrai qu'au cours d'une réunion franco-anglaise le lundi 9 mars « Eden, au nom du gouvernement britannique, demanda de ne rien entreprendre qui créât l'irréparable avec l'Allemagne ». Selon Jean Zay dans *Souvenirs et solitude*, P.E. Flandin présenta « les déterminations possibles de la plus énergique à la plus théorique depuis la mobilisation et l'entrée en Rhénanie jusqu'à la simple protestation diplomatique ». Sarraut, paraît-il, « se prononça... pour une action énergique... [il] indiqua son point de vue, il ne chercha point à l'imposer ».

Au reste, comme l'écrivit le mercredi suivant *Le Canard enchaîné*, « l'Allemagne envahit l'Allemagne » ! Le journal ne fait que reprendre la plupart des commentaires de la presse parisienne. À ce moment le Reich remporte une grande victoire sans coup férir. Et Hitler, qui a agi contre l'avis de ses généraux soutenus par Goering, y gagne un énorme prestige.

À Londres Eden, déjà incertain, est freiné par Chamberlain, Baldwin et Macdonald. Comme le dit le cardinal Baudrillart dans son *Carnet* du 10 mars : « L'Angleterre sera avec nous si Hitler nous attaque pendant les négociations, mais nous sommes invités à écouter les propositions d'Hitler ; même attitude de la part de la Belgique. »

En réalité la France vient de subir une grande défaite ! Les alliés de la France vont tirer très vite la leçon de cette affaire : la Belgique redevient neutre ; la Pologne et la Yougoslavie, qui étaient prêtes à nous soutenir, renoncent de ce fait à leur intention et vont chercher à se rapprocher de l'Allemagne. En 1938, la Yougoslavie fera 40 % de son commerce extérieur avec le Reich. Seule la Tchécoslovaquie demeure fidèle mais elle est bien isolée et Gamelin reconnaît dès ce moment que la France ne peut plus réellement lui porter secours. Le généralissime envisage « une manœuvre du genre Salonique, peut-être de grande amplitude » ! (colonel Le Goyet).

La France, ayant abandonné le combat, est à son tour abandonnée par des alliés de moins en moins nombreux il est vrai.

Quant à l'Italie, abandonnée par la France, elle se prépare à se jeter dans les bras d'Hitler. La guerre d'Espagne va accélérer ce processus.

CHAPITRE XII

LA MARCHE À LA GUERRE

La remilitarisation de la Rhénanie que la France a laissé faire a une conséquence immédiate : l'isolement total de la France en Europe. Ses « alliés » orientaux se dérobent ; plus exactement ils profitent de la capitulation française pour marquer leur éloignement déjà largement engagé ; seule la Tchécoslovaquie demeure à peu près fidèle. Pologne, Roumanie et Yougoslavie cherchent à se rapprocher de l'Allemagne. L'Italie, déjà furieuse d'avoir été lâchée par la France dans l'affaire éthiopienne, est toute prête à se raccrocher au Reich. La Belgique, consciente de l'incapacité française, sensible aussi à l'allure souvent méprisante de Paris à son égard, s'éloigne jusqu'au moment où elle rompt son alliance avec la France qui ne réagit guère ; de surcroît on ne tire aucune conséquence de l'attitude belge, ne serait-ce qu'avertir Bruxelles qu'en cas d'attaque allemande l'armée française restera l'arme au pied sur la frontière [1]. Naturellement Londres ne fait plus du tout confiance à la France car, si l'on en croit les *Mémoires* de Liddel Hart, certains bons esprits britanniques souhaitaient une réaction française immédiate, qui aurait obligé le Royaume-Uni à prendre *de facto* une position clairement hostile au Reich. C'est d'ailleurs ce que laisse entendre Eden, alors secrétaire au Foreign Office, partisan d'une politique de désarmement fondé sur « le donnant donnant ». Il n'en est pas moins vrai que le cabinet britannique ne marqua officiellement aucun enthousiasme devant l'idée d'une intervention quelconque. Il est indéniable enfin que, dans toute l'Europe, on sait que la France – où des élections vont avoir lieu six semaines plus tard – traverse une crise à la fois économique, intellectuelle et politique.

1. Étant donné les conceptions stratégiques de l'État-major français qui privilégie la défensive, c'eût été judicieux et aurait évité la dramatique manœuvre Dyle-Escaut de mai 1940.

L'incapacité française à sortir de la crise

La crise de 1929 se déroule en France de manière très particulière : d'abord elle ne se développe vraiment qu'à la fin de 1930, ensuite elle apparaît plus financière que sociale, enfin elle perdure jusqu'en 1938. À cet égard les travaux d'A. Sauvy [1], comme ceux d'E Malinvaud [2], et particulièrement leurs données statistiques, sont révélateurs. Mais ni les contemporains, ni nombre d'historiens n'en tiennent vraiment compte.

Plus que la chute du commerce extérieur (essentiellement celle des exportations), si importante soit-elle, c'est la crise de l'industrie qui est sans doute la plus significative. La production baisse de manière sensible : la production d'acier chute, malgré les nécessités du réarmement, de 30 % entre 1929 (9,7 millions de tonnes) et 1938 (6 millions de tonnes) ; la situation varie naturellement selon les produits mais l'indice général de la production industrielle donne des indications limpides. Il faut attendre juin 1939 pour que la production industrielle retrouve le niveau de 1929.

L'indice de l'activité économique générale calculée par Sauvy évolue entre 73 en 1932 et 70 en 1939. Les années les plus médiocres étant 1937 et 1938 avec 66 (indice 100 en 1929).

Pourtant le 30 septembre 1936, au Sénat, Joseph Caillaux, président de la commission des finances, interpelle Blum de bien curieuse manière : « C'est une illusion de croire que l'on résoudra la crise par une augmentation du pouvoir d'achat. La France, pays agricole, souffre d'une hypertrophie [*sic*] industrielle. La tendance des hommes d'affaires et des féodaux, que j'ai le premier combattus, a été de beaucoup trop pousser à une super-industrialisation. » Cette intervention, accueillie par de « nombreux applaudissements sur tous les bancs », est naturellement tout à fait inexacte. La France ne souffre pas de « super-industrialisation » mais de sous-industrialisation ; c'est très largement la raison du sous-armement des armées françaises. Si l'industrie automobile n'a cessé de se moderniser, d'ailleurs en se concentrant, l'industrie aéronautique est dans un état de délabrement qui explique et justifie largement les nationalisations

---

1. A. Sauvy, *Histoire économique de la France entre les deux guerres*, 1967.
2. Carré, Dubois, Malinvaud, *La Croissance française*, 1972.

effectuées par le gouvernement Blum. Les « féodaux » se renforcent dans la sidérurgie, (tels les Schneider et les Wendel), ou le pneumatique (Michelin) mais ailleurs il n'y a pas de « féodaux » ! La production électrique est un des rares domaines où la croissance est sensible, en particulier l'hydroélectricité pour pallier le manque de charbon. Si l'industrie pétrolière se développe, c'est essentiellement le fruit d'investissements étrangers (Shell, Esso, Petrofina). La CFP ne fait pas le poids en face des grands du pétrole, ne disposant guère que du quart du brut produit en Irak et d'une faible part de pétrole roumain.

Quoi que puisse dire Caillaux, le problème de l'économie française c'est qu'elle est sous-industrialisée : les progrès faits de 1920 à 1929 sont trop fragiles pour tenir face à la crise mondiale. De surcroît la France manque de capitalistes et de capitaux : les « deux cents familles » font un bon slogan électoral, économiquement c'est un mythe. Comme la démographie française, l'industrie souffre de malthusianisme.

La situation est analogue dans l'agriculture. Elle n'est pas « productiviste » mais elle se place au dernier rang des agricultures d'Europe occidentale, comme le rappelle A. Sauvy.

Son tableau des rendements moyens comparés est particulièrement suggestif :

Rendements en quintaux à l'hectare
moyenne des années 1933 à 1937

Pays	Froment	Pommes de terre
Pays-Bas	29,5	178
Danemark	29,2	170
Belgique	26,5	202
Suède	23,6	143
Royaume-Uni	22,8	168
Allemagne	22,1	164
Norvège	19,1	180
Tchécoslovaquie	17,5	129
France	15,3	108

Source : A. Sauvy, *op. cit.*, t. 2, p. 541.

En fait, quoi qu'on ait pu écrire, l'agriculture française est demeurée très en retard par rapport aux agricultures voisines. Contrairement à ce que pensent les contemporains – et que l'on retrouve chez certains historiens – l'agriculture française est en état de crise ; ce qui est grave alors c'est que du fait de sa sous-productivité la France est un pays où les produits agricoles sont chers et se vendent très difficilement à l'étranger ; pour protéger l'agriculteur on met en place – non sans difficulté – un « Office du blé », on essaye de favoriser la vente des vins languedociens (qui à cette époque sont une abominable « piquette »). C'est le temps où sur tous les stades fleurit cette publicité, assez aberrante étant donné le lieu, *« Une journée sans vin, c'est une journée sans soleil »* ! Il est vrai que d'aucuns critiquent la motorisation de l'armée au prétexte que cela entraînerait la ruine des éleveurs de chevaux !

En réalité Caillaux, en rappelant que « la France est agricole », s'inscrit dans la vieille idée du « retour à la terre ». C'est peut-être une idée réactionnaire comme le rappellent certains à juste titre : rappelons qu'avant la fameuse allocution du maréchal Pétain (« La terre, elle, ne ment pas ») elle a été le leitmotiv de la pensée radicale de Méline à Alain qui termine ainsi ses *Propos d'économique, « je conseille une monnaie de plomb et une vie rustique »*. Caillaux et Maurras ne disent pas autre chose !

Ce qui distingue la France de ses voisins c'est la faiblesse relative du chômage. Au plus fort de la crise elle compte moins de 500 000 chômeurs, soit moins de 3 % de chômeurs puisqu'il y a alors 20 260 000 actifs dont 7 200 000 dans l'agriculture. Nous sommes loin des 6 millions de chômeurs pour 25 millions d'actifs en Allemagne et des 3 millions de chômeurs pour 20 millions d'actifs en Grande-Bretagne. Par contre le niveau de vie a sensiblement diminué car, comme le souligne A. Sauvy, « le salaire hebdomadaire diminue par réduction du temps de travail... le gain moyen de l'adulte baisse plus encore par abandon de l'activité de nombre d'entre eux (vieux, femmes mariées) ».

Le salaire horaire lui-même a fortement diminué, de 11 % pour les mineurs à 6 % pour les ouvriers de la région parisienne. Les fonctionnaires, eux, ne sont pas concernés. « Jamais, dit Sauvy, *les fonctionnaires n'ont vu augmenter leur pouvoir d'achat à ce rythme, jamais aussi ils n'ont été plus mécontents de leur sort* »[1]. De 1930 à 1935 le pouvoir d'achat de l'ensemble de la fonction publique augmente de 25 %. Après la déflation Laval,

1. A. Sauvy, *op. cit.*, p. 134, le passage souligné l'est par A. Sauvy.

les fonctionnaires supérieurs voient leur niveau de vie inférieur de 10 % à celui de 1930, mais les petits fonctionnaires ne sont guère touchés : en 1939 leur niveau de vie est supérieur de près de 20 % à celui de 1930. En 1939 le pouvoir d'achat de l'ouvrier est supérieur de 46 % au niveau de 1914, celui du petit fonctionnaire a augmenté de 55 %, mais le fonctionnaire supérieur a vu son niveau de vie baisser de 34 % [1].

La crise économique entraîne un déficit qui ne cesse de s'accroître dans les finances publiques [2], la dégradation est continue à partir de 1932 : il y a la crise, mais il y a aussi les nouvelles dépenses induites par la politique sociale du Front populaire, enfin des dépenses d'armement. Mais celles-ci sont moins importantes qu'on ne l'a dit : selon A. Sauvy la répartition des dépenses par rapport au PIB se présente ainsi [3] :

	1930	1938
Consommation des ménages	88	93
Armement	1	4,5
Investissements	11	8,5

On le voit les sur-dépenses dues à l'armement sont faibles. En 1937-1938 « le gouvernement pouvait accroître les armements en allongeant la durée du travail *dans l'ensemble* de l'industrie et en reportant sur l'armement une fraction aussi élevée que possible des ressources dégagées. C'est ce qu'a fait l'Allemagne, ce qu'ont fait, plus tard, l'Angleterre, les États-Unis et même l'Union soviétique » [4]. La France ne le fera pas et cela explique l'écart entre le nombre d'avions construits entre 1935 et 1939 dans le Reich (environ 16 à 17 000) et en France (3 500).

Tout cela, souligne Sauvy, apparaît lors du procès de Riom : « les deux parties [Vichy et les accusés] manifestent une ignorance étendue des questions économiques ».

1. A. Sauvy, *op. cit.*, p 435.

2. À partir de 1931, tous les budgets sont en déficit. De 1931 à 1935, le déficit global accumulé est de 53 504 milliards de francs. En 1936 le déficit sera de 16,9 milliards ; en 1937 de 21,2 milliards ; en 1938 de 27,6 milliards ; le budget de 1939 préparé par P. Reynaud est en excédent. (NB. Il s'agit de francs courants.)

3. *Ibid.*, p. 435

4. *Ibid.*, p 437 – le passage souligné l'est par A. Sauvy.

La crise de la pensée économique : anticapitalisme et corporatisme

Pourquoi cette dramatique récession française ? La remarque de Sauvy sur l'ignorance profonde des questions économiques dans la classe politique est sans doute un élément essentiel. Pendant cinq ans, malgré P. Reynaud, la droite a mis au premier plan de ses préoccupations le maintien de la valeur de la monnaie et cela au moment où tous nos voisins (États-Unis, Grande-Bretagne (un peu plus tard la Belgique) dévaluent et introduisent le contrôle des changes. Une dévaluation de 15 à 20 % comme en Belgique en 1932 aurait sans doute rendu vie à l'économie. La déflation décidée par Laval n'était pas aberrante en soi, à preuve la reprise de l'économie entre 1935 et 1936, mais elle méconnaissait l'attachement des Français d'alors à la valeur de la monnaie et effectuée un an à peine avant les élections, elle conduisait à un échec.

La gauche, au temps du Front populaire, ne résout rien : la production stagne, l'amélioration du niveau de vie est éphémère. En 1938 on est revenu au niveau de 1936. Le drame économique de la France c'est la chute de sa production industrielle qui interdit les investissements et entraîne un vieillissement accéléré du matériel ; peut-être la meilleure preuve de l'accablement de la France apparaît-il dans la crise démographique : en 1935 et en 1936 – pour la première fois en temps de paix – les décès l'emportent sur les naissances. En 1941-1943 il y aura (malgré la présence de plus d'un million et demi de prisonniers de guerre) infiniment plus de naissances qu'en 1935 ou 1936 sous l'effet conjugué du Code de la famille de 1939 et de la politique de Vichy.

Il est vrai aussi que la loi de 40 heures a eu des conséquences dramatiques. On pense à ce jugement de Sauvy sur L. Blum : « Voilà un chef de gouvernement qui prend pour son pays une décision d'une exceptionnelle portée (des milliards d'heures de travail sont en jeu) et qui ignore les données les plus fondamentales de la question. » Et quand on se rendra compte de l'erreur commise, « l'amour propre, la peur de revenir en arrière auront fermé la voie à toute raison »[1].

1. A. Sauvy, *ibid.*, p. 304.

Il faudra attendre les décrets-lois Daladier de mai 1938 et la dévaluation du même mois pour assister à une remise en ordre de l'économie, à un redémarrage de la production, le tout favorisé par un aménagement sérieux de la loi de 40 heures. Cela – on le sait – entraîne de violentes réactions au point que la CGT décide une grève générale pour le 30 novembre. Mais le gouvernement réagit énergiquement, décidant la réquisition de l'administration, des services publics, des entreprises nationales. La grève échoue et l'on n'hésite pas à sanctionner les contrevenants aux ordres de réquisition. Les résultats d'ailleurs dépassent les prévisions. D'octobre 1938 à juin 1939 l'indice de la production industrielle passe de 85 à 100 (base 100 en 1928), celui de la métallurgie passe de 77 à 99, le chômage baisse très sensiblement et le pouvoir d'achat hebdomadaire de l'ouvrier augmente de 6 %.

Il est vrai qu'entre 1934 et 1938 sont apparus dans la sphère économique trois pôles aux idées très différentes qui se rejoignent à certains égards.

D'abord on peut noter une véritable réflexion économique catholique. C'est le temps où se développe une vraie recherche autour de *Rerum Novarum* et surtout de *Quadragesimo Anno* (1931). Des études intéressantes apparaissent dans nombre des groupes considérés comme appartenant à ce que l'on a appelé *Les Non-Conformistes des années trente*[1].

Voulant rompre avec le « désordre établi » ces mouvements, souvent animés par de jeunes catholiques, mettent en cause le capitalisme. Ils s'expriment souvent « de manière agressive et virulente » proclamant « que le capitalisme est une sorte de péché social » (*Esprit*, mars 1933)[2] que « l'organisation économique est à la fois injuste et absurde » (*Ordre nouveau*, mars 1934).

On va même parfois très loin : « Tous les perfectionnements techniques aboutissent au chômage, l'abondance à la misère, la fécondité à la crise universelle. » Daniel-Rops salue la « Jeune Droite »[3] qui « se désolidarise de tout ce complexe », c'est-à-dire « l'héritage, la propriété, les bonne mœurs et la morale en même temps que le portefeuille » (*Revue française*, avril 1933) au point

1. Titre de l'ouvrage pionnier de J.L. Lloubet del Bayle, publié en 1969, réédité en 2001.

2. Sur « Esprit » il faut préférer P. de Senarclens, *Le Mouvement Esprit 1932-1941*, 1974, au livre de M. Winock

3. Sur la « Jeune Droite », voir la thèse récente de Nicolas Kessler, *Histoire politique de la Jeune Droite (1929-1942)*, 2001.

que Mounier souligne « le courageux effort d'une certaine "jeune droite" pour rompre avec la droite économique ». Pour eux le capitalisme est coupable de « productivisme » et on met en cause le primat absolu du profit et des spéculations financières. Au fond ces mouvements, d'inspiration catholique, ont pour parrain « le parti de l'intelligence » fondé par H. Massis, disciple de Maurras. À l'origine de la Jeune Droite – très proche à bien des égards d'*Esprit* – il y a la *Revue universelle*, la revue de J. Bainville et d'H. Massis à laquelle collaborent J. Maritain et ce que l'on appelle le « Cercle des convertis ». Dans *Esprit*, en mars 1933, J. Maritain rappelle les positions de l'Église médiévale sur le prêt à intérêt et souligne « les condamnations de l'usure par l'Église demeurent... comme une interrogation brûlante sur la légitimité de l'économie de ce temps ».

En réalité *Esprit*, *Ordre nouveau*, *Jeune Droite* se retrouvent autour d'une vision corporatiste de l'économie. *Esprit* se prononce en faveur « d'une organisation partiellement collective de la propriété... pour restaurer les caractéristiques essentielles de la propriété personnelle » (mars 1934). Pour *Esprit* il faut transformer le régime du salariat dans le cadre des « entreprises collectives ». Au fond la cellule de base de l'économie chez les uns et les autres c'est la « corporation » : « Association comprenant tous les hommes de métiers divers nécessaires à l'entreprise... ayant une activité économique précise. » Pour Mounier, « la corporation a cet avantage de cristalliser l'idée d'une socialisation qui ne serait pas étatiste et respecterait le jeu des groupes naturels intermédiaires entre l'individu et l'État », mais Mounier souligne aussi « les duplicités du corporatisme » qu'il considère comme « la dernière métamorphose d'un capitalisme aux abois » (*Esprit*, février 1934) [1].

C'est la Jeune Droite qui va le plus loin dans la présentation d'un système corporatiste, directement inspiré de La Tour du Pin, prévoyant à côté de l'Assemblée élue une « Chambre nationale des métiers », représentant les Corporations professionnelles autonomes et décentralisées.

En réalité tout un courant corporatiste se développe : l'Église catholique lui consacre une Semaine sociale à Angers et l'universitaire François Perroux [2], collaborateur d'*Esprit*, des revues de la *Jeune Droite* et d'*Ordre nouveau*, joue ici un rôle si déterminant qu'il sera de 1940 à 1944 le président du très maréchaliste Insti-

1. Cf. Michel Berges, *Vichy contre Mounier*, 1997.

2. Cf. F. Perroux, *Capitalisme et communauté de travail* (1938), *Communauté et société* (1942), *La Révolution en marche* (1943).

tut d'études corporatives. Mais à côté de lui, un autre économiste de qualité, Jean-François Gravier, tient également une place considérable dans la défense d'un ordre corporatiste et communautariste. Il le reprendra après la Libération, en particulier dans *Paris et le désert français*. Au fond les non-conformistes rejoignent les défenseurs de la planification, tel Philippe Lamour, fondateur en 1931 de *Plans*, thème repris en avril 1934 par *Ordre nouveau*. Pour Alexandre Marc la « nécessaire élaboration du Plan » revient au Conseil économique et social collaborant avec les corporations.

Ces divers groupements ont d'ailleurs des idées ambiguës : d'un côté ils réprouvent le productivisme et le progrès technique, ils sont à certains égards, quoique catholiques, un tantinet malthusiens, par ailleurs ils sont favorables à la planification.

Or la planification est née chez les marxistes, soit staliniens, soit révisionnistes tel Henri de Man avec *Au-delà du socialisme*. Le thème est repris par un comité d'une vingtaine de personnalités aussi différentes que Gérard Bardet, Jean Coutrot, Louis Vallon, du Centre polytechnicien d'études économiques (X-Crise), Alfred Fabre-Luce, Bertrand de Maudhuy ou Philippe Boegner. Tout cela est essentiellement intellectuel mais va contribuer à lancer un triple mouvement d'idées : rupture avec le libéralisme intégral, rupture avec le « pseudo-économisme » du monde universitaire, rupture enfin avec le malthusianisme. Mais les thèmes développés alors sont ignorés par les milieux politiques ; ils n'apparaîtront dans les cercles dirigeants qu'avec Paul Reynaud qui s'entoure dès son arrivée aux Finances en 1938 de polytechniciens, Paul Baudoin, Jean Berthelot, Alfred Sauvy ou d'inspecteurs des finances comme Yves Bouthillier : nombre d'entre eux seront ministres de Vichy. L'esprit nouveau se fera surtout sentir à Vichy mais seulement jusqu'en novembre 1942, il réapparaît après 1944-1945 : ce seront les « Trente Glorieuses » chères à Jean Fourastié. Cela permet à l'économie française de profiter vraiment de la reprise économique mondiale postérieure à 1945[1].

Mais la crise française est d'abord une crise politique. Les innombrables crises gouvernementales qui se succèdent depuis 1932 sont dues essentiellement à l'inconstance du parti radical qui se veut de gauche mais défend une politique économique libérale. Claude Leleu le démontre magistralement à l'occasion

1. Sur tout ceci, cf. Gérard Brun, *Technocrates et technocraties en France (1914-1945)*.

des élections du Front populaire[1]. « Lors du scrutin de ballottage, écrit-il, dans les 128 circonscriptions qui mettaient aux prises un candidat socialiste et un candidat modéré, 57 % de l'électorat radical a réagi à gauche et 43 % à droite. Ainsi l'électorat radical favorable au Front populaire est inférieur à 60 %. L'extrapolation au plan national donne pour 16,6 % de suffrages radicaux, 10 % de radicaux de gauche et 6,6 % de radicaux de droite... Le 26 avril 1936 le Front populaire, avec 4 700 000 voix de gauche contre 5 000 000 à la droite, est légèrement minoritaire. » La situation devait être la même en 1932 et cela explique que six gouvernements se soient succédé de juin 1932 aux journées de février 1934, comme cela explique, au moins partiellement, l'échec du Front populaire.

C'est ce qu'avait compris Tardieu qui tenta en 1932 d'établir en France le modèle anglo-saxon du scrutin uninominal à un tour. La Chambre le vota, mais le Sénat, gardien des « traditions républicaines » et haut lieu du parti radical, le rejeta à une très large majorité : l'adopter c'était, à moyen terme, la mort du parti radical[2].

De même le parti radical et la gauche socialiste ont toujours été hostiles à la procédure des pleins pouvoirs. Pour Léon Blum, en juillet 1926, voter les pleins pouvoirs « c'est non seulement une violation de la Constitution, mais une violation de la souveraineté nationale. Vous [Blum s'adresse aux députés] n'avez pas le droit de la déléguer à d'autres qu'à vous ». Et comme Briand rétorque : « Cette procédure est parfaitement compatible avec les droits du Parlement », Blum réplique : « Alors j'aime mieux un roi. » Et Herriot eut toujours des réactions analogues.

Cela n'empêchera pas Blum de demander les pleins pouvoirs en juin 1937 ! La Chambre les accorda mais le Sénat les refusa, renversant le cabinet.

La réforme des institutions et son échec

Ceux-là mêmes qui voulaient mettre fin au « désordre économique établi » veulent aussi réformer les institutions. Tous les non-conformistes font preuve d'un antiparlementarisme assez

1. Claude Leleu, *Géographie des élections françaises depuis 1936*, 1971 (le texte cité est p. 16).

2. On se souviendra que sous la Ve République les diverses formations centristes ont à peine dépassé 16 % des suffrages, en particulier lors des présidentielles : Lecanuet 15,9 % en 1965, Barre 16,5 % en 1988. Alain Poher est l'exception avec 23,4 % en 1969.

virulent, accompagné d'anti-étatisme et de rejet de la démocratie. « La démocratie idéale repose sur la responsabilité et l'organisation fonctionnelle de toutes les personnes constituant la communauté sociale » (*Esprit*, octobre 1934). Ce n'est évidemment pas une définition classique de la démocratie. Aldo Dami, dans une série d'articles publiés dans *Esprit* de juin 1934 à février 1935 sous le titre *Crise de la démocratie et réforme de l'État*, remet en cause les principes de 89. A. Dami préconise un système bicaméral, une Chambre économique recrutée corporativement et une Chambre politique élue au suffrage universel dans le cadre des régions, elles-mêmes gérées par un Conseil exécutif élu par les corporations régionales. Le pouvoir exécutif serait confié pour deux ans à un président et à un gouvernement élus par les Chambres : le gouvernement n'étant pas responsable, mais ayant besoin de l'approbation parlementaire pour promulguer les lois. Dami préconise l'institution du référendum.

Au même moment *Ordre nouveau* publie un « schéma politique et administratif » fondé lui aussi sur des corporations régionales avec un Conseil administratif fédéral, désigné essentiellement par les communes et un Conseil suprême à peine défini.

En réalité le seul projet sérieux de réforme institutionnelle procède d'André Tardieu. Dans *La Révolution à refaire* il préconise toute une série de mesures mettant en œuvre la souveraineté nationale : cela passe par le vote des femmes, le vote familial et le suffrage obligatoire. De manière assez étonnante il est partisan de la représentation proportionnelle, comme le proposait d'ailleurs le juriste Carré de Malberg, car cela protégeait davantage les communautés naturelles et les minorités.

Face à un Parlement trop puissant il faut restaurer l'autorité fondée sur la « démocratie d'adhésion » réalisée par le référendum et assurée par une nouvelle conception de la dissolution.

Tardieu réclame l'interdiction du cumul des mandats, l'incompatibilité entre la situation de ministre et celle de parlementaire. Il demande la suppression de l'initiative parlementaire des dépenses et la réglementation stricte de la vie parlementaire.

Surtout Tardieu veut renforcer les pouvoirs du président de la République qu'il souhaite voir élu par un collège élargi : « N'est pas tolérable, écrit-il, ...un régime qui abandonne aux seuls parlementaires l'élection du chef de l'État »[1], mais il donne en

1. A. Tardieu, *La Profession parlementaire*, 1937.

fait la prééminence au président du Conseil à qui il suggère de donner « la possibilité d'user du référendum et le droit de dissolution », reprenant une idée chère à Jacques Bardoux.

Ces diverses idées sont alors dans l'air, on les trouve même chez les « Jeunes Turcs » du parti radical. On attend d'ailleurs du gouvernement Doumergue qu'il mette en train une réforme constitutionnelle. Trop timoré, Doumergue ne sait pas utiliser en temps utile les travaux de la commission de la réforme de l'État. On mit un mois à la réunir, puisqu'elle ne fut constituée que le 21 mars ; une série de textes sur l'organisation de la vie parlementaire fut rapidement adoptée mais deux propositions, l'une adoptant l'élargissement considérable du droit de dissolution, l'autre limitant l'initiative parlementaire pour l'engagement des finances publiques, posèrent problème. Les deux textes adoptés en mai 1934 ne furent pas immédiatement soumis aux Chambres, ce qui permit la conjonction des oppositions socialo-radicales. Il est vrai qu'un député socialiste reproche au président Doumergue ses « déclarations à la TSF... il faut que le gouvernement rende compte au Parlement ». La confiance fut quand même votée, mais 23 radicaux votèrent contre, en particulier Édouard Herriot. Dès le 30 juillet 1933, Émile Roche, directeur de *La République*, écrit à Joseph Caillaux que E. Herriot prépare la chute du gouvernement après le congrès d'octobre 1934[1]. C'est effectivement ce qui se passa et l'on se désintéressera totalement de la réforme des institutions[2].

On comprend dès lors les difficultés que les gouvernements successifs auront à régler les graves problèmes extérieurs qui vont se présenter à eux après la remilitarisation de la Rhénanie, guerre d'Espagne, Anschluss, Munich, mainmise sur la Tchécoslovaquie de mars 1939 et qui préparent la guerre.

Il est vrai aussi que les principes de fonctionnement, dit républicains, obligent les présidents du Conseil successifs à agir avec une prudence de Sioux ! La guerre civile en Espagne va en apporter la preuve !

---

1. Émile Roche, *Avec Joseph Caillaux*, 1980, p. 167.

2. On notera que les grandes réformes préconisées alors constitueront l'essentiel de la Constitution de 1958

Le Front populaire et l'Europe

C'est dans cette atmosphère délétère de crise que débute le Front populaire. L'héritage économique est infiniment moins médiocre que ne le dit le nouveau gouvernement :

Évolution de la production industrielle et du pouvoir d'achat (indice 100 en 1928)

		Production Industrielle	Pouvoir d'achat du salaire horaire
Politique Laval	Juin 1935	78	126,1
	Octobre 1935	82	126,1
	Décembre 1935	83	124,6
	Avril 1936	88	123,8
Front populaire	Décembre 1936	90	133
	Avril 1937	92	145,9
	Décembre 1937	87	144,4
	Avril 1938	83	147,2
Daladier et Reynaud	Avril 1939	100	143,1

Source : A. Sauvy, *op. cit.*

La reprise économique est au rendez-vous après les décrets-lois Laval mais le pouvoir d'achat, lui, a régressé. À la veille des élections, la production industrielle est en progrès sensible (10 % de croissance de juin 1935 à avril 1936), la balance des comptes s'est sensiblement améliorée, alors que le déficit budgétaire approche 3 milliards de francs Poincaré en 1933, il est ramené à 700 millions en 1935, pour remonter à 2,803 milliards en 1936 et approcher 4 milliards en 1937 [1].

Quant aux difficultés institutionnelles elles demeurent puisque la gauche est farouchement opposée à leur amélioration : les refus de réviser la Constitution et le régime électoral contribuent largement à expliquer l'échec du Front populaire. Il va lui manquer en effet une majorité stable : la droite radicale refusant une politique

1. Rappelons qu'un franc Poincaré vaut 3 francs en 2001, mais 1 franc de 1936 vaut 3,70 francs, soit 0,56 €.

économique qu'elle juge inacceptable et rejetant une politique extérieure active. La guerre d'Espagne va le démontrer amplement.

La France et la guerre d'Espagne

Lorsque éclate, en juillet 1936, contre le *Frente popular*, la révolte des généraux et de la droite, on peut penser qu'une intervention immédiate de la part de la France aurait réglé rapidement le sort des insurgés [1].

Dès le début de l'insurrection, l'Italie mussolinienne soutint les généraux Franco et Mola, engageant ainsi un véritable conflit. La responsabilité de Léon Blum est ici très grande : dès sa prise de pouvoir, Blum fut informé, rapporte E. Bonnefous, par l'intermédiaire de Malvy, alors président de la commission des finances de la Chambre, que « si la France votait la levée des sanctions à la SDN, l'Italie serait disposée à collaborer avec elle sur tous les problèmes. Sinon elle devrait se tourner vers Hitler et lui laisser les mains libres dans son expansion vers l'Est ». Blum... souligne Édouard Bonnefous [2], ne peut se résoudre à s'allier avec l'assassin de Matteotti » [3].

L'appui italien à l'Espagne insurgée fut immédiat ; de leur côté les Soviétiques s'engagèrent. Dès le début d'août la guerre prit un caractère terrible qu'une intervention immédiate aurait sans doute pu éviter. Le gouvernement espagnol la demanda dès le 20 juillet. Mais si Blum envisagea sur le coup d'aider les Espagnols, il tergiversa. La grande majorité de la droite était favorable à Franco au point que le général de Castelnau invente la formule *« Frente popular = frente crapular »*, ce qui en juillet 1936 est inexact, même si malheureusement les faits lui donnèrent raison lorsque bolchevistes et trotskistes prirent le contrôle du camp républicain. Mais ce n'était pas le cas en juillet 1936.

Dès le 20 juillet Blum promet au gouvernement républicain de lui fournir armes et avions, s'appuyant d'ailleurs sur un accord franco-espagnol de décembre 1935 par lequel la France acceptait

---

1. Sur toute cette période nous avons largement puisé dans le rapport de la Commission parlementaire sur les événements survenus en France de 1933 à 1946, Assemblée nationale, 1947.

2. Cité par E. Bonnefous, *op. cit.*, t VI, p. 41. B. Bonnefous publie p. 410 et 411 la relation de l'entretien de Louis Malvy avec le Duce.

3. Matteotti, député socialiste italien, sera assassiné par des militants fascistes après les élections italiennes de 1924.

de vendre pour 20 millions de francs d'armement à l'Espagne. La décision est confirmée dès le 21 aux ministres des Affaires étrangères (Delbos), de la Guerre (Daladier) et de l'Air (Pierre Cot). En effet Blum craint – dit-il dans ses instructions – une victoire fasciste en Espagne qui permettrait à l'Italie d'avoir des bases aux Baléares et au Reich dans les Canaries.

Au lieu d'agir discrètement, Blum déclara à Pertinax, journaliste de *L'Écho de Paris,* son intention de fournir des armes à l'Espagne et en parle avec Eden. Dès lors commence une campagne de presse violemment hostile qui dénonce les livraisons envisagées (25 avions Potez[1], 8 canons, 50 mitrailleuses et 1 000 fusils) car cela affaiblirait la défense nationale ! ! ! *L'Écho de Paris* est virulent : en aidant le gouvernement républicain ne court-on pas « le risque de jeter un jour l'Espagne dans les bras d'Hitler » ? On souligne d'ailleurs le désaccord qui règne à l'intérieur du gouvernement puisque le Quai d'Orsay (qui doit être consulté pour toute livraison d'armes à l'étranger) « n'a été saisi d'aucune demande de cet ordre ».

Après un long débat privé, dans la nuit du 24 au 25 juillet, sous la pression d'Édouard Herriot, président de la Chambre, le Conseil des ministres du 25 décide « de n'intervenir d'aucune manière dans le conflit intérieur d'Espagne » et le 27 on interdit « toute livraison de matériel de guerre appartenant à l'État ou à l'industrie privée... Toutefois demeure autorisée l'exportation des avions sans armement... fournis par l'industrie privée ».

Un peu plus tard, Yvon Delbos précisera que l'on « ne livre pas d'armes à l'Espagne... pour ne pas donner de prétexte à ceux qui seraient tentés d'en fournir aux rebelles ». Le gouvernement français invite les gouvernements étrangers à réagir comme la France. Rome ne répondant pas, la France livre 17 Dewoitine à l'Espagne (5 août) mais après des « réponses encourageantes » tout envoi est définitivement interdit.

L'opinion française, en dehors des socialistes et des communistes, est hostile à l'intervention. Il en va ainsi de la droite, à part quelques « mal pensants » (Bernanos ou Mauriac) ou encore le journal des Dominicains, *Sept* ; ce refus est aussi celui des radicaux qui dans leur immense majorité sont virulents contre le

1. Il s'agit vraisemblablement de Potez 54. La France en a alors environ 200 ; cet avion bombardier-chasseur-reconnaissance est médiocre. C'est un « cercueil volant », disent les pilotes ! Et la guerre d'Espagne le prouvera.

Frente popular. Un radical de gauche, Émile Roche, dirige *La République*, dont le chroniqueur politique est P. Brossolette (membre de la SFIO), mène campagne pour l'intervention. Mais Blum fait pression sur Roche et Brossolette pour que l'éditorialiste cesse ses interventions. Brossolette quittera *La République*. Herriot, Daladier, Delbos et Chautemps sont partisans de la non-intervention.

L'Angleterre, elle, est bien décidée à ne pas bouger. Lorsque l'amiral Darlan confère à Londres avec l'Amirauté, afin d'envisager les conséquences d'une victoire des insurgés, entraînant la possibilité de bases italiennes aux Baléares, allemandes aux Canaries, le Premier Lord de l'Amirauté souligne qu'il n'a pas connaissance d'intentions de ce genre ; il rappelle à Darlan que le cabinet britannique se refuse à toute médiation et considère qu'il ne « faut s'immiscer en aucune façon dans la guerre civile espagnole ».

Le gouvernement français – tout simplement la France – était vraiment seul face à l'Europe. Une fois de plus l'Entente n'était qu'une Désentente. C'est d'ailleurs ce que confirme Churchill qui, dès le 31 juillet, déclarait à notre ambassadeur à Londres : « Si l'Allemagne et l'Italie interviennent dans l'autre sens [que la France] c'est avec l'Allemagne et l'Italie que nos forces dirigeantes seront d'accord, c'est de la France qu'elles s'écarteront. »

Au nom de grands principes, la France a, d'autre part, écarté l'Italie. Elle est *le seul État* dans le monde à ne pas vouloir reconnaître la réalité de la conquête de l'Éthiopie[1]. Le Reich s'est bien gardé de « promettre de respecter le statut territorial et politique en Europe », ce que lui demandait pourtant une note britannique du 6 mai 1936. Il ne reste que l'URSS, elle est loin et elle mène d'abord sa propre politique fondée tant sur son idéologie que sur ses intérêts directs.

Le rôle personnel de Léon Blum est ici essentiel pour comprendre le double processus de décision et d'indécision : il a d'abord réagi judicieusement en vrai chef de gouvernement en annonçant la fourniture d'armes à l'Espagne, mais, sous la pression de ses partenaires radicaux (à l'exception de Caillaux dont Émile Roche est le confident) et de ce qu'il considère, comme la

1. L'Angleterre, infiniment plus intéressée que la France à ce qui se passe dans la Corne de l'Afrique, n'a pas hésité à admettre la réalité et a accrédité sans difficulté son ambassadeur auprès du roi d'Italie, empereur d'Éthiopie.

plus grande partie de la classe politique, comme notre « plus fidèle allié », il s'engage dans la voie de la non-intervention ; il ne la respectera que partiellement quand il sera évident que les cosignataires de la Déclaration de non-intervention, proposée le 5 août, entrée en vigueur le 8 septembre, ne la respectent pas.

Le discours de Blum à Luna Park, le 6 septembre, n'est pas plus convaincant que sa déclaration à la Chambre le 5 décembre. Il reconnaît volontiers que « la politique de non-intervention n'a pas donné les résultats escomptés ». Le fond du problème c'est que Blum est convaincu que la vente d'armes aurait conduit rapidement à « une intervention de fait » qui entraînerait un risque de guerre générale. « Le gouvernement a le devoir de veiller à écarter ce danger. » En fait le grand mot est lâché : il faut éviter la guerre, à n'importe quel prix. Cette thèse, c'est celle de tous les pacifistes français ; la devise sur laquelle le Front populaire a été élu n'est-elle pas : « Pain, *Paix*, Liberté » ? On va donc agir à la petite semaine, interdire officiellement la vente d'armes, mais vendre en contrebande, une contrebande que l'on demande à certains ministres et hauts fonctionnaires de faciliter.

Dans son exposé au colloque de la Fondation nationale des sciences politiques, *Léon Blum, chef de gouvernement*, le doyen Renouvin pense qu'il « est possible qu'il [L. Blum] n'ait pas eu d'emblée conscience du risque de complications internationales graves » ; Pierre Renouvin cite un article du *Populaire* du 15 octobre 1945, dans lequel Léon Blum écrit « qu'il espérait pouvoir aider les républicains espagnols sans qu'Hitler et Mussolini aidassent la rébellion ». Blum se faisait-il tant d'illusions sur le Reich et l'Italie en 1936 ? Était-il naïf à ce point ?

En réalité, en refusant de manière absurde, tout accord avec l'Italie, Blum jette celle-ci dans les bras du Reich. Et le conflit espagnol accélère le processus qui va conduire au Pacte d'acier (22 mai 1939). P. Milza a bien montré que la guerre d'Espagne offre à Mussolini un moyen de renforcer son prestige non seulement militaire, mais aussi ses positions géopolitiques en Méditerranée occidentale, complétant sa position en Méditerranée orientale ; surtout un triomphe de Franco conforterait le fascisme italien dans la mesure où la Phalange, mouvement christo-fasciste fondé sur le national-syndicalisme joue alors auprès de Franco un rôle essentiel[1].

1. À cet égard renvoyons à A. Imatz, *José Antonio, la Phalange espagnole et le national-syndicalisme*, 2000.

Le Reich et la guerre d'Espagne

Pour le Reich la guerre d'Espagne est presque une aubaine. Cela va lui permettre de se rapprocher du Duce et de mettre sur pied un front commun germano-italien. Hitler a plusieurs raisons pour s'engager en faveur de Franco. Avant l'insurrection, il semble que des promesses aient été faites aux futurs putschistes.

Il y a d'abord une raison mineure : les intérêts économiques allemands en Espagne, déjà importants avant 1936, pouvaient être renforcés considérablement en cas de victoire des non-communistes, d'autant que la Péninsule produit des matières premières indispensables à l'économie du Reich dans le cadre du plan de quatre ans.

Il y a aussi des raisons plus importantes encore : d'abord une victoire du *Frente popular* renforcerait le bloc antinazi de l'Ouest, puisque depuis juin 1936 la SFIO est au pouvoir en France ; d'autre part l'Italie s'étant engagée auprès des insurgés, Hitler voyait là le moyen de mettre en place l'alliance germano-italienne à laquelle il rêve.

Il y a peut-être aussi l'idée de se rapprocher d'une Grande-Bretagne profondément anticommuniste et désireuse de maintenir la paix à tout prix en Europe. On croit, en effet, possible d'utiliser le roi Édouard VIII qui semble favorable à une telle politique[1]. Ce n'est qu'après décembre 1936, comme l'écrit Joachim von Ribbentrop, après l'abdication du roi, que l'on ne « croit plus à cette entente, l'Angleterre ne veut pas d'une Allemagne trop puissante. Elle est prête à lutter pour l'empêcher. On craint des réalisations très importantes ». Pour Ribbentrop c'est ce que Baldwin a compris et c'est pourquoi il a poussé le roi à abdiquer, « parce qu'on n'était pas sûr qu'il prendrait part à une politique inamicale envers l'Allemagne ».

En fait le Reich a eu indirectement le soutien de Londres ; c'est l'Angleterre et les radicaux français qui freinent, puis empêchent la politique française d'aide à l'Espagne républicaine et c'est Londres qui impose une politique de non-intervention que ne respectèrent ni Berlin, ni Rome et pas davantage Moscou, à peine Paris.

---

1. Est-ce à cela que Churchill faisait allusion ? C'est possible puisqu'il est en novembre-décembre 1936 un fervent soutien du roi contre Baldwin.

À l'automne de 1936, Hitler a compris toutefois que le rapprochement avec le Royaume-Uni était un leurre ; dès lors il se rapproche du Japon qui, après avoir conquis la Mandchourie, se prépare à entrer en conflit avec la Chine, soutenu indirectement par l'Angleterre et les États-Unis qui se garderont d'intervenir politiquement, militairement ou même économiquement, en faveur des Chinois, malgré les objurgations de la SDN. Le 25 novembre 1936 les Allemands et les Japonais signent le pacte anti-Komintern, « considérant que l'URSS travaille à la réalisation des buts de l'Internationale communiste et veut employer son armée à cette fin, convaincus que ceci menace... la paix du monde ». Le pacte n'est un traité d'assistance mutuelle que si l'URSS est l'attaquant. Et le texte prévoit non l'automaticité de l'alliance mais une simple concertation, ce qui en fait davantage une arme de propagande qu'une arme de guerre. Mais le Reich saura parfaitement utiliser cette arme et y associera un an plus tard l'Italie mussolinienne, puis d'autres États d'Europe.

Face à cette politique allemande la France hésite : Blum a déclaré au ministre de l'Économie du Reich, le banquier Hjalmar Schacht, venu sonder la France fin août 1936 : « Il existe en Allemagne un sentiment anticommuniste qui n'existe pas (!) en France. Nous ne pouvons aboutir à rien si nous posons ces idéologies comme des barrières insurmontables... je suis marxiste et je suis juif, mais si cet obstacle est écarté il faut qu'Hitler veuille délivrer la France de la crainte du danger allemand... alors il sera possible d'établir un règlement général » et Blum précise qu'il « ne considère pas comme impossible d'examiner les revendications coloniales allemandes et même d'en entretenir le gouvernement britannique ». Il n'y eut naturellement aucune réponse de Berlin. Pourtant Blum reviendra sur ce thème à Lyon en janvier 1937, proposant une aide à l'Allemagne « pour surmonter ses graves difficultés économiques »[1] et maintient son offre de conversation sur les questions coloniales ». Goebbels répond par une fin de non-recevoir au cours d'un entretien avec André François-Poncet.

Ayant jeté l'Italie dans les bras de l'Allemagne dès son arrivée au pouvoir, Blum ne peut que voir une confirmation de son point de vue lors de l'accord austro-allemand de juillet 1936 et il

1. Cela confirme la remarque de Sauvy sur les ignorances économiques de Blum : en 1937 la situation économique du Reich est sûrement meilleure que celle de la France !

est convaincu que l'on va vers une situation difficile entre les intérêts de la France et de l'Angleterre et les desseins de l'Italie en Méditerranée. Or le 2 janvier 1937 un *gentlemen's agreement* italo-britannique conclu à Rome infirme les conceptions de Blum. Une fois de plus Londres joue son jeu personnel et se désintéresse des positions françaises : il est vrai qu'ici Blum a donné des verges pour se faire battre. La politique française à l'égard de l'Italie a été absurdement conduite par son prédécesseur, Albert Sarraut, et par lui-même.

La Grande-Bretagne, il est vrai, toute à sa politique d'*appeasement*, cherche à se rapprocher de l'Axe Berlin-Rome : Liddel Hart le souligne dans ses *Souvenirs*, le Royaume-Uni n'a pas – en dehors de sa flotte – de véritable force militaire ; il sait qu'il ne peut guère compter sur une France affaiblie par les suites du Front populaire et où règne un pacifisme plus fort encore qu'en Angleterre, ni sur une Russie empêtrée par les procès de Moscou et la guerre d'Espagne. L'intervention du Reich en faveur de Franco ne lui coûte guère, mais le conflit est pour lui un terrain d'expérience en grandeur nature pour les blindés et surtout ses avions d'assaut, témoin le raid sur Guernica. À ce moment l'Italie adhère au pacte anti-Komintern et renforce les liens avec le Reich.

Mais si le Reich sait utiliser la guerre d'Espagne pour expérimenter ses armes, la France et la Grande-Bretagne n'attachent qu'un intérêt limité aux leçons tactiques et même stratégiques que l'on pourrait en tirer ; le Reich va soutenir l'Espagne dès juillet 1936, malgré l'opposition du ministre des Affaires étrangères, von Neurath. C'est avec le soutien de l'amiral Canaris qu'Hitler va recevoir le 23 juillet les émissaires de Franco. Hitler, encouragé par Ribbentrop, Goering et Canaris, décide, dès le 26 juillet, d'aider Franco et dès le 28 juillet 9 Junker 52, avec des équipages de la Lufthansa commencent des transports de troupes du Rif vers l'Espagne : ce « pont aérien » permet le transfert de 550 hommes par jour dès le début d'août et mi-août on atteindra un régime de plus de 650 hommes par jour [1].

Pendant le second semestre de 1936, le Reich envoie 25 Junker en Espagne : le 6 novembre, la légion Condor est officiellement constituée et une quinzaine de milliers d'hommes débarquent à Cadix entre le 6 novembre et le 6 décembre. Selon

1. Nous puisons ici très largement dans le Mémoire de licence de Luc Moulin (Paris IV) sur *« les enseignements tirés de l'intervention allemande en Espagne par l'attaché militaire français de juillet 1936 à mai 1939 »* (1998).

notre attaché militaire le contingent allemand est essentiellement composé d'officiers et sous-officiers d'artillerie, des « équipages complets de chars » et des pilotes. L'attaché militaire précise très vite : « Des relèves fréquentes ont été effectuées, surtout parmi les aviateurs, permettant ainsi à de nombreux équipages de recevoir le baptême du feu. » Il existe un centre d'instruction et d'étude des matériels blindés. En mars 1938 il y a 600 officiers et sous-officiers de blindés « issus de cinq unités différentes de chars ». En février-mars 1938 le Reich débarque à Bilbao : 1 300 tonnes de bombes et obus, 120 chars moyens (PZK III), 230 chars légers (PZK II), 10 chars lourds (PZK IV) qui viennent de sortir d'usine, 52 Messerschmitt 109, 48 Heinkel 111 (soit 100 appareils de chasse), 38 bombardiers (Heinkel et Junker), plus 32 Junker 87 qui restèrent peu de temps mais étaient destinés « à être testés en conditions réelles ».

Et l'attaché militaire français, de 1936 à 1938, analyse les méthodes allemandes de combat, soulignant les techniques de bombardement de destruction, le rôle de l'aviation d'assaut (tant allemande que soviétique) [1], et sa note du 15 juillet 1937 se termine sur cette phrase : « L'avion détruit, l'armée de terre occupe. » On peut lire aussi dans ces rapports des remarques sur l'emploi des chars en « terrain ouvert » : « L'instruction de l'offensive précise que les chars doivent progresser sans se laisser retarder par des îlots de résistance. » Le Reich a su admirablement utiliser la guerre d'Espagne comme champ de manœuvres « en condition réelle ». L'État-major français est parfaitement tenu informé des moyens nouveaux utilisés par le Reich : chasseurs rapides (le Me 109 surclasse les Morane-Saulnier), bombardiers en piqué ou bombardiers lourds, emploi massif de chars (cf. cette règle de l'armée républicaine de février 1938 interdisant d'engager moins de 20 chars à la fois).

Tout cela est envoyé à Paris et est résumé par la note d'octobre 1938 qui souligne « que l'adversaire allemand ne manquera pas de mettre à profit l'expérience acquise en Espagne ». Et la note insiste « sur l'emploi des chars, des armes antichars et de DCA, ...la qualité des matériels, d'aucuns à peine sortis des arsenaux », comme sur « le rôle joué par l'aviation... les actions éparses que l'on retrouve chez les deux adversaires furent remplacées dans le courant de 1937 par des actions massives de

1. Il faut lire le récit de la bataille de Brunete en juillet 1937 (note du 15 juillet 1937) utilisée par L. Moulin.

l'aviation de bombardement, de chasse et d'assaut... la constatation essentielle est le rôle décisif d'escadrilles qui, en assaillant les troupes à terre, agissent en véritable aviation d'assaut ». Notons que le dimanche 20 mars 1938, le colonel Morel exposa cette situation, et les problèmes de l'Espagne républicaine, à Matignon devant un Conseil extraordinaire qui réunissait, outre le général Gamelin, MM. L. Blum (président du Conseil), V. Auriol (vice-président du Conseil), J. Paul-Boncour (ministre des Affaires étrangères) et Daladier (ministre de la Défense nationale). Il ne semble pas qu'on ait tenu le moindre compte des propos et des rapports de l'attaché militaire en Espagne !

Le rapprochement germano-italien

Pendant ce temps, le Führer, lui, affine ses armes et ses moyens : économiquement le Reich se substitue à la France dans toute l'Europe centrale et même en Tchécoslovaquie. Il renforce ses liens avec l'Italie dont il n'est pas absolument sûr, à juste titre d'ailleurs, puisqu'en janvier 1937 l'ambassadeur d'Italie à Paris, au cours d'une audience demandée à Léon Blum, redit au président du Conseil combien Mussolini « déteste Hitler pour lequel il éprouve une sorte de répulsion insurmontable. Le Duce souhaite une union étroite entre la France et l'Italie » ; pour cela, précise l'ambassadeur, « il suffit que la France abandonne la République espagnole à son destin » ; en pareil cas, Mussolini « s'engagerait à faire en sorte que la France puisse compter sur l'aide de Franco ». Blum, enfermé dans sa vision idéologique de la situation, balaya cette dernière proposition en expliquant à l'ambassadeur que rien ne serait possible tant que l'Italie aiderait Franco !

Tout au long de cette période, Hitler ne cesse d'envelopper l'Italie de ses rets, mais le Duce incontestablement hésite : il a cherché à se rapprocher de Londres, ce sera le *gentlemen's agreement* de janvier 1937 et sa démarche auprès de Léon Blum est vraisemblablement plus sincère que ne le croit le président du Conseil qui parle, lui, de ruse de guerre. Au surplus, le président devrait savoir que, dès le 26 septembre 1936, le colonel Morel, attaché militaire à Madrid, a adressé une note au ministre de la Défense : « Tout conduit à penser comme possible, sinon probable, un succès des rebelles. » Cette note de six pages se conclut ainsi : « Une dictature espagnole sera pour longtemps absorbée par des préoccupations de politique intérieure. »

Le 31 décembre il envoie une nouvelle note rapportant une citation d'un document de l'ambassade d'Angleterre : « Les deux partis manquent des capacités militaires pour donner une fin rapide au conflit... la guerre civile se poursuivra encore longtemps mais aboutira finalement à la victoire de Franco. » Dès lors on peut s'interroger sur la politique de Blum : autant entre le 20 juillet et fin août il fallait aider les républicains qui auraient sans doute triomphé ; autant à partir de l'automne il eût été judicieux de modifier totalement la politique française. Cela aurait évité des centaines de milliers de morts, limité la répression et les atrocités des deux côtés. De surcroît une entente latine franco-italo-espagnole aurait pu modifier considérablement la géopolitique de l'Europe. Sans doute une telle politique, que ne récusent pas les radicaux [1], aurait bien évidemment accéléré la fin du Front populaire : au lieu de juin elle aurait eu lieu en février ; enfin une telle politique rejoignait en réalité celle de Londres. La politique de Blum « isole encore un peu plus la France qui voyait les tentatives faites depuis 1932 pour établir un *modus vivendi* avec Rome ruinées » (P. Milza).

Il est vrai que la France est réellement isolée : en dehors de la Tchécoslovaquie, elle n'a guère d'amis sur le continent européen ; aux yeux de certains, il y a aussi l'URSS qui apparaît encerclée soit par ses voisins et adversaires : États baltes, Pologne, Roumanie, soit par les signataires du pacte anti-Komintern germano-japonais auxquels se joint l'Italie dans le courant de 1937.

Hitler reprend l'offensive

Hitler l'a d'ailleurs parfaitement compris et il renforce encore ses positions anticommunistes. À cet égard le discours du Führer, lors du congrès du parti de Nuremberg en septembre 1937, est clair. Il souligne la mission qui incombe à « l'Empire germanique » (*Germanisches Reich*) pour lutter contre les juifs et les bolcheviks, pour conquérir un espace vital. « Le Reich doit être un État en armes (*Waffenstaat*) pour résoudre les problèmes liés à l'exiguïté du territoire allemand. »

Pour la première fois Hitler aborde publiquement le problème

1. Cf. les déclarations de Caillaux en juin et septembre 1937 et ses articles dans *La République*, cités dans Émile Roche, *Avec Joseph Caillaux*, p. 91-92.

de l'espace vital, ce *Lebensraum*, thème cher depuis les années 1885-1890 aux pangermanistes. Le Führer va le développer un peu plus tard devant un cénacle limité puisqu'y participent les ministres des Affaires étrangères (von Neurath) et de la Guerre (maréchal von Blomberg), les commandants en chef de l'armée (von Fritsch), de la marine (Raeder), de l'armée de l'air (Goering). Nous en connaissons le contenu par le procès-verbal rédigé par le colonel Hossbach. Comme « le but de la politique allemande a été la sécurité... et l'accroissement de la masse du peuple allemand, se posait le problème de l'espace et la seule solution c'est la force. Après 1943 les forces joueront contre nous, il faut donc agir avant 1943. Nous ne pouvons plus attendre ».

Et Hitler de préciser que si la situation sociale s'aggrave en France « jusqu'à une crise intérieure politique telle qu'elle nécessiterait l'intervention de l'armée française... le moment serait venu d'agir contre la Tchécoslovaquie » (texte cité par W. Hofer).

La préparation de ces opérations implique pour Hitler d'avoir bien en main ses services. Aussi le 5 février 1938 il remplace von Neurath par von Ribbentrop à la Wilhelmstrasse et relève de son poste le maréchal von Blomberg. Il n'y a plus de ministre de la Guerre, Hitler prend le commandement suprême de la Wehrmacht, poste qu'il cumule avec le ministère et désigne le général W. Keitel comme chef du commandement suprême de la Wehrmacht (OKW), le général von Brauchitsch devenant le commandant en chef de l'armée à la place du général von Fritsch, l'amiral Raeder demeurant à la tête de la flotte, le général Goering à la tête de l'armée de l'air (Luftwaffe). Simultanément Hitler révoque un certain nombre d'ambassadeurs et leur confie des postes sans responsabilité dirigeante, tel von Hassell, le futur conspirateur de juillet 1944, qui quitte Rome pour devenir, quelque temps plus tard, l'administrateur de la Société d'expansion économique dans le Sud-Est européen. Mais à Rome Hassell a bien travaillé pour le Reich, jetant les bases du Pacte d'acier, de l'axe Berlin-Rome officialisé en 1939.

Face à tout cela la France est vraiment isolée. Peut-elle compter sur les Britanniques ? Rien n'est moins sûr ! Au-delà des grandes déclarations, telle celle d'Anthony Eden – « les relations entre nos deux pays sont étroites et cordiales et il serait difficile de rappeler un temps où elles étaient meilleures » (5 novembre 1936) –, que faut-il réellement penser alors que quelques semaines plus tard les Britanniques vont signer, sans avertir la France, un accord avec l'Italie reconnaissant *de facto* l'annexion de l'Éthiophie ? Du reste il suffit de lire les déclarations britanniques pour comprendre que l'Angleterre n'est pas une alliée fidèle : elle ne cesse de se référer, durant toute cette période, aux accords de Locarno qui visent uniquement une agression directe de l'Allemagne contre la France. Et au moment où Hitler pose le problème de l'espace vital, donc une expansion en Europe centrale, Lord Halifax (qui fin février 1938 sera secrétaire au Foreign Office) déclare en mars 1937 : « Nous ne sommes pas à même de définir d'avance ce que pourrait être notre attitude à l'égard d'hypothétiques complications en Europe centrale. »

Or la situation y est compliquée : au-delà des grandes déclarations du maréchal Smigly-Ridz, chef de l'État-major général polonais, rien ne dit que la Pologne soutiendra réellement les Tchèques en cas d'agression allemande ; la France aide le réarmement de la Pologne mais ne lui fait qu'une confiance relative. À Paris on est hostile au colonel Beck, ministre des Affaires étrangères de Pologne de 1932 à septembre 1939, personnage auquel l'ambassadeur de France, Léon Noël, voue une inimitié incontestable[1]. Pierre Renouvin le souligne à juste titre, « le gouvernement de Front populaire a envisagé de "ranimer" la collaboration franco-soviétique ». Mais l'État-major est sceptique. On n'a pas beaucoup d'égards envers l'Armée rouge, « bien que dotée d'un bon matériel, elle est insuffisamment préparée à une guerre contre une grande puissance européenne ». De toute manière, il est évident que les Polonais se refusent absolument à laisser entrer une armée soviétique sur leur territoire, le colonel Beck l'a dit sur tous les tons à tous les ministres français des Affaires étrangères.

Un autre problème apparaît à l'horizon. L. Noël se demande même un moment s'il n'y a pas eu un avant-projet « polono-hongaro-allemand de démantèlement de la Tchécoslovaquie ». Il lui semble qu'il n'en était rien : mais de toute manière la Petite Entente (l'alliance de la Tchécoslovaquie, de la Roumanie et de la Yougoslavie) ne jouait que contre la Hongrie. Et depuis la remilitarisation de la Rhénanie les Roumains s'éloignaient de la France, la Yougoslavie se rapprochait de l'Italie et en Tchécoslovaquie on se demande, en décembre 1936, s'il n'est pas oppor-

1. Cf. L. Noël, *L'Agression allemande contre la Pologne*, 1946. Ouvrage qui ignore, dans son rappel historique, la brutale fin de non-recevoir de la France à l'idée du maréchal Pilsudski de guerre préventive en février 1933.

tun « d'engager une conversation avec l'Allemagne et de négocier avec elle un pacte de non-agression ». Pourtant le Quai d'Orsay cherche à transformer la Petite Entente en un grand ensemble auquel la France serait partie : c'est un échec, d'autant que la Yougoslavie signe un accord avec l'Italie (27 mars 1937). Le ministre de France explique le changement de la diplomatie yougoslave par « les progrès de l'influence communiste en France ».

Y a-t-il une diplomatie française ?

Roger Martin du Gard, prix Nobel de littérature 1937, profite de son prix pour visiter l'Europe centrale. En février 1938, dans une lettre à son gendre, le gouverneur Marcel de Coppet, publiée dans son *Journal*, il souligne les « errements de la diplomatie française qui croit à la solidité de l'alliance franco-britannique alors que les Anglais nous supportent faute de mieux... ; dans les milieux avisés de l'Europe centrale la politique réelle de l'Angleterre serait tout autre que ce que nous la voyons en France... Pour eux, l'Angleterre a compris que le grand conflit qui se prépare à l'horizon c'est le choc monstrueux d'une Allemagne agrandie... alliée à l'Italie et à un Japon engraissé de Chinois contre le bolchevisme russe. Une guerre formidable qui se passerait sur le territoire russe attaqué à l'Est et à l'Ouest. Il se pourrait qu'un "*accident*" en Espagne... en Tchécoslovaquie, déchaîne, trop tôt, une guerre européenne. Mais cela, on fera tout pour l'éviter parce que le grand objectif c'est l'écrasement de la Russie par les États totalitaires... Dans ce conflit, l'Angleterre resterait neutre. pour arbitrer à la fin ou pour apparaître toute-puissante... ».

Il ajoute, un peu plus loin : « Notre alliance avec l'URSS n'a été comprise par *personne*. Elle écarte de nous les plus sympathisants de la cause française. En Suède, au Danemark ou en Tchécoslovaquie, il y a l'abomination du soviétisme... l'alliance franco-soviétique apparaît aux uns une aberration, aux autres une folle imprudence... j'ai vu des types de gauche très avancés en Suède... que le marxisme avait profondément influencés. Mais contre le stalinisme actuel une seule voix : le déni de tout idéal, de toute justice, la pire barbarie asiatique, un danger sans précédent pour la planète. Ne pactiser avec la Russie sous aucun prétexte »[1].

---

1. R. Martin du Gard, *Journal*, t. III, p. 130 et sq. à la date du 21 février 1938. Les passages en italique ont été soulignés par l'auteur.

Ce texte extraordinaire analyse avec justesse les comportements de l'Europe centrale à l'égard de la France. Il est étonnant qu'un tel discours ne se retrouve presque jamais sous la plume des dépêches de nos diplomates accrédités en Europe centrale.

Ce qui frappe aussi c'est la lucidité de ce texte. On a fort bien expliqué à Martin du Gard ce qu'était la politique britannique : l'*appeasement* n'est que l'expression apparente de l'antibolchevisme qui caractérise la politique anglaise, une politique que soutient l'opinion britannique : les élections britanniques de 1935 ont donné près de 54 % des suffrages à la droite anticommuniste et le Labour n'est pas marxiste. En fait l'anticommunisme est la caractéristique essentielle d'une Grande-Bretagne pacifiste et de surcroît sans armée. En 1937 l'armée britannique en métropole se compose de cinq divisions d'infanterie, de deux brigades de cavalerie un peu motorisée et d'une brigade de chars de combat. En tout cela représente 113 466 hommes ! Il suffit de lire les *Souvenirs* de Liddel Hart pour se rendre compte de la médiocrité de cette armée anglaise.

L'Anschluss (février-mars 1938)

En fait tout semble prêt pour une nouvelle opération hitlérienne : l'armée se constitue peu à peu. Outre 36 divisions d'infanterie, on compte au début de 1938 déjà deux divisions blindées (Panzer) ; la Luftwaffe dispose dès ce moment de plusieurs centaines d'avions modernes, fabriqués en série depuis la fin de 1935 (Heinkel, Junker, Messerschmitt), qui viennent de montrer leurs qualités en Espagne. La première phase du « *Drang nach Osten* » peut être mise en action.

La première victime sera l'Autriche, abandonnée par l'Italie. Hitler impose d'abord la présence en Autriche du Reichsleiter Seyss-Inquart comme ministre de l'Intérieur et de la Sécurité, le 16 février 1938, et un mois plus tard il donne ordre à la Wehrmacht d'entrer en Autriche, le 11 mars 1938 au lendemain de la chute du cabinet Chautemps (10 mars). P. Reynaud prétend, dans ses *Carnets de captivité*, que l'ordre a été donné depuis plusieurs semaines mais que la Wehrmacht rencontre beaucoup de difficultés. Cela semble inexact si l'on en croit les *Souvenirs d'un soldat* du général Guderian. L'attaché militaire français donne les mêmes indications dans une dépêche du 13 avril 1938 et conclut : « Les troupes ont été alertées, mises en route et déplacées dans le secret et avec une grande rapidité. » On voit combien Paul Reynaud, qui est alors membre du gouvernement, est mal informé...

Du côté des démocraties occidentales, il n'y eut aucune réaction autre que des protestations diplomatiques aussi platoniques les unes que les autres.

Dès le 11 mars, bien que démissionnaire, le président du Conseil, Camille Chautemps, réunit un comité de quelques ministres qui décida d'appliquer des mesures militaires si la Grande-Bretagne apportait son appui. Or Londres avait fait savoir qu'elle déconseillait une résistance quelconque. Au reste chacun était bien conscient que l'Anschluss répondait au vœu de la très grande majorité des Autrichiens, au point d'ailleurs que lors du référendum qui suivra, Karl Renner, chef du parti socialiste et futur président fédéral après 1945, y était favorable et invitait à voter oui à l'Anschluss et à Hitler.

La seule intervention possible était une offensive conjointe des Français et des Tchèques, mais Paris n'envisageait rien sans les Anglais et, seuls, les Tchèques ne pouvaient rien faire, bien que leur armée fût solide et fort bien équipée de chars Skoda (environ 450), de si bonne qualité qu'ils furent utilisés pour armer deux divisions de Panzer après 1939.

Une fois de plus l'Angleterre jouait son propre jeu, confirmant les remarques de Martin du Gard. Malgré l'Anschluss, que l'Italie avait laissé faire, Londres chercha à élargir le *gentlemen's agreement* de 1937, Chamberlain convoqua l'ambassadeur d'Italie à Rome et le 19 février il y eut entre eux une longue conversation à laquelle assistait Eden. Ce dernier, devant la volonté de Chamberlain de reprendre la négociation avec le Duce, remit sa démission au Premier ministre. Chamberlain le remplaça par Lord Halifax, notoire partisan de la paix à tout prix. En quelques semaines on arriva à un accord dit « accord de Pâques », un mois tout juste après l'Anschluss (11 avril 1938). Il comporte un protocole interdisant toute base aérienne ou navale à l'est du 16e parallèle, un autre mettant sur un pied d'égalité Italiens et Britanniques dans la péninsule arabique, l'engagement pris par l'Italie de ne pas détourner les eaux du lac Tana. L'Italie s'engageait aussi à retirer ses troupes d'Espagne et à ne pas tirer d'avantages économiques ou territoriaux de son aide à Franco, tandis que l'Angleterre acceptait de faire admettre par la SDN l'annexion de l'Éthiopie.

La crise des Sudètes et la capitulation de Munich

Presque un mois après s'ouvrait l'affaire des Sudètes. Lors de la réunion de novembre 1937, le protocole Hossbach précisait bien que très rapidement il fallait annexer au Reich l'Autriche et la région des Sudètes et que l'on devait s'attendre à des résistances.

À peine réglée l'affaire autrichienne, on se préoccupe donc des Sudètes (minorité germanophone de Bohême qui, dès 1918, réclame son rattachement au Reich). Konrad Henlein, le Führer des Sudètes, met à la disposition du Reich le parti allemand des Sudètes qu'il a créé avec l'aide du parti nazi et s'engage à suivre les instructions de la représentation allemande à Prague. Dès le 29 mars, Ribbentrop réunit autour de lui une cellule importante de réflexion où l'on trouve des hauts fonctionnaires du ministère (von Mackensen et von Weizsäcker), le ministre du Reich à Prague et ses principaux conseillers, un Obergruppenführer SS, Konrad Henlein et le professeur Karl Haushofer. On laisse toute liberté à Henlein « pour établir un programme maximum qui donnerait... la liberté totale aux Allemands des Sudètes ». Il est bien précisé que seul le parti allemand des Sudètes doit négocier, le ministre devant seulement soutenir dans des conversations privées les exigences de l'Allemagne.

Le 22 avril le plan *Grün* (vert) a été mis au point par Hitler et Keitel ; il est spécifié qu'il n'y aura pas d'attaques surprises car « l'opinion mondiale serait hostile ». Il faut attendre l'échec de discussions diplomatiques. Il n'y aurait « d'action éclair qu'à la suite d'un incident (par exemple l'assassinat de l'ambassadeur allemand après une manifestation germanophobe) ». Le plan militaire doit donner suffisamment de gages « pour convaincre de l'inutilité d'une intervention armée et attirer des alliés pour dépouiller la proie » (Polonais ? Hongrois ? Slovaques ? Ce n'est pas précisé, mais sous-entendu !).

Le 24 avril à Karlsbad (Karlovy-Vary) Henlein réunit le congrès de son parti et fait adopter un programme en huit points demandant en particulier l'égalité entre Tchèques et Sudètes et la présence de fonctionnaires germanophones dans la région des Sudètes.

Le 30 mai un ordre d'Hitler précise : « Ma décision est inébranlable : briser la Tchécoslovaquie par une opération militaire dans un proche avenir », la date butoir précise étant le

30 septembre. Et pourtant Hitler a donné « sa parole d'honneur que les événements d'Autriche n'exerceraient en aucune façon d'influence sur les relations entre le Reich et la Tchécoslovaquie ». Il est vrai que le 20 mai la Tchécoslovaquie, se sentant menacée, avait mobilisé. Il semble bien que c'était à tort. En tout cas les Britanniques, dans la nuit du 22 mai, rappelèrent à la France qu'ils n'interviendraient « qu'en cas d'agression non provoquée contre la France ».

Sir Neville Chamberlain, le Premier britannique, n'avait pas l'intention d'engager une guerre européenne, de surcroît, à ses yeux, incertaine, pour « empêcher une population allemande de devenir allemande » ! Il refuse d'entendre les objurgations des « conservateurs » allemands qui sont convaincus qu'en cas de guerre ils pourraient renverser Hitler. C'est pourquoi il envoie Lord Runciman enquêter sur le sort des Sudètes, et, étant donné la politique jacobine des Tchèques, qui refusaient toute véritable autonomie à leurs minorités slovaque[1], polonaise, magyare ou allemande, il ne lui était pas difficile de déclarer que les Sudètes étaient brimés.

Durant toute cette période la France, qui n'oublie pas son alliance tchèque, essaie de trouver des alliés à l'Est. En mai, à Genève, G. Bonnet, nouveau ministre des Affaires étrangères du cabinet Daladier, sonde son homologue soviétique. Litvinov répondit que l'URSS était prête à soutenir la Tchécoslovaquie à condition que Pologne et Roumanie laissent passer l'Armée rouge. La Pologne et la Roumanie, aussi anticommunistes l'une que l'autre, refusèrent ; la Pologne prit l'engagement (qu'elle ne respectera pas) de ne pas attaquer la Tchécoslovaquie, et la Roumanie semble avoir fait comprendre qu'elle fermerait les yeux sur des passages de l'aviation russe, étant donné la médiocrité de sa DCA. En fait l'URSS donnait nettement l'impression de ne pas vouloir intervenir.

De leur côté les États-Unis, par la voix de leur ambassadeur à Paris, William Bullit, font comprendre qu'il y a peu de chances pour qu'ils interviennent. Mais Roosevelt, estimant que la position de l'ambassadeur n'est pas claire, déclara le 9 septembre : « Inclure les États-Unis dans un front France-Grande-Bretagne

1. Ce n'est pas un hasard si après 1990, devenue réellement libre, la Slovaquie quitta la République tchécoslovaque. La fête nationale slovaque est le 19 mars, jour de la proclamation de l'indépendance par Mgr Tiso à Bratislava en 1939 !

contre Hitler est une interprétation cent pour cent fausse des chroniqueurs. »

La France était bien seule et l'apparent renforcement de l'alliance, que semblait avoir apporté en juillet la visite des souverains britanniques à Paris, n'était qu'un leurre.

Au fond, Chamberlain admettait les revendications du Reich en Europe centrale et orientale, il était même prêt à satisfaire à quelques revendications coloniales. Aussi, en pleine crise, le Premier britannique se rend en Allemagne et rencontre Hitler à Berchtesgaden le 15 septembre, puis le 22 à Bad-Godesberg. Avec l'accord du cabinet, le Premier ministre admit le principe du rattachement des Sudètes au Reich. Mais Hitler, fort de ce premier succès, présenta de nouvelles exigences et fit comprendre à la Pologne et à la Hongrie qu'elles pouvaient présenter elles aussi leurs revendications territoriales. On était malgré tout à deux doigts de la guerre. On fit appel aux bons offices de l'Italie.

Il apparaissait en effet impossible à la France d'entrer en guerre seule avec la Tchécoslovaquie contre le Reich. Nombre d'historiens estiment en effet que l'armée française, telle qu'elle existe au 1er septembre 1938, est incapable de s'opposer à la Wehrmacht. D'autres, tel le colonel Le Goyet, pensent le contraire [1].

En effet, fin septembre dit-il, l'Allemagne n'a pas mobilisé alors que les Tchèques ont mobilisé : en face de la Wehrmacht l'armée tchèque dispose de 33 divisions, 23 divisions d'infanterie, dont 4 motorisées et 3 de montagne et de 3 divisions blindées, plus 5 divisions en formation et 18 divisions en réserve à la condition que l'armée allemande ne se heurte qu'à la seule armée tchèque.

Face à l'Ouest, la Wehrmacht aligne 9 divisions d'infanterie et 10 divisions en formation, renseignements du Deuxième Bureau confirmés par les archives allemandes après la guerre. En face, la France dispose de forces importantes mises en place depuis les premiers rappels de réservistes le 8 septembre, une soixantaine de divisions dont trente d'active et autant de réserve. Certes ces forces ne peuvent mener une offensive de très grande envergure, mais elles peuvent prendre des gages jusque vers Trèves,

1. Colonel P. Le Goyet, *Munich*, 1968. Dans le sens contraire F. Paulhac, *Munich*, 1972.

Mayence, Mannheim et Pforzheim, d'autant que la ligne Siegfried « était insuffisamment avancée pour pouvoir tenir »[1].

En ce qui concerne l'aviation, la supériorité allemande apparaît considérable. L'attaché de l'air français à Berlin estime à 3 110 les appareils dont dispose alors la Luftwaffe, dont 1 484 bombardiers, 638 chasseurs et 606 avions de renseignements. En réalité, le service historique de la Bundeswehr précise, en août 1969, qu'au 28 septembre 1938 la Luftwaffe disposait de 819 bombardiers et 227 Stuka, soit 1 046 appareils d'assaut et 638 chasseurs. En face, la France dispose de 1 271 avions, dont 694 bombardiers, 389 chasseurs et 188 avions de reconnaissance. Mais le général Vuillemin estime, dans une note du 26 septembre : « L'armée de l'air ne pourra remplir les missions qui lui sont confiées qu'avec d'extrêmes difficultés. » De surcroît, il prétend que l'aviation britannique ne sera pas de grand secours. À y regarder de près, selon le colonel Le Goyet, dont l'enquête a été approfondie, cela n'est pas totalement exact. Les avions français sont un peu inférieurs aux appareils allemands, mais les différences ne sont pas considérables. La faiblesse française est d'abord numérique mais les escadrilles de bombardement et de reconnaissance sont de qualité convenable : ce qu'il y a de plus faible c'est la chasse, mais l'aviation tchèque (fournie par les Russes) compense la faiblesse française.

Aviation (première ligne)	Française	Britannique	Tchèque	Total Alliés	Luftwaffe
Chasse	389	176	300	865	638
Bombardement	694	420	200	1 314	1 046
Reconnaissance	188	180	100	468	606

Face aux trois alliés potentiels, la supériorité de la Luftwaffe est un mythe, mais Français et Tchèques, si leurs aviations de bombardement et de reconnaissance sont plus faibles, ont une légère supériorité en chasseurs. La désinformation allemande a été remarquable et, incontestablement, l'invitation faite au général Vuillemin de visiter le Reich en août 1938 a été payante.

1. Cf. E. von Manstein, *Aus einen Soldatenleben*, p. 338-339.

À cela s'ajoute, peut-être, chez les grands chefs de l'armée française, le sentiment inconscient et confus de l'insuffisante modernisation de nos forces. Cela est concevable puisque ce n'est qu'au cours de l'été 1938 que l'on envisage la mise sur pied de divisions cuirassées. De surcroît, la France n'a aucune convention militaire avec des alliés potentiels. De toute manière, il est évident que l'opinion française ne veut pas faire la guerre pour les Sudètes. La non-intervention se fonde davantage sur la crise morale que sur l'état des forces. C'est cela qui conduit Daladier à Munich.

Tout cela, l'État-major allemand le sait parfaitement. Toutefois, il est conscient de l'infériorité de la Wehrmacht en cas de guerre sur deux fronts ; aussi, durant tout le mois de septembre, il se prépare à agir contre Hitler. Or, au moment où l'ordre d'entrée en action du coup d'État va être donné par le général Halder[1], Chamberlain, pourtant dûment prévenu, annonce sa visite à Hitler (14-15 septembre 1938). De son côté l'épiscopat allemand, dans une lettre pastorale, avait, à mots à peine couverts, condamné le système national-socialiste accusé de « vouloir détruire le catholicisme » (28 août 1938).

Quoique dûment prévenu par les généraux allemands, Londres tient à la paix et cherche à régler le problème tchèque par tous les moyens possibles, alors que Daladier était prêt à aller jusqu'au conflit. Le colonel Le Goyet donne de larges extraits de l'entretien qu'il a eu en 1988 avec le président Daladier, en accord avec le général de Cossé-Brissac, alors chef du Service historique de l'armée. Au cours de cet entretien, Daladier estime qu'il a été victime d'un « traquenard » ; il souligne le pacifisme de l'opinion française[2], la division du gouvernement dont la majo-

1. Halder vient de remplacer le général Beck, chef d'État-major général, qui a démissionné en refusant de cautionner la stratégie d'Hitler. Cf. Waldemar Erfuth, *Geschichte des deutschen Generalstabs*. Le général Beck participera au complot du 20 juillet. Halder et Beck, convaincus que la France interviendrait aussitôt que la Tchécoslaquie serait attaquée, avaient prévu de faire arrêter le Führer dès le début de l'offensive allemande. Londres en avait été averti par des ecclésiastiques évangéliques et anglicans.

2. Cf. G. Vallette et J. Bouillon, *Munich*. On peut préciser que si les communistes sont antimunichois, ce n'est pas le cas de la CGT, ni de la SFIO (malgré les hésitations momentanées de L. Blum), ni des Anciens combattants,. La très grande majorité des intellectuels, des instituteurs du SNI aux professeurs de la Sorbonne, rejoint toute la droite, à l'exception d'Henri de Kerilis, dans son opposition.

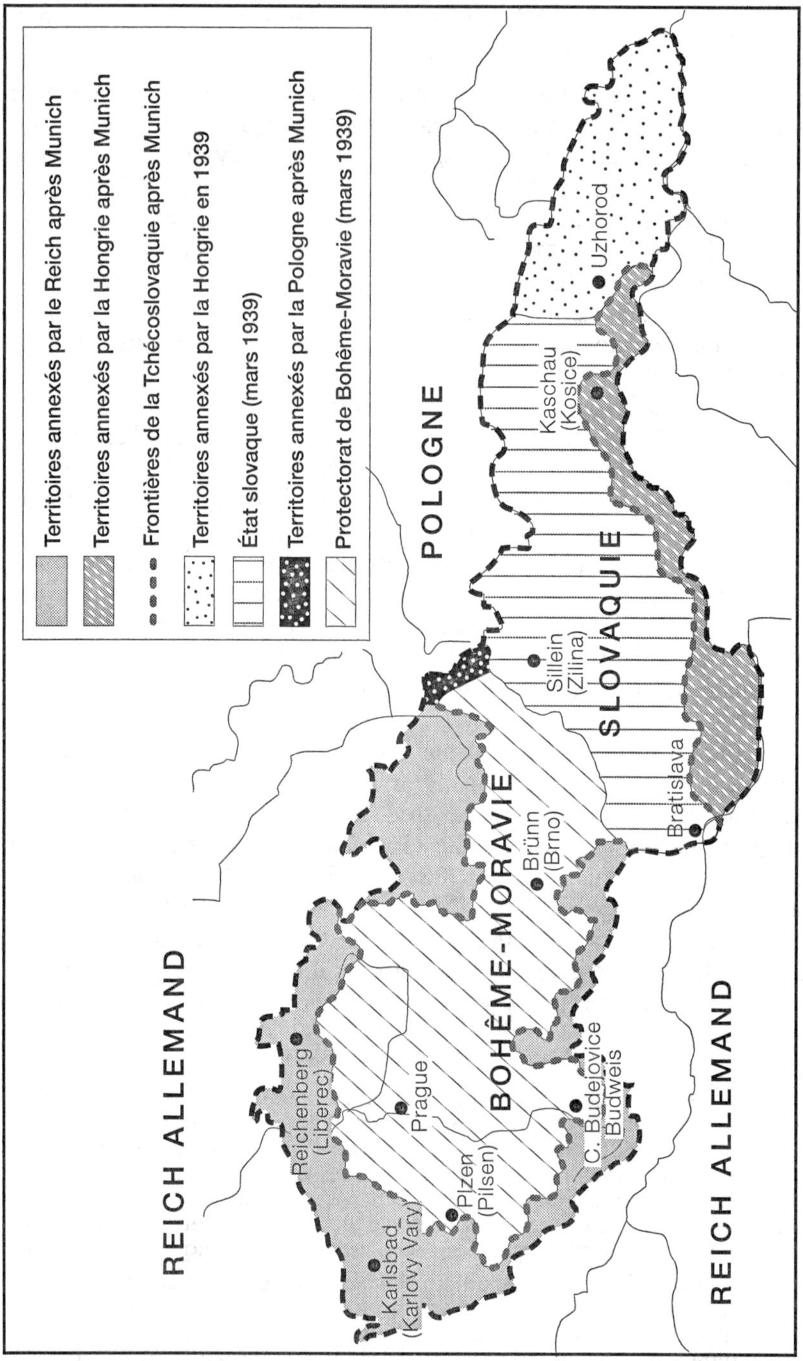

Le démembrement de la Tchécoslovaquie

rité semble bien être favorable à une négociation[1], les difficultés prévisibles à la SDN en cas de plainte tchèque. Selon les pointages de nos délégués à la SDN, « le groupe des États qui condamneront expressément l'agression sera restreint. Il est vraisemblable que la Belgique elle-même s'abstiendrait. Et s'il y a insurrection des seuls Sudètes sans aide de la Wehrmacht, M. Avenol estime " qu'il serait imprudent... de réunir le Conseil " ».

En réalité dans cette crise c'est Londres qui a mené le jeu (et l'opinion anglaise est encore plus pacifiste que la française) ; à aucun moment la France n'a pensé qu'elle pouvait dire aux Britanniques : « Nous sommes tenus par notre alliance avec la Tchécoslovaquie, de toute manière nous irons jusqu'au bout. » Il est vrai qu'il était difficile à un gouvernement, dont la majorité veut la paix, de s'engager dans une politique belliciste contre l'opinion du chef d'état-major général (Gamelin), du commandant en chef de l'aviation (Vuillemin). Au reste le gouvernement obtiendra, en octobre 1938, la confiance de la Chambre : seuls 74 députés, dont 72 communistes et H. de Kerilis, voteront contre.

Londres ayant accepté la médiation de l'Italie, on se réunit à Munich pour approuver l'annexion des Sudètes. Mussolini proposa un projet de solution qui semble bien avoir été préparé par certains milieux conservateurs de la Wilhelmstrasse (von Weizsäcker en particulier), soutenus par le maréchal Goering qui veut éviter la guerre sans renoncer pour autant à l'impérialisme expansionniste.

En définitive, ce seront les accords de Munich conclus dans la nuit du 29 au 30 septembre 1938 par Hitler, Mussolini, Chamberlain et Daladier. Ils entérinent « l'arrangement déjà réalisé en principe pour la cession à l'Allemagne des territoires des Sudètes » et fixent les délais très courts (entre le 1er et le 10 octobre) de l'évacuation et de l'occupation des cinq zones prévues par les accords « sans qu'aucune des installations ait été détruite » par les autorités tchécoslovaques. Cela va être un véritable dépeçage puisque la Hongrie se fait attribuer le Sud de la Slovaquie et la Pologne Teschen.

C'est un triomphe pour Hitler : en cette année 1938, il a, sans coup férir, apporté Autriche et Sudètes au Reich et fortement diminué le poids de l'opposition. De surcroît l'Europe

1. On notera qu'antimunichois, les ministres Reynaud, Campinchi, Zay et Mandel ne démissionneront pas après Munich.

centrale est aux pieds du Reich. Elle sait définitivement que l'on ne peut plus compter sur la France. Celle-ci, liée à la Tchécoslovaquie par un traité d'alliance en bonne et due forme (quoi qu'ait pu écrire le professeur Joseph Barthélemy en mars 1938 dans *Le Temps*), a abandonné son alliée froidement dans les conditions d'une capitulation pure et simple en rase campagne.

Bien plus, une fois encore à la suite de l'Angleterre, la France va chercher à se rapprocher du Reich. Pourtant André François-Poncet, dans une de ses dernières dépêches, soulignait que « peu d'Allemands estimaient que les Sudètes valussent les risques d'une guerre européenne... C'est certainement sans enthousiasme que le peuple allemand aurait suivi son Führer ». Dans les milieux dirigeants apparaissent, dit l'ambassadeur, deux tendances :

Les uns estiment qu'il faut « se contenter des résultats obtenus, détendre les ressorts économiques et financiers et rechercher un arrangement avec les puissances occidentales. Ce sont ces éléments... qui ont pesé sur M. Goering et l'ont emporté sur M. de Ribbentrop ».

Les autres « proclament qu'il faut continuer à aller de l'avant et profiter de la supériorité militaire dont le Reich croit disposer maintenant ». Et l'ambassadeur invite « les démocraties occidentales à tirer la leçon des événements ». Elles doivent éliminer « les causes de faiblesse intérieure » et combler « les lacunes de leurs armements ».

La capitulation de Munich est donc un vrai désastre pour la France qui a manqué de courage, mais qui a eu contre elle, dès le début, la quasi-totalité de l'Europe, comme le montre le rapport de M. Avenol sur l'état d'esprit à la SDN.

L'Angleterre – quoi qu'aient pu laissé entendre à certains moments Chamberlain et Lord Halifax – était bien décidée à ne rien faire. Pour elle, donner les Sudètes au Reich ne fait que régler une partie du problème des frontières orientales de l'Allemagne. Depuis vingt ans Londres ne cesse de dire qu'elle ne soutiendra pas la France en Europe centrale et a toujours été réticente face à l'État tchèque. À cela s'ajoute son impréparation militaire, même si Samuel Hoare a reconnu dans ses *Mémoires* que « la faiblesse militaire n'était pas la cause principale de l'accord de Munich ». Le 22 mars 1938 le cabinet Chamberlain avait décidé « de ne pas donner de garanties directes à la Tchécoslovaquie ou à la France eu égard à ses obligations envers cette dernière », ce que Chamberlain précisa à Daladier le 29 avril

1938. L'entente franco-anglaise est une façade, et après Munich Daladier craindra que Chamberlain, lors d'une visite à Rome, ne reconnaisse le bien-fondé des revendications italiennes sur la Tunisie. D'ailleurs, avant de quitter Munich, Chamberlain a signé un accord d'« amitié » avec le Reich.

La France va chercher à en faire autant au cours des mois d'octobre et novembre et G. Bonnet signera le 6 décembre 1938 un accord franco-allemand avec Ribbentrop venu à Paris pour l'occasion. Ce texte n'était qu'un « chiffon de papier ».

Les débuts de la crise polonaise

De fait Robert Coulondre, notre nouvel ambassadeur à Berlin, prévient, dès le 15 décembre au lendemain de la déclaration de Paris, le gouvernement français des intentions réelles du Reich : « Se rendre maître de l'Europe centrale en vassalisant la Tchécoslovaquie (un fait déjà à peu près accompli) et la Hongrie, puis créer la Grande Ukraine sous l'hégémonie allemande... Tout le personnel national-socialiste en parle... Il faudra courber la Roumanie, convaincre la Pologne, dessaisir l'URSS... On songe à une opération qui reproduirait... celle des Sudètes » (*Livre jaune français*, p. 45-46). Cette vision est corroborée par le *Mémoire* du général Musse, l'attaché militaire français à Varsovie, publié partiellement par l'ambassadeur Ordioni [1].

Ce rapport précise qu'Hitler avait proposé à la Pologne un traité d'amitié de vingt-cinq ans fondé « sur la garantie donnée à la Pologne de son indépendance dans ses frontières actuelles en échange du retour au Reich de la ville libre de Dantzig et du libre passage du territoire polonais accordé à la Wehrmacht lancée à la conquête de l'Ukraine et destinée à écraser le bolchevisme, depuis toujours son grand dessein ». On le sait, la Pologne refusa ; or, dit le général Musse « sur le plan militaire, ce refus n'a pas de sens ; il est clair que ni Dantzig, ni le Corridor ne sont défendables ». Mais les Polonais ont peur du « après la campagne de Russie » et sont devenus hostiles aux Allemands.

Le problème ukrainien, en tout cas, a été effectivement envisagé à deux reprises en janvier 1939 au cours d'un entretien de

1. Tout ceci d'après P. Ordioni, *Entre Rome et la France*, Albatros, 1991, p. 278 sq. L. Noël n'y fait guère allusion. On peut se demander s'il a été transmis à Paris...

Beck avec Hitler[1] et Ribbentrop. Et en janvier 1939 une lettre du haut-commissaire de la SDN à Dantzig, Burckhardt, le confirme : « Ne serait-ce, dit-il, que pour contrer les marxistes. » En fait à ce moment Angleterre et France tiennent surtout au maintien du contrôle de la SDN sur Dantzig.

On s'est même demandé si Ribbentrop n'avait pas parlé avec Bonnet en décembre à Paris des projets ukrainiens du Reich[2]. Mais devant la résistance polonaise, Hitler, dit le général Musse, décida de régler d'abord le problème tchèque[3].

Dans sa note le général Musse se dit persuadé que « c'est l'URSS qui est visée et non la Pologne » car la politique d'Hitler, précise l'attaché militaire à Varsovie, c'est « éviter un conflit avec l'Occident, chercher vers l'Est l'espace vital allemand ; écraser le bolchevisme ». Et, selon lui, cela rejoint la position du Saint-Siège qui veut renforcer le catholicisme polonais et débarrasser l'Église uniate[4] du poids moscovite. L'attaché à Varsovie estime qu'un tel conflit entraînerait « l'épuisement de l'armée allemande et la chute du régime hitlérien ».

Léon Noël, qui est alors notre ambassadeur à Varsovie, confirme ce que pense le général Musse, mais précise : « Il faut rejeter toute idée de bonne foi d'Hitler. » Il pense que tôt ou tard il aurait retourné ses forces vers l'Ouest... « Je considère que la publication de cette étude... ne manquerait pas de recevoir des interprétations fâcheuses... Les historiens risqueraient de lui donner une signification qui n'était certes pas dans l'esprit du général Musse. »

---

1. Hitler aurait même proposé à Beck en attendant l'affaire ukrainienne d'annexer la Lituanie en échange de Dantzig et du Corridor (dépêche de R. Coulondre du 9 mai 1939, *Livre jaune*, p. 262).

2. Cf. à cet égard le Colloque de Strasbourg de 1975, *Les Relations franco-allemandes de 1933 à 1939*, CNRS, en particulier la contribution de F. L'Huillier.

3. Il semble l'avoir regretté très vite car son ambassadeur avouera à Georges Bonnet qu'il aurait fallu régler le problème de Dantzig avant celui de la Bohême-Moravie (note de G. Bonnet du 1.7.1939 dans *Livre jaune*, p. 203). Von Hassell estime que cela est dû à l'influence néfaste de Ribbentrop. Cf. dans le même sens la dépêche de M. Coulondre du 11 juillet. Régler le problème de Dantzig avant celui de Prague aurait évité la guerre en septembre 1939, estime von Hassell !

4. L'Église uniate, Église de rite byzantin reconnaissant l'autorité de Rome. Le gouvernement soviétique est encore plus hostile à cette Église « romaine » qu'à l'Église orthodoxe russe pourtant durement persécutée.

La fin de la République tchécoslovaque et le renversement de la politique britannique

Constatant le refus polonais de laisser le Reich annexer Dantzig et d'adhérer au pacte anti-Komintern, Hitler liquide la Tchécoslovaquie – comme il aurait voulu le faire dès septembre, avoua-t-il au colonel Beck – en violation flagrante de l'accord de Munich et des déclarations anglo-allemande et franco-allemande de septembre et décembre 1938.

Dès la mi-février le Reich fait savoir qu'il ne pourrait garantir la nouvelle frontière tchécoslovaque qu'à la condition que l'État tchécoslovaque mette « sa politique étrangère en accord avec celle du Reich », quitte la SDN, diminue fortement les effectifs de son armée, applique les lois aryennes de Nuremberg et révoque les fonctionnaires « contre lesquels l'Allemagne aurait un grief quelconque ». Et le 2 mars l'ambassadeur Coulondre précise que pour le Reich « les puissances occidentales n'ont plus aucun droit de regard en Europe centrale ». Simultanément, le Reich pousse les minorités slovaques à manifester pour déstabiliser la République tchécoslovaque et donner au Reich un prétexte à intervenir. En raison de la crise slovaque, le président tchécoslovaque Hacha est convoqué à Berlin pendant que le Reich concentre des troupes. Le 14 le président Hacha doit approuver la création d'un protectorat du Reich sur la Bohême-Moravie rattachée de fait au Reich, la Slovaquie devient « indépendante » et la Hongrie annexe la Ruthénie. On notera cette remarque de R. Coulondre : « Il semble bien que la décision ne soit intervenue que le 8 ou le 9 mars », c'est-à-dire à partir du moment où Berlin a compris que Varsovie ne céderait pas. Cela est confirmé du reste par les assertions de von Hassell.

Il fallait donc que le Reich se prépare à des opérations contre la Pologne ; pour cela régler le problème tchécoslovaque était essentiel dans la mesure où les forces militaires de Prague risquaient de constituer un danger pour les armées allemandes, ne serait-ce que les 400 chars de « bonne qualité » (Guderian) dont disposait encore l'armée tchèque (ils armeront en 1940 les 7e et 8e Panzer).

Dès le 31 mars 1939, scandalisé par la mauvaise foi d'Hitler, Chamberlain déclarait à la Chambre des communes : « Au cas d'une action quelconque mettant en danger nettement l'indépendance polonaise... le gouvernement de Sa Majesté se considérerait comme tenu de soutenir immédiatement la Pologne par tous les moyens. » Cette déclaration exaspéra Hitler qui ne cessera de rappeler que la Pologne doit céder et si elle ne cède pas « c'est sur elle que retombera la responsabilité d'un conflit et non sur l'Allemagne ».

Dès ce moment l'état d'esprit en Angleterre, non seulement celle du cabinet, mais aussi celle de l'opinion publique, bascule. Le pacifisme disparaît. Naît alors une véritable volonté guerrière au Royaume-Uni. L'on rétablit le service militaire obligatoire.

Le double jeu soviétique

Aux yeux du Führer, c'est le signe qu'il faut préparer une campagne contre la Pologne. Dans ce cas, comment apprécier la réaction des Occidentaux ? Très vite Hitler se tourna vers l'URSS, comme R. Coulondre en informa Paris le 7 mai. En effet l'attaché de l'air adjoint, le capitaine Stehlin (« C » dans la note de l'ambassadeur), signale, après une conversation avec « un familier du Führer », que pour « avoir tous les atouts en main » Hitler n'hésitera pas à s'allier avec l'URSS, et son interlocuteur de préciser : « Il y a déjà eu trois partages de la Pologne ; eh bien, croyez-moi, vous en verrez un quatrième. » Cette note, à laquelle l'ambassadeur attache un grand prix, semble n'avoir eu aucun effet sur les dirigeants politiques français qui mettront des semaines à engager une vraie conversation avec Moscou en y envoyant, en bateau et en train, une délégation dont le chef était certes un général de qualité, le général Doumenc, mais dont le prestige était faible.

Quant à Staline, il avait très mal accepté d'être écarté des négociations de Munich ; il constatait la méfiance des Français et l'hostilité des Britanniques. Rapidement il modifia la politique soviétique, croyant qu'un jour Britanniques et Allemands (et peut-être même les Français) feraient bloc contre l'URSS. En effet il semble bien que Moscou se soit inquiété des entretiens Bonnet-Ribbentrop, d'autant que certains organes de presse avaient noté que l'on avait parlé de l'Ukraine. Léon Noël, dans son *Agression allemande contre la Pologne*, souligne que « dans certains milieux politiques parisiens, tous ceux qui s'intéressaient aux questions intérieures s'hypnotisaient alors sur la question ukrainienne » et il note que cela « déplut et inquiéta beaucoup en Pologne. Ce fut, ajoute-t-il, un des éléments du mécontentement des Polonais envers la France » (p. 260-261).

Aussi à partir du printemps 1939 Staline cherche un accord avec le Reich. N'a-t-il pas, lors du Congrès du parti de mars 1939, été pour la première fois très modéré à l'égard du Reich hitlérien ? Dès lors des négociations germano-soviétiques s'engagent. Elles vont déboucher très vite. Peu de choses filtrent mais, soucieux d'éviter tout conflit, Paris et Londres ne cessent de conseiller à Varsovie une « sage modération ».

Pendant tout le printemps et l'été 1939 Berlin, Londres et Paris vont « faire la cour » à Moscou. En réalité, on peut penser que dans une large mesure, dès juillet, les jeux sont faits ; en attendant que l'accord avec Moscou soit conclu, les Allemands font semblant de négocier avec la Pologne. La crise de 1939 a fait craindre au Reich une intervention britannique, il faut donc accélérer la négociation avec Moscou et en attendant amuser la galerie. C'est bien ce que laissent entendre nos deux ambassadeurs à Berlin (R. Coulondre) et à Varsovie (Léon Noël) ; durant toute cette période, L. Noël souligne que Varsovie se refuse absolument à toute annexion de Dantzig par le Reich mais est prête à négocier un certain nombre de modalités renforçant les positions allemandes et à Dantzig et dans le Corridor. Pour le Reich « la question devra être réglée, mais quand et comment ? » comme le rappelle R. Coulondre. Ce dernier, dans une dépêche du 27 juin, évoque un scénario allemand selon lequel « si les Polonais entreprenaient de réprimer par la force un mouvement populaire... ce seraient, eux, les agresseurs... L'Angleterre et la France seraient-elles justifiées à nous attaquer ? ».

Durant toute cette période, le Reich fait comprendre qu'il compte, une fois de plus, sur une non-intervention anglo-française. Georges Bonnet, ministre français des Affaires étrangères, souhaite que le gouvernement britannique proclame « la détermination commune des deux gouvernements à remplir leurs obligations d'assistance vis-à-vis de la Pologne quels que soient les moyens obliques que l'Allemagne pourrait mettre en œuvre ». Mais la déclaration de Lord Halifax sera, une fois de plus, ambiguë, la France ne dira rien de précis, se contentant de « rappeler ces engagements (franco-britanniques) à la toute particulière attention de M. de Ribbentrop ». Au cours d'un entretien en juillet 1939 avec l'ambassadeur d'Allemagne, le ministre français avait rappelé fort sérieusement les liens particuliers de la France avec l'URSS. En ce début de juillet 1939, en pleine négociation germano-soviétique, Johannes von Welczeck a dû sourire intérieurement !

En tout cas, on constate à ce moment un certain apaisement.

Il n'empêche pas le renforcement de la police à Dantzig (3 000 policiers encadrés par 300 SS) et « la contrebande d'armes » (fusils, mitrailleuses, batteries antiaériennes, tanks légers et avions). À la mi-juillet on assiste dans le Reich à un développement sensible des préparatifs militaires, en particulier par le renforcement du système fortifié à l'ouest. Toutefois, pour calmer le jeu, Hitler fait dire par le chef de la section de la presse du ministère que le Reich ne désire pas pour le moment régler le problème de l'annexion et qu'il est convaincu qu'une médiation occidentale fera fléchir la Pologne pour éviter la guerre. Le Führer semble vouloir temporiser et l'on parle même de « détente ». Pourtant l'ambassade de France consacre, le 25 juillet, une longue dépêche pour faire part d'indices militaires inquiétants, soulignant : « On peut trouver certains symptômes plus rassurants dans les domaines politiques. » Les renseignements fournis sont très largement exacts, mais il ne semble pas qu'à ce moment l'État-major général en France en ait tenu compte. Pourtant la dépêche est claire : l'essentiel des troupes semble concentré face à la Pologne, en Silésie, en Poméranie, en Prusse orientale, à proximité de Dantzig et le chargé d'affaires précise : « Convaincre que les puissances occidentales sont résolues à tenir leurs engagements. Le Führer serait hésitant sur la conduite à tenir. » Cela amène les Polonais à durcir leurs positions, au point que le *Livre jaune* intitule un chapitre « La Résistance polonaise et la campagne de presse allemande ». Le Reich cherche à « bluffer les puissances occidentales dans l'espoir soit d'amener la Pologne à composition, soit de l'isoler ».

Le Pacte germano-soviétique et la marche à la guerre

Le 20 août, l'ambassade de France à Berlin est convaincue que la guerre est proche, certains précisent même, dit-on, qu'« Hitler est résolu à régler la question de Dantzig avant le 1er septembre ». Le lendemain R. Coulondre spécifie que le Reich resterait sur la défensive à l'ouest car de tout côté on veut faire comprendre qu'Hitler ne croit pas à l'intervention franco-britannique et le Reich laisse entendre qu'un accord germano-polonais peut encore être conclu, surtout si l'Angleterre ne pousse pas la Pologne à l'intransigeance. G. Bonnet, lui, pousse la Pologne à la modération tandis que les autorités polonaises se font de plus en plus intransigeantes, malgré certaines déclarations du colonel Beck et du maréchal Smigly-Ridz, respectivement ministre des Affaires étrangères et chef d'état-major général polonais.

Le 23 août, Staline et von Ribbentrop signent à Moscou le Pacte de non-agression germano-soviétique et un protocole secret de partage de la Pologne. Dès lors Hitler a les mains libres ; le 25 il déclare à notre ambassadeur : « La pensée que je pourrais à cause de la Pologne avoir à combattre la France m'est très pénible. » Le gouvernement français tente toutes les mesures d'apaisement possibles et appelle, à la recherche d'une médiation, le pape, le président Roosevelt, le roi des Belges. Et plutôt que de porter quelques divisions d'active face à Fribourg, Karlsruhe, Landau, Sarrebruck et Trèves (aucune des villes n'étant à plus de 30 km de la frontière, à l'exception de Trèves) [1], le président Daladier adresse à Hitler une lettre presque geignarde soulignant que la France est prête à toutes les négociations ; du reste, on suggère aux Polonais de « prévoir l'établissement dans les régions (délicates) d'observateurs neutres donnant toutes les garanties d'impartialité ».

La Grande-Bretagne d'ailleurs est sur la même longueur d'ondes et l'on sent Lord Halifax décidé « à manifester... la foi du gouvernement britannique dans la possibilité de poursuivre les négociations en vue d'éviter le conflit ». Les Polonais acceptent encore de négocier à condition de « ne pas prendre (eux-mêmes) d'initiatives ». Mais Hitler est bien décidé à entrer en guerre et le dit sans ambages aux ambassadeurs alliés, car « la Pologne ne cédera pas Dantzig ; or je veux que Dantzig revienne au Reich dont il est un des ports ».

Pourtant Hitler accepte, le 28 août, des conversations directes avec la Pologne suggérées par le gouvernement britannique qui, reprenant partiellement « les offres généreuses » d'Hitler du 25 août, laisse entendre que si l'on trouvait un arrangement sur la Pologne les Anglais étaient prêts à ouvrir une négociation sur les différends anglo-allemands, en d'autres termes la rétrocession de colonies au Reich. Il est vrai qu'Hitler met le 29 août deux conditions aux négociations directes : qu'un plénipotentiaire polonais vienne à Berlin le 30 août ; quant à la garantie internationale elle ne pourra être donnée qu'en accord avec l'URSS.

1. Nous reprenons ici une remarque de l'*Étoile rouge* (organe de l'État-major soviétique) de mars 1990. Notons qu'il n'y a alors face à la France qu'une douzaine de divisions allemandes et que le Deuxième Bureau en a dûment informé le général Gamelin, confirmant les indications de l'ambassade.

Les Polonais acceptent de négocier avec Berlin ; mais, au lieu d'envoyer un « plénipotentiaire », ils se contentent de charger leur ambassadeur de la mission. Le Reich va prétexter de cette situation pour faire valoir que la Pologne n'a pas répondu à sa demande. Le 1er septembre à 4 heures du matin la Wehrmacht attaque la Pologne. En fait « on attendait de la Pologne qu'elle envoyât à Berlin un émissaire prêt à accepter des conditions dont le contenu était complètement inconnu du gouvernement polonais ».

Pendant deux jours encore France et Grande-Bretagne, peu désireuses d'entrer en guerre, font feu de toutes les médiations possibles, en particulier de l'Italie, même si le 1er septembre les deux gouvernements adressent un ultimatum à Hitler, dont le texte a été préparé à Londres, Paris se contentant d'associer son ambassadeur à Berlin à la démarche britannique.

Le gouvernement français se contente de faire voter des crédits de guerre sans se faire donner mandat par le Parlement de déclarer la guerre en bonne et due forme. Il est vrai que le 2 septembre encore, on proclamait que « si le gouvernement allemand acceptait de retirer ses troupes les Alliés étaient prêts à reconsidérer l'ensemble de la question ». Le Reich répondit négativement et la France et la Grande-Bretagne entraient en guerre avec l'Allemagne le 3 septembre, les Anglais à partir de 11 heures, la France seulement à partir de 17 heures. En effet, le gouvernement français a pensé jusqu'au dernier moment qu'un *modus vivendi* pourrait être trouvé avec le Reich par l'intermédiaire de l'Italie. C'est Londres qui coupe les ponts en spécifiant que la médiation italienne ne pourrait être acceptée que si « les troupes allemandes étaient retirées du territoire qu'elles occupent ».

*

En définitive, il est évident que depuis le début de 1939 le Reich voulait régler le problème tchèque et la question de Dantzig et du Corridor. Il est moins évident que dès le début il ait souhaité une solution militaire : il préférait montrer sa force plutôt que de s'en servir et est demeuré presque jusqu'au bout convaincu que les Alliés occidentaux n'interviendraient pas. Il est vrai que leurs capitulations successives à l'occasion de la remilitarisation du Reich en mars 1935, l'accord naval anglo-allemand en mai 1935, la réoccupation de la Rhénanie en mars 1936, la guerre civile espagnole à partir de juillet 1936, l'Anschluss en mars 1938, les accords de Munich en septembre 1938, le protectorat sur la Bohême-Moravie en mars 1939, pouvaient lui faire croire que l'on céderait une fois encore.

On peut d'ailleurs se demander ce qu'aurait été la réaction des Franco-Britanniques si Hitler, comme d'aucuns, tels Goering et von Weizsäcker, le lui suggéraient, avait demandé à régler le problème des minorités allemandes de Pologne (Dantzig, le Corridor, la Posnanie, la Haute-Silésie) au nom du droit des peuples à disposer d'eux-mêmes, reconnu aux Allemands des Sudètes, avant de dépecer la Tchécoslovaquie ; il n'y aurait pas eu rupture d'un accord solennel et n'oublions pas que la question polonaise était posée en fait depuis les accords de Locarno. Après le coup de Prague, « personne », avoua l'ambassadeur du Reich en France à Georges Bonnet le 1er juillet 1939, ne pourra croire que Dantzig « est vraiment la dernière revendication du Reich ».

Notons encore que l'absence de véritables mesures militaires importantes, en particulier françaises, pouvait laisser croire à Hitler que Français et Britanniques n'interviendraient que pour la forme.

Enfin, il est incontestable qu'Hitler s'est senti conforté par le Pacte germano-soviétique ; il se rendait parfaitement compte, étant donné l'accord secret de partage, signé le même jour, qu'après les premières défaites de l'armée polonaise, l'Armée rouge viendrait cueillir sans grands frais les fruits que la Wehrmacht lui avait procurés. Ainsi en quelques semaines le sort de la Pologne serait joué et on pourrait retourner contre la France les forces victorieuses en Pologne et d'abord les Panzerdivisionen qui y avaient été engagées.

CONCLUSION

Le livre aurait pu avoir pour titre « L'Europe contre la France ». De 1919 à 1939 la France a eu à faire face à l'opposition successive, ou quelquefois simultanée, de toutes les nations de l'Europe, à l'exception de la Suisse et du Portugal, des pays scandinaves peut-être mais ce n'est même pas évident. À quoi est due cette évolution ?

Le 11 novembre 1918 la France jouit incontestablement d'un prestige certain du fait de sa longue résistance et de sa victoire : même si elle a été considérablement aidée par les Britanniques et les Américains, c'est elle qui a supporté le poids de la bataille, l'a dirigée aussi : de 1914 à 1918 les grands chefs ce sont Joffre, Pétain, Foch, ce ne sont ni Douglas Haig, moins encore Pershing.

Très vite, ce prestige la France va le perdre. D'abord elle a largement contribué à la signature de traités aberrants, les traités de 1919. Ensuite, à force d'arbitrer en Europe centrale et orientale entre les nouveaux États qu'elle a créés, souvent *ex nihilo*, elle a fait des mécontents, au moins en Yougoslavie, en Roumanie, en Pologne et en Grèce ; ils n'apparaîtront pas immédiatement mais très vite ils feront jour car on reprochera rapidement à la France sa morgue et sa volonté de tout régler.

De surcroît, profondément convaincue de la supériorité de ses institutions, si elle ne cherche pas directement à les imposer, elle laisse faire ses alliés pour instaurer chez eux démocratie parlementaire et jacobinisme : or les alliés orientaux sous-développés et analphabètes (sauf la Tchécoslovaquie), peuplés de minorités disparates et plus ou moins adverses, ne sont pas prêts à devenir immédiatement des démocraties, à jouer le jeu parlementaire et ils sont inaptes au régime jacobin que leurs dirigeants, imbus de rationalisme français, vont leur imposer !

Naturellement le Reich est antifrançais et par tous les moyens va chercher sa revanche. Il est d'autant plus habilité à réagir ainsi que les conditions de paix ont été draconiennes, qu'il s'agisse des amputations territoriales ou des Réparations dont le montant est d'une énormité absurde. Et ces conditions comportaient une énorme injustice : faire du Reich et de ses dirigeants les seuls responsables de la guerre de 1914 était une faute monstrueuse alors que l'Autriche-Hongrie, mais aussi la Serbie et la Russie, même la France et l'Angleterre, portaient leur part de responsabilité. Tout cela fait perdurer et se développer un pangermanisme de plus en plus hostile à la France. Il est vrai que celle-ci ne saura jamais avoir la politique qui convient, maniant généralement, presque toujours à contretemps, la carotte et le bâton [1].

Surtout, dès janvier 1919, la France a, face à elle, un adversaire qu'elle méconnaît : le Royaume-Uni. Fidèle à ses grands principes, il ne veut pas voir se substituer en Europe à la domination allemande, une domination française ; or c'est l'impression que donne la France. En 1919-1921 elle est présente partout en Europe orientale ; elle aide la Pologne dans sa lutte contre la Russie, la laissant s'étendre bien au-delà de la ligne Curzon sur des territoires peuplés majoritairement de non-Polonais (Lituaniens à Vilnius, Biélorusses à Pinsk, Ukrainiens à Lviv). Elle soutient et guide une Tchécoslovaquie parfaitement artificielle (comme l'avait reconnu Beneš lui-même dans sa thèse soutenue à Dijon en 1906 !). Elle protège les Serbes et le panserbisme et trop souvent elle joue la Roumanie contre la Hongrie.

Cette apparente surpuissance française en Europe centrale agace et inquiète les Britanniques qui trop souvent constatent que leurs conseils de modération ne sont pas suivis. Dans ces conditions, le Royaume-Uni se méfie de la France et commence dès 1919 à jouer l'Allemagne contre la France. Or l'Angleterre peut d'autant plus jouer de cette méfiance que la France tient à l'alliance anglaise comme à la prunelle de ses yeux ; rompre avec la Grande-Bretagne serait un crime de lèse-diplomatie, aussi bien aux yeux du Quai d'Orsay qu'aux yeux de la classe politique dans sa quasi-unanimité. Autant le thème de « la France seule » cher à Maurras et à l'Action française est absurde avant 1914, autant sera-t-il stupide après 1936, autant est-il jouable entre 1920 et 1936 : mais seul Bainville, en ces temps-là, analyse correctement la géopolitique de l'Europe !

1. En simplifiant, on pourrait dire que Poincaré fut trop dur et Briand trop naïf !

En Europe un seul pays partage souvent les vues de la France, même s'il a des ambitions divergentes en Europe danubienne, c'est l'Italie. Seulement la prise de pouvoir par Mussolini inquiète la France républicaine qui récuse le fascisme autoritaire italien. Dès lors faire du « César de carnaval » (J. Paul-Boncour) un allié apparaît quasiment inconcevable à la majeure partie de la classe politique. Or Mussolini jusqu'en 1936 est un des rares hommes politiques à avoir mesuré l'inquiétant activisme du Reich. Seuls Laval et une petite partie de la droite le comprendront mais les réactions idéologiques de certains empêcheront que l'on tire des conséquences positives de cette situation [1].

Au reste la solidité des alliances s'affaisse peu à peu mais la renaissance réelle de l'économie française, réussie par Poincaré, la puissance apparente de son armée, le pacifisme naïf de Briand maintiennent la place de la France jusqu'au tout début des années 1930. Aux yeux de l'Europe le « couple » franco-anglais apparaît réel, même si ce n'est qu'une apparence. L'Entente est un dogme à Paris et à Londres on l'accepte à condition que « Paris se soumette ».

Après 1930 cette situation disparaît peu à peu ! À l'ordre politique succède à Paris le désordre. De 1926 à 1932 la France a trois présidents du Conseil qui comptent (mis à part l'intermède Steeg qui dure six semaines), ce sont : Poincaré (1926-1929), Tardieu (1929-1930 et 1932) et Laval (1931-1932) ; un même ministre des Affaires étrangères de 1926 à janvier 1932 (Briand) et pendant cette période deux ministres de la Défense. Mais de 1932 à avril 1938 on pourrait presque dire que la France n'a plus de gouvernement : on compte neuf présidents du Conseil (mais douze gouvernements...), cinq ministres des Affaires étrangères et ministres de la Guerre, sachant que E. Daladier sera ministre de la Guerre de 1932 à 1934 et de 1936 à 1940. Le désordre politique et moral ne cesse de s'agrandir et face aux « non-conformistes des années trente » s'affirme une pensée marxiste de plus en plus virulente que ne calment pas les modérés de plus en plus enfermés dans leurs préjugés, souvent dépassés ; de surcroît la France est le seul pays qui n'arrive pas à

1. En effet, si l'on récuse le fascisme en raison de son caractère dictatorial, on excuse sans difficulté le « fascisme rouge » qui règne en URSS (cf. P. Rigoulot, *Les Paupières fermées*, avec une préface de J.F. Revel, Éditions universitaires, 1991). Et l'on admet d'être allié à des États aux régimes sinon totalitaires, du moins très autoritaires, comme la Pologne, la Roumanie ou la Yougoslavie.

surmonter réellement la crise de 1929, s'empêtrant dans des politiques qui ne peuvent être menées sérieusement étant donné l'instabilité gouvernementale.

Or la prégnance marxiste – qui ne vient pas seulement du PC, mais également de la SFIO et des « intellectuels antifascistes » – pousse les gouvernements de gauche, qui ont la responsabilité de la France de 1932 à 1939, à croire qu'il faut se raccrocher à l'alliance soviétique, c'est une double erreur : militairement l'Armée rouge ne peut intervenir contre le seul véritable ennemi de la France qu'en traversant la Pologne, ce que celle-ci rejette résolument ; politiquement, cela coupe la France du reste de l'Europe farouchement anticommuniste. Au moment où la gauche prend le pouvoir en 1932 en France tous nos alliés potentiels, à commencer par le Royaume-Uni, ont des gouvernements de droite ou dominés par la droite et sont violemment anticommunistes. La raison essentielle de ce que l'on appelle en Grande-Bretagne l'*appeasement* ce n'est pas tant le pacifisme – qui n'est certes pas négligeable –, c'est le bolchevisme. Au fond, jusqu'à l'hiver 1938-1939 l'adversaire des Anglais ce n'est pas le Reich, c'est l'URSS. Ce point de vue est largement partagé en Europe comme l'a bien montré le témoignage que nous avons cité de Martin du Gard. Or cela n'est naturellement pas compris à Paris.

Le seul pays dont les idées se rapprochent, au moins de 1931 jusqu'à l'automne 1936, de celles de Paris, c'est l'Espagne : or c'est un État arriéré et instable ; peut-être pouvait-il être aidé en juillet-août 1936 ? Pour ne pas déplaire à ce que Hitler a judicieusement appelé la « gouvernante anglaise » la France ne fera rien, s'engagera dans l'impasse de la « non-intervention » que Moscou, Rome et Berlin ne respecteront naturellement pas !

Les capitulations successives de la France soulignent aux yeux de l'Europe que l'on ne peut guère compter sur la France et que sa signature n'est pas fiable ! Le réarmement du Reich en mars 1935, plus encore la remilitarisation de la Rhénanie en mars 1936 le confirment amplement et laissent prévoir l'Anschluss et Munich.

Tout pouvait être changé, d'abord en mars 1936 lors de la réoccupation de la Rhénanie, peut-être même au moment de Munich, mais la France ne sait comment réagir.

De toute manière le gouvernement Daladier est alors divisé : en dehors de Campinchi, Mandel, Reynaud et Jean Zay, de Daladier peut-être lui-même, les ministres souhaitent un accommodement et veulent éviter une guerre où la France serait seule avec les Tchèques. Même si, comme certains le pensent, Daladier est favorable à la position tchèque et envisage d'aller jusqu'à la guerre, il n'a pas véritablement cherché à imposer sa solution et se laisse peu à peu convertir et circonvenir par G. Bonnet, son ministre des Affaires étrangères, ardemment pacifiste et certains ministres influents comme A. de Monzie.

Au reste, comme l'a un jour remarqué et souligné J.B. Duroselle, *« la soumission de la France à l'Angleterre est plus absolue en 1938 qu'on ne pouvait l'imaginer. Pas une seule fois ils* [les Anglais] *ne consultent la France pour aboutir à une décision commune. Ils prennent leur décision puis. sans rien céder, ils invitent après coup les Français à s'y ranger »* (les passages soulignés le sont par J.B. Duroselle). La recherche constante de l'alliance anglaise a abouti à une « sorte de soumission », on l'a vu d'ailleurs en 1936. Mais en 1938 cela va très loin puisque dans une note du 22 mai 1938 Londres demande à Paris de *« toujours »* consulter le gouvernement anglais avant de prendre une décision et la note précise « parmi les mesures pour lesquelles le gouvernement français doit consulter, avant de les prendre, le gouvernement britannique il y a la mobilisation partielle ou générale ».

Au surplus la France n'a guère les moyens militaires d'une politique propre en Europe : on ne peut aider des alliés lointains (Tchécoslovaquie ou Pologne) avec une armée défensive placée derrière la ligne Maginot. Le colonel de Gaulle (à la suite du général Estienne) l'avait bien compris, mais les débats militaires à la Chambre soulignent clairement le refus des politiques d'une force offensive ; quand, en mai 1938, le général Gamelin propose la mise sur pied de six divisions cuirassées, dont trois d'active, Daladier refuse et ne consent que la création de trois divisions de réserve !

On peut dire la même chose de l'aviation, mais, si elle est infiniment plus faible que la Luftwaffe, elle est tout de même plus forte qu'on ne l'a dit. De toute manière le chef d'État-major de l'armée de l'air ne veut pas s'en servir !

Il est vrai que l'opinion française est résolument pacifiste et refuse même l'idée de guerre. Le souvenir des massacres de 1914-1918 est présent dans tous les esprits. Et pour une bonne partie des pacifistes s'ajoute à cet état d'esprit un antifascisme plus tourné d'ailleurs contre l'Italie que contre l'Allemagne. À ces pacifistes de gauche, s'ajoutent les « néopacifistes » de droite qui, eux, sont d'abord antisoviétiques et pensent que le Reich est un bouclier contre le bolchevisme.

Subsiste quand même un nationalisme anti-allemand, tant à droite qu'à gauche. Mais il est très minoritaire. Le premier sondage IFOP d'octobre 1938 montre que 63 % des Français approuvent les accords de Munich. Daladier jouit alors d'une extraordinaire popularité. Comme il paraît être le nécessaire homme fort, Albert Lebrun se résignera à demeurer président de la République pour laisser Daladier à Matignon !

Quant à l'Europe elle sait désormais qu'on ne peut plus compter sur la France : la Belgique n'aurait pas levé le petit doigt à la SDN pour soutenir Prague ; Roumanie et Yougoslavie font allégeance à Berlin qui, assuré du soutien des Hongrois qui ont récupéré les Magyars de Slovaquie, domine le bassin du Danube, activant contre Prague une résistance slovaque facile à soulever.

Ce qui pouvait se deviner dès 1919 éclate entre 1930 et 1935 et s'étend après mars 1935, l'hostilité de l'Europe face à la France, une France diminuée démographiquement, en repli économique dramatique, que l'on sent de plus en plus incapable d'agir politiquement ou militairement sans l'aide d'une Angleterre qui chaque jour, depuis 1920, mène une politique antifrançaise et qui, profitant de l'aveuglement français, se conduit de plus en plus en suzerain autoritaire.

Le drame de la France est que nul ne s'en est rendu compte. Paris n'a jamais pris au sérieux la déclaration de Lloyd George à Briand : l'Angleterre ne soutiendra la France que si elle est attaquée sans provocation par l'Allemagne. Le principe fondamental de 1922 demeure vrai jusqu'au début de 1939.

ANNEXES

ANNEXE 1

LES PRINCIPAUX GOUVERNEMENTS DE LA IIIᵉ RÉPUBLIQUE (1919-1939)

Président du Conseil	Ministre des Affaires étrangères	Ministre de la Guerre ou Défense
R. Poincaré, président de la République (1913-1920)		
Novembre 1917 - janvier 1920		
G. Clemenceau	St. Pichon	Clemenceau
P. Deschanel, président de la République (1920)		
Janvier 1920 - septembre 1920		
A. Millerand	A. Millerand	A. Lefèvre
A. Millerand, président de la République (1920-1924)		
Septembre 1920 - janvier 1921		
G. Leygues	G. Leygues	A. Lefèvre
Janvier 1921 - janvier 1922		
A. Briand	A. Briand	L. Barthou
Janvier 1922 - juin 1924		
R. Poincaré	R. Poincaré	A. Maginot
G. Doumergue, président de la République (1924-1931)		
Juin 1924 - avril 1925		
E. Herriot	E. Herriot	Gal Nollet
Avril 1925 - novembre 1925		
P. Painlevé	A. Briand	P. Painlevé *(Oct. 25)* E. Daladier
Novembre 1925 - juillet 1926		
A. Briand	A. Briand	P. Painlevé *(juin 26)* Gal Guillaumat

Président du Conseil	Ministre des Affaires étrangères	Ministre de la Guerre ou Défense
Juillet 1926 - juillet 1929		
R. Poincaré	A. Briand	P. Painlevé
Juillet 1929 - octobre 1929		
A. Briand	A. Briand	P. Painlevé
Octobre 1929 - décembre 1930		
A. Tardieu	A. Briand	A. Maginot
P. Doumer, président de la République (1931-32)		
Janvier 1931 - février 1932		
P. Laval	P. Laval	A. Tardieu
Février - juin 1932		
A. Tardieu	A. Tardieu	F. Pietri
A. Lebrun, président de la République (1932-1940)		
Juin - décembre 1932		
E. Herriot	E. Herriot	J. Paul-Boncour
Décembre 1932 - janvier 1933		
J. Paul-Boncour	J. Paul-Boncour	E. Daladier
Janvier 1933 - octobre 1933		
E. Daladier	J. Paul-Boncour	E. Daladier
Février 1934 - novembre 1934		
G. Doumergue	L. Barthou *(oct.34)* P. Laval	Mal Pétain
Novembre 1934 - mai 1935		
P.E. Flandin	P. Laval	Gal Maurin
Juin 1935 - janvier 1936		
P. Laval	P. Laval	J. Fabry
Janvier - juin 1936		
A. Sarraut	P.E. Flandin	Gal Maurin
Juin 1936 - juin 1937		
L. Blum	Y. Delbos	E. Daladier
Juin 1937 - mars 1938		
C. Chautemps	Y. Delbos	E. Daladier

Président du Conseil	Ministre des Affaires étrangères	Ministre de la Guerre ou Défense
Mars 1938 - avril 1938		
L. Blum	J. Paul-Boncour	E. Daladier
Avril 1938 - mars 1940		
E. Daladier	G. Bonnet *(sept. 39)* E. Daladier	E. Daladier
Mars 1940 - juin 1940		
P. Reynaud	E. Daladier	P. Reynaud

ANNEXE 2

CONFÉRENCES ET TRAITÉS DE 1919 À 1939

1919

18 janvier	CONFÉRENCE DE LA PAIX, afin de préparer les traités mettant fin à la Grande Guerre.
28 juin	TRAITÉ DE VERSAILLES entre les Alliés et l'Allemagne.
10 septembre	TRAITÉ DE SAINT-GERMAIN entre les Alliés et l'Autriche.

1920

18-26 avril	CONFÉRENCE DE SAN REMO (réunit la France, la Grande-Bretagne et l'Italie) pour discuter des problèmes diplomatiques liés aux violations allemandes du traité de Versailles, préparer les négociations avec la Turquie et faire avancer le règlement du problème des Réparations.
15 mai	CONFÉRENCE franco-anglaise DE HYTHE pour mettre au point l'ordre du jour de la conférence sur les Réparations.
16 mai	Le Sénat des États-Unis refuse de ratifier le traité de Versailles. La France n'est plus garantie par les Britanniques et les Américains contre une attaque allemande. Les États-Unis ne siègent pas à la SDN.
4 juin	TRAITÉ DE TRIANON entre les Alliés et la Hongrie.
21 juin	CONFÉRENCE DE BOULOGNE-SUR-MER préparatoire à la conférence sur les Réparations.
2 juillet	CONFÉRENCE de tous les Alliés (sauf les États-Unis) À BRUXELLES pour mettre au point l'ordre du jour de la Conférence sur les Réparations.
6-17 juillet	CONFÉRENCE DE SPA sur les Réparations : tous les Alliés et le Reich.
10 août	TRAITÉ DE SÈVRES entre les Alliés et la Turquie.
14 août	Traité d'alliance tchéco-yougoslave contre la Hongrie.
7 septembre	Traité d'alliance franco-belge.

1921

24-29 janvier	CONFÉRENCE DE PARIS, qualifiée de seconde conférence de la Paix, chargée d'apurer les contentieux nés du traité de Versailles. Elle réunit, outre la France et la Grande-Bretagne, l'Italie, la Belgique et le Japon. Elle débat du désarmement du Reich et des Réparations.
3 février	Accord militaire secret franco-polonais.
27 févr.-3 mars	CONFÉRENCE DE LONDRES : tente de rétablir la solidarité franco-britannique. Londres admet l'idée de négocier le traité de Sèvres avec la Turquie.
23 avril	Traité d'alliance roumano-tchécoslovaque contre la Hongrie.
30 avril-11 mai	CONFÉRENCE DE LONDRES pour entériner le montant global des Réparations à 132 milliards de marks-or qu'accepte le Reich.
7 juin	Traité d'alliance roumano-yougoslave.
12 juin	Entrevue Loucheur-Rathenau prévoyant un accord de coopération économique franco-allemande.
8-13 août	Réunion à Paris du Conseil suprême interallié sur la Haute-Silésie et le conflit germano-polonais renvoyé devant le Conseil de la SDN.
20 octobre	TRAITÉ franco-turc D'ANGORA : la France rend la Cilicie à la Turquie.
29 oct.-24 nov.	CONFÉRENCE DE WASHINGTON (France, Grande-Bretagne, États-Unis, Japon, Italie) pour régler le désarmement terrestre.
24 nov.-6 févr. 1922	CONFÉRENCE DE WASHINGTON (suite) sur le désarmement naval et les problèmes du Pacifique.
18-22 décembre	CONFÉRENCE DE LONDRES pour préparer la conférence de Cannes et un plan de reconstruction européenne.

1922

4-11 janvier	CONFÉRENCE DE CANNES sur les relations franco-britanniques et la préparation de la conférence européenne de Gênes.
25 février	ENTREVUE DE BOULOGNE pour permettre aux Franco-Britanniques d'harmoniser leurs positions à Gênes.
10 avril-19 mai	CONFÉRENCE DE GÊNES avec participation du Reich et de l'URSS
16 avril	TRAITÉ germano-russe DE RAPALLO
16 juin-20 juill.	CONFÉRENCE DE LA HAYE « pour masquer l'échec de la conférence de Gênes ».
7-14 août	CONFÉRENCE DE LONDRES afin de prévoir la réponse à une note allemande sur les dettes.
29 nov.-4 févr. 1923	CONFÉRENCE DE LAUSANNE sur le problème turc clôturée par le TRAITÉ DE LAUSANNE entre les Alliés et la Turquie.
8-11 décembre	Réunion franco-anglo-italo-belge à Londres sur les Réparations allemandes.

1923

2-4 janvier	CONFÉRENCE DE PARIS entérinant la « rupture de l'Entente cordiale ».
novembre	Conférence des Ambassadeurs cherchant une solution à l'occupation de la Ruhr.

1924

4 janvier	Première réunion du comité Dawes chargé de régler le problème des Réparations.
février	Traité d'alliance franco-tchécoslovaque.
16 juill.-15 août	CONFÉRENCE DE LONDRES et mise en œuvre du plan Dawes.

1925

7-14 janvier	CONFÉRENCE DE PARIS sur les dettes interalliées
5-16 octobre	CONFÉRENCE DE LOCARNO et « pacte rhénan » garantissant les frontières germano-belge et franco-allemande. Le traité comporte une clause d'arbitrage concernant les problèmes tchèque et polonais.

1926

24 avril	Traité germano-russe prorogeant l'accord de Rapallo.
10 juin	Traité d'alliance franco-roumain.
12 juillet	Accord franco-britannique sur les dettes de guerre.
8 septembre	Entrée de l'Allemagne à la SDN.
17 septembre	Entretiens de Thoiry entre Briand et Stresemann.

1927

11 novembre	Traité d'alliance franco-yougoslave.

1928

27 août	PACTE BRIAND-KELLOG « mettant la guerre hors la loi ».

1929

31 mai	Mise en place du plan Young sur les Réparations.
août	CONFÉRENCE DE LA HAYE décidant l'évacuation anticipée de la Rhénanie.
5 septembre	A. Briand présente à la SDN son premier projet européen.

1930

3-20 janvier	2e CONFÉRENCE DE LA HAYE sur les Réparations.
21 janvier	CONFÉRENCE DE LONDRES sur le désarmement.
25 avril	TRAITÉ naval DE LONDRES.

1931

6 juillet	MORATOIRE HOOVER sur les dettes allemandes et CONFÉRENCE DE PARIS sur les moyens d'aider financièrement le Reich.

1932

16 juin-9 juillet	CONFÉRENCE DE LAUSANNE : met fin aux Réparations.
26 novembre	Traité franco-soviétique de non-agression.

1933

7 juin	Pacte à quatre (France-Grande-Bretagne-Allemagne-Italie) « en vue d'une collaboration pour maintenir la paix ».

1934

26 janvier	Pacte de non-agression germano-polonais.
2 juin	Présentation à Litvinov du plan Barthou de pacte de l'Est : échec.
18 septembre	Entrée de l'URSS à la SDN.

1935

7 janvier	ACCORD DE ROME entre la France et l'Italie réglant le problème des frontières libyennes et le statut des Italiens de Tunisie.
11 avril	ACCORD DE STRESA entre la France, la Grande-Bretagne et l'Italie réaffirmant leur fidélité au pacte de Locarno et leur volonté de maintenir l'indépendance de l'Autriche.
2 mai	Traité d'alliance franco-soviétique.
16 mai	Traité d'alliance soviéto-tchécoslovaque, mais qui ne joue qu'au cas où la France se porterait au secours de la Tchécoslovaquie.
18 juin	Accord naval anglo-allemand.

1936

11 juillet	Traité austro-allemand garantissant l'indépendance de l'Autriche.
9 septembre	Conférence internationale de Londres pour la non-intervention en Espagne.
12 novembre	La Belgique rompt l'alliance avec la France.
26 novembre	Pacte anti-Komintern germano-japonais.

1937

21 février	Accord international pour faire respecter le principe de non-intervention en Espagne. Le 2 juin, Allemagne et Italie renoncent à l'accord.
6 novembre	L'Italie adhère au pacte anti-Komintern.

1938

11 avril	ACCORD DE ROME entre l'Italie et le Royaume-Uni permettant la reprise de relations amicales. Le Royaume-Uni reconnaît l'annexion de l'Éthiopie par l'Italie.
29-30 sept.	ACCORDS DE MUNICH (France, Grande-Bretagne, Italie, Reich) prévoyant l'attribution du territoire des Sudètes au Reich et le démantèlement de la Tchécoslovaquie.
30 septembre	Traité de non-agression germano-britannique.
2 novembre	Arbitrage de Vienne accordant à la Hongrie 12 000 km^2 de territoires slovaques.
6 décembre	Traité d'amitié franco-allemand.

1939

15 mars	Proclamation par le Reich du Protectorat sur la Bohême-Moravie.
16 mars	La Slovaquie proclame son indépendance et se place sous la protection du Reich.
31 mars	La Grande-Bretagne accorde sa garantie à la Pologne.
13 avril	La France et la Grande-Bretagne donnent leur garantie à la Roumanie et à la Grèce.
12 mai	La Grande-Bretagne et la Turquie signent un traité de coopération.
22 mai	« Pacte d'acier » entre le Reich et l'Italie.
23 juin	Accord franco-turc sur le Sandjak d'Alexandrette.
31 mai	Pacte de non-agression germano-danois.
7 juin	Pacte de non-agression entre le Reich, et l'Estonie et la Lettonie.
23 août	Pacte germano-soviétique.
1er septembre	La Wehrmacht entre en Pologne ;
3 septembre	La Grande-Bretagne (à 11 h) et la France (à 17 h) déclarent la guerre au Reich.

BIBLIOGRAPHIE INDICATIVE

Ce livre n'est pas et ne veut pas être un manuel. Nous nous contentons d'indiquer les ouvrages essentiels. Les ouvrages particuliers que nous avons utilisés sont signalés en bas de page.

LES MÉMOIRES

Outre les Mémoires des protagonistes Churchill et Eden, Stresemann, Georges Bonnet, Daladier, Gamelin, Reynaud, Jean Zay et des ambassadeurs (Jules Laroche, François-Poncet, Léon Noël), il faut signaler une source très intéressante :

BAUDRILLART (cardinal Alfred), *Les Carnets du Cardinal,* Le Cerf depuis 1997. Sont parus à ce jour : t. 1 : 1911-1918 ; t. II : 1919-1921 ; t. III : 1922-avril 1925 ; et les volumes 20 novembre 1935 - 11 avril 1939, 11 avril 1939 - 19 mai 1941.

OUVRAGES GÉNÉRAUX

CARLIER (Claude) et SOUTOU (Georges-Henri), *1918-1925, Comment faire la paix ?*, Economica, 2001.

CHARLE (Christophe), *La Crise des sociétés impériales, Allemagne, France, Grande-Bretagne, 1900-1940,* Le Seuil, 2001.

DUROSELLE (Jean-Baptiste), *Histoire diplomatique de 1919 à nos jours*, Dalloz, 1971.

KENNEDY (Paul), *Naissance et déclin des grandes puissances*, Payot, 1988.

SOUTOU (Georges-Henri), *L'Or et le sang*, Fayard, 1989.

Sur la France

BONNEFOUS (Édouard), *Histoire politique de la IIIe République*, Presses Universitaires de France, 5 volumes : t. III. *L'Après-guerre 1919-1924* (1959) ; t. IV. *Cartel des Gauches et Union nationale 1924-1929* (1960) ; t. V. *La République en danger 1930-1936* (1962) ; t. VI. *Vers la guerre 1936-39* (1965) ; t. VII. *La Course vers l'abîme : la fin de la IIIe République* (1967)

DREYFUS (François-Georges), *Passions républicaines, 1870-1940*, Bartillat, 2001.

DUROSSELLE (Jean-Baptiste), *La Décadence*, Imprimerie nationale, 1979.

DUROSSELLE Jean-Baptiste), *L'Abîme*, Imprimerie nationale, 1982.

que l'on complétera par les grandes études de :

DOISE (Jean) et VAÏSSE (Maurice), *Diplomatie et outil militaire*, Imprimerie nationale, 1987.

HUGUENIN (François), *À l'école de l'Action française*, J.C. Lattès, 1998.

MONNET (F.), *Refaire la République, A. Tardieu une dérive réactionnaire*, Fayard, 1993.

RÉAU (Élisabeth du), *Édouard Daladier*, Fayard, 1993.

ROTH (François), *Poincaré*, Fayard, 2000.

SUAREZ (Georges), *Briand, sa vie, son œuvre*, Plon, 5 vol. 1938-1943.

Sur l'Allemagne

BAECHLER (Christian), *Stresemann*, Presses universitaires de Strasbourg, 1996.

DREYFUS (François-Georges), *Le IIIe Reich*, Le Livre de Poche, 1998.

POIDEVIN (Raymond), *L'Allemagne et le monde au XXe siècle*, Masson, 1983.

Sur la Grande-Bretagne

BEDARIDA (François), *La Société anglaise du milieu du XIXe siècle à nos jours*, Le Point, Seuil.

MARX (Roland), *La Grande-Bretagne et le monde au XXe siècle*, Masson, 1986.

SIEGFRIED (André), *La Crise britannique au XXe siècle*, Armand Colin, 1931.

Sur la Russie et l'URSS
VICHNEVSKI (Anatoli), *La Faucille et le Rouble*, Gallimard, 2000.
WERTH (Nicolas), *Histoire de l'Union soviétique*, PUF, 1990.

Sur l'Italie
MILZA (Pierre), *Mussolini*, Fayard, 2000.

Sur la politique américaine
NOUAILHAT (Yves-Henri), *Les États-Unis et le monde au XXe siècle*, Armand Colin, 2001.
ZORGBIBE (Charles), *Wilson*, Presses de Sciences Po, 1998

Sur les relations franco-allemandes de 1925 à 1944
les Actes des Colloques franco-allemands organisés par le CNRS depuis 1970.

L'essentiel des statistiques est tiré de :
MADDISON (Angus), *L'Économie mondiale 1820-1992*, OCDE, 1995, 2e édition 2001.
et de
BEAUJEU-GARNIER (Jacqueline) et GAMBLIN (André), *Images économiques du Monde*, Sedes, 1957 et 1971.

INDEX

TABLE DES CARTES

TABLE

Impression réalisée sur CAMERON par

BUSSIÈRE CAMEDAN IMPRIMERIES

GROUPE CPI

à Saint-Amand-Montrond (Cher)
en février 2002

N° d'édition : 426. N° d'impression : 020921/4.
Dépôt légal : février 2002.

Imprimé en France